W9-BGA-500

Fuentes de vida

Fuentes
de vida

MEDITACIONES MATINALES PARA ADULTOS

DAVID JAVIER PÉREZ

Pacific Press®
Publishing Association

Nampa, Idaho | Oshawa, Ontario, Canada
www.pacificpress.com

Fuentes de vida

Dirección editorial
J. Vladimir Polanco

Diseño de la portada
Ideyo Alomía L.

Diseño y diagramación
Daniel Medina Goff

Procedencia de las imágenes: ©Shutterstock

Derechos reservados © 2017 por
Inter-American Division Publishing Association®
2905 NW 87 Ave. Doral, Florida 33172 EE. UU.

Edición para Norteamérica derechos reservados © 2017 por
Pacific Press® Publishing Association
P.O. Box 5353, Nampa, Idaho 83653
EE. UU. de N. A.

Puede obtener copias adicionales de este libro en www.libreriaadventista.com, o llamando al 1-888-765-6955.

PUBLICACIONES
ADVENTISTAS DEL 7° DIA

July 2017

Presentación

CADA DÍA NOS TOCA enfrentar nuevos desafíos. Por momentos, la carga es muy pesada y difícil de sobrellevar. Precisamente en esos instantes necesitamos energía, fuerza y vitalidad para seguir nuestro camino. ¿Cómo es que podemos recargar nuestra vitalidad? ¿Cómo sobrevivir en el desierto de la vida cuando el sol golpea con suma intensidad?

Este libro devocional responde a las inquietudes anteriores. Es una colección de promesas bíblicas que infunden aliento a aquellos que luchamos contra la adversidad y el desaliento. Como cristianos, tenemos la firme convicción de que la Biblia es Palabra de Dios y, por lo tanto, la fuente de la cual emana el agua que vivifica nuestra vida espiritual en todo momento. En cada reflexión encontrarás promesas maravillosas que nos recordarán que, así como Dios nos ha guiado en el pasado, también nos conducirá en el futuro.

El pastor David Javier, con un estilo ameno y asequible, ha vertido en esta serie de reflexiones el erario de su experiencia y su testimonio del gran poder de Dios, y de las bendiciones que ofrece a sus hijos fieles. FUENTES DE VIDA, es agua refrescante, aliento en los momentos de tribulación y ánimo en los períodos de soledad.

Que cada una de las lecturas de este libro eleve tus pensamientos hacia las cosas que realmente trascienden, para que así puedas continuar tu vida diaria en plenitud, mientras esperamos el regreso glorioso de nuestro señor Jesucristo en gloria y majestad. Sin más preámbulos, es momento de comenzar este recorrido de un año, durante el que la Palabra de Dios calmará toda tu sed y quitará todas tus preocupaciones y ansiedades.

Pablo Partida Gómez
Vicepresidente editorial de GEMA Editores

La oración es la clave

"De día mandará Jehová su misericordia y de noche
su cántico estará conmigo, y mi oración al Dios de mi vida".
Salmo 42:8

L A ORACIÓN ES EL SUSTENTO DE LA VIDA CRISTIANA. Mueve el brazo del Omnipotente y es la llave en manos de la fe que abre los almacenes del cielo. Es como la respiración: no podemos vivir sin ella. Es tan esencial para el crecimiento de la vida espiritual como lo es el alimento terrenal para el bienestar físico. La oración es fuente de sabiduría, de fortaleza, de dicha y de paz. Es el medio de comunicación con el Creador.

Al orar, entregamos todos nuestros problemas en las manos de Dios. Orar aclara nuestra visión, despeja las dudas, tranquiliza el corazón y reemplaza la ansiedad al activar la fe y la confianza. "La oración y la fe son los brazos por medio de los cuales el corazón abraza el amor infinito, y toma de la mano del poder celestial" (*Cada día con Dios*, p. 315). Por medio de la oración, tenemos acceso al trono de la gracia.

La Biblia menciona una gran variedad de oraciones. Oramos para agradecer y para suplicar. Nehemías y Santiago nos invitan a orar en favor del pueblo y unos por los otros. Orar es también interceder. Hay oraciones para ocasiones solemnes, como la oración de Salomón cuando dedicó el templo (ver 1 Rey. 8:23-54).

La Biblia está llena de muchas oraciones contestadas. Jonás testificó: "Invoqué en mi angustia a Jehová, y él me oyó" (Jon. 2:2). De igual modo, el sacerdote Zacarías y su esposa Elisabet oraron durante mucho tiempo pidiendo un hijo y recibieron respuesta: "El ángel le dijo: 'Zacarías, no temas, porque tu oración ha sido oída y tu mujer Elisabet dará a luz un hijo, y le pondrás por nombre Juan'" (Luc. 1:13).

Ezequías, el rey de Judá, recibió una espectacular respuesta a sus oraciones. Senaquerib, rey de los asirios, había sitiado Jerusalén y enviado cartas en las que dudaba del poder de Dios para librar a su pueblo. Ezequías y el profeta Isaías clamaron a Dios para que los librara de la mano de los asirios. La Biblia narra: "Jehová envió un ángel, el cual destruyó a todo valiente y esforzado, y a los jefes y capitanes en el campamento del rey de Asiria" (2 Crón. 32:21). En respuesta a la oración, un solo ángel destruyó a 185 mil asirios esa noche.

Dios contesta las oraciones que son hechas con el corazón y con un espíritu contrito y humilde. Oremos con más ahínco e intensidad, y ciertamente experimentaremos poder de lo alto.

El poder de la oración

"Tú mirarás a la oración de tu siervo, y a su ruego, Jehová, Dios mío,
para oír el clamor y la oración con que tu siervo ora delante de ti".
2 Crónicas 6:19

ERA UNA TARDE SOMBRÍA Y LLUVIOSA, y las tuberías que corrían por la escuela de la iglesia comenzaron a derramar agua. Era viernes, y estaban por cerrar los salones de clase y las oficinas administrativas. Era necesario arreglar la fuga para no causar estragos en las casas de los vecinos.

Como pastor de la iglesia y presidente de la junta escolar, tenía que encontrar la solución al problema, así que llamé a un plomero para que fuera a reparar la avería. Mientras él trabajaba, subí al techo del edificio para buscar un tubo de cobre de cuatro metros que era necesario para reemplazar el tubo averiado.

Cuando bajaba por la escalera metálica, golpeé con el tubo una línea eléctrica de doce mil voltios que estaba a unos dos metros de altura sobre mí. La descarga me lanzó desde las alturas y caí de espaldas. Mi pie tocó la baranda de aluminio y se quemó instantáneamente. La descarga eléctrica atravesó mi cuerpo y siguió hacia el edificio, generando un estruendo.

De inmediato mi mente se conectó con el Dios todopoderoso y expresé la oración más corta de mi vida: "Jesús, ¡sálvame!". Al momento, percibí la presencia del ángel del Señor a mi lado separándome del tubo de cobre y lanzándolo lejos de mí. Sentí la mano sanadora de Jesús tocándome, levantándome del piso donde yacía y volviéndome a la normalidad.

En el hospital, los médicos no lo podían creer. El cardiólogo y el neurólogo me hicieron las revisiones necesarias, y todo lucía normal. Por experiencia propia puedo decir que Dios es grande y misericordioso. Fui protagonista de un verdadero milagro. Por sus obras poderosas, puedo vivir y exclamar: ¡Alabado sea nuestro Dios! Él cuida de sus hijos.

Confiemos en el poder de Dios, que está a nuestra disposición mediante la oración. Dios responde cuando lo necesitamos. Cada día de vida es una nueva oportunidad que Dios nos da para conectarnos con él en oración. Es el canal de comunicación que permanece abierto para nosotros. Como Salomón, podemos decir: "Tú mirarás a la oración de tu siervo".

Dios convierte en éxito el fracaso

"Vuelve, y dile a Ezequías, príncipe de mi pueblo: 'Así dice Jehová, el Dios de David, tu padre: He oído tu oración, he visto tus lágrimas y voy a sanarte: dentro de tres días subirás a la casa de Jehová'".
2 Reyes 20:5

UN VERANO ME TOCÓ COLPORTAR EN UNA DE LAS CIUDADES más grandes del mundo: la Ciudad de México. En el centro de la ciudad hay edificios muy altos, como el de la Lotería Nacional (de cuarenta y seis niveles), la Torre Latinoamericana y algunos hoteles. Al principio no me fue bien. Durante cinco semanas recorrí muchos edificios sin vender ni un solo libro. Se me terminaba el dinero, y durante el transcurso de la semana apenas pude comer.

El desánimo comenzó a apoderarse de mí, y casi desisto. Antes de tomar la decisión de dejarlo todo y regresar derrotado, cerré mis ojos y oré a Dios. Reclamé su promesa de que él estaría conmigo todos los días hasta el fin del mundo: "Señor, tú sabes que mi futuro depende de esto. Necesito vender libros, primeramente para llevar el mensaje a los demás, y también para poder seguir estudiando y convertirme en pastor. Por favor, contesta mi súplica y ayúdame a obtener los medios para volver al colegio. Tú eres mi único refugio. Amén".

Ese día, regresé al edificio de la Lotería Nacional, al que había intentado entrar sin éxito en tres ocasiones. Llegué a la entrada y comencé a caminar. Pasé frente a las cámaras y los agentes de seguridad sin que me preguntaran nada. Empecé a presentar los libros en el tercer piso. Una de las primeras personas con las que hablé, resultó ser el jefe de seguridad del edificio. Inmediatamente me preguntó:

—¿Cómo entraste al edificio?

—Entré con la ayuda de Dios —contesté.

—Acompáñame a la sala de seguridad —me pidió.

Al revisar las cámaras para verificar por cuál puerta había ingresado, quiénes me habían dejado entrar y a qué hora entré, no me pudo encontrar. Simplemente, las cámaras no me habían registrado. Sorprendido, me dijo:

—Esto parece un milagro. ¿En qué puedo ayudarte?

Le mostré lo que hacía, y decidió comprarme algunos libros. Además, le pedí que me dejara visitar todo el edificio. Como no podía dejarme ir solo, le pidió a un guardia que me acompañara durante dos semanas. El agente de seguridad me observó cuidadosamente la primera semana. La segunda semana, ¡el guardia presentaba los libros y yo llenaba el formulario de pedidos! Dejé en aquel edificio 150 colecciones.

Pongamos delante de Dios en oración nuestras necesidades. Él puede convertir en éxito el fracaso.

Dios contesta las oraciones más sencillas

"Los sacerdotes y levitas, puestos en pie, bendijeron al pueblo;
y fue oída su voz, y su oración llegó hasta el cielo, su santa morada".
2 Crónicas 30:27

En cierta ocasión me tocó colportar en una zona rural. La venta de libros no había sido la mejor, y únicamente me quedaba dinero para el pasaje y la comida del día. Decidí ir hasta un pueblo que estaba a unas dos horas de distancia, pero cuando fui a comprar el boleto, me di cuenta de que había perdido el dinero. Así que me tocó pedirle al conductor que me dejara viajar sin pagar, y el amable hombre accedió.

Visité casa tras casa y oficina tras oficina. Si bien al final del día había tomado algunos pedidos, no había conseguido ningún anticipo. Anocheció y tenía que regresar, pero seguía sin dinero. A orillas de la carretera, incliné mi rostro y supliqué a Dios que me ayudara. Sentí paz en mi corazón y la seguridad de que él me auxiliaría.

Nuevamente le pedí a un conductor que me llevara de regreso, y después de explicarle la situación, me dijo que sí. Al llegar al terminal de autobuses, casi a las diez de la noche, vi que estaban limpiando el autobús en el que había viajado en la mañana. Sin pedir permiso, subí a revisar el asiento en el que me había sentado, y allí, a la vista, estaba el dinero que había perdido, y que tanto necesitaba para comprar algo de comida.

A cada minuto Dios toma nota de nuestras necesidades y las satisface de acuerdo a su voluntad. Sus respuestas a nuestras oraciones van más allá de lo que podemos imaginar. Él sabrá guiarnos por el camino más corto y seguro hacia nuestra felicidad y satisfacción. Él oye nuestra oración sincera, por muy insignificantes que puedan parecer nuestras peticiones. Hoy, Jesús nos recuerda: "Fíjense en las aves del cielo: no siembran ni cosechan ni almacenan en graneros; sin embargo, el Padre celestial las alimenta. ¿No valen ustedes mucho más que ellas?" (Mat. 6:26, NVI). Elena G. de White nos asegura:

"Nunca se ofrece una oración, aun balbuceada, nunca se derrama un lágrima, aun en secreto, nunca se acaricia un deseo sincero, por débil que sea, de llegar a Dios, sin que el Espíritu de Dios vaya a su encuentro. Aun antes de que la oración sea pronunciada, o el anhelo del corazón sea dado a conocer, la gracia de Cristo sale al encuentro de la gracia que está obrando en el alma humana" (*Palabras de vida del gran Maestro*, cap. 16, p. 162).

La oración abre nuevas oportunidades

*"Y si sabemos que él nos oye en cualquiera cosa que pidamos,
sabemos que tenemos las peticiones que le hayamos hecho".*
1 Juan 5:15

MIENTRAS IMPARTÍA UNA CAMPAÑA EVANGELIZADORA en el sureste de México, un joven de unos veinte años se presentó durante la última noche y mostró gran interés en el mensaje de la gracia salvadora de Cristo. Cuando hice el llamado para aceptar a Cristo y bautizarse, el joven se puso en pie y pasó al frente. Allí, cayó de rodillas y con sus manos dirigidas al cielo, balbuceó esta oración: "Señor, por favor, acéptame como tu hijo. Quiero ser salvo y estar contigo. Dame una oportunidad". Permaneció así, mientras yo elevaba la última oración.

Al finalizar, me acerqué a él y le pregunté si había estudiado la Biblia alguna vez. La respuesta fue negativa. Entonces, le pregunté por qué quería bautizarse, y si era la primera vez que asistía a la campaña.

"Siento en lo profundo de mi corazón que es mi única oportunidad y quiero aprovecharla", me dijo. Le respondí que no era la práctica habitual, pero que tomaríamos en cuenta su petición.

Ese sábado en la tarde aprobaron todos los nombres de los candidatos al bautismo, menos el nombre de Juan, el joven que había llegado la noche anterior. La junta de la iglesia recomendó que esperara unos meses para que luego se bautizara. Cuando se le comunicó la decisión, el joven lloró amargamente.

El día de los bautismos, todo estaba listo. Noté que al final de la fila de los candidatos estaba Juan con su cabeza inclinada, esperando que alguien le dijera que no podía bautizarse. Comencé a bautizar, y al llegar a Juan, tomé la decisión de bautizarlo y le dije a la iglesia: "Si se salva, que la gloria sea para Dios. Si se pierde, que su sangre sea sobre mí".

Aquello sucedió al mediodía. La iglesia se reunió de nuevo a las tres de la tarde para comer y dar gracias a Dios. Al comenzar la reunión, alguien llevó la noticia de que Juan había sufrido un accidente. Cuando se dirigía a la iglesia en su motocicleta, un automóvil lo embistió de frente y murió al instante.

Apenas duró bautizado tres horas. Creo que él tenía la certeza de que era su única oportunidad y la aprovechó para la honra y gloria de Dios. Cuando oramos al Señor y pedimos que se haga su voluntad, él contesta nuestras oraciones.

La oración transformadora

*"Habrá considerado la oración de los desvalidos
y no habrá desechado el ruego de ellos".*
Salmo 102:17

CONDUCÍAMOS UNA SEMANA DE CONFERENCIAS BÍBLICAS en un auditorio con capacidad para mil quinientas personas. Un caballero de unos cincuenta años asistió todas las noches, pero aparecía completamente ebrio. Cada vez que se mencionaba el nombre de Jesús, decía a viva voz: "¡Amén!". Todas las noches respondía al llamado, pasaba al frente y elevaba esta oración: "Señor, tú sabes que yo consumo alcohol y el vicio está arraigado en mí. Por favor, transfórmame. Ten misericordia de mí".

Las conferencias bíblicas terminaron y el caballero no manifestó cambio alguno. Durante tres meses este hombre repitió la misma oración en su casa. Poco a poco, empezó a dejar el alcohol, comenzó a ir a la iglesia y, seis meses después, fue bautizado. El siguiente año, volvieron a invitarme a organizar otra serie de predicaciones. ¡Qué sorpresa me llevé al ver que el coordinador de esa campaña era aquel borracho que había asistido toda una semana embriagado a escuchar la Palabra! Era un hombre transformado gracias al poder maravilloso de un Dios amante que escuchó su oración.

Es maravilloso confiar en Dios y pedirle con insistencia que nos cambie. Él tiene poder para modificar nuestro carácter y nuestra vida entera, pero hay que pedírselo en oración. El apóstol Pablo nos aconseja orar sin cesar. La oración es el medio para presentarnos ante Dios y pedirle que nos prepare para el cielo. No desistamos, seamos insistentes, toquemos varias veces la puerta hasta que se abra.

Nuestro Señor no deja nuestra oración sin respuesta. Digamos como el publicano: "Dios, sé propicio a mí, pecador" (Luc. 18:13). Dios no tarda en responder y nos transforma con su gran poder. Lo que más necesitamos es que el poder del Espíritu Santo cambie nuestras actitudes y nuestro corazón. Lo único que llevaremos al cielo es un carácter semejante al de nuestro Señor Jesucristo, pero necesitamos pedirlo de todo corazón, con insistencia y sinceridad.

Jesús le dijo a Nicodemo: "De cierto, de cierto te digo que el que no nace de nuevo, no puede ver el reino de Dios" (Juan 3:3). Jesús es poderoso para transformar totalmente nuestras vidas y garantizarnos el cielo.

¿Le permitiremos a Jesucristo que haga el cambio en nuestras vidas?

La oración intercesora

*"Abraham oró a Dios, y Dios sanó a Abimelec,
a su mujer y a sus siervas, las cuales tuvieron hijos".*
Génesis 20:17

CONOCÍ A UNA DAMA QUE CREÍA POR COMPLETO en la oración pastoral. Un día, su bebé de seis meses enfermó de gravedad. Lo atendieron varios médicos y lo llevaron a varios hospitales, pero sin resultados. En la última consulta médica, le confirmaron que la enfermedad de su hijo no tenía solución, y que tenía que prepararse para lo peor.

Esta señora decidió entonces poner a su hijo en las manos de Dios, así que buscó al pastor de la iglesia para que orara por él. Llegó a la iglesia con su hijo en los brazos un miércoles en la noche, durante la reunión de oración. Al terminar el programa, se acercó al pastor para que orara por el pequeño. El pastor la invitó al cuarto de oración, tomó al bebé, y le pidió a la madre que orara con fe mientras él suplicaba la intervención divina.

El pastor no supo más del caso. El tiempo transcurrió hasta que un día, al concluir su predicación, se le acercó una dama y le dijo: "Pastor, quiero presentarle a mi hijo. Es un regalo y un milagro de Dios". Seguidamente, le presentó a un esbelto joven de veintidós años y continuó: "Pastor, a mi bebé los médicos no le dieron esperanza alguna. Usted oró fervorosamente por su salud, y él sanó".

Debemos confiar en el poder de Dios, e invitar a otros a interceder en oración. La respuesta llega en el momento de necesidad, y la misericordia de Dios nos cubre y nos eleva ante su trono.

Cuando Abimelec llevó a la esposa de Abraham a su palacio, Dios le dijo en sueños: "Vas a morir a causa de la mujer que has tomado, la cual es casada y tiene marido. [...] Ahora, pues, devuelve la mujer a su marido, porque es profeta y orará por ti para que vivas. Pero si no la devuelves, debes saber que de cierto morirás tú, y todos los tuyos" (Gén. 20:3, 7).

Abraham intercedió en oración por Abimelec, y las consecuencias de su pecado fueron evitadas. La oración intercesora es impulsada por el amor al prójimo. Si amamos como Jesús ama, oraremos constantemente por otros y seremos un canal de bendición en la comunidad en que vivimos. La oración intercesora tiene un poder que no podemos explicar, pero sí experimentar.

La oración de fe

"Isaac oró a Jehová por su mujer, Rebeca, que era estéril;
lo aceptó Jehová, y Rebeca concibió".
Génesis 25:21

EN UN POBLADO DEL ESTADO DE CHIAPAS en México, el pastor de una Iglesia Adventista contactó a un matrimonio para darle estudios bíblicos. La pareja aceptó estudiar la Biblia con el curso *La fe de Jesús*. Comenzaron a reunirse una vez a la semana, y cuando llegaron a la lección número quince, la señora manifestó:

—No tengo más interés en seguir estudiando la Biblia, porque tenemos quince años de casados y Dios no nos ha respondido: no nos ha dado el hijo que deseamos.

—El Dios en quien yo creo es tan poderoso que puede darles un hijo —respondió el pastor—. Si ustedes siguen estudiando y conociendo a este gran Dios, yo voy a orar para que les conceda ese hijo que tanto anhelan.

Se arrodillaron, y el pastor oró a Dios pidiendo que tuviera misericordia de la pareja y les diera el privilegio de concebir un hijo. Cuando terminaron la serie de veinte estudios, la señora dijo con mucha alegría en su rostro: "Pastor, Dios escuchó nuestra oración. Estoy embarazada, así que estamos listos para ser bautizados".

Fueron bautizados el siguiente mes. El nombre de ese niño fue Moisés. Contaron su experiencia ante unos tres mil congregados, y allí mismo dedicaron su hijo al Señor. Al igual que Isaac oró por su esposa Rebeca y Dios escuchó sus ruegos y les dio no uno, sino dos hijos gemelos, el pastor oró por esta pareja y Dios hizo posible el milagro.

Necesitamos confiar plenamente en lo que Dios puede hacer por nosotros, ya que para él no hay nada imposible. Él puede curar cualquier enfermedad, dar hijos a la estéril, llenar el vacío de nuestro corazón, consolar nuestra tristeza y llenar la vida de esperanza en Cristo.

Necesitamos orar con fe, tener la certeza de que el momento adecuado, Dios responderá nuestra oración. Dios nos ama tanto, que solo espera que nos dirijamos a él con un corazón suplicante. Él está presto a satisfacer cualquier necesidad. Cuando oramos por nuestro esposo, nuestra esposa, nuestros hijos o nuestros padres, Dios obra milagros. Él puede restablecer una relación deteriorada entre esposos, unir a padres e hijos, traer paz y felicidad al hogar si estamos dispuestos a pedírselo con fe en oración, y creer que él puede hacerlo.

La oración que ayudó al vecino

"Oren en el Espíritu en todo momento, con peticiones y ruegos.
Manténganse alerta y perseveren en oración por todos los santos".
Efesios 6:18, NVI

CRISTINA HABÍA SIDO MALTRATADA POR SU VECINA durante más de diez años. Ambas casas estaban muy cercanas, y cada vez que ella oraba para recibir el sábado y cantar, el vecino ponía su música a todo volumen. Cada vez que el hombre limpiaba su patio, tiraba basura en el jardín de su vecina.

Un día, ella comenzó a orar para que Dios lo transformara. Oró durante varios meses, e hizo ayunos frecuentes. Entonces, Dios iluminó a Cristina. La siguiente vez que su vecino arrojó basura en su patio, ella puso una cesta con frutas en el de él. Así estuvo, devolviendo bien por mal durante varias semanas. Un día, se enteró de que su vecino cumplía años, así que le preparó un pastel y se lo dejó en la mesa principal, mientras él celebraba con sus amigos en el patio.

En la noche, cuando estaba más sobrio, le preguntó a su esposa quién le había llevado ese pastel tan delicioso. Ella le contestó: "La vecina que tanto odias. ¿Cómo es posible que cuanto peor la tratas, ella te trata mejor?".

El vecino le pidió a su esposa que invitara a Cristina, pues quería hacerle algunas preguntas. Cristina tomó la invitación como una respuesta a sus oraciones. Llevó su Biblia, una serie de estudios bíblicos y tocó la puerta de sus vecinos. Al entrar, el vecino comenzó a preguntarle por qué ella le estaba devolviendo bien por mal. En ese mismo momento, comenzó el primer estudio bíblico acerca del amor de Dios hacia el hombre. Quedó tan interesado, que siguió estudiando cada semana. Después de seis meses asistiendo a la iglesia fue bautizado, y hoy es un fiel líder del Señor.

Las oraciones de Cristina fueron contestadas, y Dios la utilizó para alcanzar con el mensaje del evangelio a este hombre endurecido. Elena G. de White afirma: "Hemos de trabajar por las almas con mucha oración, porque este es el único método por el cual podemos alcanzar los corazones. No es nuestra obra, sino Cristo, quien está a nuestro lado, el que impresiona los corazones" (*El evangelismo*, cap. 10, p. 257).

Hoy más que nunca se necesitan oraciones persistentes en favor de aquellos que perecen en las tinieblas. Dios desea utilizarnos como canales de salvación y bendición. ¿Deseamos ser un instrumento en las manos del Salvador? Acerquémonos a Dios en oración y pidámosle que nos muestre a quién puede alcanzar con el mensaje de su amor.

Cuando la iglesia ora

*"Pedro estaba custodiado en la cárcel,
pero la iglesia hacía sin cesar oración a Dios por él".*
Hechos 12:5

DURANTE UNA SEMANA DE EVANGELIZACIÓN, una iglesia intensificó sus oraciones por un muchacho de unos veinte años que se había convertido en el terror del pueblo. Había robado las pocas pertenencias de varios miembros de iglesia, y era el ladrón principal de la zona. Invitaron al joven a las conferencias públicas, y él aceptó. Asistió todas las noches. Al terminar la semana, tomó la decisión de ser bautizado después de haber estado estudiando la Biblia.

Ese sábado en la tarde, se dedicó un tiempo especial para ofrecer algunos testimonios. El primero en pasar al frente fue Santiago, el joven que había sido el ladrón del pueblo. Hizo más de veinte confesiones públicas: "Hermano Miguel, perdóneme porque le robé el refrigerador. Hermana María, perdóneme porque le robé la estufa. Hermano José, perdóneme porque le robé la bicicleta". Cuando terminó, todos los hermanos a quienes les había robado algo, se colocaron de pie y dijeron: "Ya te hemos perdonado y damos gracias a Dios porque escuchó nuestras oraciones, ahora eres nuestro hermano y lucharemos juntos para llegar al reino de los cielos". Al escuchar eso, Santiago cayó de rodillas, y dijo: "Gracias, Señor, porque la oración tiene poder y tu iglesia me ama. Límpiame para que todos juntos lleguemos a tu reino, amén".

Cuando la iglesia ora, suceden cosas maravillosas. Pedro fue librado de la cárcel porque su iglesia no cesaba de orar por él, y aun cuando ya era libre, la iglesia seguía orando sin cesar.

Aprendamos de Jacob, que cuando regresaba a Canaán se aferró al ángel de Dios para que lo bendijera, y no lo soltó hasta que lo hizo. "Vi a Dios cara a cara, y fue librada mi alma" (Gén. 32:30).

Si nos unimos en oración, habrá más fuerza, más poder. Debemos orar juntos para que las almas sean redimidas por el poder de Dios y liberadas del poder del mal. Si imitamos a la iglesia primitiva, intercediendo en oración por aquellos que necesitan salvación de Dios, seremos entonces testigos de sus milagros.

Dios escucha las oraciones

"Jehová, nuestro Dios, nos ha mostrado su gloria y su grandeza,
y hemos oído su voz, que sale de en medio del fuego.
Hoy hemos visto que Jehová habla al hombre, y este aún vive".
Deuteronomio 5:24

ANDREA CONOCIÓ A CRISTO Y DESEABA ACEPTARLO, pero había algo que no le permitía entregarse totalmente a él. Su principal problema consistía en que no quería hacer cambios en su atuendo personal, sobre todo, el uso de joyas. Ella decidió hablar con Dios y pedir su dirección, así que fue a su habitación y se arrodilló y oró.

Mientras oraba, experimentó la sensación de estar ante la presencia de Dios. Sintió en su corazón que las cosas terrenales carecen de valor una vez que Dios ocupa el lugar que le corresponde en nuestra vida. Cuando terminó de orar, sintió que el Señor quería que ella supiera que en verdad él llama y capacita a los candidatos para su reino. Toda duda desapareció y decidió ser bautizada y entregar su vida entera a nuestro Señor.

Cuando oramos, el Señor también nos habla. Podemos escuchar su hermosa voz que confirma nuestra fe y nos da la seguridad de nuestra salvación. Es necesario recordar además que él nos habla primordialmente mediante la Biblia. Debemos permanecer abiertos a escuchar su Palabra escrita. El apóstol Pablo nos insta a abrir nuestros oídos a su voz:

"Es necesario que con más diligencia atendamos a las cosas que hemos oído, no sea que nos deslicemos. Porque si la palabra dicha por medio de los ángeles fue firme y toda transgresión y desobediencia recibió justa retribución, ¿cómo escaparemos nosotros, si descuidamos una salvación tan grande? La cual, habiendo sido anunciada primeramente por el Señor, nos fue confirmada por los que oyeron" (Heb. 2:1-3).

Sin embargo, debemos entrenar nuestros sentidos espirituales para reconocer la voz de Dios en su Palabra. Debemos pedir al Espíritu Santo, el inspirador de los profetas, que ilumine nuestra mente para reconocer qué quiere decirnos Dios. Permitamos que se haga presente, nos toque y nos comunique su voluntad, y traiga paz a nuestro corazón.

Una oración contestada con exactitud

*"En Gabaón se le apareció en sueños Jehová a Salomón una noche.
Y le dijo Dios: 'Pide lo que quieras que yo te dé'".*
1 Reyes 3:5

YO ERA UN JOVEN RECIÉN EGRESADO DE LA UNIVERSIDAD, y estaba en mi primer distrito como pastor de una iglesia recién establecida. Comencé a hacer planes para formar un hogar, aun cuando no tenía a nadie con quien casarme. Mi oración fue: "Señor, dame a alguien que sea una bendición para mí y mi ministerio". Oré durante varios meses con la misma petición, pero cuando fui específico, la respuesta llegó.

Le dije al Señor: "Voy a enviar mañana una tarjeta con un pensamiento a una jovencita. Si ella me contesta de la misma manera dentro de quince días, creeré que es la que has escogido para mí". Envié por correo la tarjeta y seguí orando. Para mi sorpresa, exactamente a los quince días llegó la respuesta, con una tarjeta semejante, que decía: "Gracias por escribirme, estaremos en comunicación". Ese fue el comienzo de una relación y un matrimonio que ha durado más de treinta años.

Dios contesta nuestras oraciones con exactitud cuándo le pedimos específicamente lo que necesitamos. Elena G. de White afirma: "Somos tan cortos de vista y tan propensos a errar, que algunas veces pedimos cosas que no serían una bendición para nosotros, y nuestro Padre celestial contesta con amor nuestras oraciones dándonos aquello que es para nuestro mejor bien, aquello que nosotros mismos desearíamos si, iluminados de celestial saber, pudiéramos ver todas las cosas como realmente son. Cuando nos parezca que nuestras oraciones no son contestadas, tenemos que aferrarnos a la promesa; porque el tiempo de recibir la respuesta ciertamente llegará y recibiremos las bendiciones que más necesitamos" (*El camino a Cristo*, cap. 11, p. 142).

Es maravilloso recibir bendiciones del Señor, pero necesitamos ser constantes en la oración, específicos en nuestras peticiones y permanecer abiertos a su voluntad. Existe una delgada línea entre ser específicos en nuestras plegarias y encapricharnos con una respuesta determinada. Cristo pidió no tener que padecer la muerte, pero terminó su oración abierto a la voluntad del Padre.

Al orar debemos recordar que, tal como Dios dijo a Salomón: "Pídeme lo que quieras", él también está dispuesto a ayudarnos y concedernos sus bendiciones. Él es un Dios de amor y de gran benevolencia que está presto a auxiliar y llenar corazones vacíos con su gracia divina. Sin que lo merezcamos, él extiende su misericordia a nosotros, aun cuando su respuesta no sea la que estamos buscando.

Una oración de gratitud

"Dedíquense a la oración: perseveren en ella con agradecimiento".
Colosenses 4:2, NVI

LAS CAMPAÑAS DE EVANGELIZACIÓN SON BUENAS OCASIONES para ser testigos de milagros que ocurren gracias a la oración. Yo trabajé como líder de una de esas cruzadas en una zona rural. Una gran cantidad de personas asistía cada noche y había muchas peticiones para visitar hogares. Una tarde, cuando el sol calentaba con toda su fuerza, pasamos frente a una casa sencilla que no tenía puertas. Un caballero cantaba en su hamaca. Nos acercamos y le preguntamos si hacía poco que había regresado del trabajo. Con sorpresa, nos dijo: "Hace veintidós años que estoy en esta hamaca sin poder levantarme".

Nos contó que, cuando estaba recién casado, tuvo un accidente que lo dejó paralítico del cuello hacia abajo. Todas las mañanas, su esposa lo colocaba en esa hamaca para volver a llevarlo a su cama en la noche.

Tres años atrás, cansado de su postración, había intentado quitarse la vida. Sin embargo, alguien llegó con el mensaje del evangelio, y le habló del poder de Cristo y de su gracia salvadora. Le aseguró que Cristo le daría un nuevo cuerpo, totalmente renovado, en su segunda venida. Aceptó a Jesús como su único salvador y fue bautizado.

"Desde ese momento, hay gozo en mi corazón, y tengo esperanza de ver a Jesús venir en gloria y majestad. Todos los días elevo una oración de gratitud a mi Dios por haberlo conocido, y estoy feliz porque Cristo vendrá pronto a buscarme. Por eso canto mientras estoy en mi hamaca. Aunque no pueda levantarme, un día el Señor lo hará posible", concluyó.

¿Elevamos nosotros una oración de gratitud a Dios todos los días por habernos redimido? ¿Estamos felices porque Cristo es nuestro Salvador? ¿Esperamos con ansias la venida de nuestro Señor Jesucristo? Pablo nos aconseja: "Dedíquense a la oración: perseveren en ella con agradecimiento". Cada día, meditemos en lo bueno que es Dios con nosotros y en su gran bondad que nos otorga vida y salud. Cada mañana hemos de expresarle a Dios nuestra gratitud y, en nuestras oraciones, digámosle cuánto lo amamos y deseamos que venga pronto a buscarnos. Elevemos nuestra voz como el salmista: "A ti cantaré, gloria mía, y no estaré callado. Jehová Dios mío, ¡te alabaré para siempre!" (Sal. 30:12).

La oración que sale del corazón

"Oye mi oración, Jehová, y escucha mi clamor. No calles ante mis lágrimas,
porque forastero soy para ti y advenedizo, como todos mis padres.
Déjame, y tomaré fuerzas, antes que vaya y perezca".
Salmo 39:12-13

MERCEDES, UNA JOVEN COLPORTORA ESTUDIANTE, salió un verano con mucha necesidad de éxito para poder pagar sus estudios. Le faltaba apenas un año para terminar su carrera, pero no contaba con los medios necesarios. Al llegar al pueblo que le habían asignado para vender libros, una familia se ofreció a hospedarla.

Con mucho entusiasmo, Mercedes salía cada día a ofrecer los libros que llevaba. Tras cinco semanas sin vender uno solo, comenzó a angustiarse. Al borde de la desesperación, Mercedes oró: "¿Por qué me trajiste aquí para fracasar? Sabes que necesito terminar mi carrera. Señor, ayúdame. No me dejes sola, ven a mi lado".

La mañana siguiente, visitó algunos comercios y hogares sin éxito alguno. Durante la tarde, fue al parque principal de la ciudad y se sentó a llorar a solas. De repente, un caballero se sentó a su lado y le preguntó:

—Señorita, ¿qué le sucede? ¿Puedo ayudarla en algo?

—No me pasa nada —dijo ella sin levantar la mirada.

Pero ante la insistencia del hombre, ella le presentó los libros que vendía. El caballero compró dos. Mercedes tomó nota de su dirección para hacer la entrega en quince días.

Esa venta detonó el éxito. De allí en adelante, la joven vendió lo suficiente como para ganar dos becas de estudio y garantizar su graduación. A los quince días, Mercedes fue a entregar los libros que el caballero amablemente había pagado. Su sorpresa fue grande al darse cuenta de que la dirección no existía, y nadie conocía a ese hombre. Mercedes tiene la certeza de que un ángel la animó y le compró los libros.

Dios jamás deja sin contestar la oración que clama por su presencia en nuestra vida. Es más, aunque no lo percibamos, él siempre está a nuestro lado. En ocasiones, como en el caso de Mercedes, su presencia se vuelve tangible por medio de sus ángeles. En el silencio de nuestra soledad o en la compañía de un visitante misterioso, Dios está a nuestro lado, dispuesto a actuar.

La iglesia que ora es una iglesia creciente

"Perseveraban unánimes en oración y ruego, con las mujeres,
y con María la madre de Jesús, y con sus hermanos".
Hechos 1:14

A SUS TREINTA Y CINCO AÑOS, Juan fue sentenciado a sesenta y tres años de prisión, a pesar de ser inocente. Miembros de la iglesia más cercana visitaban todos los sábados a los prisioneros. Allí encontraron a Juan. Le predicaron de Jesús y él aceptó al Salvador. La iglesia comenzó a orar por su libertad. Luego de tres meses de intensa oración, Juan quedó en libertad. Fue bautizado el sábado siguiente, y llegó a ser un miembro activo de la congregación.

Para Dios no hay nada imposible. Cuando la iglesia ora, suceden cosas maravillosas. Los pecadores se convierten al evangelio, los enfermos sanan, los problemas se resuelven, las familias se consolidan y la iglesia crece en el nombre del Señor. Podemos estar seguros de que Dios está con su iglesia cuando ora constantemente. Jesús dijo: "Donde están dos o tres congregados en mi nombre, allí estoy yo en medio de ellos" (Mat. 18:20). Si la presencia de Jesús está en medio de nosotros, tenemos todo: seguridad, vida, salud, esperanza y sobre todo, vida eterna.

Una iglesia pequeña en China, de unos cincuenta miembros, oró durante todo un año para que Dios la reavivara y los ayudara a ganar almas para el Señor. Después de haber orado y ayunado ese año, comenzaron a visitar una comunidad cercana. El poder del Espíritu Santo actuó y preparó a los lugareños para recibir el evangelio. Ese año, llevaron a los pies de la cruz a más de cinco mil almas. La cosecha fue abundante, porque la oración fue abundante. Elena G. de White afirma: "La oración que Natanael ofreció mientras estaba debajo de la higuera, provenía de un corazón sincero, y fue oída y contestada por el Maestro. Cristo dijo de él: '¡Aquí está un verdadero israelita en quien no hay engaño!' (Juan 1:47). El Señor lee el corazón de cada uno y comprende sus motivos y propósitos. 'La oración de los rectos es su gozo' (Prov. 15:8). Él no tardará en oír a aquellos que le abren su corazón, sin exaltarse a sí mismos, sino sintiendo sinceramente su gran debilidad e indignidad" (*Testimonios para la iglesia*, t. 4, p. 525).

La experiencia de la iglesia primitiva quedó registrada en el libro de los Hechos como un modelo de religiosidad. Sin duda, la vida de oración de los primeros cristianos no solamente les ayudó a tener una comunión viva con Dios, sino también a recibir el poder del Espíritu Santo para proclamar las buenas nuevas. Experimentemos el poder la oración grupal. Oremos con nuestros hermanos en la fe. Es una experiencia inolvidable.

La oración mueve corazones

"Vuélvete, Israel, al Señor tu Dios. ¡Tu perversidad te ha hecho caer!
Piensa bien lo que le dirás, y vuélvete al Señor con este ruego:
'Perdónanos nuestra perversidad, y recíbenos con benevolencia,
pues queremos ofrecerte el fruto de nuestros labios'".
Oseas 14:1-2, NVI

UNA PAREJA QUE LLEVABA CINCO AÑOS de matrimonio comenzó a tener falta de comprensión el uno hacia el otro. Ninguno de los cónyuges cedía en sus deseos. Finalmente, el esposo abandonó a Margarita y ella se quedó sola, sufriendo la ruptura del matrimonio. Ellos llevaban ya algunos meses estudiando la Biblia, así que ella se aferró a Dios y comenzó a pedir que alguien la orientara en medio de su crisis.

Ese mismo día, el pastor de la iglesia recordó que habían entregado algunas Biblias a los visitantes que habían asistido a una serie de conferencias, así que decidió visitar a esas personas, y así fue como llegó al hogar de Margarita. El pastor aconsejó a Margarita que se entregara a Dios y confiara plenamente en él. La comunidad de la iglesia actuó también como una red de contención en su situación. Luego de estudiar la Biblia e ir a la iglesia durante varios meses, Margarita fue bautizada y continuó orando por su esposo. Las oraciones y un cambio en su actitud, hicieron que el esposo regresara al hogar, comenzara a estudiar la Biblia y también tomara la decisión del bautismo. El matrimonio fue restaurado.

Dios escucha la oración de los desvalidos y atiende la súplica de los que no tienen esperanza. No hay nada más hermoso que confiarle todo a Jesús, esperar en él, orar insistentemente y derramar nuestros sentimientos y pensamientos en oración. Cuando le entregamos "palabras de súplica", él viene en nuestro auxilio. Elena G. de White declara: "Dios se inclina desde su trono para oír el clamor de los oprimidos. A toda oración sincera, él contesta: 'Aquí estoy'. Levanta al angustiado y pisoteado. En todas nuestras aflicciones, él es afligido. En cada tentación y prueba, el ángel de su presencia está cerca de nosotros para librarnos" (*El Deseado de todas las gentes*, cap. 37, p. 329).

Si persistimos en la oración, alcanzaremos misericordia, nos reanimará el poder de Dios y nuestra vida cambiará. Oremos, supliquemos y confiemos. Hoy será un día de victoria en Cristo.

La oración de entrega total

"Ten piedad de mí, Dios, conforme a tu misericordia;
conforme a la multitud de tus piedades borra mis rebeliones".
Salmo 51:1

EL ÚLTIMO VIERNES DE UNA CAMPAÑA de evangelismo público, hablé de la gracia salvadora de Cristo. Era un día especial de llamado al bautismo y entrega total. Había pasado al frente un buen número de personas, pero un joven de unos veinte años estaba de pie en la puerta del auditorio con un pequeño portafolios en la mano, luchando consigo mismo para decidir si respondía al llamado o no. El canto especial movió su corazón y empezó a caminar hacia la plataforma. Cuando llegó hasta donde estaba el grupo, cayó de rodillas, levantó las manos al cielo y clamó: "Señor, tú sabes que te he fallado; me he alejado mucho tiempo de ti. Por favor, acéptame nuevamente como tu hijo. Te entrego todo mi corazón".

Después de la oración final, me acerqué al joven. Hacía siete años que estaba alejado de Dios. La Biblia que llevaba en su portafolio era como un amuleto para él. Tenía años que no la leía. Sin embargo, al poco tiempo fue bautizado y se convirtió en un gran misionero.

Esa es la experiencia de todo aquel que entrega el corazón a Dios. No importa cómo haya sido su vida, cuán profundo haya caído, ni cuántos errores haya cometido, Dios es grande y perdonador. Cuando acudimos a él y lo reconocemos como nuestro Salvador, para que nos transforme su poder, él nos recibe con los brazos abiertos, como el padre recibió al hijo en la parábola del hijo pródigo (ver Luc. 15). Él no nos recrimina ni nos castiga por lo que hicimos. Nos envuelve en un abrazo perdonador y nos limpia con su manto de justicia para llevarnos a su hogar. Así es nuestro Dios: amoroso, comprensivo y compasivo. Nos rescata del pozo y nos lleva ante la presencia del trono de la misericordia. Entreguémonos totalmente a Dios. Digamos como el salmista: "Ten piedad de mí, Dios, conforme a tu misericordia; conforme a la multitud de tus piedades borra mis rebeliones".

Pidamos lo imposible

"Elías era hombre sujeto a pasiones semejantes a las nuestras, y oró fervientemente para que no lloviera, y no llovió sobre la tierra durante tres años y seis meses. Y otra vez oró, y el cielo dio lluvia y la tierra produjo su fruto".
Santiago 5:17-18

EN UN LUGAR REMOTO DE ÁFRICA no había ni un cristiano, así que un pastor y dos laicos se dirigieron allí para llevar el evangelio. Al llegar al pueblo, solicitaron permiso a las autoridades para impartir su campaña de evangelización, pero se lo negaron, ya que los residentes del lugar dedicarían esa semana a pasear a sus dioses por las calles pidiendo lluvia. Llevaban ya cinco meses de sequía, y el ganado, los sembradíos y la vegetación estaban muriendo.

Al enterarse de la necesidad, el pastor se entrevistó con el jefe de la aldea para que accediera a darles el permiso, pero el jefe insistió en que por el momento no se podía. El pastor entonces le hizo una propuesta: "El Dios de la Biblia es el Dios de los cielos y la tierra. Él tiene en sus manos la lluvia y el mar. Él puede hacer que llueva en este lugar. Dios, el Dios en quien confiamos, hará llover mañana a las seis de la tarde. Si eso sucede, ustedes nos darán permiso para organizar las reuniones".

El jefe estuvo de acuerdo, pero agregó una condición: Si no llovía, el pastor y sus compañeros irían seis meses a la cárcel. Firmaron un convenio por escrito.

El pastor y los dos laicos volvieron al lugar donde estaban hospedados, y oraron toda la noche pidiendo que lloviera a las seis de la tarde. Durante el día, consiguieron un sitio para armar una carpa. La levantaron, pusieron sillas y estuvieron listos para que Dios contestara la oración. A las seis de la tarde, llovió. Llovió durante dos horas, e incluso inundó varios lugares.

La campaña duró cinco semanas. Al final, se bautizaron sesenta personas. Hoy, hay una iglesia fuerte y vigorosa en ese lugar gracias a la oración de fe de ese grupo de evangelistas, que estuvieron dispuestos a ir a la cárcel con el fin de rescatar a otros para el reino de Dios. Pidamos con fe en nuestras oraciones, que Dios está atento y dispuesto a darnos lo que necesitamos.

Una oración sin respuesta

"Para que la grandeza de las revelaciones no me exaltara,
me fue dado un aguijón en mi carne, un mensajero de Satanás que me abofetee,
para que no me enaltezca; respecto a lo cual tres veces he rogado al Señor
que lo quite de mí". 2 Corintios 12:7-8

S AULO DE TARSO, SIENDO PERSEGUIDOR DE CRISTIANOS, recibió el llamado de Dios y sin resistencia aceptó seguir a Cristo hasta el final de su vida. Esa luz que lo iluminó desde el cielo, penetró su corazón y Saulo se convirtió en uno de los predicadores más grandes de la historia.

Durante sus más de treinta años de ministerio, Pablo lidió con cierto problema de salud. En esa situación, le pidió varias veces a Dios que lo sanara, orando intensamente, pidiendo la intervención divina. Derramó su corazón en oración ferviente y le pidió a Dios que tuviera compasión de él. En cierta ocasión, Pablo expresó: "Me fue dado un aguijón en mi carne, un mensajero de Satanás que me abofetee, para que no me enaltezca" (vers. 7). Él entendió que Dios tenía un plan para él, para que se mantuviera humilde, dando gloria al Altísimo, subyugando así el orgullo para que pudiera ver la gloria de Dios.

Añadió: "Y me ha dicho: 'Bástate mi gracia, porque mi poder se perfecciona en la debilidad'" (vers. 9). La respuesta de Dios fue un rotundo no. Dios le dio gracia para soportar el sufrimiento, a pesar de tolerar toda su vida la molestia en su cuerpo. Pablo permaneció fiel a Dios, y no lo culpó por no haberlo sanado, sino que afirmó su fe en Cristo y decidió permanecer fiel hasta la muerte. Al final de su carrera dijo: "He peleado la buena batalla, he acabado la carrera, he guardado la fe. Por lo demás, me está reservada la corona de justicia, la cual me dará el Señor, juez justo, en aquel día; y no solo a mí, sino también a todos los que aman su venida" (2 Tim. 4:7-8).

Si nuestro problema no es resuelto mediante la oración, no desistamos. Al orar, sepamos que Dios está allí sosteniendo nuestra mano y según su voluntad, dando respuesta a la oración. No siempre nos contestará como deseamos, pero responderá de alguna manera aunque no alcancemos a entenderlo, pues ha comprendido nuestra necesidad.

La oración en el nombre de Jesús

"Por la fe en el nombre de Jesús, él ha restablecido a este hombre a quien ustedes ven y conocen. Esta fe que viene por medio de Jesús lo ha sanado por completo, como les consta a ustedes". Hechos 3:16

CUANDO LA PALABRA DE DIOS ES PREDICADA, el enemigo se llena de ira porque muchos son arrebatados de su poder. Satanás procura perturbar a los que están conociendo el camino de la salvación.

En un salón de conferencias, un predicador estaba hablando son origen del pecado, de cómo afectó a toda la humanidad y de cómo Cristo nos libera. En el lugar había una jovencita de unos catorce años muy atenta al mensaje y emocionada por la esperanza en Jesús. Pero de repente, Satanás tomó posesión de ella. Los ancianos de las iglesias la sacaron del salón y la llevaron a un cuarto especial.

Diez hombres no podían dominarla, debido a la fuerza que tenía. Me di cuenta de lo que estaba pasando, y llamé al grupo de oración intercesora para intensificar las oraciones por la joven poseída. Tomé un cartón grande y escribí en él con grandes letras: "Jesús, sálvame". Colocamos la frase frente a sus ojos, y dijimos: "Repite con nosotros". La muchacha fijó sus ojos en el nombre de Jesús, hasta que finalmente fue liberada del poder del enemigo y se levantó sana. El nombre de Jesús es poderoso.

Cuando Pedro se encontró con el cojo de nacimiento en la puerta del templo, le dijo: "En el nombre de Jesucristo de Nazaret, levántate y anda" (Hech. 3:6), y el cojo fue sanado. Pedro confirma este hecho en su discurso en el pórtico de Salomón, cuando le dice al pueblo reunido que la sanación había sido en el nombre de Cristo. Posteriormente, declara: "En ningún otro hay salvación, porque no hay otro nombre bajo el cielo, dado a los hombres, en que podamos ser salvos" (Hech. 4:12). Tengamos fe en el nombre de Jesús, y no solamente seremos sanados o resolveremos nuestros problemas, sino que seremos salvos para la eternidad. Elena G. de White menciona qué implica usar su santo nombre en oración: "Orar en el nombre del Señor Jesús es más que hacer una simplemente mención de su nombre al principio y al fin de la oración. Es orar con los sentimientos y el espíritu de él, creyendo en sus promesas, confiando en su gracia y haciendo sus obras" (*El camino a Cristo*, cap. 11, p. 149).

Experimentemos una relación de fe incondicional en Jesucristo y en sus promesas.

Orar por lo que falta

*"Jehová, a ti he clamado; apresúrate a venir a mí; escucha mi voz
cuando te invoque. Suba mi oración delante de ti como el incienso,
el don de mis manos como la ofrenda de la tarde".*
Salmo 141:1-2

PARA ALGUNOS, LA DISCAPACIDAD ES CAUSA DE desánimo; mientras que para otros, es un desafío y una oportunidad para confiar más en Dios. Adriana quería ser colportora, pero era muda. Sin embargo, pidió a Dios en oración que le concediera llegar a serlo. Así que el Señor le dio la oportunidad: comenzó a colportar tanto en zonas rurales como en urbanas. Ella dedicaba varias horas a la oración para poder hallar gracia ante los clientes que visitaría y para poder mostrar los libros sin decir una sola palabra, señalando los párrafos importantes y las ilustraciones de los libros que vendía.

Dios ha estado con ella, porque a pesar de no poder hablar, ha tenido mucho éxito en la venta de los libros y en hallar personas interesadas en el evangelio. Adriana gana almas para el reino celestial y vende muchos libros para su sostenimiento. ¿Cómo se presenta a la gente? ¿Cómo da los estudios bíblicos?

Cuando oramos, recibimos poder. El panorama se abre y vemos una ventana de oportunidades que, bien aprovechadas, nos llevan al éxito esperado. Es Dios quien actúa en favor nuestro y a través de nosotros. Solo necesitamos confiar en él y dedicar el tiempo necesario a la oración. Sin oración, no se obtienen los dones que muchas veces necesitamos, y que solo vienen de Dios. Él nos hace útiles en la vida y compensa nuestras carencias.

Cuando el rey David engrandeció a Mefi-boset, le devolvió las tierras de su abuelo Saúl, lo colocó como uno de sus hijos, y le dio una ración de comida de por vida en la mesa del rey. Lo mismo hace Dios con los hijos que lo buscan de todo corazón, orando constantemente para alcanzar misericordia delante del trono del Omnipotente.

La relación entre la oración y la recompensa es clara en esta cita: "Todos nuestros ruegos llegan al corazón de Dios cuando acudimos a él creyendo […]. Deberíamos pensar en nuestro Padre celestial como más dispuesto a ayudarnos de lo que un padre terrenal está dispuesto a ayudar a su hijo" (*A fin de conocerle*, p. 232). Si clamamos a Dios todos los días y le pedimos que nos capacite, él vendrá a nosotros y suplirá nuestras necesidades. Acudamos a Dios pidiendo que nos dé capacidades suficientes para honrar su santo nombre.

Dios nos escucha en las emergencias

"Mas yo a ti he clamado, Jehová,
y de mañana mi oración se presenta delante de ti".
Salmo 88:13

HABÍAMOS ORGANIZADO UNA SERIE DE EVANGELIZACIÓN en una iglesia. Sin embargo, al llegar nos encontramos con la sorpresa de que no se había realizado una correcta preparación espiritual para hacer frente al enemigo de las almas. A la primera reunión, el sábado en la noche, asistieron solamente cinco visitas. Pregunté si los miembros de la iglesia estaban dando estudios bíblicos en los hogares, y la respuesta fue negativa. Tampoco estaban impartiendo clases bautismales, ni tenían un plan sistemático de testificación. En otras palabras, no había nada que se pudiera hacer por esa campaña, a menos que Dios interviniera.

Le di a la iglesia dos opciones: cancelar la campaña por falta de preparación, o pasar toda la noche orando para que Dios interviniera. La iglesia escogió orar fervorosamente. Comenzamos a leer pasajes de la Biblia y a orar tanto individualmente como en grupos. Dedicamos un buen tiempo a pedir la intervención divina. El resultado fue increíble: tuvimos una muy buena asistencia de visitas en las siguientes noches.

Muchos no podían creer lo que estaba sucediendo, pero habíamos orado para que ocurriera un milagro, y estoy seguro de que el Espíritu Santo tocó el corazón de muchos para que asistieran. Únicamente necesitamos creer en la oración y dedicarle suficiente tiempo. Dios se encarga de los resultados cuando confiamos en él y le pedimos que intervenga. Los resultados vienen de Dios, quien quiere que confiemos en él.

Elena G. de White destaca la relación que existe entre la confianza en Dios y los resultados alcanzados: "Los que logran los mayores resultados son los que confían más implícitamente en el Brazo todopoderoso. El hombre que exclamó: 'Sol, detente en Gabaón, y tú, luna, en el valle de Ajalón' (Jos. 10:12), es el mismo que durante muchas horas permanecía postrado en tierra, en ferviente oración, en el campamento de Gilgal. Los hombres que oran son los hombres fuertes" (*Patriarcas y profetas*, cap. 47, p. 485).

Oremos de nuevo hoy, pidiendo que Dios haga un milagro en nuestra vida. Recordemos que para él nada es imposible.

La oración que transforma vidas

*"Cuando mi alma desfallecía en mí, me acordé de Jehová,
y mi oración llegó hasta ti, hasta tu santo Templo".*
Jonás 2:7

ALICIA TENÍA SOLO DOCE AÑOS cuando se adentró en el mundo de las drogas. También formó parte de varias bandas delictivas en los suburbios de la Ciudad de México. Estuvo en la cárcel más de cinco veces. Estuvo involucrada en más de treinta muertes y en cientos de asaltos a mano armada. La última vez que terminó en la cárcel, tenía veinticinco años y fue sentenciada a setenta años de prisión. Cuando había pasado unos tres años encarcelada, llegó un misionero para hablarle del amor de Jesús. Su vida comenzó a cambiar, y el poder de Dios obró una completa conversión en ella. Su oración era: "Dios mío, por favor, cambia mi corazón y perdona todos los pecados que he cometido desde mi adolescencia". Oraba varias veces al día, recibió estudios bíblicos, aceptó a Jesús como su Salvador personal y decidió ser bautizada.

Surgieron muchos obstáculos para realizar el bautismo dentro de la cárcel, porque era considerada una persona de alta peligrosidad. Así como Saulo no era bien visto por Ananías cuando recibió la indicación de Dios de ir a bautizarlo, tanto los de la cárcel como los mismos hermanos se mostraron reacios. Finalmente, consiguieron el permiso. El bautismo trajo perdón, paz y plenitud a la vida de Alicia.

Pasado un tiempo, un caballero fue a visitarla. Le hizo muchas preguntas y obtuvo de ella su acta de nacimiento y otros documentos con la promesa de que alguien lo había enviado para ayudarla y hacer lo posible por conseguir su libertad. Pasó el tiempo y Alicia se olvidó del asunto. Un día ese mismo caballero llegó con un documento que le otorgaba la libertad. Alicia, sorprendida, preguntó: "¿Quién gestionó mi salida? ¿Es verdad que soy libre? ¿No es un engaño?". El caballero dejó el documento en sus manos sin contestar las preguntas y se retiró. Alicia salió de la cárcel, aun cuando había sido sentenciada a setenta años de prisión por todos los delitos cometidos. Ella está convencida de que Dios envió a un ángel para liberarla, dado que nunca más supo de esa persona. Como un acto de gratitud a Dios, Alicia creó un centro de rehabilitación para enfermos mentales, que actualmente se sostiene con los donativos de los lugares donde ella narra su conversión milagrosa.

Si oramos para que Dios cambie nuestras vidas, él lo hará para que también podamos ayudar a otros. Oremos para que Dios transforme nuestro corazón.

El ministerio de la oración intercesora

"En aquellos días él fue al monte a orar,
y pasó la noche orando a Dios". Lucas 6:12

L A EXPERIENCIA DEL CRECIMIENTO DE LA IGLESIA en el ministerio del pastor John Maxwell se debe al poder de la oración. Todo comenzó cuando un miembro de su iglesia fue a visitarlo para orar por él. Como no sabía quién era, el pastor Maxwell le dijo a su secretaria que si tardaba más de quince minutos, los interrumpiera para que diera por terminada la entrevista. Pero el hermano llegó para orar por él y por su ministerio, y estuvieron reunidos durante más de una hora. Este hermano había estado orando desde hacía dieciocho meses para que Dios lo guiara hacia un pastor y orar por él, y después de tanto tiempo lo encontró.

Tras esa experiencia, John Maxwell organizó un ministerio de oración en su iglesia, convencido de que en la oración radica la fuente de poder. El grupo comenzó con treinta miembros, y al poco tiempo eran más de cien personas orando. En catorce años, la iglesia pasó de tener mil miembros a casi cuatro mil. La iglesia floreció por el poder de la oración. Mientras no hubo oración intensa, no hubo crecimiento. La mayor bendición fue el crecimiento espiritual que se evidenciaba en ella.

Se necesita mucha oración para avanzar y cumplir la misión que Jesús nos legó. John Wesley reconoció también el poder de la oración cuando dijo: "Dios no hace nada si no es por medio de la oración. Cuando las personas oran juntas, Dios actúa con poder. Hace posible lo imposible. Mediante la oración, Dios multiplica grandemente nuestros esfuerzos".

Elena G. de White declara: "Así como en la antigüedad descendió fuego del cielo cuando se ofreció una oración y consumió el sacrificio que estaba sobre el altar, así también el fuego celestial descenderá a nuestras almas como respuesta a nuestras oraciones [...]. El Dios que escuchó la oración de Daniel escuchará las nuestras cuando acudamos a él arrepentidos" (*A fin de conocerle*, p. 273).

Si cuando Elías oró, Dios hizo descender fuego del cielo para consumir todo lo que había en el altar, hasta el agua; cuánto más responderá las oraciones de sus hijos que se unen con el propósito de proclamar el mensaje del evangelio. La promesa del poder del Espíritu Santo en respuesta a nuestras oraciones sigue vigente. Probémosla con fe.

Dios está atento a nuestro corazón

"Jehová, escucha mi oración y llegue a ti mi clamor.
No escondas de mí tu rostro en el día de mi angustia; inclina a mí tu oído;
apresúrate a responderme el día que te invoque".
Salmo 102:1-2

EN OCTUBRE DE 2005, EL HURACÁN STAN golpeó con fuerza el sur de México. En la costa del estado de Chiapas, el agua bajó de las montañas arrastrando piedras y árboles, y destrozando carreteras y puentes. Pueblos enteros fueron reducidos a lodo y barro. En uno de estos pueblos vivía un humilde anciano de ochenta años, que era diácono en su iglesia. En el momento de la tragedia, estaba como siempre en su cama, ya que estaba enfermo. El agua venía arrasando casas enteras, y él pudo sentir el estruendo. Cuando se dio cuenta de lo que sucedía, clamó a Dios: "Señor, si me has librado de tantos males, líbrame ahora de este desastre". Su testimonio es que, de improvisto, apareció un personaje de gran estatura, lo tomó en sus brazos y lo puso en tierra firme. Sin decir una sola palabra, se retiró del lugar. Este hermano asegura que un ángel de Dios lo sacó de la zona de desastre y lo puso a salvo.

Así actúa Dios a favor de sus hijos y los libra en medio de las dificultades. A pesar de las pruebas por las que estemos pasando, recordemos que la oración "es la llave en la mano de la fe para abrir el almacén del cielo" (*El camino a Cristo*, cap. 11, p. 140). La oración es el medio que la fe utiliza para conectarse con Dios y sus bendiciones. Elena G. de White señala la interrelación entre ambas: "¡Cuán fuertes son la verdadera fe y la verdadera oración! Son como dos brazos por los cuales el suplicante humano se aferra del poder del amor infinito" (*Mente, carácter y personalidad*, t. 2, p. 560).

No olvidemos que Dios está a nuestro alcance en todo momento. La debilidad del hombre es la fortaleza de Dios. Él hace lo que no puede hacer el hombre, porque en él están la fuerza, el poder y la gloria. Como dice el canto:

"Dios está aquí, es tan cierto como el aire que respiro.
Es tan cierto como en la mañana, se levanta el sol.
Es tan cierto como que le canto y me puede oír".
Elevemos nuestra voz a Dios y supliquemos su bendición.

El privilegio de orar en favor de los demás

"Por eso, confiésense unos a otros sus pecados, y oren unos por otros,
para que sean sanados. La oración del justo es poderosa y eficaz".
Santiago 5:16, NVI

S ILVANA COMENZÓ A SENTIRSE MAL. Tras algunos estudios, encontraron que
tenía cáncer de colon. Comenzó a recibir quimioterapia en un hospital
reconocido de la ciudad. Después de varios tratamientos, le dijeron que no se
podía hacer nada más por ella: el cáncer se había extendido. Consultó otras
opiniones médicas, pero todos los especialistas le dieron el mismo diagnóstico.
En su búsqueda de alguna esperanza, llegó a otro hospital donde trabajaban
algunos médicos adventistas. Uno de ellos la atendió, y ella le relató su caso.

Aunque Silvana no era religiosa, el médico le habló del amor de Dios y le
dijo que Dios está dispuesto a escuchar las oraciones de los que se acercan con
fe. Además, le dijo que como cirujano podía operarla para tratar de extirpar
el cáncer. Dado que era la única opción alentadora que le habían presentado,
Silvana aceptó someterse a la cirugía. En el quirófano, antes de recibir la
anestesia, el médico adventista hizo una oración por ella, pidiendo que Dios
interviniera con su mano sanadora. Los ojos de Silvana brillaron de esperanza
y expresó: "Me encomiendo a las manos de Dios".

El médico hizo todo lo posible para extirpar el cáncer. La mejoría de Silvana
fue inmediata y a los diez días salió del hospital. El cáncer desapareció por
completo. Silvana estaba segura de que la oración del médico, no su operación,
le salvó la vida. Ella quiso saber más de ese Dios poderoso y misericordioso.
Entregó su corazón a Jesús, y ahora es miembro de la Iglesia Adventista.

Uno de los mayores privilegios que Dios nos ofrece es interceder por los
demás en oración. Gracias a canales y medios que no podemos comprender,
Dios actúa a favor de aquellos por los que intercedemos. Elena G. de White
habla de la oración de Jesús en favor de sus apóstoles: "En su oración por sus
discípulos, Cristo dice que no solo oró por los que estaban en su presencia
inmediata, sino 'también por los que han de creer en mí por la palabra de ellos'
(Juan 17:20)" (*Mensajes selectos*, t. 1, p. 308).

No nos cansemos de orar por los demás. Aprovechemos cada oportunidad
que se nos presente para elevar una oración que bendiga a otros.

El poder de las cadenas de oración

"Mientras tanto, ustedes nos ayudan orando por nosotros.
Así muchos darán gracias a Dios por nosotros a causa del don que
se nos ha concedido en respuesta a tantas oraciones".
2 Corintios 1:11, NVI

CARLOS ERA MUY QUERIDO POR TODOS debido a su espíritu servicial. Él no medía esfuerzos para servir en la iglesia y trabajaba a la hora que se le pedía. Era tanto su afán por terminar los trabajos pendientes, que una vez se quedó después de su horario habitual, cuando ya se habían ido casi todos los empleados de la oficina. Cuando estaba realizando su tarea, se quedó paralizado sobre un escritorio debido a un derrame cerebral.

Afortunadamente, alguien lo encontró y lo llevaron de inmediato al hospital. Después de varios estudios y análisis, el médico llamó a sus familiares y les comunicó que Carlos tenía muerte cerebral; debían prepararse para lo peor. Yo estaba acompañándolos y le dijimos al médico que clamaríamos a Dios mientras ellos luchaban por reanimarlo. Ese mismo día, se pidió también a muchos que nos ayudaran a orar por él.

Después de algunos días, el médico nos dio la grata noticia de que Carlos había despertado y que en pocos días saldría del hospital. Para toda la iglesia eso fue un milagro palpable. Vimos cómo la mano de Dios actuó en favor de su pueblo unido en oración. La cadena unió a la iglesia con un propósito y pudimos ser testigos de un milagro. El versículo de hoy señala que el apóstol Pablo creía en el poder de la iglesia intercesora y destaca la unidad y las bendiciones que reciben los que se unen en oración por otros.

Elena G. de White nos aconseja orar juntos con fervor: "Hay necesidad de oración, de oración muy ferviente, sincera, como en agonía, de oración como la que ofreció David cuando exclamó: 'Como el ciervo brama por las corrientes de las aguas, así clama por ti, Dios, el alma mía' (Sal. 42:1). 'He anhelado tus mandamientos' (Sal. 119:40). 'He deseado tu salvación' (Sal. 119:174). '¡Anhela mi alma y aun ardientemente desea los atrios de Jehová!; ¡mi corazón y mi carne cantan al Dios vivo!' (Sal. 84:2). 'Quebrantada está mi alma de desear tus juicios en todo tiempo' (Sal. 119:20). Tal es el espíritu de la oración que lucha, como el que poseía el real salmista" (*Testimonios para la iglesia*, t. 4, p. 525).

Cuando oramos en comunión para interceder por los demás, Dios se hace presente y nos extiende sus brazos de amor que nos cobijan. ¿Conocemos alguien que necesite una oración intercesora? No esperemos más tiempo, es momento de orar por aquellos que sufren.

La oración es el soporte de la vida

"De lo profundo, Jehová, a ti clamo. Señor, oye mi voz;
estén atentos tus oídos a la voz de mi súplica". Salmo 130:1-2

L A VIDA ES TAN CORTA Y HAY TANTO QUÉ HACER que cuando sentimos que se nos escapa de las manos nos llenamos de angustia y congoja, y anhelamos recuperar la salud perdida. Mariana, una joven de dieciocho años, había enfermado gravemente. Sus padres la llevaron al hospital y los médicos le diagnosticaron leucemia. Desde ese momento, la iglesia invitó a la congregación a orar por ella mediante una cadena de oración. Además, Mariana fue ungida. Desde lo profundo de su corazón, ella clamó a Dios por salud.

Pero lo más admirable fue la fe que tuvo en su Padre celestial. Una fe tan grande, que fue capaz de sostenerla durante todas las sesiones de quimioterapia que recibió. Parecía que sus planes de terminar sus estudios universitarios habían llegado a su fin. Según los médicos, no había esperanzas. Pero su ánimo era inquebrantable. Cuando recibía visitas, salían reconfortados al ver su confianza en Dios.

Finalmente, Dios actuó. Los últimos análisis revelaron que no había rastros de la enfermedad. Mariana pudo seguir con sus estudios, y logró forjar una carrera con la que dio gloria a Dios a cada momento. Ella está convencida de que Dios escuchó su súplica y obró con poder para sanarla. Por ello, ahora glorifica el nombre de Dios con su vida. Mariana tomó al pie de la letra la invitación de Jesús: "Pidan, y se les dará; busquen, y encontrarán; llamen, y se les abrirá. Porque todo el que pide, recibe; el que busca, encuentra; y al que llama, se le abre" (Mat. 7:7-8).

Estamos viviendo los momentos finales de la historia. Todavía podemos acercarnos al trono de la gracia y recibir el oportuno socorro. No tenemos que esperar a perder la salud para acercarnos a Dios y recibir sus bendiciones. Por medio de la oración, podemos cultivar una relación íntima con Dios: oremos individualmente, oremos en grupos, oremos en familia. Dios está dispuesto a derramar sus bendiciones en estos momentos culminantes de la historia. Elena G. de White afirma: "Hay ahora necesidad de mucha oración. Cristo ordena: 'Orad sin cesar'; esto es, mantener la mente elevada a Dios, la fuente de todo poder y eficiencia" (*La oración*, p. 34). Oremos y derramemos todo nuestro ser, espíritu, alma y cuerpo en gratitud a Dios, esperando su respuesta.

Orar: una tarea de la iglesia

"Hermanos, escojan de entre ustedes a siete hombres de buena reputación,
llenos del Espíritu y de sabiduría, para encargarles esta responsabilidad.
Así nosotros nos dedicaremos de lleno a la oración y al ministerio de la palabra".
Hechos 6:3-4

L A EXPERIENCIA DE LA IGLESIA PRIMITIVA sigue siendo admirable. Gracias a la dedicación, a la oración y a la unidad que procuraron tener, experimentaron un crecimiento extraordinario, no solamente en el número de miembros, sino también en la vida espiritual, en la madurez doctrinal y en la salud física. Cuando se reunieron en el aposento alto, fue para orar y esperar la promesa del descenso del Espíritu Santo.

La oración constituyó el centro de la vida espiritual y de todas las actividades de la iglesia primitiva. Oraban para elegir a sus dirigentes, para resolver sus problemas durante la persecución, para predicar con poder el evangelio y para pedir sanidad. Cuando Pedro y Juan fueron juzgados ante el concilio y luego liberados, los dos apóstoles regresaron con el grupo de cristianos. La iglesia se unió en oración suplicante ante el Dios soberano, pidiendo su intervención. Cuando terminaron de orar, el lugar en el que estaban reunidos tembló y todos fueron llenos del Espíritu Santo para testificar con poder de la Palabra (ver Hech. 4:31). La iglesia se llena de poder cuando se une en oración.

Esteban, uno de los grandes hombres de Dios en el libro de Hechos, era un hombre de oración. Un grupo que se oponía al evangelio disputaba con él, pero no podía resistir la sabiduría y el espíritu con que hablaba. Cuando lo apedrearon, Esteban cayó de rodillas, clamando a gran voz: "'Señor, no les tomes en cuenta este pecado'. Habiendo dicho esto, durmió" (Hech. 7:60). Aun en sus últimos momentos de vida, Esteban pronunció una oración de intercesión por aquellos que lo apedreaban.

Elena G. de White resalta el poder de la oración: "Las mayores victorias de la iglesia de Cristo o del cristiano no son las que se ganan mediante el talento o la educación, la riqueza o el favor de los hombres. Son las victorias que se alcanzan en la cámara de audiencia con Dios, cuando la fe fervorosa y agonizante se aferra del poderoso brazo de la omnipotencia" (*Patriarcas y profetas*, cap. 18, p. 179).

Como iglesia de Dios en los últimos días, debemos reunirnos para orar y esperar el cumplimiento de la promesa del derramamiento del Espíritu Santo en la lluvia tardía. La oración traerá victorias y poder para proclamar el mensaje. ¡Ojalá que los momentos más dulces que pasemos con Jesucristo sean a través de la oración!

El rincón de oración

"Un día de reposo salimos fuera de la puerta,
junto al río, donde solía hacerse la oración. Nos sentamos
y hablamos a las mujeres que se habían reunido".
Hechos 16:13

UN SÁBADO EN LA MAÑANA, YESSENIA, una joven de veinte años, comenzó el día como cualquier otro fin de semana. Cuando se estaba arreglando para salir, recordó una invitación que le habían hecho para ir a la iglesia. Ella solía ir cuando era niña, pero ahora disfrutaba más las salidas nocturnas con sus amigos. Sin embargo, aquel día sintió que el vacío que experimentaba en su vida solamente lo podría llenar si volvía a la iglesia. Así que en el último momento decidió asistir.

Sucedió que en el templo al que llegó le dieron una agradable bienvenida, y alguien que la conocía la invitó a participar en un programa especial que presentarían esa misma mañana. A regañadientes, aceptó realizar un papel secundario. Cuando terminó, fue a la sala pastoral para quitarse el traje con el que había participado en la dramatización.

Al retirarse, le llamó la atención un cuarto hermosamente arreglado, con alfombra, cojines para arrodillarse, arreglos florares y un letrero que decía: "Rincón de oración". Se sintió atraída hacia el sitio, entró, y cayó de rodillas para abrir su corazón a Dios. Allí pudo sentir la presencia del Espíritu Santo, y tuvo la certeza de que Dios escuchó su clamor. Confesó sus pecados y pidió un cambio de vida. Cuando se dio cuenta, ya era mediodía y el servicio había terminado. Al salir de la iglesia, Yessenia no era la misma. La paz, el perdón y la serenidad habían regresado a su corazón.

Ella afirma que aquel día cambió su vida. El libro de Hechos nos dice que los apóstoles siguieron la costumbre judía de tener un lugar para la oración. Si cada hogar cristiano y cada iglesia tuviera un rincón de oración, habría más poder y quizá más experiencias como la de Yessenia. Mi deseo es que seamos reconocidos como guerreros de la oración, y nuestras iglesias como iglesias de oración.

La oración de Jesús

"Cristo, en los días de su vida terrena, ofreció ruegos
y súplicas con gran clamor y lágrimas al que lo podía librar de la muerte,
y fue oído a causa de su temor reverente". Hebreos 5:7

ES PROBABLE QUE JESÚS HAYA PASADO MÁS TIEMPO en oración que en cualquier otra actividad. Oraba por su misión, por los enfermos y por sus discípulos. En el desierto ayunó cuarenta días y cuarenta noches, y sus oraciones fueron intensas. Elena G. de White afirma: "Cuando Jesús entró en el desierto, fue rodeado por la gloria del Padre. Absorto en la comunión con Dios, se sintió elevado por encima de las debilidades humanas. Pero la gloria se apartó de él, y quedó solo para luchar con la tentación" (*El Deseado de todas las gentes*, cap. 12, p. 97).

Cuando la tentación llegó, él ya había ganado la batalla mediante la oración.

Según el evangelio de Mateo, Jesús enseñó a sus discípulos a orar para librarse de la tentación, enfatizando la oración a solas con el Padre. Recomendó una oración sin vanas repeticiones, porque él ya sabe cuáles son nuestras necesidades. Es mejor una oración sincera y franca, dirigida al Padre, pidiendo en su nombre.

Jesús anhela que oremos. De hecho, la Biblia nos invita continuamente a ejercitar la oración. Oremos entonces para no caer en tentación. Oremos para estar más cerca de Jesús y ser fortalecidos espiritualmente.

La única fuente de esperanza

"Que el Dios de la esperanza los llene de toda alegría y paz a ustedes que creen en él, para que rebosen de esperanza por el poder del Espíritu Santo".
Romanos 15:13, NVI

¿PUEDE HABER ESPERANZA EN ESTE MUNDO LLENO DE TINIEBLAS? Cuanto más oscuro y tenebroso es el mundo, más resplandece la esperanza en Cristo Jesús. Muchos ponen su confianza en cosas que no pueden proveerles seguridad, como el dinero, el poder, la fama o las personas; pero nada de este mundo puede brindar esperanza genuina.

La vida sin esperanza carece de sentido. Podría decirse que la esperanza es el antídoto para el temor que nos invade. Muchos no tienen esperanza, y por ello se enfocan en el presente inmediato, el placer instantáneo y la satisfacción momentánea. No tienen nada ni nadie en quien depositar su esperanza.

El 30 de octubre de 2006, dos alpinistas mexicanos, Alfonso de la Parra y Andrés Delgado, intentaron escalar el monte Everest (el más alto del planeta, con 8.848 metros de altura). Sin embargo, antes de llegar a la cima, se perdieron debido a una nevada muy intensa. Sus familiares y amigos dieron aviso a las autoridades, y rescatistas especializados comenzaron la búsqueda por tierra y también por aire, usando helicópteros.

Con el paso de las horas, los familiares les preguntaron a los rescatistas si había esperanza de encontrarlos con vida. Los socorristas dijeron que, por las circunstancias extremas en las que se encontraban, los alpinistas solamente podrían sobrevivir cinco o siete días, pero que más allá de ese período no habría esperanzas de encontrarlos con vida.

Depositar nuestra confianza en nuestra propia fuerza, inteligencia o potestad, puede terminar dejándonos con una gran decepción. Independientemente de cuán bienintencionados podamos ser, jamás podremos lograr lo imposible. Solo en Dios hemos de depositar nuestras esperanzas, pues él es el único capaz de lograr lo imposible. El salmista asegura: "Bienaventurado aquel cuyo ayudador es el Dios de Jacob, cuya esperanza está en Jehová su Dios" (Sal. 146:5).

Esto es fundamental cuando hablamos de nuestro destino eterno. Dios es nuestra única esperanza, fuera de él no hay salvación. Él nos ha prometido la vida eterna si creemos en el sacrificio de Cristo en la cruz. Él pagó el precio de la salvación, venció por nosotros, y por eso esperamos confiados en él. Demos gracias a Dios por la bendita esperanza que él ha puesto en nuestro corazón. ¡Alabado sea su santo nombre!

Los mineros de la esperanza

*"Pero yo he puesto mi esperanza en el Señor;
yo espero en el Dios de mi salvación. ¡Mi Dios me escuchará!".*
Miqueas 7:7, NVI

CUANDO MIRAMOS EL ESTADO ACTUAL DE LA SOCIEDAD, de la familia, o de nuestra propia vida, nos cuesta creer que aún tengamos esperanza. El poeta irlandés Oliver Goldsmith resalta lo que la esperanza puede generar en nosotros: "La esperanza, cual reluciente luz de vela, adorna y alegra el camino. De esta manera, cuanto más oscura se vuelve la noche, emite más fulgurante brillo". Cuando se nos apaga la luz de la esperanza, quedamos a oscuras y contagiamos con lobreguez todo lo que tocamos. Humanamente, somos incapaces de volver a encender esa llama en nosotros. La única opción que tenemos es recibirla de Dios.

Esperar en Dios cambia de manera radical nuestras perspectivas. La suya no es una esperanza vana ni de miras cortas. El apóstol Pablo afirma: "Si solamente para esta vida esperamos en Cristo, somos los más dignos de lástima de todos los hombres" (1 Cor. 15:19). No, no esperemos en esta vida, sino en el más allá: "En la esperanza de la vida eterna. Dios, que no miente, prometió esta vida desde antes del principio de los siglos" (Tito 1:2).

En 2010 treinta y tres mineros estuvieron atrapados durante setenta días en la mina San José, en Chile, a una profundidad de setecientos metros. A pesar de su terrible situación, nunca perdieron la esperanza de ser rescatados, de salir de esa gran oscuridad, de ver de nuevo a sus familiares. Esa esperanza los mantuvo con vida hasta el día de su liberación. Mientras estaban allí, la esposa de uno de ellos dio a luz a una niña, y la llamó Esperanza.

A través de un tubo, los mineros recibieron una Biblia. La lectura de las promesas divinas registradas en las Escrituras alimentó su confianza. Finalmente, el 13 de octubre fueron rescatados en medio de lágrimas de alegría. La paz regresó a sus corazones.

En el versículo de hoy, el profeta Miqueas nos dice que descansaba seguro porque había puesto su esperanza en el Dios de su salvación. Oremos para que hoy Dios siga afirmando nuestra esperanza en él.

La esperanza de ver a Jesús

"En esperanza fuimos salvos; pero la esperanza que se ve, no es esperanza;
ya que lo que alguno ve, ¿para qué esperarlo?".
Romanos 8:24

LA ESPERANZA ES COMO UN ANCLA QUE NOS SOSTIENE en momentos de dificultad. ¿Y qué esperamos? El cumplimiento de la promesa de Dios: "No se turbe el corazón de ustedes. Creen en Dios; crean también en mí. En la casa de mi Padre muchas moradas hay. De otra manera, se los hubiera dicho. Voy, pues, a preparar lugar para ustedes. Y si voy y les preparo lugar, vendré otra vez y los tomaré conmigo para que donde yo esté ustedes también estén" (Juan 14:1-3, RV2015).

Nuestra esperanza es ver a Jesús regresar en gloria y majestad, e ir a vivir con él por la eternidad. Esta es una emocionante promesa; por eso, el apóstol Pablo nos anima: "Mantengamos firme, sin fluctuar, la profesión de nuestra esperanza, porque fiel es el que prometió" (Heb. 10:23). En la fidelidad divina tenemos el fundamento de nuestra esperanza. El apóstol Pablo agrega: "Por esto mismo trabajamos y sufrimos oprobios, porque esperamos en el Dios viviente, que es el Salvador de todos los hombres, mayormente de los que creen" (1 Tim. 4:10). Cuando nuestro Señor venga y se cumpla la promesa, el pueblo de Dios dirá: "¡He aquí, este es nuestro Dios! Le hemos esperado, y nos salvará. ¡Este es Jehová, a quien hemos esperado! Nos gozaremos y nos alegraremos en su salvación" (Isa. 25:9).

El apóstol Pablo afirma que "en esperanza fuimos salvos" (Rom. 8:24), debido a que esperamos la consumación de esa salvación. La cruz es la garantía de la segunda venida. La victoria en la cruz nos hace esperar confiados ese futuro que aún no podemos ver, pero que damos por cierto. Además, tenemos esa seguridad porque Dios lo ha prometido. Él garantiza nuestra esperanza. Por eso, cuando nos alejamos de él, la esperanza se aleja de nosotros. Acercarnos a él es acercarnos a la esperanza.

Imaginemos que padecemos una extraña enfermedad mortal. Hemos agotado todos los recursos posibles para encontrar una cura y estamos condenados a morir. Entonces, escuchamos hablar de un médico que tiene un tratamiento revolucionario. Todos los pacientes que ha atendido, han sanado por completo. La decisión es simple: recibir el tratamiento del médico y vivir, o rechazar su ayuda y morir. De la misma manera, Dios tiene la cura para la enfermedad mortal de la desesperanza. Si aceptamos a Cristo como nuestra única esperanza, seremos salvos en él. Renovemos hoy nuestras baterías espirituales y, por consiguiente, nuestra esperanza.

Esperanza y salvación

"Pablo, siervo de Dios y apóstol de Jesucristo, conforme a la fe de los escogidos de Dios y el conocimiento de la verdad que es según la piedad, en la esperanza de la vida eterna. Dios, que no miente, prometió esta vida desde antes del principio de los siglos". Tito 1:1-2

EN ESTOS VERSÍCULOS, EL APÓSTOL PABLO vincula el conocimiento de la verdad con "la esperanza de la vida eterna". En otras palabras, nos dice que la esperanza surge cuando conocemos a Dios en su Palabra. Cuando conocemos a Dios y ponemos nuestra confianza en él, nuestro corazón se llena de esperanza y crece nuestra vida espiritual.

El apóstol Juan dice: "Todo aquel que tiene esta esperanza en él, se purifica a sí mismo, así como él es puro" (1 Juan 3:3). La esperanza y la fe son las manos que reciben la salvación ofrecida por Dios.

Nuestra esperanza como cristianos no es un espejismo en medio del desierto de esta vida. No es una ilusión ni una utopía. Está basada en las promesas de un Dios "que no miente". El apóstol Pablo destaca que nuestra esperanza está fundamentada sobre las promesas que Dios estableció a través de un juramento:

"Queriendo Dios mostrar más abundantemente a los herederos de la promesa la inmutabilidad de su consejo, interpuso juramento, para que por dos cosas inmutables, en las cuales es imposible que Dios mienta, tengamos un fortísimo consuelo los que hemos acudido para asirnos de la esperanza puesta delante de nosotros. La cual tenemos como segura y firme ancla del alma, y que penetra hasta dentro del velo" (Heb. 6:17-19).

La esperanza es el ancla del alma; produce estabilidad y nos mantiene seguros en medio de las tormentas de la vida. El salmista asegura que la misma tiene un origen divino, y la compara con la seguridad de una roca: "En Dios solamente reposa mi alma, porque de él viene mi esperanza. Solamente él es mi roca y mi salvación. Es mi refugio, no resbalaré" (Sal. 62:5-6).

Si aceptamos la invitación de Cristo y nos aferramos a esta bendita esperanza, no habrá tormenta que pueda arrebatarnos la salvación. Así pues, Dios nos ofrece dirección y sentido en esta vida, además de protección para que lleguemos a buen puerto. Cuando las olas del temor y la preocupación nos amenacen, lancemos el ancla de la esperanza y confiemos en Dios.

Mi esperanza es Cristo Jesús

"Bienaventurado aquel cuyo ayudador es el Dios de Jacob,
cuya esperanza está en Jehová su Dios".
Salmo 146:5

CUANDO ELENA G. DE WHITE ESTABA EN AUSTRALIA, enfermó gravemente. Durante esta experiencia, escribió: "Cuando el dolor se me hacía casi insoportable, miraba a Jesús y oraba fervientemente, y él estaba junto a mí, y la oscuridad desaparecía para dar paso a la luz. El aire mismo parecía tener una agradable fragancia. ¡Cuán gloriosa lucía la verdad! ¡Cuán elevadora! Podía descansar en el amor de Jesús. El dolor seguía presente, pero la promesa: 'Bástate mi gracia', era suficiente para sostenerme. Los dolores más agudos parecían convertirse en paz y reposo. En la noche, durante horas he tenido una dulce comunión con Dios. Mi mente parecía estar iluminada. No tenía disposición para murmurar ni quejarme. Jesús era el motivo de mi esperanza, gozo y ánimo" (*A fin de* conocerle, p. 285).

Si Cristo es nuestra esperanza, ¿por qué entonces no lo buscamos? ¿Por qué no confiamos plenamente en sus promesas de salvación? Solamente en él tenemos seguridad. Solo él trae paz al corazón. Es Jesús el que puede rescatarnos del pozo en que ha caído nuestra vida; él sacia nuestra sed, nos llena de favores y de misericordia. El apóstol Pablo nos invita a poner "los ojos en Jesús, el autor y consumador de la fe" (Heb. 12:2). No importa cuán profundo hayamos caído, él puede levantarnos y fortalecernos. ¡Él es el Dios de la esperanza!

La vida de Job estuvo marcada por la esperanza. Este hombre era perfecto y recto, temeroso de Dios y apartado del mal, pero su confianza fue duramente probada. Dios permitió que Satanás pusiera a prueba su esperanza. Al perderlo todo, Job exclamó: "Jehová dio y Jehová quitó: ¡Bendito sea el nombre de Jehová!" (Job 1:21). Él jamás atribuyó a Dios la culpa de su pérdida y su sufrimiento. Expresó su esperanza con estas bellas palabras: "El árbol, aunque lo corten, aún tiene la esperanza de volver a retoñar, de que no falten sus renuevos. [...] Pero yo sé que mi Redentor vive, y que al fin se levantará sobre el polvo, y que después de deshecha esta mi piel, en mi carne he de ver a Dios" (Job 14:7; 19:25-26).

Cuando ponemos nuestra esperanza en Cristo, él nos sostiene. El fundamento de nuestra esperanza es nuestro Señor, y sin él nada somos, nada tenemos y nada alcanzaremos. Si Job, tras perderlo todo, pudo sostenerse aferrado a la esperanza, hoy podremos hacer frente a las dificultades asidos a esa misma esperanza.

Esperanza en acción

"Y ahora, Señor, ¿qué esperaré? Mi esperanza está en ti".
Salmo 39:7

NUESTRA ESPERANZA ES VIVA Y EFICAZ, porque proviene de un Dios vivo que permanece en acción. Sus promesas nos reconfortan y su Palabra nos sostiene. Dios ha prometido estar con nosotros todos los días.

Hace un tiempo visité en el hospital a Ana, una chica que se veía muy infeliz. Sus ojos estaban hundidos, con ojeras, y parecía que ardían en agonizantes llamas. Su boca tenía la curvatura invertida; sus mejillas, huecas y pálidas; su cabello, áspero y desgarbado. Ana era anoréxica, y pesaba apenas treinta kilos. Sus brazos sin fuerzas descansaban sobre la sobrecama. Cuando entré, ella me preguntó qué quería. Le respondí que estaba allí para ver cómo estaba y porque alguien me había pedido que la visitara. Le dije que era pastor, y que me gustaría saber cómo se sentía. Ana manifestó su desencanto con la vida y sus ganas de morir. Incluso estaba perdiendo los dientes debido a su desnutrición.

Comencé a hablarle de mis creencias y de la esperanza de la vida eterna. Le expliqué que la muerte no es el fin; que Dios ha prometido un increíble futuro para los que lo reciben; y que cuando Jesús venga, nos transformará y nos sanará de todos nuestros dolores. Ana no podía creer que todo eso fuera verdad. No podía ser tan bueno. Le parecía una esperanza vana. "Váyase de mi cuarto", me dijo.

A la semana siguiente, volví a visitarla.

—Ana, ¿cómo te encuentras hoy? —pregunté.

En un murmullo apenas audible, dijo:

—Me están poniendo más tubos, y una unidad de sangre. Es la única forma de nutrirme. Quieren que engorde.

—Los médicos quieren ayudarte a seguir con vida —le contesté.

—¿Para qué seguir viviendo? No tengo nada que esperar.

Entonces, tomé mi Biblia y comencé a leer el Salmo 23, Juan 3, Juan 14, 1 Tesalonicenses 4 y Apocalipsis 22. Al terminar, ella permaneció en silencio durante un rato.

—Si esas palabras son verdaderas, me gustaría aprender más de la Biblia —afirmó.

Le presté mi Biblia, y se aferró a ella con ambas manos. Le expliqué brevemente dónde comenzar a leerla, y así lo hizo durante varios días. Pronto, empecé a notar un cambio en su actitud, y la esperanza empezó a renacer en su corazón. Con el tiempo, su salud mejoró. Y es que cuando Dios entra en nuestra vida, la esperanza también llega. Invitemos hoy a Dios a acompañarnos, y la esperanza también estará con nosotros.

Crisis de espiritualidad

"Todos bebieron la misma bebida espiritual,
porque bebían de la roca espiritual que los seguía.
Esa roca era Cristo". 1 Corintios 10:4

L A VIDA ESPIRITUAL DE CADA CREYENTE ha de crecer continuamente. Sin embargo, hoy se percibe una atmósfera de apatía espiritual en muchas comunidades cristianas. La tibieza espiritual, la falta de interés en la Palabra y la oración, y la falta de gozo, son algunos de los síntomas. Mientras tanto, en nuestra sociedad aumenta la delincuencia, la corrupción y la deshonestidad. La falta de valores morales y el poco interés en Dios, son factores que contribuyen a que el mal se propague por todas partes.

En realidad, esa es la causa de todos los problemas que vemos. El secularismo nos ha predispuesto a pensar más en lo material que en lo espiritual. Sin embargo, nuestro mayor problema es interno, está en el corazón. Si fuéramos más espirituales, seríamos más sensibles a la voz de Dios. Philip G. Samaan afirma: "La satisfacción no proviene de las cosas materiales sino de una experiencia de intimidad con Dios".

¿En qué consiste la espiritualidad? ¿Tiene que ver con nuestra dedicación, humildad, ayunos, retiros espirituales o devoción? La crisis espiritual que está minando al mundo y a la iglesia no se resuelve con más programas o servicios en la iglesia, sino con un reavivamiento de la piedad. La Palabra de Dios puede renovar y transformar nuestras vidas.

Debemos preocuparnos cada día por tener una relación más estrecha con nuestro Dios; una relación de amistad, de compañerismo con él. Elena G. de White nos dice: "Si quitamos la vista del yo y mantenemos una correcta relación con Dios, manifestaremos una paciencia y una amabilidad que nos convertirán en una bendición para todos aquellos con quienes nos relacionemos. Necesitamos mantener una buena comunicación con el Señor, pues no estamos seguros a menos que nos coloquemos bajo el amplio escudo de la Omnipotencia. Solo allí puede realizar el Señor, por medio de nosotros, el querer y el hacer su buena voluntad, en tanto obramos nuestra salvación con temor y temblor" (*Alza tus ojos*, p. 243).

Oremos y estudiemos más la Palabra de Dios, a fin de fortalecer la comunicación con él y experimentar el verdadero crecimiento espiritual.

Una espiritualidad vibrante

"De estas cosas hablamos, no con palabras enseñadas por la sabiduría humana, sino con las que enseña el Espíritu, acomodando lo espiritual a lo espiritual".
1 Corintios 2:13

VARIOS FACTORES AFECTAN NUESTRA RELACIÓN CON DIOS. Uno de ellos es el secularismo. Este estilo de vida conduce a un vacío existencial, a la soledad y al aburrimiento. Todo esto neutraliza nuestra sensibilidad espiritual y provoca dureza de corazón.

El problema es que tendemos a postergar nuestro tiempo con Dios para estar atareados y ocupados en otras actividades, incluso de la misma iglesia. Todo tiene su tiempo y lugar, pero nuestro tiempo con Dios debería ser una prioridad al comenzar cada día. Las preocupaciones de la vida cotidiana como el trabajo, el estudio y el cuidado del hogar, son factores que pueden interrumpir la conexión espiritual que tenemos con Dios. Trabajamos bajo tanta presión; concentrados en procesos, procedimientos y solucionando dificultades, que nuestra mente se queda absorta en los asuntos terrenales, haciendo que nos olvidemos fácilmente de Dios.

La tecnología es otra herramienta que Satanás utiliza para separarnos de Dios. De hecho, es incluso más peligrosa porque, cuando la usamos, nuestros sentidos pueden contaminarse con imágenes corruptas o mensajes de moralidad dudosa. Cuando nos sentamos frente al televisor o el monitor de la computadora para navegar en Internet, generalmente bajamos la guardia y dejamos que el maligno introduzca toda clase de imágenes y palabras que transforman nuestra conciencia.

Todo lo que afecte nuestra comunicación y relación con Dios, afecta nuestra espiritualidad, que es la fuerza que nos sostiene ante cualquier tribulación. Sin embargo, es posible cultivar una relación íntima con Dios, incluso en un ambiente permeado de inmoralidad. Al referirse a la experiencia de Enoc, Elena G. de White dijo: "Enoc vivió en una época corrompida, en la que el poder moral estaba muy debilitado. La contaminación abundaba por doquier. Sin embargo, caminó con Dios. Educó su mente en la devoción, para que pensara en las cosas que eran puras y santas; y su conversación se refería a temas santos y divinos. Fue compañero de Dios. Caminó con él, y recibió su consejo. Tuvo que luchar con las mismas tentaciones que nosotros" (*A fin de conocerle*, p. 322).

No hay excusas para no desarrollar una espiritualidad vibrante, aun en medio de las circunstancias más desfavorables. Dios desea concedernos el Espíritu Santo si se lo pedimos ahora. Busquémoslo, que él quiere estar con nosotros.

La espiritualidad como una relación

"El que cree en mí, como dice la Escritura,
de su interior brotarán ríos de agua viva".
Juan 7:38

NUESTRA ESPIRITUALIDAD NACE DE NUESTRO DESEO de tener una relación significativa con Dios y nuestros semejantes. Es íntima y trascendental. Implica tener una relación genuina de amor, confianza y gozo con Dios y con los demás. El apóstol Pablo declara: "Con Cristo estoy juntamente crucificado, y ya no vivo yo, mas vive Cristo en mí" (Gál. 2:20).

Hay una diferencia entre apegarse a ciertos valores éticos y ser cristiano. No es necesario que una persona sea religiosa para que posea valores éticos, pero no podemos ser cristianos, en todo significado de la palabra, sin tener una relación personal con Cristo y una conducta piadosa. Cuando tenemos una espiritualidad saludable y una relación íntima con Dios, los valores bíblicos se manifiestan naturalmente en nuestra vida.

La espiritualidad verdadera se encuentra en Cristo y en su Palabra. Hay corrientes filosóficas orientales que nos llevan por otros derroteros, por sendas confusas y complejas. Esa clase de espiritualidad centra a la persona en sí misma. La verdadera espiritualidad bíblica hace que nos enfoquemos en la Palabra de Dios, y luego en el prójimo y sus necesidades.

En su libro, *El método de Cristo para el crecimiento espiritual*, Philip G. Samaan afirma que la espiritualidad requiere sumisión, abnegación y sacrificio; y que debemos buscar la pureza de carácter y escuchar la voz de Cristo que nos llama a la santificación. El secreto de Cristo radicó en su comunión constante con el Padre. Cuando dedicamos más tiempo a contemplar a Cristo, desarrollamos una espiritualidad más saludable y vibrante. El tiempo que pasemos junto a él nos hará más fuertes y más firmes en la fe.

Por el contrario, si nuestra mente se concentra en otros asuntos y se distrae con cosas pasajeras o superfluas, nuestra espiritualidad se debilita. Nuestra mente se modela por lo que contempla. Si pensamos más en Dios e invertimos más tiempo en contemplarlo, nos elevaremos espiritualmente y Dios pondrá una muralla entre nosotros y el enemigo, y nos librará de caer ante el peligro inminente.

Hoy tenemos el privilegio de acercarnos confiadamente a la presencia de Dios y hablarle en oración, y de esta forma, colocar nuestra vida en sus manos. A medida que ordenemos nuestras prioridades, nuestra espiritualidad será más solida y constante.

Con Cristo o sin él

*"Yo soy la vid y ustedes son las ramas. El que permanece en mí, como yo en él,
dará mucho fruto; separados de mí no pueden ustedes hacer nada".*
Juan 15:5, NVI

FUIMOS DISEÑADOS PARA RELACIONARNOS CON NUESTRO CREADOR. Como seres humanos con una dimensión espiritual, no estamos completos hasta que Dios ocupa su lugar en nuestro corazón. Cuando no es así, hay un vacío en nosotros que muchas veces queremos llenar con otras relaciones o con posesiones materiales.

Lamentablemente, a veces debemos pasar por la amarga experiencia del dolor y el sufrimiento para darnos cuenta de que ese vacío solo puede ser llenado por Dios, si es que deseamos encontrar paz y felicidad. Por eso, nuestro Señor Jesucristo nos invita a buscarlo y caminar con él, de manera que no sintamos que estamos solos o que somos como hojas que se lleva el viento. Él quiere que seamos como árboles con raíces profundas en tierra buena, alimentados por aguas vivas.

La felicidad presente y la seguridad futura dependen de estar unidos a Cristo. El salmista dice: "La comunión íntima de Jehová es con los que lo temen, y a ellos hará conocer su pacto" (Sal. 25:14). Salomón agrega: "Porque Jehová abomina al perverso; su comunión íntima es con los justos" (Prov. 3:32). Todos los hombres son llamados por Dios a participar del compañerismo o comunión con él.

Solamente hay dos caminos: "El que no está conmigo, está contra mí; y el que conmigo no recoge, desparrama" (Mat. 12:30). ¿Lo aceptaremos como nuestro Salvador personal o lo rechazaremos? No hay dualidad en el camino cristiano. No se puede estar con Cristo y al mismo tiempo vivir sin él. Necesitamos buscar su compañía y ser de él.

Cristo mismo nos invita: "Vengan a mí todos ustedes que están cansados y agobiados, y yo les daré descanso" (Mat. 11:28, NVI). Cuando depositamos la carga del pecado y de la culpa en él, y descansamos confiados en su muerte en la cruz, la vida cristiana adquiere un nuevo significado. Cuando experimentamos la paz del perdón, también somos más propensos a caminar diariamente tomados de su mano, dejando que él dirija nuestra vida a cada paso. ¿Estamos dispuestos a aceptar su tierna invitación?

Somos uno en Cristo

"Ya no hay judío ni griego, esclavo ni libre, hombre ni mujer,
sino que todos ustedes son uno solo en Cristo Jesús".
Gálatas 3:28, NVI

SER UNO EN CRISTO ES DEJAR QUE ÉL ESTÉ AL MANDO de nuestra vida. Elena G. de White afirma: "Todo lo que el ser humano pueda hacer sin Cristo está contaminado de egoísmo y pecado". "Cuando pensamos demasiado en nosotros mismos, nos alejamos de Cristo, la fuente de la fortaleza y la vida" (*El camino a Cristo*, cap. 7, p. 90; cap. 8, p. 106). Es claro que Dios nos pide que seamos uno con él en actitud y pensamientos, y que permanezcamos resguardados en él.

José, un acaudalado empresario, conoció el evangelio y aceptó a Cristo. Sin embargo, poco a poco comenzó a apartarse de él, hasta encontrarse muy lejos de esa relación inicial. Simultáneamente, una de sus hijas enfermó de gravedad, pero luego de recorrer diversos hospitales, no obtuvieron resultados para ella. José gastó toda su fortuna tratando de recobrar la salud de su hija. Cuando todo parecía perdido, recordó lo que había leído en el Evangelio: "Separados de mí nada podéis hacer" (Juan 15:5). José reconoció su pecado, pidió perdón a Dios y rogó con todo su corazón por la salud de su pequeña. Dios dirigió todo para que encontrara un médico que, finalmente, utilizó el tratamiento adecuado para ella. José perdió todo su dinero, pero ganó la paz de Cristo en el corazón.

No hay nada en nosotros que nos pueda hacer prosperar. Sin Cristo viviremos sin rumbo y sin esperanza, como lo declara este maravilloso pensamiento: "Solo estando en comunión con él diariamente, y permaneciendo en él en todo momento, es como hemos de crecer en la gracia" (*Ibíd.*, p. 102).

Por ello el texto de hoy afirma que "ya no hay judío ni griego, esclavo ni libre, hombre ni mujer, sino que todos ustedes son uno solo en Cristo Jesús". Cuando somos uno en el Señor, contamos con su bendición, gracia y protección; le pertenecemos a él, y hay paz en nuestro corazón. "Tu esperanza no se cifra en ti mismo, sino en Cristo. Tu debilidad está unida a su fuerza, tu ignorancia a su sabiduría, tu fragilidad a su eterno poder" (*Ibíd.*, pp. 104-105).

Caminemos hoy y siempre en la presencia del Señor.

Depositemos nuestra confianza en Jesús

"Puestos los ojos en Jesús, el autor y consumador de la fe,
el cual por el gozo puesto delante de él sufrió la cruz, menospreciando el oprobio,
y se sentó a la diestra del trono de Dios".
Hebreos 12:2

MOISÉS, EL GRAN LÍDER DEL PUEBLO DE ISRAEL, depositó toda su confianza en Dios. Cuando el Señor le pidió que llevara al pueblo a la tierra de Canaán, él clamó: "Si tú mismo no vienes con nosotros, no nos hagas salir de este lugar" (Éxo. 33:15, NTV). Dios respondió a su deseo y su gran disposición: "Mi presencia te acompañará, y te daré descanso" (vers. 14). De esa forma, Dios dirigió a su pueblo por el desierto hasta llegar a Canaán. Los acompañó y los guió de día con una nube que los cubría del sol y de la tempestad, y que les indicaba el camino correcto. De noche, se valió de una columna de fuego que proveía luz que los libraba de los animales feroces y venenosos, y también les proporcionaba calor.

Moisés escribió el Salmo 91 mientras andaba por el camino del desierto: "El que habita al abrigo del Altísimo morará bajo la sombra del Omnipotente. Diré yo a Jehová: 'Esperanza mía y castillo mío; mi Dios, en quien confiaré'" (Sal. 91:1-2). ¿Deseamos poner nuestra vida en las manos de Dios y unirnos a él para siempre? El apóstol Pablo declara: "De la manera que recibieron a Cristo Jesús como Señor, vivan ahora en él" (Col. 2:6, NVI). Debemos andar con Cristo en el Espíritu (Efe. 4:1, 3), en la unidad de la fe (vers. 13) y en el amor (vers. 15).

Cuando nos unimos a Jesús, llegamos a ser uno con él. Las Escrituras afirman: "El que se une al Señor, un espíritu es con él" (1 Cor. 6:17). "La única defensa contra el mal consiste en que Cristo more en el corazón por la fe en su justicia" (*El Deseado de todas las gentes*, cap. 33, p. 294). Hoy, Cristo nos invita: "Yo estoy a la puerta y llamo; si alguno oye mi voz y abre la puerta, entraré a él y cenaré con él y él conmigo" (Apoc. 3:20).

Restaurados a su imagen

"Amados, ahora somos hijos de Dios y aún no se ha manifestado lo que hemos de ser; pero sabemos que cuando él se manifieste, seremos semejantes a él, porque lo veremos tal como él es". 1 Juan 3:2

EL DESEO DE CRISTO ES RESTAURAR LA IMAGEN original del ser humano y rehacerla a su semejanza: "A los que antes conoció, también los predestinó para que fueran hechos conformes a la imagen de su Hijo" (Rom. 8:29). "Se han despojado del viejo hombre con sus prácticas y se han vestido del nuevo, el cual se renueva para un pleno conocimiento conforme a la imagen de aquel que lo creó" (Col. 3:9-10, RV2015).

El mimetismo es la propiedad que tienen algunos animales y plantas de asemejarse al ambiente en el que viven. Cuanto más tiempo habitan en ese medio, más semejantes se hacen, al punto de que pueden pasar desapercibidos a los ojos del enemigo, ya que no se distinguen a simple vista. Lo mismo sucede con el creyente que pasa mucho tiempo amparado en Cristo. Cuanto más tiempo permanece a su lado y lo contempla con el inmenso deseo de ser transformado, tanto más se restaurará la imagen del Señor Jesús en su vida.

El *Comentario bíblico adventista* menciona: "Se necesita el poder que resucitó a Cristo para crear de nuevo la imagen divina en nosotros" (t. 7, p. 174). Elena G. de White explica: "Hemos pues de entregarle por completo a Dios el corazón, o no se efectuará en nosotros ese cambio que tiene que producirse, por el cual hemos de ser transformados conforme a la semejanza divina. [...] Cuando Cristo mora en el corazón, el alma rebosa de tal manera de su amor y del gozo de su comunión, que se aferra a él; y contemplándolo se olvida de sí misma. El amor a Cristo es el móvil de sus acciones" (*El camino a Cristo*, cap. 5, pp. 65-68).

La transformación a través de la contemplación es uno de los fenómenos espirituales más hermosos e significativos. Tenemos el privilegio de poder contemplar la vida de Cristo tal como está registrada en las Escrituras y meditar en ella. La transformación quizá no sea instantánea, pero es segura cuando la buscamos con sinceridad. Busquemos cada día ser más semejantes a él.

Una dependencia diaria de Dios

"No puedo yo hacer nada por mí mismo; según oigo, así juzgo, y mi juicio es justo, porque no busco mi voluntad, sino la voluntad del Padre, que me envió".
Juan 5:30

¿CÓMO PODEMOS SABER CUÁL ES LA VOLUNTAD del Padre para cumplirla? "Esta es la voluntad del que me ha enviado: que todo aquel que ve al Hijo y cree en él tenga vida eterna; y yo lo resucitaré en el día final" (Juan 6:40). La voluntad de Dios es que desarrollemos una relación íntima con su Hijo Jesucristo, una dependencia continua.

El *Comentario bíblico adventista* explica: "La completa sumisión de Jesús a su Padre es para los creyentes una seguridad de que todo lo que Jesús hace para ellos tiene su origen en el amante corazón de Dios" (t. 5, p. 945). Por esta razón, Juan registró las palabras de Jesús: "Trabajen, pero no por la comida que es perecedera, sino por la que permanece para vida eterna, la cual les dará el Hijo del hombre. Sobre este ha puesto Dios el Padre su sello de aprobación" (Juan 6:27, NVI). El trabajo que Jesús reprocha aquí no es el que es necesario para ganarse la vida. Jesús está reprochando el hábito de trabajar solamente por las cosas perecederas e ignorar las cosas eternas. Lo fundamental en la vida cristiana es depender diariamente de nuestro Dios y alimentarnos de su Palabra todo el tiempo, pidiendo dirección y dependencia absoluta.

En Juan 4:34, Jesús dice: "Mi comida es que haga la voluntad del que me envió y que acabe su obra". No podemos andar según nuestra propia voluntad, porque está dañada y no es una brújula segura. Por esta razón, hemos de desechar nuestra voluntad y someternos a la voluntad de Dios. Elena G. de White aconseja: "Sus siervos de hoy harán bien en preguntarse: '¿Qué clase de voluntad estoy cultivando individualmente? ¿Estoy complaciendo mis propios deseos y obstinación?'. Si estamos haciendo esto corremos un grave peligro, porque Satanás siempre gobernará la voluntad que no está bajo el control del Espíritu de Dios. Cuando coloquemos nuestra voluntad en sintonía con la voluntad de Dios, se verá en nuestras vidas la santa obediencia manifestada en la vida de Cristo" (*Mente, carácter y personalidad*, t. 2, p. 361).

Si contestamos con sinceridad las preguntas anteriores, podremos acercarnos a Dios pidiendo el poder del Espíritu Santo para que en nuestras vidas se manifieste la verdadera obediencia.

La oración y el estudio de la Biblia

"Nosotros persistiremos en la oración
y en el ministerio de la Palabra".
Hechos 6:4

UNO DE LOS MAYORES EJEMPLOS DE UNA VIDA de oración es el de nuestro Señor Jesucristo, que dedicó tiempo suficiente a la oración como un medio para mantener su relación con el Padre y hacer su voluntad. La oración era una de sus prioridades diarias. Pasaba noches enteras orando a solas con Dios. Cuando le tocó elegir a sus doce apóstoles, la oración desempeñó un papel importantísimo: "En aquellos días él fue al monte a orar, y pasó la noche orando a Dios" (Luc. 6:12). Elena G. de White enfatiza este hábito de Jesús: "Ninguna vida fue tan llena de trabajo y responsabilidad como la de Jesús y, sin embargo, cuán a menudo se lo encontraba en oración. Cuán constante era su comunión con Dios [...]. Como uno de nosotros, participante de nuestras necesidades y debilidades, dependía enteramente de Dios, y en el lugar secreto de oración, buscaba fuerza divina, a fin de salir fortalecido para hacer frente a los deberes y las pruebas" (*A fin de* conocerle, p. 261).

En su libro *Pásame otro ladrillo*, Charles Swindoll dice que la oración nos hace esperar, nos ayuda a dejar la situación en las manos de Dios, aclara nuestra visión y se encarga de deshacer la neblina que hay en nuestro camino. La oración tranquiliza el corazón y reemplaza la ansiedad por un espíritu de calma. La oración activa nuestra fe, nos da confianza y seguridad en Dios.

Para mantener nuestra relación con Jesús, es necesario además el estudio constante de su Palabra (Juan 5:39). El consejo es: "Guardémonos de no descuidar la oración secreta ni el estudio de la Palabra de Dios. Estas son las armas que debemos emplear en contra de aquel que lucha por impedir nuestro progreso hacia el cielo. El primer descuido de la oración y del estudio de la Biblia hace que el segundo sea más fácil. La primera oposición a la súplica del Espíritu prepara el camino para la segunda oposición. Esa es la forma como se endurece el corazón y se cauteriza la conciencia" (*Exaltad a Jesús*, p. 293).

En su libro *La evangelización en la iglesia primitiva*, Michael Green comenta: "Todo reavivamiento espiritual empezó en grupos pequeños de oración y estudio en momentos de quietud y compañerismo" (p. 365). El estudio de la Biblia y la oración se potencian entre sí, profundizan nuestra relación con Dios y perfeccionan nuestro carácter. Dediquemos tiempo suficiente a orar y meditar en la Palabra.

Las claves del reavivamiento

"Sé vigilante y confirma las otras cosas que están para morir,
porque no he hallado tus obras bien acabadas delante de Dios".
Apocalipsis 3:2

D ONALD A. McGAVRAN FUE UNO DE LOS PIONEROS en el estudio del crecimiento de iglesia. En su libro *Entendiendo el crecimiento de iglesia*, explica que la oración y el estudio de la Palabra de Dios conducen al reavivamiento, y que la confesión y la restitución nos hacen sensibles al reavivamiento. Todo esto conduce a una vida santa, al poder de Dios y a la proclamación del evangelio. El reavivamiento incluye cinco etapas: 1) mucho estudio de la Biblia y conocer sus enseñanzas; 2) la oración fervorosa por un reavivamiento; 3) el derramamiento del Espíritu Santo; 4) la confesión de pecados y la restitución y 5) testimonio vivo y convincente.

Al ser renovados, despejamos el camino para que el Señor derrame su Espíritu Santo, permitiendo así que la iglesia tenga un crecimiento saludable en todas sus áreas de influencia. La experiencia nos dice que cuando hay un reavivamiento espiritual en la iglesia, el pueblo de Dios se anima a alcanzar nuevos objetivos. Así ocurrió durante el tiempo de Nehemías, el gobernador de Israel. Cuando Esdras, el escriba, leyó la ley de Moisés, el pueblo se humilló y adoró a Dios postrado. Luego, el pueblo experimentó un nuevo ánimo y un crecimiento espiritual al producirse un reavivamiento (Neh. 8:1-10).

Ezequiel nos habla de una renovación, de un reavivamiento, en el que Dios limpiaría de toda inmundicia a sus hijos e implantaría un corazón y un espíritu nuevo en ellos (Eze. 36:26-36). Oseas, refiriéndose al pueblo de Israel, menciona que para todo aquel que reconoce su pecado y con insistencia busca a Dios, la respuesta celestial vendrá "como la lluvia, como la lluvia tardía y temprana viene a la tierra" (Ose. 6:1-3).

Por otro lado, el apóstol Juan enfatiza la necesidad de un reavivamiento y recomienda que la iglesia de Laodicea compre oro refinado en fuego, que es la fe que obra por el amor; que se vista del manto de Cristo, que es su carácter y su justicia inmaculada; y que unja sus ojos con el colirio de la sabiduría y la gracia para discernir entre lo bueno y lo malo, para ver el camino de la vida eterna (Apoc. 3:18).

Si Dios renueva nuestra vida y crea un nuevo corazón dentro de nosotros, estaremos listos para recibirlo en gloria y majestad.

Lo más preciado para Jesús

"Por eso puede también salvar perpetuamente a los que por él se acercan a Dios, viviendo siempre para interceder por ellos".
Hebreos 7:25

LA PRIORIDAD DE NUESTRO SEÑOR JESUCRISTO fue buscar el beneficio de los demás. Él "vino a buscar y a salvar lo que se había perdido" (Luc. 19:10). Dios había prometido: "Haré más precioso que el oro fino al varón y más que el oro de Ofir al ser humano" (Isa. 13:12). Elena G. de White lo expresa así: "El evangelio le confiere un alto valor a la humanidad como adquisición hecha por la sangre de Cristo, y enseña a considerar con ternura las necesidades y desgracias del hombre" (*El Deseado de todas las gentes*, cap. 29, p. 258). Esta era la prioridad de Jesús, cumplir la misión por la cual vino al mundo: salvar al ser humano.

Un sábado, nuestro Señor se encontró con una mujer que llevaba dieciocho años sufriendo de una enfermedad terrible. Cuando la vio, la llamó y le dijo: "Mujer, eres libre de tu enfermedad" (Luc. 13:12). Esta mujer quedó curada porque el Señor Jesús tenía como prioridad que hombres y mujeres encontraran la salud y la salvación.

Sin embargo, los dirigentes judíos se enojaron porque Jesús la ayudó en sábado. Él les contestó con firmeza: "¡Hipócritas! ¿Acaso no desata cada uno de ustedes su buey o su burro en sábado, y lo saca del establo para llevarlo a tomar agua? Sin embargo, a esta mujer, que es hija de Abraham, y a quien Satanás tenía atada durante dieciocho largos años, ¿no se le debía quitar esta cadena en sábado?" (Luc. 13:15-16, NVI). Las prioridades de los judíos eran opuestas a las de Jesús. Para Cristo, la vida y la salud de un ser humano tenían mayor valor que cualquier reglamentación humana.

Elena G. de White amonesta contra el legalismo egoísta: "Los que viven para hacer bien a otros y mantienen en vista la gloria de Dios, ganarán la vida eterna. Los que no se esfuerzan sino que se dejan arrastrar por la corriente, viven para el yo. Nunca escucharán el 'bien hecho' dirigido a ellos. Tenemos que hacer algo por la salvación de otros" (*Alza tus ojos*, p. 137).

Jesús nos redime de la profundidad de las tinieblas y nos sana física y espiritualmente. Él ha hecho todo por salvarnos, y espera que cada día vayamos con un corazón contrito y humillado ante su gloria, para alcanzar plena salvación.

Las prioridades del creyente

"Al oír esto, uno de los que estaban sentados a la mesa con Jesús le dijo:
'¡Dichoso el que coma en el banquete del reino de Dios!'. […] Les digo que
ninguno de aquellos invitados disfrutará de mi banquete".
Lucas 14:15, 24, NVI

LUCAS REGISTRA LA PARÁBOLA de la gran cena: "Cierto hombre preparó un gran banquete e invitó a muchas personas. A la hora del banquete mandó a su siervo a decirles a los invitados: 'Vengan, porque ya todo está listo'" (Luc. 14:16-17, NVI). Muchos fueron invitados, pero cuando llegó la hora de la cena, todos comenzaron a excusarse. En la parábola se presentan tres excusas para dejar a un lado la relación con Dios y el bienestar del prójimo, que son las dos prioridades del creyente.

El primero había comprado una hacienda y tenía que atenderla (vers. 18). Este representa a aquellos que se sumergen en sus propios negocios y no tienen tiempo para lo más importante: su salvación y la de los demás. No tienen tiempo para orar ni estudiar. Al levantarse en la mañana, las actividades y responsabilidades les hacen olvidar su relación con Dios y su devoción personal.

El segundo había comprado cinco yuntas de bueyes y tenía que probarlas (vers. 19). Estaba tan absorto en la novedad, que descuidó el servicio a Dios. Jesús nos exhorta a que toda novedad, incluyendo la tecnología, no nos aparte de lo prioritario de su obra. Hay almas que ayudar para que sean salvas por la sangre de Cristo. El reino de Dios tiene prioridad.

El tercero dijo que se acababa de casar y que debido a su luna de miel no podría asistir a la fiesta del Señor (vers. 20). Al igual que este último invitado, muchas veces creemos que nuestros propios planes son más significativos que los de Dios. La esposa de este invitado representa la comodidad y el placer, los pasatiempos que nos desvían de lo prioritario del plan divino. Las tres excusas representan una sociedad secularizada, y Jesús enseñó que los negocios del Rey demandan prioridad.

Elena G. de White nos amonesta: "Los que están continuamente tratando de evitar situaciones difíciles, buscando un sendero más fácil, un camino más placentero, tendrán que enfrentar la frustración y la adversidad. Pero si fortalecen su alma para la prueba y para el deber, y marchan valerosamente hacia adelante confiando en Dios, encontrarán que el sendero de la abnegación y del sacrificio propio conducen al honor y a las riquezas celestiales en la vida futura inmortal" (*Alza tus ojos*, p. 137).

No permitamos que las múltiples distracciones de la vida nos aparten de Jesús en este día.

Crezcamos en Cristo como un árbol

"Será como árbol plantado junto a corrientes de aguas,
que da su fruto en su tiempo".
Salmo 1:3

D IOS HA PROMETIDO: "YO LES MOSTRARÉ mi favor. Yo los haré fecundos. Los multiplicaré, y mantendré mi pacto con ustedes" (Lev. 26:9, NVI). ¿Cómo podemos crecer en Cristo? El salmista compara el crecimiento de un creyente en el camino de Dios, que busca el reino con rectitud, con un árbol plantado junto a las aguas (Sal. 1:3). Estas corrientes de aguas vivas, aparte del oxígeno y el hidrógeno, también contienen sales, gases y sustancias procedentes de las rocas, los estratos y el aire, que son indispensables para el crecimiento.

El apóstol Pablo, hablando del pueblo de Israel, menciona: "Todos bebieron la misma bebida espiritual, porque bebían de la roca espiritual que los seguía. Esa roca era Cristo" (1 Cor. 10:4). Cristo es la fuente de agua viva, y todo el que sea cimentado junto a él, crecerá como el árbol plantado junto a corrientes de agua: frondoso, lleno de hojas y con frutos delicados. Crecerá en su relación con Dios, en el conocimiento de su Palabra y en el cumplimiento de la misión.

El Salmo 1 afirma que el buen árbol da su fruto a su debido tiempo. Esto quiere decir que no le afectan las grandes sequías y las plagas mortales, y que no tiene crisis de crecimiento. Sus hojas no se caen, y esto tiene que ver con las acciones, que son los frutos del árbol. Pero todo depende de que permanezca en la fuente de aguas vivas. Si se aleja de ella, llega a ser un árbol estéril, que se seca y muere. ¿Deseamos crecer? Bebamos de la fuente, que es Cristo Jesús.

La Biblia dice que seremos llamados árboles de justicia, plantío de Jehová, para gloria suya (Isa. 61:3). Elena G. de White lo describe así: "Como la rama depende del tronco principal para su crecimiento y fructificación, así también nosotros necesitamos el auxilio de Cristo para poder vivir una vida santa. Fuera de él no tenemos vida. No hay poder en nosotros para resistir la tentación o para crecer en la gracia o en la santidad. Morando en él, podremos florecer. Si recibimos la vida de él, no nos marchitaremos ni seremos estériles. Seremos como el árbol plantado junto a arroyos de aguas" (*El camino a Cristo*, cap. 8, p. 102).

Comencemos el día en unión a él. Él jamás nos defraudará.

Crezcamos en Cristo como niños

*"Deseen con ansias la leche pura de la palabra, como niños recién nacidos.
Así, por medio de ella, crecerán en su salvación".*
1 Pedro 2:2, NVI

S I ANHELAMOS CRECER ESPIRITUALMENTE, necesitamos ir a la fuente, que es Cristo Jesús y, como un niño indefenso, ser sostenidos por los brazos de Cristo. A propósito, Elena G. de White declaró por escrito: "El niño no puede por su esfuerzo o por su propio poder añadir nada a su estatura. Tampoco nosotros podremos, haciendo lo mismo, crecer espiritualmente. La planta y el niño crecen al recibir de la atmósfera circundante aquello que mantiene su vida: el aire, el sol y el alimento" (*El camino a Cristo*, cap. 8, pp. 100-101).

El aire y el sol simbolizan la presencia de Cristo en nuestro corazón. El alimento es la Palabra de Dios que llena diariamente nuestra vida. El apóstol Pablo nos aconseja: "Que habite en ustedes la Palabra de Cristo con toda su riqueza: instrúyanse y aconséjense unos a otros con toda sabiduría; canten salmos, himnos y canciones espirituales a Dios, con gratitud de corazón" (Col. 3:16, NVI).

El niño crece más fuerte y sano si es alimentado con la leche de la madre, porque procede de quien lo trajo al mundo. Y el bebé la desea naturalmente. Por eso, nuestro Señor Jesucristo dijo: "Bienaventurados los que tienen hambre y sed de justicia, porque serán saciados" (Mat. 5:6). Si no tenemos hambre y no comemos, terminaremos desnutridos aunque haya suficiente alimento. El niño que no se alimenta, no crece. La persona que no se alimenta adecuadamente de la Palabra de Dios carece de fuerzas; no crecerá normalmente y finalmente morirá.

El Señor Jesús mencionó en su oración pastoral: "Santifícalos en tu verdad: tu palabra es verdad" (Juan 17:17). La Palabra de Dios es el alimento que hace crecer al creyente.

El deseo del Señor es que crezcamos en la gracia, la fe y el cuerpo de Cristo, para que su amor abunde cada vez más en nuestra vida. Porque donde haya vida, habrá crecimiento y fructificación. Pero a menos que crezcamos en la gracia, nuestra espiritualidad se empequeñecerá y será enfermiza y estéril. Únicamente mediante el crecimiento podremos cumplir el propósito de Dios.

Elevemos y fijemos nuestra mirada hoy en Jesús, el autor y consumador de nuestra fe.

A los pies de Cristo

"Aconteció que, yendo de camino, entró en una aldea;
y una mujer llamada Marta lo recibió en su casa. Esta tenía una hermana
que se llamaba María, la cual, sentándose a los pies de Jesús,
oía su palabra". Lucas 10:38-39

L A EXPERIENCIA PRÁCTICA DE MARÍA MAGDALENA (ver Luc. 10:38-42) nos demuestra cómo debe ser nuestra devoción a Cristo. Jesús fue enfático al decirle a Marta que solo una cosa era necesaria, y agregó que lo que María había elegido, nadie se lo quitaría.

Marta era muy religiosa, pero poco espiritual. Era muy trabajadora, buena cocinera, afanada y turbada por los quehaceres diarios, pero quejosa por los que dedican más tiempo a estar con Jesús.

Por otro lado, María había sido arrastrada al pecado por Simón. Él la había amenazado para que no lo denunciara, y ella vivía con un sentimiento de culpa que la llevó a mudarse a Magdala. Allí conoció a Cristo y experimentó el perdón divino. Luego, en Betania, donde Jesús solía ir con mucha frecuencia, María demostró cuánto amaba a su Salvador, dedicando el tiempo necesario para escucharlo.

La primera acción de María fue sentarse a los pies de Jesús. Ella anhelaba disfrutar de una comunión diaria con el Maestro mediante el estudio de la Palabra y la oración. Por medio de la contemplación fue transformada y Cristo entró a su corazón. Elena G. de White dice de ella: "María Magdalena, de quien él había echado siete demonios, fue la última en alejarse de su sepulcro y la primera a quien él saludó en la mañana de la resurrección" (*El discurso maestro de Jesucristo*, cap. 6, pp. 196-197). Contemplar a Jesús nos transforma.

Pedro y Juan fueron transformados cuando enfocaron sus vidas en Jesús. Hablando del apóstol Juan, Elena G. de White nos dice: "Juan buscaba afecto, solidaridad y compañía. Se acercaba a Jesús, se sentaba a su lado, se recostaba sobre su pecho. Así como una flor se embebe del sol y del rocío, él se embebía de la luz y la vida divinas. Contempló al Salvador con ternura y devoción hasta que la semejanza a Cristo y la comunión con él llegaron a constituir su único anhelo, y en su carácter se reflejó el carácter del Maestro" (*La educación*, cap. 9, p. 80).

Sentémonos a los pies de Cristo como María, y recibiremos su paz y su gracia.

Una cosa es necesaria

*"Solo una cosa es necesaria; y María ha escogido la buena parte,
la cual no le será quitada".*
Lucas 10:42

AL SENTARSE A LOS PIES DE JESÚS, María experimentó la paz del perdón. En cambio, los que evitan caer a los pies del Salvador, invariablemente terminan enojados con él y lo acusan de permitir que sucedan todos sus problemas. María estaba experimentando este mensaje: "Mediante la oración, el estudio de la Palabra y el creer que su presencia mora en el corazón, el más débil ser humano puede vincularse con el Cristo vivo, quien lo tendrá de la mano y nunca lo soltará" (*El ministerio de curación*, cap. 11, p. 115).

El anhelo y la preocupación de María era escuchar a Jesús para que le enseñara el camino, y enderezara sus pasos (Prov. 14:12; 16:9). Escogió lo que el mundo y el tiempo no pueden borrar: poner a Jesús en primer lugar, tener una vida de devoción permanente, y pasar tiempo a solas con Dios (Sal. 5:3).

Sin embargo, Elena G. White dice de Marta: "La 'una cosa' que Marta necesitaba era un espíritu de calma y devoción, una ansiedad más profunda por el conocimiento referente a la vida futura e inmortal, y las gracias necesarias para el progreso espiritual. Necesitaba menos preocupación por los asuntos pasajeros y más por los asuntos que perduran para siempre. [...] Hay un amplio campo para las Martas con su celo por la obra religiosa activa. Pero deben sentarse primero con María a los pies de Jesús" (*El Deseado de todas las gentes*, cap. 58, pp. 497-498).

De este relato, aprendemos que dedicarle más tiempo a otras actividades que no son las de Dios, es un peligro para el crecimiento espiritual. Solo una cosa es necesaria: sentarnos a sus pies diariamente, dedicar tiempo a escucharlo y buscar una vida altamente espiritual. Hemos de escoger una vida de devoción diaria con Cristo Jesús.

Es hora de acercarnos a él y pedirle que nos acepte, que extienda su mano y nos tome fuertemente, para que en su presencia sintamos el poder de lo alto y escuchemos sus palabras: "Ha escogido la buena parte, la cual no le será quitada" (Luc. 10:42).

La medida de la espiritualidad

"Con Cristo estoy juntamente crucificado, y ya no vivo yo, mas vive Cristo en mí;
y lo que ahora vivo en la carne, lo vivo en la fe del Hijo de Dios,
el cual me amó y se entregó a sí mismo por mí". Gálatas 2:20

CUANDO PABLO DICE: "CON CRISTO ESTOY juntamente crucificado", quiere decir que hemos muerto al pecado, que participamos con Cristo en sus sufrimientos, que oramos como él ora, que amamos como él ama, y que confiamos como él confió en su Padre. Cuando dice "Ya no vivo yo, mas vive Cristo en mí", se refiere a una renuncia interior, a que nos hemos despojado de todo orgullo propio y suficiencia, y que le hemos cedido el primer lugar a Cristo en nuestro corazón. Nos entregamos al bienestar de los demás y vivimos en unidad con nuestros hermanos.

A pesar de tener un cuerpo físico, somos espirituales, Cristo vive en nuestro corazón: "Cuando él mora en el corazón, toda nuestra naturaleza se transforma. El Espíritu de Cristo y su amor conmueven el corazón, subyugan el alma y elevan los pensamientos y anhelos a Dios y al cielo" (*El camino a Cristo*, cap. 8, p. 109). "El que se une al Señor, un espíritu es con él" (1 Cor. 6:17). Por ello "la única defensa contra el mal consiste en que Cristo more en el corazón por la fe en su justicia" (*El Deseado de todas las gentes*, cap. 33, p. 294).

Podemos decir junto con el apóstol Pablo que Cristo es todo para nosotros: esperanza, seguridad, el camino y la vida eterna. Sin él, no podemos hacer nada que nos prepare para el cielo. Únicamente en Cristo seremos salvos por la fe.

Si el corazón no está transformado por el poder santificador del Espíritu Santo, no podremos vivir para Cristo, sino para el yo. Pero si el corazón ha sido transformado a la semejanza de Jesús, entonces viviremos en Cristo. Él morará permanentemente en nosotros, y nosotros en él. La paz de Dios, que supera todo entendimiento, guardará nuestro espíritu y nuestro corazón por medio de Cristo Jesús.

Rindamos hoy nuestro corazón a Dios con humildad y sencillez, para que su presencia ilumine nuestro interior, transforme nuestro corazón y fortalezca nuestra vida. Entonces, gracias a la presencia del Espíritu Santo, seremos uno con Cristo. Así, podremos decir como Pablo: "Ya no vivo yo, mas vive Cristo en mí".

Lo que Jesús espera de nosotros (primera parte)

"De hecho, le resulta más fácil a un camello pasar por el ojo de una aguja,
que a un rico entrar en el reino de Dios".
Mateo 19:24, NVI

E STAS PALABRAS FUERON DICHAS POR JESÚS, luego de que el joven rico se había retirado triste porque tenía muchas riquezas. Jesús dijo a sus discípulos: "Les aseguro que es difícil para un rico entrar en el reino de los cielos" (vers. 23, NVI).

En Mateo 19 hay tres expresiones de Jesús que tienen el mismo significado: "Si quieres entrar en la vida" (vers. 17), "ven, sígueme" (vers. 21) y "entrar [...] en el reino de Dios" (vers. 24). El mensaje central aquí es la entrada al reino. Es necesario dejarlo todo, desprenderse de todo lo que nos separa de Dios, unirnos al Señor. Jesús no se estaba refiriendo a un plan o programa social o económico, sino de ser salvos por él. Mateo emplea decenas de veces el "reino de Dios" o el "reino de los cielos". El judaísmo de la época hablaba del reino de Dios que sería establecido en el futuro. Esperaba la venida del Mesías como una realidad inminente.

La audiencia era judía, y Mateo era un judío que había aceptado seguir a Jesús. Los judíos del tiempo de Jesús suponían que tener riquezas era una prueba del favor de Dios, y que los ricos podían ganar el favor de Dios haciendo beneficencia con sus riquezas. Por otro lado, el animal más grande que conocían los judíos era el camello. Ellos entendían también perfectamente lo del ojo de una aguja. Aparte de las agujas de coser, las ciudades amuralladas tenían una puerta especial por la que pasaba el tránsito del comercio. Cuando esta era cerrada, quedaba abierta una pequeña puerta a un lado, para emergencias, a la que llamaban "ojo de aguja", por la que era prácticamente imposible que pasara un camello.

Para entrar en el reino, es necesario poner a Dios en primer lugar y darle nuestro corazón sin condiciones. Oremos para que esto sea una realidad en nuestra experiencia personal.

Lo que Jesús espera de nosotros (segunda parte)

"Los discípulos se asombraron de sus palabras; pero Jesús, respondiendo, volvió a decirles: 'Hijos, ¡cuán difícil les es entrar en el reino de Dios a los que confían en las riquezas!'". Marcos 10:24

C UANDO JESÚS DIJO QUE ERA MÁS FÁCIL PASAR un camello por el ojo de una aguja, a que entrara un rico en el reino, estableció un contraste entre lo enorme y lo pequeño, para indicar la imposibilidad de heredar el reino de Dios mientras se haga de las riquezas un ídolo. "Donde tengan ustedes su tesoro, allí estará también su corazón" (Luc. 12:34, NVI).

Jesús estableció otro contraste: "¡Guías ciegos! Cuelan el mosquito pero se tragan el camello" (Mat. 23:24, NVI), cuando acusó a los escribas y fariseos de dejar lo más importante para atender lo más insignificante. El camello al que se refirió Jesús es el camello de dos jorobas o bactriano. Así pues, los discípulos asombrados, le preguntaron: "¿Quién, pues, podrá ser salvo?" (Mar. 10:26). Jesús les contestó: "Para los hombres es imposible, pero no para Dios, porque todas las cosas son posibles para Dios" (vers. 27). No es posible que un rico se salve por sus riquezas, sino por los méritos de Cristo.

William Barclay dice que las riquezas fomentan tres actitudes. *Primero*, generan independencia. Para ilustrarlo, tenemos el ejemplo de Laodicea, que afirmaba no necesitar nada ni a nadie (Apoc. 3:17). Laodicea era la ciudad más rica de Asia Menor. *Segundo*, las riquezas encadenan al hombre a este mundo. El corazón del hombre está donde esté su tesoro. Cuando el hombre está demasiado comprometido con las cosas terrenales, no piensa en el cielo. *Tercero*, las riquezas tienden a hacer al hombre egoísta. La vida se convierte en una lucha afanosa por retener lo que se posee. Cuando se poseen muchas cosas, se tiende a aferrarse a ellas y se pierde la dadivosidad.

Ahora bien, hubo hombres ricos que aceptaron a Jesús, como Zaqueo (Luc. 19:9), José de Arimatea (Mat. 27:57) y Nicodemo (Juan 19:39). La imposibilidad de abandonar las posesiones materiales fue satisfecha por el poder de Dios en respuesta a la sinceridad de sus corazones. Todos podemos estar distraídos por las cosas de este mundo y perder el cielo. Jesús desea que hoy pongamos nuestra confianza en él para que podamos ser salvos.

Seamos como Jesús

"Quiero conocerlo a él y el poder de su resurrección,
y participar de sus padecimientos hasta llegar a ser semejante a él en su muerte".
Filipenses 3:10

E N UN SALÓN DE CUARTO GRADO de primaria con 45 alumnos, dos tenían el mismo nombre: Tomás. Ese día, el maestro llegó y comenzó a impartir su clase. Cuando había pasado una hora, el director de la escuela llamó al maestro por unos minutos. Los niños se quedaron solos, y los apuntes del maestro estaban sobre el escritorio. Un niño travieso se levantó y rayó todos los papeles que el profesor había preparado para la clase. Cuando el maestro regresó, encontró que sus apuntes habían sido destruidos. Muy airado, les dijo a los niños que no saldrían al recreo si no le decían quién había sido.

De repente, uno de los dos Tomás se levantó, fue hacia el maestro y se declaró culpable. El maestro aplicó una medida disciplinaria. Al ver lo ocurrido, el otro niño que se llamaba Tomás pasó al frente y dijo:

—Él no fue, fui yo.

Extrañado, el maestro le preguntó al niño que había recibido la sanción:

—¿Por qué lo hiciste? ¿Por qué no dejaste que el culpable recibiera su castigo?

Tomás contestó:

—Solo quiero ser como Jesús, deseo ayudarlo y compartir su castigo con él.

La *Dios Habla Hoy* traduce así el versículo de hoy: "Lo que quiero es conocer a Cristo, sentir en mí el poder de su resurrección y la solidaridad en sus sufrimientos; haciéndome semejante a él en su muerte". El hombre fue hecho a imagen de Dios; sin embargo, esa imagen quedó desdibujada y distorsionada por la intromisión del pecado. El egoísmo y la maldad han tergiversado la imagen de Dios en nosotros; pero la Biblia también afirma que podemos ser transformados en Cristo.

Cuando pensamos en ser semejantes a Cristo, a algunos les pueden pasar por la mente imágenes de poder y realeza, pues él es el Rey de reyes. Sin embargo, Pablo habla de ser semejantes a él en su muerte. La muerte de Cristo en la cruz es el acto de desprendimiento y altruismo más elevado que alguna vez haya visto el universo.

Hoy, al andar como Jesús anduvo, podemos imitar su actitud y volver a reflejar la imagen de Dios en nuestra vida.

El valor del hombre

"¿Qué es el hombre para que tengas de él memoria,
y el hijo del hombre para que lo visites? Lo has hecho poco menor que los ángeles
y lo coronaste de gloria y de honra". Salmo 8:4-5

EL PECADO BORRÓ CASI POR COMPLETO LA IMAGEN DE DIOS. La degradación humana fue tan grande que Dios vio que la maldad de los hombres era mucha en la tierra, y que todo designio de los pensamientos del corazón de ellos era de continuo solamente el mal (Gén. 6:3-5).

A pesar de todo eso, Dios nos mira con sumo interés, desea restaurarnos al nivel en el que fuimos creados, un poco menor que el de los ángeles, pero coronados de gloria y de honra. No merecemos ese honor, pero con su muerte en la cruz del Calvario, Cristo nos lo concedió. Elena G. de White comenta: "Cristo está retratándose en cada discípulo. Dios ha predestinado a cada uno a ser conforme 'a la imagen de su Hijo'" (*El Deseado de todas las gentes*, cap. 86, p. 782).

Esta fue la experiencia de Moisés, después de pasar cuarenta días y cuarenta noches en comunión constante con Dios. Tras esta experiencia, su vida reflejaba a Dios. Los que hablaban con Moisés lo veían diferente, su rostro resplandecía. Esa es una experiencia maravillosa. Cuando nos ponemos en contacto continuo con Dios, él nos corona de gloria y de honra, y lo reflejamos en nuestra conducta. Cuanto más tiempo pasemos a su lado y más tiempo lo contemplemos, más semejantes a él seremos.

Acerquémonos a él, imploremos su misericordia y con un espíritu humilde y contrito, invitémoslo a entrar en nuestra vida. Dediquemos tiempo a encontrarlo en su Palabra y en la comunión de la oración. Si pasamos tiempo a su lado, nuestro rostro resplandecerá como el de Moisés.

Nuestra amistad con Cristo

"Vuelve ahora en amistad con Dios y tendrás paz;
y la prosperidad vendrá a ti".
Job 22:21

UNA AMISTAD ES UNA RELACIÓN FRANCA Y SINCERA entre dos personas, donde el afecto es recíproco y se profundiza con el tiempo que se comparte. La amistad a la que Job hace referencia es la que se forma mediante un compromiso. Job nos invita a entablar una amistad con Dios. El compromiso para dar inicio a una amistad conlleva dedicación, tiempo, esfuerzo y amor. Anteriormente éramos enemigos de Dios, pero fuimos reconciliados por la muerte de su Hijo para ser salvos (Rom. 5:10-11).

Entre Jesús, Lázaro, Marta y María hubo una amistad sincera que se solidificó porque establecieron un compromiso con Dios. Cuando Lázaro enfermó, enviaron a decir a Jesús: "Señor, el que amas está enfermo" (Juan 11:3). Ellos se comunicaban constantemente y tenían una relación muy estrecha, así que cuando Lázaro murió, Jesús dijo: "Nuestro amigo Lázaro duerme, pero voy a despertarlo" (vers. 11).

La amistad con Cristo requiere un compromiso de comunicación por medio de la oración, la lectura de la Palabra de Dios y realizar actividades en las que él esté presente. La mejor manera de ser amigos es amarnos unos a otros y poner la vida por los demás: "Y este es mi mandamiento: que se amen los unos a los otros, como yo los he amado. Nadie tiene amor más grande que el dar la vida por sus amigos" (Juan 15:12-13, NVI).

Se cuenta que dos jóvenes hacían planes para casarse, cuando inesperadamente estalló la guerra en su país. El joven fue llamado a defender a su patria. Al principio, la novia recibía cartas todas las semanas, pero un día dejaron de llegar y ella pensó que él había muerto en batalla. De pronto, recibió una carta con una letra que no era la del chico, que decía: "Querida Marta, te escribo estas palabras por medio de un amigo, ya que estoy convaleciente en el hospital. Quiero decirte que he perdido los dos brazos y frente a mi imposibilidad de mantener una familia, deseo que te sientas libre de romper nuestro compromiso". La novia viajó hasta el hospital en medio del peligro y, cuando llegó, le dijo: "No tienes brazos, pero yo sí. No tienes manos, pero yo sí. No podrás trabajar para sostener el hogar pero yo trabajaré en tu lugar, porque te amo y quiero casarme contigo".

Hoy, Dios nos ofrece su amistad sin condiciones. ¿Cómo responderemos a él?

Vayamos y adoremos a Dios

*"Dios es Espíritu, y los que lo adoran,
en espíritu y en verdad es necesario que lo adoren".*
Juan 4:24

ADORAR A DIOS CONLLEVA MUCHO MÁS que asistir a la iglesia, diezmar, ofrendar u orar. Adorar es entregar todo lo que somos a nuestro Creador. La adoración en espíritu y en verdad se enfoca en Cristo, y no en formalismos. Jesús le explicó a la mujer samaritana que para adorar a Dios no era necesario visitar el templo de Jerusalén. Lo que Dios requiere es nuestra mente y corazón (ver Mat. 22:37-38). Cuando adoramos en espíritu y en verdad experimentamos la presencia de Dios dondequiera que estemos.

La verdadera adoración incluye una vida de entrega y obediencia a Dios. Cuando Pablo dice que presentemos nuestros cuerpos "como sacrificio vivo, santo, agradable a Dios" (Rom. 12:1), se está hablando de adoración, de acercarnos a Dios con humildad y sinceridad. Dios busca adoradores que sean conscientes de su pecado y de su culpabilidad, como el publicano que llegó al templo y humildemente declaró: "Dios, sé propicio a mí, pecador", y regresó a su casa justificado (Luc. 18:13-14).

El pastor anglicano William Temple expresó en una ocasión: "La adoración es la sumisión de toda nuestra naturaleza a Dios. Es el avivamiento de nuestra conciencia por su santidad; el alimento de nuestra mente con su verdad; la purificación de la imaginación por su belleza; la apertura de nuestro corazón a su amor; la entrega de nuestra voluntad a su propósito".

Hoy, adoremos a Dios en espíritu y en verdad, y entreguemos por completo nuestro corazón a Cristo.

Restauremos la verdadera adoración

"Toda la multitud adoraba, los cantores cantaban y los trompeteros tocaban las trompetas; todo esto duró hasta consumirse el holocausto. Cuando esto se terminó, se inclinó el rey, y todos los que con él estaban, y adoraron".
2 Crónicas 29:28-29

COMO REY DE JUDÁ, ACAZ HIZO COSAS ABOMINABLES ante los ojos de Dios; entre ellas, cerrar las puertas del templo para impedir que se adorara al Dios verdadero. Ezequías, su hijo, lo primero que hizo al comenzar al comenzar su reinado fue restablecerlos servicios en el templo: "¡Levitas, escúchenme! Purifíquense ustedes, y purifiquen también el templo del Señor, Dios de sus antepasados, y saquen las cosas profanas que hay en el santuario" (2 Crón. 29:5, NVI).

Dos semanas después, los sacerdotes y los levitas habían limpiado y ordenado todo. Entonces, todos se arrodillaron y adoraron al Altísimo, y los levitas entonaron cantos de alabanza. Comprendieron entonces los privilegios de estar de nuevo del lado del Señor. Llenos de gozo, llevaron ofrendas y realizaron grandes festejos, comieron juntos, cantaron y alabaron a Dios.

El rey envió mensajeros por todo Israel que pedían al pueblo que se volviera a su compasivo y misericordioso Dios, y que renovara su compromiso con él. Tristemente, la mayoría de los israelitas no quisieron volverse de sus caminos, y se burlaron de los mensajeros y los ridiculizaron. Solo unos pocos recapacitaron y decidieron ir a Jerusalén para celebrar junto a sus hermanos la fiesta de la Pascua.

A pesar de la oposición, Jerusalén se llenó de personas. Muchas no cumplían con todos los requerimientos, pero Ezequías oró diciendo: "Jehová, que es bueno, sea propicio a todo aquel que ha preparado su corazón para buscar a Dios, a Jehová, el Dios de sus padres, aunque no esté purificado según los ritos de purificación del santuario" (2 Crón. 30:18-19). Dios escuchó su oración, pues vio que eran sinceros y querían agradarlo.

Podemos imaginar el gozo que nuestro Padre celestial tuvo al ver a su pueblo restituir la adoración en el templo. Por fin, un rey valiente como Ezequías decidía servir a Dios. Cuán feliz estaría el Señor si hoy, los que profesamos ser cristianos, dejáramos los hábitos pecaminosos y nos volviéramos a él para adorarlo como lo merece. Adoremos en este día a Dios con nuestras propias vidas.

La generosidad, una ventana de bendiciones

"El alma generosa será prosperada:
el que sacie a otros será también saciado".
Proverbios 11:25

¿QUÉ ES LA GENEROSIDAD? Es la virtud que nos mueve a entender las necesidades de los demás e intentar satisfacerlas; es abrir el corazón a otros y derramar amor. Cuando somos generosos, sembramos; así que, la cosecha será abundante si la siembra lo ha sido; las bendiciones serán muchas, si la generosidad ha sido mucha. La cosecha se multiplicará, si la siembra fue abundante. El que siembra amor, cosechará amor; el que siembra odio, cosechará odio. Pablo lo expone así: "El que siembra escasamente, también segará escasamente; y el que siembra generosamente, generosamente también segará" (2 Cor. 9:6). No vamos recibir si no hemos dado.

Hace un tiempo leí la historia de un joven estudiante de medicina que se le descompuso su automóvil en medio de una carretera solitaria. Tratando de encontrar ayuda, caminó mucho, hasta que llegó a la choza de una pobre viuda a quien le pidió un vaso de agua. Generosamente, la viuda le dio dos vasos de leche. Varios años después, cuando el joven ya era un médico graduado y trabajaba en el hospital del pueblo, la viuda enfermó y fue hospitalizada de emergencia. Cuando ya iba a salir del hospital, la señora dijo que no tenía con qué pagar la cuenta. El médico que años atrás había recibió la ayuda de la viuda, se enteró de la situación y decidió pagar todo. La señora salió del hospital y no pagó ni un solo centavo. Su generosidad fue premiada.

Por otro lado, la generosidad incluye que nos entreguemos a Dios. Si estamos en Cristo y él vive en nosotros, la generosidad brotará en nuestras vidas. ¿Recuerda usted la experiencia de los hermanos de la iglesia de Macedonia? Las Escrituras dicen: "Y no como lo esperábamos, sino que a sí mismos se dieron primeramente al Señor y luego a nosotros, por la voluntad de Dios" (2 Cor. 8:5). Cuando el creyente ha hecho un compromiso con Dios, le entrega todo lo que tiene: fuerzas, talento, tiempo, habilidades, dinero y liderazgo. Cuando los miembros de la iglesia de Macedonia se entregaron al Señor, Dios los indujo a ser generosos con los pobres de Jerusalén.

Que Dios nos ayude a cultivar la generosidad y a disfrutar de todas sus bendiciones.

La generosidad no se hereda, se cultiva

"Si primero está la voluntad dispuesta, será aceptado según
lo que uno tiene, no según lo que no tiene".
2 Corintios 8:12.

POR NATURALEZA NO SOMOS GENEROSOS. La generosidad es un don que Dios otorga a quienes lo piden. Como todo lo que viene de Dios, la generosidad se origina en el cielo, y nos vendría muy bien pedirla. El versículo de hoy nos enseña que si queremos ser generosos, entonces hemos de estar dispuestos a serlo; es decir, tenemos que estar dispuestos a buscar esa generosidad que anhelamos.

El apóstol Pablo afirma que Dios tiene el poder de hacer que abunde en nosotros toda gracia (ver 2 Cor. 9:8). Por nosotros mismos, no podemos encaminar nuestros pensamientos, impulsos y afectos hacia el bien; necesitamos entregarnos a Dios para que él obre en nosotros tanto el querer como el hacer por su buena voluntad. Si Dios asume el control de nuestra vida, él nos otorgará la generosidad que necesitamos a fin de que lleguemos a ser una bendición para los demás.

Motivada por el Espíritu Santo, la generosidad se convierte en un círculo virtuoso en el que a medida que damos también vamos recibiendo. La Palabra de Dios lo confirma: "Hay quienes reparten y les es añadido más, y hay quienes retienen más de lo justo y acaban en la miseria" (Prov. 11:24). Si abrimos nuestras manos y nuestro corazón, y ofrecemos nuestros talentos y habilidades, nuestro amor y bondad, veremos milagros en nuestra vida.

El apóstol Pablo aconseja: "Cada uno dé como propuso en su corazón: no con tristeza ni por obligación, porque Dios ama al dador alegre" (2 Cor. 9:7). Seamos generosos, primero con los de la casa y después con la comunidad. Cultivemos la generosidad, pidamos a Dios que la implante en nosotros. Se necesita un esfuerzo de nuestra parte para desarrollar esta virtud. Digamos: "Señor, quiero practicar la generosidad, concédeme ese don; lo necesito. Erradica de mí el egoísmo y lléname de generosidad".

Dios hace posible lo imposible

"Para los hombres es imposible, pero no para Dios,
porque todas las cosas son posibles para Dios".
Marcos 10:27

L A PALABRA "IMPOSIBLE" CONSTITUYE UN RECONOCIMIENTO a nuestra incapacidad de ver más allá de las circunstancias. En cambio, Jesús dijo que lo imposible para los hombres es posible para Dios. De modo que nuestra visión y percepción de las cosas cambia cuando las vemos a la luz de la gracia divina. Así pues, ante el asombro de los discípulos por la curación de un epiléptico, Jesús afirmó que nada es imposible (Mat. 17:20). Aquí hallamos la primera condición para conseguir el cambio en nuestra vida, el recurso fundamental para hacer posible lo imposible: la fe. Una fe que cree y obra.

En el Antiguo Testamento hay varios relatos en el que los hijos de Dios enfrentan situaciones que parecían imposibles de resolver. El profeta Eliseo fue abordado por los reyes de Judá, Israel y Edom. Ellos habían salido a hacer la guerra contra los moabitas, pero repentinamente se quedaron sin agua. La respuesta de Eliseo muestra cómo la fe puede cambiar la perspectiva de los acontecimientos: "Abran zanjas por todo este valle, pues aunque no vean viento ni lluvia —dice el Señor—, este valle se llenará de agua, de modo que podrán beber ustedes y todos sus animales" (2 Rey. 3:16-17, NVI).

Ellos hicieron lo que Eliseo les dijo, y Dios cumplió su palabra. Al día siguiente, a la hora del sacrificio de la mañana, sin viento y sin indicio alguno de que llovería, el valle en el desierto se llenó de agua mientras el sol brillaba sobre ellos. Los moabitas vieron el agua como si fuera sangre, y supusieron que Israel sería una presa fácil. Salieron entonces a atacarlos, y perdieron la batalla. Israel obtuvo la victoria porque Dios hace posible aquello que parece imposible.

La clave para lograr lo imposible está en reconocer nuestra incapacidad. Precisamente, es nuestra gran necesidad lo que abre las puertas para que Dios pueda actuar. Ante las crisis extremas, cuando ya hemos agotado todas nuestras posibilidades, Dios entra en acción para lograr lo imposible.

No hay enemigo tan fuerte que el Dios de los ejércitos no pueda derrotar. No hay problema tan difícil que él no pueda solucionar. Él puede alterar el peor pronóstico. Aunque todo luce en nuestra contra, él puede hacer lo inimaginable. Él es el Dios de lo imposible y, si decidimos caminar a su lado, hoy no habrá obstáculo que no podamos superar.

Un asunto de fe

"Les aseguro que si tienen fe tan pequeña como un grano de mostaza,
podrán decirle a esta montaña: 'Trasládate de aquí para allá',
y se trasladará. Para ustedes nada será imposible".
Mateo 17:20, NVI

MUCHAS VECES, LO "IMPOSIBLE" NO ES MÁS QUE una barrera mental que nos impide seguir avanzando. Durante décadas se creyó que era imposible correr una milla en cuatro minutos o menos, hasta que en 1954 el británico Roger Bannister rompió la marca y corrió la milla en exactamente cuatro minutos. Después, muchos decían que los cuatro minutos eran el límite humano de velocidad para una milla; pero apenas 46 días después, el australiano John Landy corrió esa distancia en 3:58 minutos, en Turku, Finlandia. ¿Qué sucedió? Desde que Bannister demostró que era posible, otros se atrevieron a intentarlo.

Ahora bien lo que Jesús dice en Mateo 17:20, va más allá de toda posibilidad humana: es el poder divino que está a nuestra disposición mediante la fe. Es el poder divino que se perfecciona en nuestra debilidad. No es un poder para enriquecer nuestro egoísmo. La narración en la que este versículo aparece, ofrece el contexto adecuado para entender su naturaleza. Es un poder que puede quebrar las cadenas del mal, romper las obras del diablo y hacer retroceder el poder de las tinieblas.

En la vida de los grandes hombres de Dios, tanto en el Antiguo Testamento como en la historia cristiana, vemos que el poder divino se manifestó para cumplir los planes de Dios, para hacer avanzar su obra y para arrojar luz sobre este planeta rebelde. Aunque muchas veces Dios obra maravillas en nuestra vida personal, el contexto de Mateo 17:20 sugiere que la fe logra lo imposible cuando lo que nos proponemos es sanar, salvar y restaurar a los demás.

No hay nada que pueda impedir el cumplimiento de los sueños de Dios para nuestra vida. De ahí que es indispensable sincronizar nuestros sueños con los del Señor. Él quiere lograr grandes cosas a través de nosotros, pero su poder no es una patente de corso para que nos hagamos ricos a expensas de los demás. En realidad, la vida de Jesús revela que el poder divino se manifestó en el ministerio de Cristo a favor de los desvalidos, los oprimidos por Satanás, los despreciados y los olvidados.

Busquemos hoy hacer la voluntad de Dios, y la palabra "imposible" desaparecerá de nuestro vocabulario.

Dios responde a nuestra necesidad

"Jehová te escuche en el día de conflicto; el nombre del Dios de Jacob te defienda.
Te envíe ayuda desde el santuario y desde Sion te sostenga".
Salmo 20:1-2

L A EXPERIENCIA DE SILVANA REFLEJA la situación de millones de personas alrededor del mundo. Lejos de vivir en un hogar idílico con el príncipe de sus sueños, su matrimonio iba de mal en peor. Desde que se levantaba hasta que se acostaba no dejaba de discutir con su esposo. El tono de las conversaciones había derivado en la descalificación personal y la ofensa constante.

Cuando Silvana le pidió consejo a su madre, ella le recomendó la separación. "No te hace bien seguir al lado de un hombre que no te valora", le dijo.

Tras recibir el mismo consejo de algunas amigas, Silvana llegó a convencerse de que el divorcio era la mejor opción. Mientras atravesaba por esa crisis, una amiga le recomendó entregar su problema a Cristo. "Jesús puede renovar tu matrimonio y restaurar el amor en tu familia".

Silvana volvió a tener esperanzas. Al comenzar a leer nuevamente la Biblia, se aferró a un versículo: "Si permanecen en mí y mis palabras permanecen en ustedes, pidan lo que quieran, y se les concederá" (Juan 15:7, NVI). En oración, comenzó a reclamar el cumplimiento de esta promesa.

Dios no tardó en responder. Ella cambió su actitud, comenzó a devolver bien por mal, perdonando y demostrando amor en cada palabra y acción. El diálogo comenzó a girar sobre los aspectos positivos de la vida. Su esposo, poco a poco, empezó a manifestar cariño y amor por ella. Dios hizo posible lo imposible.

Cuando nos entregamos a Dios en oración, confiando en sus promesas, él manifiesta su poder, aun cuando sea de manera gradual e imperceptible. La oración no es un simple ejercicio espiritual. Al ponernos en contacto con el Todopoderoso, veremos milagros cuando todo indicaba que no había solución.

La Biblia dice que aunque nos hemos apartado de nuestro Creador y constantemente nos inclinamos por el mal, Dios siempre nos busca. Él no solo quiere restaurar la relación con nosotros, sino también restablecer su imagen en nuestra vida. Desde que comenzamos a parecernos a él, también son restauradas nuestras relaciones interpersonales, como sucedió en el caso de Silvana. La muerte de Cristo en la cruz y el poder del Espíritu Santo que tenemos a disposición, garantizan este proceso de restauración.

Ebenezer: Lugar de derrotas y victorias, parte I

"Al escuchar los filisteos las voces de júbilo dijeron:
'¿Qué gritos de júbilo son estos en el campamento de los hebreos?'.
Y supieron que el arca de Jehová había sido traída al campamento".
1 Samuel 4:6

EL PROFETA ELÍ ERA UN ANCIANO DE NOVENTA Y OCHO AÑOS y Samuel era un joven recién llamado al ministerio. En ese tiempo, Israel salió a pelear contra los filisteos y acampó junto a Ebenezer, mientras que los filisteos acamparon en Afec. En la primera batalla, Israel fue derrotado, y los filisteos hirieron como a cuatro mil hombres.

Al analizar lo ocurrido, los israelitas concluyeron que el problema radicaba en que el arca del pacto, el mueble desde el cual Dios se manifestaba a su pueblo, no estuvo con ellos. Así que decidieron llevar el arca al campo de batalla para que los ayudara a vencer a los filisteos. El arca llegó al campamento y los israelitas se regocijaron. Cuando los filisteos oyeron la algarabía, se preguntaron la razón de tanto júbilo. Cuando se dieron cuenta de que el arca ya estaba con ellos, tuvieron miedo por la presencia de Dios. Sin embargo, por segunda vez Israel perdió la batalla y murieron unos treinta mil hombres.

¿Qué estaba pasando? Israel, acostumbrado a vencer y obtener la bendición del cielo, se olvidó de consultar a Dios y de pedir su ayuda. No aprendió la lección la primera vez. Llevaron el arca al campamento para que la presencia de Dios atemorizara a los filisteos y así obtener la victoria, pero fueron nuevamente derrotados. De ahí que no es lo mismo decir que anhelamos la presencia divina a que Dios realmente viva en nuestros corazones. No podemos conformarnos con un simple símbolo de la presencia de Dios; no. Él debe vivir en nuestro interior, y obrar constantemente en nuestra mente y corazón.

Los israelitas fueron incapaces de preparar sus vidas para que cuando Dios se manifestara en el arca, fueran bendecidos, fortalecidos espiritualmente y llenos del poder de lo alto. Cuando Dios toma nuestra causa y nuestra carga, la victoria está asegurada. La presencia divina transforma nuestra vida y nos protege del enemigo.

Consultemos a Dios en todas nuestras actividades y pidamos que su presencia llene nuestras vidas.

Ebenezer: Lugar de derrotas y victorias, parte II

*"Tomó luego Samuel una piedra, la colocó entre
Mizpa y Sen, y le puso por nombre Ebenezer,
porque dijo: 'Hasta aquí nos ayudó Jehová'".*
1 Samuel 7:12

"EBENEZER" SIGNIFICA "PIEDRA DE AYUDA". Allí, donde Israel fue derrotado dos veces por no haber consultado a Dios ni haber hecho la preparación espiritual para recibir su presencia, también logró una gran victoria. ¿Cuál fue el secreto de la victoria? El profeta Samuel exhortó al pueblo a volverse de todo corazón a Dios.

El pueblo se despojó de todos los dioses falsos, se congregó para adorar en Mizpa y Samuel oró por toda la nación. Los israelitas ayunaron y reconocieron haber pecado contra su Dios. Una vez que confesaron sus pecados, el Señor los perdonó, fortaleció su fe y les dio poder. Los filisteos subieron contra ellos y esta vez los israelitas sí clamaron por la ayuda divina.

La diferencia es enorme cuando estamos lejos de Dios a cuando estamos cerca de él. Cuando estamos lejos, nos invaden las derrotas, los sentimientos amargos y las decepciones. Pero cuando nos acercamos y le abrimos nuestro corazón, nos llegan las victorias, la seguridad, la esperanza y la certeza de un futuro glorioso.

El relato bíblico declara que Samuel y el pueblo ofrecieron holocaustos para solicitar la ayuda divina, y Dios escuchó su clamor. Mientras aún oraban, los filisteos los atacaron, y el Señor hizo tronar los cielos con gran estruendo para atemorizarlos. Los israelitas se alzaron con la victoria.

En el mismo terreno donde hemos sido derrotados por el enemigo más de una vez, Dios puede darnos grandes victorias. En realidad, las victorias son suyas, porque él pelea en nuestro lugar. Lo único que tenemos que hacer es consagrarnos y clamar por la ayuda divina. Entonces, Dios interviene, se pone en nuestro lugar, hace suyas nuestras batallas y nos regala la victoria.

Dios quiere ver en nosotros una religión del corazón, una conversión genuina. Elena G. de White dice: "Individualmente, debemos humillar nuestro corazón ante Dios, y apartar nuestros ídolos. Cuando hayamos hecho todo lo que podamos, el Señor nos manifestará su salvación" (*Patriarcas y profetas*, cap. 57, p. 578).

Humillémonos y confesemos nuestros pecados. Imploremos la ayuda divina.

Cristo, la solución ante la crisis

"Una de las mujeres de los hijos de los profetas clamó a Eliseo diciendo:
'Tu siervo, mi marido, ha muerto, y tú sabes que tu siervo era temeroso de Jehová.
Pero el acreedor ha venido para llevarse a dos hijos míos como siervos'".
2 Reyes 4:1

EN EL MUNDO HAY ESCASEZ DE FE, gozo, paz, tranquilidad y esperanza. Abunda la miseria, las aflicciones, el dolor y las preocupaciones. Pero nuestro Señor Jesucristo es el Dios de la abundancia, y en el relato bíblico de hoy, vemos que existe un Dios que satisface todas las necesidades cuando seguimos sus indicaciones.

La protagonista es una mujer que, según el historiador judío Josefo, era esposa del profeta Abdías, un hombre temeroso de Dios. Él enfermó repentinamente, y su familia, preocupada por su recuperación, pidió prestado dinero para costear medicamentos y hospitalización. Sin embargo, todo fue en vano, puesto que Abdías falleció, y su esposa quedó desamparada con dos hijos que mantener y una gran deuda.

Los acreedores buscaban llevarse a sus hijos como esclavos para que pagaran la deuda trabajando el resto de sus vidas. Esta mujer no salió a pedir más dinero prestado para pagar la deuda y liberar a sus hijos, ni acudió al banco para solicitar un préstamo. Como todo verdadero hijo de Dios, buscó primeramente el reino. Fue a ver al profeta Eliseo para ponerlo al tanto de la situación. En esa época, a los pobres o a los deudores se les permitía pagar sus deudas vendiéndose a sí mismos o a sus hijos como esclavos. Pero Dios no lo permitió, sino que extendió su mano para socorrer a la pobre viuda.

El profeta Eliseo le preguntó qué tenía en su casa para que él pudiera ayudarla. Ella únicamente tenía una vasija de aceite para comer solo durante unos días. La privación de sus dos hijos representaría para la mujer la pérdida de su único sustento en la vejez, pero ella se aferró a Dios. En ese momento de crisis, acudió a la Fuente verdadera, y en ella encontró la solución. Mañana veremos cómo Dios respondió.

Jamás olvidemos que hay un Dios que nos ama y que está pendiente de nosotros para socorrernos en todo momento. Acudamos a Dios en oración, independientemente de cuán grande sea el problema que nos angustia.

Bendiciones de sobra

"Eliseo le dijo: '¿Qué puedo yo hacer por ti? Dime qué tienes en tu casa'. Ella respondió: 'Tu sierva no tiene ninguna cosa en la casa, sino una vasija de aceite'".
2 Reyes 4:2

UNAS GOTAS DE ACEITE ERA TODO lo que se necesitaba para que Dios obrara un milagro. Eliseo ordenó a la mujer buscar todas las vasijas vacías que tuvieran sus vecinos. Cuando la mujer cerró la puerta, su casa estaba llena de vasijas vacías. De inmediato, la viuda comenzó a llenarlas de aceite. A medida que se iban llenando, sus hijos traían algunas más. Cuando se acabaron las vasijas, también el aceite se agotó. El aceite cesó debido a la falta de vasijas, no porque la provisión milagrosa se hubiera agotado. El poder de Dios no tiene límites, pues sus recursos son ilimitados. Mientras haya personas dispuestas a ser usadas por Dios, su poder se manifestará. La provisión de Dios fue tan grande como la fe y la disposición de la mujer a obedecer. No limitemos las bendiciones de Dios por falta de fe. Dios puede darnos mucho más abundantemente de lo que pedimos o imaginamos (Efe. 3:20-21).

Dios solo necesita un poco de fe para que su poder se manifieste. Cinco panes y dos peces no eran suficientes para alimentar a cinco mil personas (Juan 6:1-15); pero cuando el Dios de lo imposible actuó, incluso sobraron doce cestas de comida. El poder del cielo se manifiesta en lo poco que tenemos. Él es el Dios de la abundancia.

El libro de los Jueces menciona que con 300 hombres valientes armados con trompetas, cántaros y antorchas, Gedeón derrotó a 300 madianitas.

Cuando buscamos a Dios, él nos oye y actúa. Necesitamos apartarnos del bullicio diario, buscarlo de todo corazón y clamar delante de su presencia. Dios puede realizar un milagro en nuestra vida. Él es el Dios de la abundancia.

Delante de la presencia de Dios

"Acerquémonos, pues, confiadamente al trono de la gracia,
para alcanzar misericordia y hallar gracia para el oportuno socorro".
Hebreos 4:16

ESTE VERSÍCULO ENCIERRA UN GRAN TESORO. La verdadera oración nos eleva al trono de Dios a través del Espíritu Santo. Orar no se trata de expresar palabras, sino de colocar nuestros deseos delante de Dios; no es un simple ejercicio mental, sino algo mucho más profundo, un diálogo franco entre el Creador del cielo y de la tierra y nosotros.

La oración es el privilegio que tenemos de acceder a la misma presencia de Dios. Por lo tanto, debemos comportarnos como los cortesanos ante la presencia de su monarca. Si nos acercamos a un rey, es claro que nuestra actitud deberá ser en primer lugar, de humilde reverencia. Se espera que, cuando el súbdito se aproxime al rey, le rinda pleitesía y honor. Todo acercamiento al trono debe evitar el orgullo que no dé honor al rey. El orgullo debe ser refrenado desde la distancia, pues únicamente la reverencia humilde puede situarnos delante del rey que está investido de poder.

En nuestro caso, el Rey ante el que nos presentamos es el más excelso de todos los monarcas, es el Rey de reyes y Señor de señores. Cuando nos acerquemos al Omnipotente, que es fuego consumidor, asegurémonos de quitar el calzado de nuestros pies y de adorarle con humildad sincera. ¿No deberíamos acaso sentirnos alegres ante su presencia? Pudimos haber sido expulsados de presencia para siempre debido al pecado que irrumpió en la humanidad, pero a pesar de ello se nos permite acercarnos a su misma presencia en la cámara secreta de nuestra habitación; y todo gracias al sacrificio de Cristo en la cruz del Calvario. Este acto de amor ofreció la posibilidad de reconciliarnos con él.

¿No deberíamos estar agradecidos? ¿No deberíamos sentirnos honrados al ser receptores de grandes favores por medio de la oración? ¿Por qué hemos de estar tristes si podemos acceder al trono de la gracia?

Acerquémonos hoy delante de su presencia, y recibamos la misericordia y las grandes bendiciones que el Rey desea darnos.

Cerca de Canaán

*"Josué le ordenó al pueblo: 'Purifíquense, porque mañana
el Señor va a realizar grandes prodigios entre ustedes'".*
Josué 3:5, NVI

METAFÓRICAMENTE, HEMOS RECORRIDO EL DESIERTO en el peregrinaje por esta tierra y estamos a punto de llegar a la Canaán celestial. Ya hemos experimentado todo tipo de pruebas, pero también hemos visto las maravillas de Dios. Muchos han muerto en el desierto, y ahora somos una nueva generación que tendrá la oportunidad de recibir la herencia prometida.

El tiempo ha pasado y la prueba final será cruzar el río de vicisitudes de los últimos días. Humanamente es imposible cruzarlo, porque la lucha no es contra carne ni sangre, sino contra potestades de las tinieblas. Lo peor es que llevamos una carga muy pesada: nuestras tiendas de campañas, abrigos, comida y algunas otras cosas que únicamente nosotros conocemos. ¿Quién nos ayudará a cruzar el río Jordán? ¿Debemos dejar todo estorbo de este lado del río para poder entrar a Canaán? Mi decisión es firme: mi familia y yo serviremos a Dios y cruzaremos el Jordán por medio de su poder y por la gracia divina.

El autor de Hebreos menciona: "Por tanto, nosotros también, teniendo en derredor nuestro tan grande nube de testigos, despojémonos de todo peso y del pecado que nos asedia, y corramos con paciencia la carrera que tenemos por delante" (Heb. 12:1). Al respecto, Elena G. de White declaró: "En la Epístola a los Hebreos se señala el propósito absorbente que debe caracterizar la carrera cristiana por la vida eterna [...]. La envidia, la malicia, los malos pensamientos, las malas palabras, la codicia: estos son pesos que el cristiano debe deponer para correr con éxito la carrera de la inmortalidad. Todo hábito o práctica que conduce al pecado o deshonra a Cristo, debe abandonarse, cualquiera que sea el sacrificio" (*Los hechos de los apóstoles*, cap. 30, p. 233).

Para cruzar el Jordán, necesitamos dejar todas las cargas en este mundo y llenarnos de la energía y de la luz del evangelio. Debemos fijar nuestra mirada en Cristo y dejar que él nos guíe para poder cruzar el río. Solamente en él hay fuerzas, habilidades, visión y milagros para cruzar toda tempestad y, finalmente, llegar a la tierra nueva.

Acerquémonos a Cristo, y con un corazón suplicante ante el trono de la gracia, pidamos que nos acepte tal como somos; que nos limpie con su sangre derramada en la cruz y que nos mantenga firmes hasta llegar a Canaán.

Listos para cruzar el Jordán

"Mi siervo Moisés ha muerto. Ahora, pues, levántate y pasa este Jordán,
tú y todo este pueblo, hacia la tierra que yo les doy a los hijos de Israel. [...]
Esfuérzate y sé valiente". Josué 1:2, 6

IMAGINEMOS POR UN MOMENTO QUE HEMOS ESTADO en Sitim, territorio de Moab, desde hace meses; pero que no podemos permanecer allí porque es una tierra donde se adora a muchos dioses y predomina la corrupción y la maldad. Estamos a unos diez kilómetros del Jordán. Dios se dirige a Josué, pidiéndole que guíe a su pueblo al otro lado del río.

Josué representa a Cristo, el único que nos puede llevar a la tierra prometida. La experiencia de Israel simboliza nuestra salvación y herencia eterna. Así como el pueblo de Israel recibió la orden de cruzar el Jordán, ahora Cristo le ha ordenado a su iglesia que marche hacia la Canaán celestial.

En Josué 1, se le pide al pueblo que tome posesión de la tierra prometida. Y ahora nos toca a nosotros entrar a Canaán. Cristo ha abierto las puertas del reino de los cielos, y solo espera que estemos dispuestos. Como a Israel, se nos pide que seamos valientes para vencernos a nosotros mismos, vencer las tentaciones, dejar todo y seguir a Cristo.

A unos cuantos metros de la orilla del Jordán, Israel levantó un campamento provisional durante tres días. El mundo en el que vivimos también es provisional, ya que pertenecemos a la patria de Dios y estamos a unos pocos días de llegar a nuestro destino, nuestra morada final. Elena G. de White afirma: "La entrega debe ser completa. Toda alma débil que, rodeada de dudas y luchas, se entrega completamente al Señor, se coloca en contacto directo con agentes que la capacitan para vencer. El cielo está cerca de ella, y tiene el apoyo y la ayuda de los ángeles misericordiosos en todo tiempo de prueba y necesidad" (*Los hechos de los apóstoles*, cap. 29, p. 224).

Decidamos hoy llegar a nuestro hogar celestial, preparados plenamente para ver a Jesús venir en gloria y majestad y vivir con él para siempre.

Preparación antes de entrar

"Como estuve con Moisés, así estaré contigo".
Josué 3:7

ANTES DE CRUZAR EL JORDÁN y heredar la tierra prometida, el pueblo de Israel tenía que prepararse urgente y decididamente, puesto que Canaán estaba frente a ellos. Primero, debían ir detrás del arca para no perder el rumbo. En el arca se manifestaba la presencia de Dios y se revelaba su poder; era la presencia divina la que guió al pueblo de Israel por el desierto, proporcionándole agua, refugio, alimento, sombra y protección ante sus enemigos. Solo así pudieron llegar a Canaán. Dios había prometido: "Como estuve con Moisés, así estaré contigo" (Jos. 3:7).

Por orden divina, Josué le pidió al pueblo que se santificara. Necesitaban entrar a Canaán sin odio y sin orgullo en sus corazones, para que Dios actuara entre ellos y ganaran todas las batallas, a fin de conquistar la tierra prometida. Nadie que tuviera cuentas pendientes podría heredar la tierra. Por ello la esposa de Lot se quedó en el camino cuando salieron de Sodoma, ya que llevaba muchos recuerdos y deseos de volver a donde no debía regresar.

Ninguno de nosotros entrará al reino de Dios sin haber limpiado su vida en la sangre del Cordero, sin haberse santificado en la presencia de Dios. El pueblo en Canaán necesitaba purificación, y de ahí la orden: "¡Levántate! ¡Purifica al pueblo! Diles que se consagren para presentarse ante mí mañana, y que yo, el Señor, Dios de Israel, declaro: '¡La destrucción está en medio de ti, Israel! No podrás resistir a tus enemigos hasta que hayas quitado el oprobio que está en el pueblo'" (Jos. 7:13, NVI).

Elena G. de White presenta el objetivo de Dios para el pueblo de Israel: "Cuando Dios sacó a los hijos de Israel de Egipto, era su propósito establecerlos en la tierra de Canaán, para que constituyeran un pueblo puro, feliz y lleno de salud [...]. Los sometió a un sistema de disciplina que, si lo hubieran seguido alegremente, habría resultado para el bien, tanto de ellos mismos como de su posteridad" (*Consejos sobre alimentación*, núm. 644, p. 451).

Los caminos de Dios son siempre seguros; son caminos de vida, paz y felicidad. La brújula apunta a la Canaán celestial. Preparémonos, preparémonos, ya se acerca Canaán. Cristo viene pronto. ¡Maranata!

La guía segura para entrar a Canaán

"Entonces Josué les dijo a los israelitas:
'Acérquense y escuchen lo que Dios el Señor tiene que decirles'".
Josué 3:9, NVI

SOLO LA PALABRA DE DIOS NOS SOSTENDRÁ HASTA EL FINAL y nos librará de los asaltos del enemigo. Ella alumbra el camino y nos conduce a la tierra prometida. Pedro dijo: "En tu palabra echaré la red" (Luc. 5:5), y el milagro de la gran pesca se produjo. Cuando nos dejamos guiar por la Palabra de Dios, nuestro rumbo está seguro. Nuestros ojos, por la fe, pueden contemplar la tierra prometida, y nuestro hogar eterno.

Al alimentarnos de la Palabra y del Pan de vida podremos reproducir el carácter de Cristo y estar preparados para entrar en la Canaán celestial. Al desarrollar una firme confianza en su Palabra inspirada dejaremos de confiar en los sentimientos inestables que poseemos y ya no seremos gobernados por ellos. La Biblia es la brújula que nos mantiene en el camino correcto. Es el faro que ilumina nuestro destino y orienta en medio de la oscuridad y las tormentas de este mundo. Usando una analogía moderna, la Biblia es el GPS que traza la ruta que nos llevará a nuestro destino.

Los grandes hombres de Dios, tanto en el Antiguo como en el Nuevo Testamento, confiaron ciegamente en la Palabra de Dios y por eso triunfaron. Abraham se aferró a las promesas de Dios. David, a pesar de sus caídas, se deleitaba en la ley. El apóstol Pablo pudo terminar la carrera gracias a su confianza plena en las palabras de Dios. El apóstol Juan confió tanto en la Palabra de Dios, que le fue revelado el futuro de la iglesia y el mundo, junto con la segunda venida.

Elena G. de White lo describe de esta manera: "Si el pueblo de Dios apreciara su Palabra, en la iglesia tendríamos un cielo aquí en la tierra. Los cristianos tendrían avidez y hambre por escudriñar la Palabra. Anhelarían tener tiempo para comparar pasaje con pasaje, y para meditar en la Palabra. Anhelarían más la luz de la Palabra que el diario de la mañana, las revistas o las novelas" (*Consejos para la iglesia*, cap. 13, p. 154).

Que la Palabra de Dios sea nuestro alimento, nuestra guía segura y nuestra fortaleza de espíritu para hacer frente al enemigo y las pruebas finales antes de llegar a Canaán. Oremos para que siempre anhelemos estudiar la Palabra todos los días.

Para siempre es su misericordia

"Contigo está el manantial de la vida; en tu luz veremos la luz. Extiende tu misericordia a los que te conocen, y tu justicia a los rectos de corazón". Salmo 36:9-10

A PESAR DE LA DEGRADACIÓN MORAL, la impiedad de los hombres y la incredulidad, Dios tiene misericordia del mundo. Pero sobre todo, tiene misericordia de los que lo conocen, de los rectos de corazón. La misericordia de Dios es un regalo y una garantía, si nuestro corazón está dispuesto a conocerlo, aproximarse con fe y aceptarlo plenamente.

La misericordia de Dios no tiene límites. Cuando Moisés le pidió a Dios que le mostrara su gloria, él contestó que mostraría delante de Moisés toda su bondad y misericordia. Dios pasó delante de él, y Moisés exclamó: "¡Jehová! ¡Jehová! Dios fuerte, misericordioso y piadoso; tardo para la ira y grande en misericordia y verdad, que guarda misericordia a millares, que perdona la iniquidad, la rebelión y el pecado" (Éxo. 34:6-7). En este pasaje, de los cinco atributos que Dios menciona de sí mismo, la misericordia ocupa un lugar relevante.

Si no fuera por la misericordia de Dios, ya habríamos sido consumidos; pero él quiere que todos procedamos al arrepentimiento, que nuestro corazón sea totalmente transformado y que todo nuestro ser, espíritu, corazón y cuerpo sea guardado irreprensible para él. Su misericordia nos protege, nos guarda y nos acepta como un metal que necesita ser pulido para su palacio glorioso y eterno. Su misericordia es nuestro salvavidas, y todo el que se aferre a ese salvavidas alcanzará la victoria en el día de la redención.

La misericordia de Dios es gratuita y no se obtiene por mérito alguno. Dios le dijo a Moisés: "Tengo misericordia del que quiero tener misericordia" (Éxo. 33:19). En otras palabras, la misericordia de Dios es un regalo inmerecido, que llega a nosotros únicamente porque él así lo quiere.

Pedro menciona que, según la gran misericordia de Dios, él nos hizo renacer para una esperanza viva, por la resurrección de Jesucristo de los muertos (1 Ped. 1:3). David, por ejemplo, experimentó la misericordia de Dios al ser perdonado, y un gozo indescriptible inundó su corazón. Por eso, repite varias veces en el Salmo 136 la frase: "Para siempre es su misericordia".

Pidámosle a Dios tenga misericordia de nosotros como la tuvo en el pasado con sus hijos.

Siervos de Dios en acción

*"Dichosos los siervos a quienes su señor encuentre pendientes de su llegada.
Créanme que se ajustará la ropa, hará que los siervos se sienten a la mesa,
y él mismo se pondrá a servirles. Sí, dichosos aquellos siervos a quienes su señor
encuentre preparados, aunque llegue a la medianoche o de madrugada".*
Lucas 12:37-38, NVI

SON BIENAVENTURADOS LOS SIERVOS QUE CON DILIGENCIA se mantienen vigilantes ante la inminente venida de Cristo y permanecen en constante actividad. Son los que ponen sus manos en el arado y su corazón en el surco del deber. El siervo requiere voluntad para servir. La Palabra de Dios dice: "Mi corazón está con los príncipes de Israel, con los voluntarios del pueblo. ¡Bendito sea el Señor!" (Juec. 5:9, NVI). Elena G. de White describe al siervo diligente de la siguiente manera: "El que verdaderamente ama y teme a Dios, luchando con entereza de propósito para hacer su voluntad, pondrá su cuerpo, su mente, su corazón, su ser y su fuerza al servicio de Dios" (*En lugares celestiales*, p. 190).

El siervo ha de ser también humilde y manso, tal como lo menciona el apóstol Pablo: "Por lo tanto, como escogidos de Dios, santos y amados, revístanse de afecto entrañable y de bondad, humildad, amabilidad y paciencia" (Col. 3:12, NVI). Además, se requiere una entrega total. La vida cristiana es una entrega diaria. Conlleva someterse cada día para triunfar en las batallas contra el enemigo. Elena G. de White enfatiza la necesidad de rendición total: "Recuerde que Dios puede emplear a todos sus hijos si están dispuestos a entregarse a él. Él tiene un lugar y una tarea para cada quien. Hay muchos, entre los cuales se encuentra usted, que no creen que sea posible que Dios los pueda usar. No piense más en ello. Usted puede hacer su humilde tarea de tal manera que glorifique a Dios" (*Cada día con Dios*, p. 243).

También se requiere sacrificio. El apóstol Pablo afirma: "Por lo tanto, hermanos, tomando en cuenta la misericordia de Dios, les ruego que cada uno de ustedes, en adoración espiritual, ofrezca su cuerpo como sacrificio vivo, santo y agradable a Dios" (Rom. 12:1, NVI). Cuando intentamos servir a los demás con abnegación y sacrificio, el Espíritu Santo nos capacita para desarrollar la sabiduría, la paciencia, la tolerancia, la bondad y la compasión necesarias. Cuando ponemos a los demás en primer lugar, estamos reflejando el verdadero carácter de Cristo.

Sirvamos a Dios de todo corazón, de buena voluntad, con humildad, sacrificio y una entrega total a su causa. Que Dios nos encuentre en acción.

Nuestro refugio en la Roca

*"Mi carne y mi corazón desfallecen; mas la roca de mi corazón
y mi porción es Dios para siempre".*
Salmo 73:26

PENSAR EN DIOS COMO LA ROCA ES PENSAR EN ÉL como nuestro refugio. Una roca es símbolo de fortaleza, de un fundamento sólido. Por eso, el salmista menciona que aunque su corazón desfallezca, tiene a la Roca como su salvación. Al igual que un águila, el cristiano hace su nido en la Roca y allí se protege de la tempestad y de los peligros de la vida. Aunque el águila es una de las aves más fuertes, ágiles y veloces del planeta, necesita un refugio seguro; por eso busca lo más alto del peñasco y lo más fuerte de la roca. El ser humano, a pesar de sus habilidades, inteligencia y vivacidad, necesita de Cristo. Es allí donde está nuestra seguridad.

Muchos siglos antes de que Cristo naciera, Moisés lo señaló como la Roca de la salvación de Israel. El salmista cantó sus loores y lo llamó "Roca mía y Redentor mío", "la Roca de mi fortaleza", "mi Roca y mi refugio" (Sal. 19:14; 62:7; 61:2; 71:3; 73:26; 94:22). Si Cristo es nuestra Roca, hagamos nuestra morada en él, porque es nuestro firme fundamento. Si nuestra fe está fundada en la Roca, no se moverá, no caerá y estará en pie hasta su segunda venida.

Elena G. de White nos dice: "Cuando caemos desvalidos, sufrientes y necesitados sobre la Roca de Cristo, sintiendo íntimamente que nuestra victoria depende de sus méritos, que todos nuestros esfuerzos, sin la ayuda especial del gran Vencedor, no servirán de nada, entonces Cristo envía a cada ángel de gloria a rescatarnos del poder del enemigo para que no caigamos" (*A fin de conocerle*, p. 306).

No hay otro lugar tan seguro como estar bajo la sombra de Dios. Sin su protección somos vulnerables, y el enemigo nos arrastra a la zona de peligro. En él, seremos fuertes y estaremos firmes ante las tempestades de los días finales.

Digamos hoy con el salmista, desde lo profundo del corazón: "Mi carne y mi corazón desfallecen; mas la roca de mi corazón y mi porción es Dios para siempre" (Sal. 73:26).

Miremos al cielo

"Nuestra ciudadanía está en los cielos,
de donde también esperamos al Salvador, al Señor Jesucristo".
Filipenses 3:20

UN HOMBRE CAMINABA POR EL BOSQUE y encontró un aguilucho. Se lo llevó a su casa y lo puso en un gallinero. Estando allí, el aguilucho aprendió a comer la misma comida que los pollos y a conducirse como ellos. Un día, un zoólogo que pasaba por allí le preguntó al propietario por qué tenía un águila encerrada en el corral con los pollos.

—Como le he dado la misma comida y lo he enseñado a ser pollo, nunca ha aprendido a volar —respondió el propietario—. Se comporta como los pollos, así que ya no es un águila.

—Sin embargo —insistió el zoólogo—, tiene instinto de águila, y con toda seguridad, se le puede enseñar a volar.

Después de discutir un poco, los dos hombres convinieron en averiguar si era posible que el águila volara. El zoólogo lo tomó en sus brazos suavemente, y dijo:

—Tú perteneces al cielo, no a la tierra. Abre las alas y vuela.

El águila, sin embargo, estaba confundida. No sabía qué era volar, y al ver que los pollos comían, saltó y se reunió con ellos de nuevo.

Sin desanimarse, al día siguiente el zoólogo llevó al águila al tejado de la casa y la animó, diciéndole:

—Eres un águila. Abre las alas y vuela.

Pero el águila saltó una vez más en busca de la comida de los pollos. El zoólogo se levantó temprano al tercer día, sacó al águila del corral y la llevó a una montaña. La elevó directamente hacia el sol. El águila empezó a temblar, a abrir lentamente las alas y, finalmente, con un chillido triunfante, voló, alejándose en el cielo.

Este relato refleja muy bien la condición de la humanidad. El pecado ha desdibujado la imagen de Dios en el ser humano. Nos hemos acostumbrado a vivir como esclavos en este mundo miserable, sin darnos cuenta de que tenemos a nuestro alcance otra clase de existencia. No fuimos creados para convivir con el dolor y el sufrimiento. No fuimos creados para vivir alejados de Dios. Cuando nos entregamos a Cristo, Dios perdona nuestros pecados y nos renueva espiritualmente. Por el poder de su Espíritu Santo, somos capacitados para vivir de acuerdo con nuestra verdadera naturaleza; aun cuando a veces anhelemos nuestra antigua vida.

Pronto, Cristo vendrá por nosotros. Pongamos los ojos en Jesús y en los asuntos del cielo, no en los de la tierra, y viviremos con él para siempre.

Más allá de una leyenda urbana

*"El que da testimonio de estas cosas dice:
'Ciertamente vengo en breve'. ¡Amén! ¡Ven, Señor Jesús!".*
Apocalipsis 22:20

UNA DE LAS VERDADES MÁS SOLMENES Y GLORIOSAS que revela la Biblia, es la de la segunda venida de Cristo. Melanchthon dijo: "Este viejo mundo no está lejos de su fin"; y Knox, el reformador escocés, agregó: "¿Y no ha de regresar por ventura? Sabemos que volverá, y con prontitud". Elena G. de White cita a Ridley, que expresó: "El mundo llega sin duda a su fin. Así lo creo y por eso lo digo. Clamemos desde el fondo de nuestros corazones a nuestro Salvador, Cristo, con Juan el siervo de Dios: 'Ven, Señor Jesús, ven'" (*El conflicto de los siglos*, cap. 18, p. 305).

Desde hace un tiempo, una falsa noticia sobre un supuesto experimento científico está circulando por Internet. El doctor Schumann, de la Universidad Tecnológica de Múnich, supuestamente reveló un estudio que hizo durante diez años acerca de la rapidez con que la Tierra gira sobre su eje. Usó la herramienta de la metafísica cuántica y la astrofísica meta cuántica para comprobar que la Tierra gira más rápido sobre su eje que antes. Encontró que la Tierra, durante siglos, giró a una velocidad de 7.8hz., pero que a partir de 1980 ese número cambió, y que ahora giraría a una velocidad de 12hz. De acuerdo a esta supuesta investigación, el día de 24 horas se convierte en solamente de 16, y por eso los días son más cortos ahora que antes.

Más allá de esta leyenda urbana, la Biblia presenta que el tiempo es breve, y que los acontecimientos finales sucederán rápidamente. El tiempo se acaba, y la venida de Cristo está más cerca de lo que pensamos. Esta ha sido la esperanza de sus verdaderos discípulos durante siglos. Es una promesa que ha iluminado el camino de los cristianos y ha traído esperanza a los mártires. Muchos han dado su vida por proclamar esta verdad. La certeza de la segunda venida ha traído alegría y esperanza a aquellos cuyas pruebas parecían imposibles de sobrellevar.

Los que creemos en Cristo debemos levantar nuestra mirada constantemente y estar preparados para la segunda venida de nuestro Señor. No hay tiempo que perder, debemos correr a los pies de la cruz para alcanzar salvación y, tomados de la mano poderosa del Señor, entrar al reino de los cielos.

Dondequiera que estemos

"Mis ojos pondré en los fieles de la tierra, para que estén conmigo;
el que ande en el camino de la perfección, este me servirá".
Salmo 101:6

DIOS ESTÁ EN TODAS PARTES, MÁS CERCA DE LO QUE CREEMOS. Vela nuestra entrada y salida. Mientras trabajamos, viajamos y dormimos, él cuida de nosotros. Sus ojos están viendo nuestros movimientos: qué hacemos o dejamos de hacer. Lo maravilloso de nuestro buen Dios es que nos libra de muchos peligros y pelea nuestras batallas. Si no fuera porque Dios interviene a diario, ya habríamos perecido.

El viernes 6 de diciembre de 2013 se difundió una noticia que ha de inducirnos a reflexionar respecto al cuidado divino. Un nigeriano permaneció atrapado durante tres días en el fondo del océano Atlántico debido al naufragio de un barco remolcador con doce marineros a bordo. Dieron aviso a las autoridades y a la compañía propietaria del barco. Después de tres días de ocurrido el accidente, llegaron al lugar tres buzos que trabajaban a unos 120 kilómetros del lugar en un yacimiento petrolero. Rescataron once cadáveres y, cuando estaban por retirarse, hicieron un último intento y revisaron el interior del barco. De repente, una mano se aferró fuertemente a uno de ellos. Era Okene Harrison, el cocinero, que todavía estaba vivo. Había quedado atrapado en un bolsón de aire que se formó en el interior del barco al hundirse. Okene, sumergido en el agua helada, recordó el salmo que su esposa le había enviado en un mensaje de texto días antes, y repetía: "Señor, por tu nombre, dame vida" (Sal. 143:11, BLPH). Su testimonio declara que lo salvó la mano divina. "Dios estuvo a mi lado", afirmó.

Este caso es una muestra de que Dios está a nuestro lado, incluso en lo profundo del mar. Él está con nosotros en el lecho del dolor, en los momentos de angustia, y cuando todos se han ido. Si levantamos la mirada y fijamos los ojos en Jesús, encontraremos alivio para nuestra necesidad. En medio del sufrimiento, podemos llamarlo, pero también cuando la felicidad nos embarga, pues Dios nunca nos pierde de vista.

Nuestro Señor dijo: "Les aseguro que estaré con ustedes siempre, hasta el fin del mundo" (Mat. 28:20, NVI). Oremos para percibir la presencia de Jesús a nuestro lado.

Dios, la fuente de la felicidad

"Les he dicho esto para que tengan mi alegría
y así su alegría sea completa".
Juan 15:11, NVI

TODOS ANHELAMOS SER FELICES Y VIVIR una vida llena de gozo y de paz, pero las circunstancias que nos rodean muchas veces nos impiden lograrlo. El Diccionario de la Real Academia de la Lengua Española define "felicidad" como: "Estado de grata satisfacción espiritual o física". Sin embargo, la felicidad es percibida por algunas culturas en forma distinta. Para los occidentales, se mide por la solvencia económica; y para los orientales, por la armonía o tranquilidad que experimentan los individuos.

En 2006, dejó de reinar el monarca Jigme Singye Wangchuck, del Reino de Bután, país situado en el sur de Asia, entre India y China. Cuando fue coronado en 1974, en su discurso inaugural, dijo: "La felicidad interior bruta es mucho más importante que el producto interno bruto del país". Desde entonces, luchó para que su gente encontrara la felicidad, haciendo cambios en las políticas de su nación. Desarrolló un programa modelo de búsqueda de la felicidad, combinando lo material con lo espiritual. Dedicó a ello sus 32 años de reinado. La pregunta es: ¿Fue su pueblo más feliz que los demás? Las encuestas afirman que lograron un mayor bienestar, pero no realmente la felicidad.

Esto nos hace pensar que la felicidad va más allá de las posesiones materiales o de un mejor estilo de vida. Jesús relacionó la felicidad con él mismo y su mensaje. No hay mayor gozo que Cristo viva en nuestro corazón y que por medio de su presencia en nuestra vida, traiga paz y felicidad. De esta manera, la felicidad está más vinculada con una relación que con posesiones. Es algo interior que no puede medirse por ciertas circunstancias externas. Cuando encontramos a Cristo, tenemos el Camino, la Verdad y la Vida.

Dios tiene interés en nuestra felicidad. "Todo el cielo está interesado en la felicidad de cada ser humano. Nuestro Padre celestial no cierra la puerta de la felicidad a ninguna de sus criaturas" (*El camino a Cristo*, cap. 5, p. 71). Por lo tanto, si el secreto de la felicidad radica en Jesús, debemos buscarlo insistentemente. Él está a nuestro alcance, y es su deseo que seamos felices. Oremos para relacionarnos con Cristo a través del aprendizaje de su Palabra.

El profundo amor de Jesús

"Él, siendo en forma de Dios, no estimó el ser igual a Dios como cosa a que aferrarse, sino que se despojó a sí mismo, tomó la forma de siervo y se hizo semejante a los hombres".
Filipenses 2:6-7

JESÚS VINO A CUMPLIR UNA MISIÓN EN DOS DIMENSIONES: proclamar las buenas nuevas del evangelio y ministrar a los necesitados. Con el propósito de llegar a la gente y ponerse en su lugar, tomó la forma de hombre y se despojó de la gloria divina. De este modo, podría familiarizarse con las pruebas que le sobrevendrían, y convertirse en nuestro mediador e intercesor delante del Padre.

Al respecto, Elena G. de White declaró: "El Ser glorioso amó tanto a los pobres pecadores que tomó sobre sí la forma de un siervo para sufrir y morir en favor de los hombres. Jesús pudo haber permanecido a la diestra de su Padre, con la corona real en la sien y vistiendo las ropas reales. Sin embargo, escogió cambiar las riquezas, el honor y la gloria del cielo por la pobreza de la humanidad, y su posición de alto mando por los horrores del Getsemaní y la humillación de la agonía del Calvario. Se hizo varón de dolores y experimentado en quebrantos para, mediante el bautismo de sufrimiento y muerte, purificar y redimir un mundo culpable" (*Testimonios para la iglesia*, t. 4, pp. 122-123).

Refiriéndose a los factores que determinan el éxito de una empresa, John Maxwell menciona un estudio que abarcó a 16 mil ejecutivos. El trece por ciento de ellos eran triunfadores porque se caracterizaron por tratar bien a la gente, por llevarse bien con todos en el trabajo y por ser sensibles a las necesidades de los demás.

Por otra parte, Dylan, un niño de seis años, estaba preocupado por su amigo Jonás, de siete, pues sufría una terrible enfermedad y sus padres no tenían dinero para hospitalizarlo. A Dylan se le ocurrió la idea de hacer un libro para recaudar fondos y ayudar a su amigo. Él mismo lo escribió e hizo las ilustraciones. Lo tituló *Chocolate*, y en la portada especificaba que quería ayudar a su amigo con la venta de la obra. En poco tiempo, Dylan recaudó doscientos mil dólares.

Estas dos experiencias nos motivan a reflexionar en lo importante y maravilloso que es mostrar bondad y empatía hacia los demás. Vayamos un poco más lejos. Jesús dio su vida por nosotros, a quienes considera sus amigos. No escatimó nada para salvarnos, y hoy quiere entrar en nuestro corazón sin reservas.

Un amor como el de Cristo

"Haya, pues, en vosotros este sentir
que hubo también en Cristo Jesús".
Filipenses 2:5

CRISTO AFIRMÓ QUE HABÍA VENIDO A CUMPLIR la promesa mesiánica de aliviar a los pobres y sanar a los quebrantados de corazón por tanta ansiedad, angustia y problemas físicos, financieros, familiares, sociales, religiosos y políticos. Él vino a libertar a los encarcelados, dar vista a los ciegos y a liberar a los oprimidos (Luc. 4:18).

Elena G. de White declaró por escrito: "El amor de Jesús por la humanidad fue inconmensurable. Había aldeas enteras donde no se oía un solo gemido de dolor en ninguna casa, porque él había pasado por ellas y sanado a todos sus enfermos. Su obra demostraba su unción divina. En cada acto de su vida revelaba amor, misericordia y compasión; su corazón rebosaba de tierna consideración por todos los seres humanos. Se revistió de la naturaleza humana para poder solidarizarse con nosotros en nuestras necesidades. Los más pobres y humildes no tenían temor de acercarse a él. Aun los niñitos se sentían atraídos a él. Les gustaba sentarse en sus rodillas y contemplar su rostro pensativo, que irradiaba benignidad y amor" (*El camino a Cristo,* cap. 1, p. 17). Jesús vivió, pensó y oró por los demás. Se identificó con las necesidades de la gente. Sus necesidades y sufrimientos eran los de él.

Una mujer quedó viuda con sus dos hijos pequeños. Debido a la deuda que había contraído tratando de curar a su esposo, la desalojaron de su casa. Al poco tiempo, subastaron la propiedad y ella asistió para ver quién se quedaba con ella. Cuando se cerró la subasta, la mujer comenzó a llorar por su desgracia. Sin embargo, apenas entregó las llaves de la casa, el comprador se las devolvió a la mujer, diciendo: "Fui un niño huérfano y provengo de una familia humilde. Dios me ha dado recursos, y quiero devolverle una parte de lo mucho que él me ha dado. No me debe nada, la casa es suya".

La mujer estuvo agradecida durante el resto de su vida.

Si Jesús nos ha dado tanto, ¿por qué no devolverle parte de lo que tenemos? Brindemos hoy una sonrisa, un abrazo o una oración a quienes lo necesiten. Ayudemos a los desvalidos, aun cuando ello conlleve privarnos de algunas cosas.

La armadura para el tiempo del fin

"Por lo tanto, pónganse toda la armadura de Dios,
para que cuando llegue el día malo puedan resistir hasta el fin con firmeza".
Efesios 6:13, NVI

EL CONSEJO ES QUE TOMEMOS LA ARMADURA DE DIOS para enfrentar la lucha cósmica contra el mal. Dios pone a nuestra disposición todos los recursos que sean necesarios para hacer frente al enemigo y obtener la victoria, ya que Satanás ataca al cristiano y aprovecha cualquier flanco débil para destruirnos.

En la analogía de la armadura, la coraza de justicia nos protege contra los dardos venenosos del enemigo. Después, tenemos que calzarnos los pies con el apresto del evangelio de la paz. El evangelio es básicamente la buena noticia de que los hombres no tienen por qué morir; algo muy alentador para el guerrero que está enfrentando enemigos implacables. El evangelio de la paz son las canilleras y sandalias que vestía el soldado en la guerra. También hay que tener presente la fe, que es como el escudo del soldado que cubría todo el cuerpo para librarlo de las flechas incandescentes del enemigo. La fe detiene los dardos de la tentación, como el temor, el desánimo, la impaciencia, los pensamientos impuros, la envidia y el enojo, antes de que lleguen.

Si tomamos el yelmo de la salvación, que es semejante al casco que usaba el soldado para proteger la cabeza, cubrimos la sede de la inteligencia y de la voluntad. El yelmo se convierte en la esperanza de salvación del soldado cristiano, nos ofrece protección contra el enemigo. Por último, la espada del Espíritu, que es un arma defensiva y ofensiva que mantiene al enemigo alejado. Se trata de la Palabra de Dios que sale de su boca con poder. Es como una espada de dos filos que corta, penetra y discierne los pensamientos e intenciones del corazón.

La armadura de Dios está a nuestro alcance. Oremos para que Dios nos vista con ella para estar firmes hasta el fin.

La fe es puesta a prueba

"Sadrac, Mesac y Abed-nego respondieron al rey Nabucodonosor, diciendo:
'No es necesario que te respondamos sobre este asunto. Nuestro Dios,
a quien servimos, puede librarnos del horno de fuego ardiente; y de tus manos, rey,
nos librará'". Daniel 3:16-17

N ABUCODONOSOR, REY DE BABILONIA, levantó una estatua majestuosa de 27 metros de altura por casi 3 metros de ancho en la llanura de Dura. La erigió como un instrumento de adoración y símbolo de su poder como rey. Fijó un día para la dedicación e invitó a los gobernantes de las provincias del país, además del pueblo. Sadrac, Mesac y Abed-nego eran parte de los invitados especiales, porque eran los jefes de los negocios de la provincia de Babilonia. Tenían que estar en la comitiva de la dedicación junto con otros funcionarios del país. La orden era postrarse y adorar a la estatua cada vez que sonaran las bocinas y todo instrumento de música. El que no lo hiciera, sería quemado en el horno de fuego.

Cuando llegó el momento y se dio la orden, todos los asistentes se postraron para adorar, menos Sadrac, Mesac y Abed-nego. La orden contradecía sus creencias. No adoraban a otros dioses, salvo al Dios del cielo, y anhelaban ser luz en un mundo lleno de creencias falsas. Así que no los condenaron por una mala administración en los negocios, sino por mantenerse fieles a su conciencia.

Esos jóvenes tomaron una gran decisión. Confiaban en que Dios podía librarlos, pero si decidía no hacerlo, aun así seguirían fieles a él. Nabucodonosor se enfureció y mandó a calentar el horno siete veces más de lo acostumbrado. Buscó a los hombres más fuertes y vigorosos de su ejército para que ataran a los tres hombres y los echaran al horno ardiente. El horno estaba tan caliente, que las llamas mataron a los hombres que los arrojaron. Sin embargo, los tres hombres fieles fueron librados poderosamente. Jesús caminó con ellos en medio del fuego y salieron ilesos. Las llamas no tocaron sus cuerpos.

Concluyo con estas palabras inspiradoras: "En el día del Señor el humo y las llamas no tendrán poder para dañar a los justos. Los que estén unidos al Señor escaparán ilesos. Terremotos, huracanes, fuego e inundaciones no pueden dañar a quienes están preparados para encontrarse con su Salvador en paz" (*Alza tus ojos*, p. 259).

Florecer como la palmera

"El justo florecerá como la palmera;
crecerá como cedro en el Líbano".
Salmo 92:12

EL HOMBRE QUE CREE EN DIOS Y ESTÁ FUNDAMENTADO en Cristo, es considerado justo, y la Palabra inspirada lo compara con una palmera. Existen alrededor de 2.800 especies de palmeras. Las palmeras del desierto, las datileras, las cocoteras en las orillas de las playas y las palmeras jardineras, son las más conocidas. La mayoría dura cerca de doscientos años, y las del desierto resisten temperaturas altas y bajas. La palmera que produce cocos crece hacia dentro, al igual que la datilera. Su corazón es blanco, blando y nunca se pudre. Por eso, Dios comparó al creyente con una palmera, su desarrollo depende del corazón, de lo que tiene dentro. Debe tener un corazón puro, y no dejarse corromper por la amargura, el odio, el celo o la envidia.

La palmera crece en el desierto, un lugar de sequedad y desolación, pero florece y da frutos donde otros árboles mueren. Para sobrevivir, almacena agua en su tallo durante la temporada de lluvias para la temporada de sequía. De la misma manera, al enfrentar circunstancias difíciles, el cristiano crece y da frutos para Dios. El desierto no ejerce influencia sobre la palmera, porque no toma agua de la arena sino de las profundidades a las que llegan sus raíces. El cristiano, como José en Egipto y Daniel en Babilonia, no se deja influenciar por el mundo y las costumbres que lo rodean. Vive porque sus raíces toman del Agua de vida, y se alimentan diariamente de la Palabra de Dios

La palmera es notable por su utilidad. Puede dar más de doscientos frutos, y toda la palmera (fruto, tronco, hojas, y raíz) es aprovechada por el hombre. Como dice el salmista en el Salmo 92:14, el cristiano aun en la vejez fructificará. Dios espera frutos abundantes de sus hijos y una dependencia plena de él. De nuestro corazón han de fluir torrentes de agua viva y palabras que traigan esperanza al necesitado.

La palmera se reproduce con una sola semilla y no acepta injertos. Sembremos una palmera, y aparecerán muchas a su alrededor. Donde estén unas treinta palmeras juntas, se formará un oasis, porque las raíces traen agua a la superficie, dan sombra y alimento. Esto nos enseña que debemos cumplir la misión y multiplicarnos como creyentes. Debemos mantener armonía entre nosotros y ser una bendición para todo el que nos rodea. Así como la palmera es símbolo de triunfo, nosotros somos victoriosos en Cristo Jesús. Vivamos hoy esta experiencia, ahora que comienzan nuestras actividades diarias.

Firmes como cedros

"Plantados en la casa de Jehová,
en los atrios de nuestro Dios florecerán".
Salmo 92:13

EL CEDRO DEL LÍBANO, MENCIONADO EN EL SALMO 92, crece en las zonas montañosas de la región mediterránea, desde Turquía y el Líbano hasta Marruecos. Es el árbol nacional del Líbano y aparece como símbolo en la bandera de ese país. Al Líbano se lo conoce como el país de los cedros. Aunque existe una gran variedad de ellos, tienen características especiales: es una madera muy fina, que se utilizó, por ejemplo, para la construcción del primer templo de Jerusalén. Son árboles que crecen entre 25 y 50 metros de altura, y permanecen hasta dos mil años. Tienen la cualidad de ahuyentar insectos y gusanos. Bajo techo, es una madera muy resistente.

En el Antiguo Testamento, Israel es comparado a un cedro majestuoso, una de las figuras más hermosas de la Biblia. "El cedro del Líbano era honrado por todos los pueblos del Oriente. El género de árboles al que pertenece se encuentra dondequiera que el hombre haya ido, por toda la tierra. Florecen desde las regiones árticas hasta las zonas tropicales, y si bien gozan del calor, saben arrostrar el frío; brotan exuberantes en las orillas de los ríos, y no obstante, se elevan majestuosamente sobre el páramo árido y sediento. Clavan sus raíces profundamente entre las rocas de las montañas y audazmente desafían la tempestad. Sus hojas se mantienen frescas y verdes cuando todo lo demás ha perecido bajo el soplo del invierno. Sobre todos los demás árboles, el cedro del Líbano se distingue por su fuerza, su firmeza, su vigor perdurable; y se lo usa como símbolo de aquellos cuya vida 'está escondida con Cristo en Dios'" (*Patriarcas y profetas*, pág. 425).

Como el cedro del Líbano, el creyente implanta profundamente sus raíces en Cristo y su Palabra y, cuando se desata la fiera tempestad, permanece firme, sostenido por el brazo poderoso del que no ha perdido una sola batalla. No crece en una tierra blanda y superficial, sino que está cimentado en la Roca de los siglos. De la misma manera en que el aroma de la madera de cedro perfumó el palacio del rey David y el interior del templo de Jerusalén, la vida del creyente despide el aroma perfumado del evangelio de Cristo, capaz de conducir a las almas a los pies de la cruz.

Como antorchas en la oscuridad

"Hagan brillar su luz delante de todos, para que ellos puedan ver las buenas obras de ustedes y alaben al Padre que está en el cielo".
Mateo 5:16, NVI

L AS PRIMERAS ANTORCHAS CONSISTÍAN en un manojo de trozos de madera fuertemente atados entre sí e impregnados con aceite o alguna sustancia resinosa. Las lámparas más antiguas consistían en una vasija de barro cocido o de metal, con una mecha empapada de aceite. Hay una gran diferencia entre las lámparas modernas y las antiguas. Hoy tenemos lámparas de gas, de corriente directa, de baterías, de luz solar, de carburo y de petróleo, en diferentes estilos y modelos. ¡Hasta los celulares tienen aplicaciones para alumbrar!

En la Biblia, una antorcha debe tener tres componentes: materia, combustible y fuego (ver Lev. 24:1-2; 2 Tim. 1:6). Una lámpara encendida simboliza rectitud de carácter. Es el emblema de la prosperidad. La luz siempre ha sido un símbolo de la presencia divina. ¿Qué simboliza una lámpara apagada? Simboliza ruina, maldición y muerte.

Cierto día, un caballero fue a visitar unas cuevas. Se introdujo en ellas, admirando la belleza de las estalactitas y las estalagmitas que dibujaban el paisaje. Cuando llevaba una media hora de recorrido, se fue la luz dentro de la cueva natural. Comenzó a sentir pánico. Como no veía ni sus propias manos, tuvo que comenzar a gatear sobre el pavimento en busca de la salida. De pronto, chocó con otra persona que hacía lo mismo que él. Allí, en la oscuridad, se sentaron a conversar durante unos minutos, y el diálogo giró en torno a cuál de los dos iba en la dirección correcta. Sin embargo, cuando llegó de nuevo la luz, se dieron cuenta de que ambos iban en la dirección equivocada. ¡Cuán importante es la luz para desvanecer las tinieblas y comprender la verdad del evangelio y el plan de Dios para salvar al pecador!

El cristiano es una antorcha encendida en la oscuridad de este mundo, que puede dirigir a otros hacia la vida eterna. Jesús dijo de Juan el Bautista: "Era una lámpara encendida y brillante" (Juan 5:35). Así como Juan el Bautista fue una luz en su tiempo y preparó el camino para la primera venida de Jesús, nosotros fuimos llamados a ser una luz de amor, de bondad y de misericordia en este tiempo cuando las tinieblas predominan en la tierra. Cristo viene pronto para llevar a todos los que andan en su luz. ¿Estamos caminando en ella?

Levantémonos y resplandezcamos

"¡Levántate, resplandece, porque ha venido tu luz y la gloria de Jehová ha nacido sobre ti! Porque he aquí que tinieblas cubrirán la tierra y oscuridad las naciones; mas sobre ti amanecerá Jehová y sobre ti será vista su gloria".
Isaías 60:1-2

LO PRIMERO QUE HIZO DIOS EN LA CREACIÓN FUE la luz, que es indispensable para la vida. David, el salmista, dijo: "Jehová es mi luz y mi salvación, ¿de quién temeré?" (Sal. 27:1). La luz del candelero que estaba en el lugar santo del Santuario terrenal no debía apagarse ni de día ni de noche, pues representaba la presencia permanente de Dios en el Santuario. Jesús enseñó que la luz de una lámpara debía alumbrar a todos los que están en la casa; y también que la luz se utiliza para buscar a los perdidos y para recibir al esposo.

Los griegos usaban una antorcha para inaugurar y clausurar sus juegos olímpicos. La iglesia la ha usado en algunas ocasiones para simbolizar la era de los jóvenes y su fuerza. Las enfermeras usan una lámpara en su graduación para representar su disposición al servicio por las necesidades humanas y su amor por los enfermos.

Así como el aceite de oliva mantenía encendida la lámpara del Santuario (ver Lev. 27:20), lo que mantiene a un creyente con el fuego de Dios es la presencia del Espíritu Santo en su corazón. El aceite hace que la lámpara se mantenga encendida a pesar de la lluvia o de estar a la intemperie.

Juan el Bautista llegó a ser un portador de luz, porque bebió de la fuente que es Dios. Él brillaba y alumbraba a los demás. Usó la luz recibida de Dios y su testimonio fue una luz en las tinieblas. "Debemos ver la belleza, la luz de la Palabra de Dios por nosotros mismos, y encender nuestro candil en el altar divino para que podamos ir al mundo manteniendo en alto la Palabra de vida como una lámpara brillante y resplandeciente" (*A fin de conocerle*, p. 174).

Pidamos a Dios que encienda nuestra lámpara, y que nos ayude a iluminar el camino de los demás.

Cristo, nuestro Salvador

"Vienen días, dice Jehová, en que levantaré a David renuevo justo, y reinará como Rey, el cual será dichoso y actuará conforme al derecho y la justicia en la tierra".
Jeremías 23:5

J ESÚS es nuestro eterno salvador. Nació en este mundo, pero no perteneció a él; murió, pero volvió a la vida; fue sepultado, pero la tumba que ocupó en esta tierra ahora está vacía, pues resucitó para vivir eternamente. Cristo vive hoy para interceder por nosotros, y nos está esperando en el Santuario celestial para darnos la bienvenida al reino eterno. Solo él pudo ser el Salvador de la humanidad, y por eso tenemos esperanza.

Jesús fue el Mesías esperado y, si no hubiera venido a rescatarnos, este mundo ya habría perecido. El profeta Miqueas lo confirma cuando dice: "De ti ha de salir el que será Señor de Israel" (Miqueas 5:2).

Cuando Jesús se encontró con la mujer samaritana junto al pozo de Jacob, ella le dijo: "Sé que ha de venir el Mesías, llamado el Cristo; cuando él venga nos declarará todas las cosas" (Juan 4:25). La mujer estaba segura de que el Mesías, el Ungido de Dios, nuestro Salvador, erradicaría el problema del pecado y le daría una nueva dirección a la vida, uniendo de nuevo al ser humano con Dios, y así lo expresó ante sus vecinos en Samaria: "Venid, ved a un hombre que me ha dicho todo cuanto he hecho. ¿No será este el Cristo?" (Juan 4:29). Muchos vinieron a Jesús, creyeron en él y lo aceptaron totalmente en sus vidas, y dieron testimonio de ello diciéndole a la mujer: "Ya no creemos solamente por lo que has dicho, pues nosotros mismos hemos oído y sabemos que verdaderamente este es el Salvador del mundo, el Cristo" (Juan 4:42).

Cristo es nuestro Salvador y sin él la vida no tiene sentido. Solo seremos salvos y alcanzaremos la victoria sobre el mal mediante Jesús. He aquí su invitación: "El Espíritu y la Esposa dicen: '¡Ven!'. El que oye, diga: '¡Ven!'. Y el que tiene sed, venga. El que quiera, tome gratuitamente del agua de la vida" (Apocalipsis 22:17). Pidamos hoy al Señor que nos libre del poder del pecado y que viva en nuestro corazón.

La entrada de Jesús en Jerusalén

"¡Alégrate mucho, hija de Sion! ¡Da voces de júbilo, hija de Jerusalén!
Mira que tu rey vendrá a ti, justo y salvador, pero humilde,
cabalgando sobre un asno, sobre un pollino hijo de asna".
Zacarías 9:9

LA SEMANA DE LA PASIÓN de Jesús fue la semana de las grandes decisiones. Días antes de su crucifixión y resurrección, él entró triunfalmente en Jerusalén, cumpliendo las palabras del profeta Zacarías de que el Rey vendría cabalgando sobre un pollino.

Era la época de la Pascua, la más concurrida de las fiestas anuales de los judíos. A dicha fiesta acudían miles de personas de toda la nación y de países lejanos. Aquel día había una gran multitud en Jerusalén, y su entrada victoriosa conmocionó a toda la ciudad.

La profecía de Zacarías anunciaba la manera en la que el Hijo de David entraría a la ciudad. Y cuando el pueblo lo vio entrar, lo aclamó como Mesías y rey. El momento político también era propicio para que la entrada de Jesús, siendo proclamado Hijo de Dios, impactara a los gobernantes, los sacerdotes, los escribas, los fariseos y a todo el pueblo. Su propósito era presentarse públicamente como Redentor y llamar la atención de la gente hacia el sacrificio que había de coronar su misión a favor de un mundo caído.

Sin embargo, centrémonos ahora en lo que sucedió unos momentos antes. A medida que Jesús se aproximaba a la ciudad, se entristeció y lloró por ella, porque sabía que en dicha ciudad sería rechazado; aquellos a quienes había venido a salvar no lo recibieron como su Redentor. Vio toda la historia de la humanidad, el día del juicio final y la condenación de miles de sus hijos que podrían haber disfrutado de la vida eterna si lo hubieran aceptado como el Salvador del mundo.

Te vio a ti y me vio a mí; vio a su iglesia en los últimos días y es su deseo que nosotros sí lo recibamos como el Rey de reyes y Señor de señores. Por lo tanto, preparémonos para ese maravilloso encuentro que muy pronto ocurrirá.

Cristo, un varón de dolores

"Despreciado y desechado entre los hombres, varón de dolores,
experimentado en sufrimiento; y como que escondimos de él el rostro,
fue menospreciado y no lo estimamos".
Isaías 53:3, RV95

TRAS SU ENTRADA en Jerusalén, probablemente que Jesús haya regresado al hogar de Marta, María y Lázaro en Betania. Tal vez aquel había sido un día de arduo conflicto y mucha tensión, y necesitaba fuerzas para afrontar los días previos a su crucifixión. Jesús sería rechazado definitivamente por su pueblo, una viña que había cuidado, sustentado y podado. Israel se alejaría de él y, por eso, en ese tranquilo y acogedor retiro pasó toda la noche orando y meditando. Ricardo Nieto, en su poema "Lágrimas de oro", describe así la escena:

Una noche Jesús, meditabundo, con sus ojos tan grandes y tan tristes,
entre las sombras contemplaba al mundo. La oscuridad en torno se extendía,
como una mancha de carbón, y el cielo, un inmenso sudario parecía.
Y al contemplar la ingratitud humana, más negra que la noche, más oscura,
que las mismas tinieblas, con tristeza, con profundo dolor, con amargura,
inclinó sobre el pecho la cabeza y lloró... lloró mucho.
Lentamente Jesús abrió los ojos, esos ojos tan grandes y tan tristes,
que parecían llorar eternamente, y al mirar en la bóveda sombría,
semejante a un oscuro terciopelo, se secaron sus lágrimas.
Había un enjambre de estrellas en el cielo.

El sufrimiento de Cristo fue tan intenso y profundo la comunión constante con su Padre fue su único apoyo. "Como sustituto y garante del hombre pecaminoso, Cristo estaba sufriendo bajo la justicia divina. Veía lo que significaba la justicia. Hasta entonces había obrado como intercesor por otros; ahora anhelaba tener un intercesor para sí" (Elena G. de White, *El Deseado de todas las gentes*, p. 653).

Es doloroso recibir el rechazo de aquellos por quienes te has sacrificado. Sin embargo, a pesar de todo, Jesús salió victorioso, venció al pecado, pagó el precio de la culpa del ser humano y nos aseguró plena redención.

Pensemos en cuán grande es el amor de Dios por nosotros. Meditemos en cuánto tuvo que sufrir para que fuéramos salvos, y en cómo entregó su vida para pagar nuestra culpa y para que, gracias a ello, ahora tengamos garantizada la entrada en la Tierra Nueva.

¿Fructífero o estéril?

"Por la mañana, volviendo a la ciudad, tuvo hambre. Y viendo una higuera cerca del camino, vino a ella, y no halló nada en ella, sino hojas solamente; y le dijo: 'Nunca jamás nazca de ti fruto'. Y luego se secó la higuera".
Mateo 21:18, 19, RV60

TRAS PASAR LA NOCHE en Betania, Jesús se dirigió por la mañana a Jerusalén. Caminando por las veredas con sus discípulos, sintió hambre y se acercó a una higuera para comer. La planta estaba llena de hojas, y por ello supuso que tenía abundantes frutos; pero como su apariencia era engañosa, Jesús la maldijo.

Los discípulos se sorprendieron, pues ese no era el proceder habitual de Jesús. Lo habían oído decir que no había venido a condenar al mundo, sino a salvarlo; habían conocido a un Jesús restaurador y sanador, no destructor. No deseaba la muerte de nada, pero con este gesto dio un mensaje claro a su pueblo: el que no diera frutos sería desechado.

Israel había perdido de vista su misión y se había convertido en un pueblo arrogante. Su religión devino en puro formalismo, en ceremonias vacías que no transformaban los corazones. Así como la higuera fue plantada para servir al hambriento y al sediento, Israel nació para servir a la humanidad.

Esta amonestación es para todos los tiempos y todos los cristianos: nadie puede cumplir la ley de Dios sin servir a otros. Debemos vivir una vida llena de misericordia y abnegación; debemos experimentar el arrepentimiento y ser humildes.

Al maldecir la higuera, Cristo mostró cuán abominable es aparentar lo que no somos. Declaró que todo lo que es apariencia de piedad y falsa religión debe ser transformado.

"Esta higuera estéril con su ostentoso follaje ha de repetir su lección en cada época hasta el fin de la historia de este mundo [...]. Si el espíritu de Satanás en los días de Cristo se introdujo en los corazones de quienes no habían sido santificados, para contrarrestar los requerimientos divinos a esa generación, seguramente también intentará ingresar en las profesas iglesias cristianas de nuestros días" (Elena G. de White, *El Cristo triunfante*, p. 258).

Cristo desea limpiarnos de lo inservible para transformarnos en hombres y mujeres a su imagen y semejanza. Pidamos al Señor que transforme nuestro corazón.

Cristo, poder para limpiar

"Vinieron, pues, a Jerusalén; y entrando Jesús en el templo, comenzó a echar fuera
a los que vendían y compraban en el templo; y volcó las mesas de los cambistas,
y las sillas de los que vendían palomas".
Marcos 11:15, RV60

DURANTE LA PASCUA, los atrios del templo se llenaban de oferentes. Muchos no podían llevar el sacrificio que había de ser entregado, por lo que allí se compraban y vendían animales para las ofrendas. Además, en el atrio exterior, se cambiaba el dinero extranjero por la moneda del Santuario. Los negociantes se aprovechaban de ello exigiendo precios exorbitantes, y luego repartían las ganancias con los sacerdotes. Tristemente, el templo se había convertido en una cueva de ladrones.

Entonces llegó Jesús y volcó las mesas. Ante su autoridad como Dios, los negociantes, sacerdotes y líderes del pueblo huyeron de su presencia quedando solo los enfermos y los humildes que se acercaron para adorarlo. El templo se llenó de nuevo de almas sinceras que sí creían y aceptaban a Cristo en su corazón; personas obedientes, necesitadas de la ayuda de un Dios Todopoderoso y de la gracia divina. Al limpiar el templo de toda corrupción, Jesús quería enseñar una lección significativa a sus discípulos.

La limpieza del templo simboliza la limpieza del alma. Nuestra naturaleza pecaminosa ha desplazado a Dios del lugar que le pertenece; sin embargo, el Señor nos llama para que volvamos a él y pueda limpiarnos, pues nuestro cuerpo es el templo del Espíritu. Hemos recibido este cuerpo de Dios, pero no es nuestro, porque hemos sido comprados con la sangre preciosa de Cristo (1 Corintios 6:19, 20).

En una ocasión, un predicador visitó a un joven para hablarle de Jesús. Al pasar a su cuarto, vio las paredes llenas de cuadros obscenos, pero no comentó nada al respecto; solo le dijo que tenía algo hermoso para él: un precioso cuadro de Cristo. Cuando el predicador se fue, el joven colgó el cuadro de Jesús en medio de los demás, e inmediatamente percibió que no podían estar juntos, por lo que se deshizo de todos los cuadros salvo de ese. Contemplar a Jesús allí todos los días hizo que terminara aceptándolo y que abandonara todos sus pecados.

Oremos a Dios para alcanzar misericordia y para que nos llene de su presencia, la cual puede limpiarnos.

Si quieres, puedes limpiarme

"Un día, estando Jesús en un pueblo, llegó un hombre enfermo de lepra; al ver a Jesús, se inclinó hasta el suelo y le rogó: 'Señor, si quieres, puedes limpiarme de mi enfermedad'".
Lucas 5:12, DHH

AQUEL LEPROSO había escuchado que Jesús estaba en su pueblo. Corrió hacia él y, antes de que se acercara otro enfermo, se inclinó y le pidió que lo limpiara. Con ese gesto, aquel hombre reconoció su estado pecaminoso y su indignidad, pues sabía que el futuro de su vida dependía de la voluntad de Jesús.

En la época de Jesús, la lepra era una enfermedad incurable y contagiosa que atemorizaba al pueblo, pues todos los que la padecían tenían que aislarse de la sociedad y abandonar a su familia. Lo peor de todo es que eran condenados a una vida de soledad y dolor hasta que las llagas se curasen, o hasta morir solos entre otros leprosos. El leproso de aquellos tiempos es el prototipo del enfermo más necesitado en la actualidad, o de una persona desdichada que no tiene quién le extienda la mano, y Jesús llegó y lo tocó para sanarlo. Ahora podía reincorporarse a la sociedad y recuperar su vida, encontrando de nuevo paz y felicidad. Solo Jesús podía hacerlo; él es la única esperanza para el pecador.

Jesús, lleno de misericordia y amor, miró al leproso y le dijo: "Quiero, sé limpio". En el quedó curado y, después de presentarse ante el sacerdote para que este certificara su sanación, pudo disfrutar nuevamente de la compañía de sus seres queridos.

Cuando nos acercamos con humildad a Jesús, creyendo firmemente en su poder y anhelando ser perdonados y limpios de todo pecado, él puede sanar y restaurar nuestra vida. "La obra de Cristo al purificar al leproso de su terrible enfermedad es una ilustración de su obra de limpiar el alma de pecado. [...] Su presencia tiene poder para sanar al pecador. Quien quiera caer a sus pies, diciendo con fe: 'Señor, si quieres, puedes limpiarme', oirá la respuesta: 'Quiero: sé limpio'" (Elena G. de White, *El Deseado de todas las gentes*, p. 237).

Si Cristo estuvo dispuesto a morir por nosotros en la cruz, también hoy estará dispuesto a concedernos el perdón y a sanarnos. Vayamos hoy a él, caigamos a sus pies, y digámosle: "Señor, si quieres, puedes limpiarme".

La compasión de Jesús también es para ti

"Poco después, Jesús y sus discípulos fueron al pueblo de Naín. Mucha gente iba con ellos. Cuando llegaron a la entrada del pueblo, vieron a unos hombres que llevaban a enterrar a un muchacho. El muerto era el único hijo de una viuda. Mucha gente del pueblo la acompañaba". Lucas 7:11, 12, TLA

EN EL PUEBLO de Naín vivía una mujer que había quedado viuda muy joven y con un hijo. Había luchado para criar a su único hijo. Pero de pronto, él enfermó. Seguramente, la mujer recurrió a varios médicos sin obtener resultado alguno; finalmente, el joven murió y sus esperanzas se esfumaron. El hecho de que la Biblia mencione que era viuda nos muestra la condición y el dolor por el que esta mujer estaba pasando. Las mujeres en aquellos tiempos dependían del sostén de su esposo y, si él faltaba, del de su hijo mayor.

El pasaje bíblico menciona dos procesiones. Una salía de la ciudad de Naín. Se trataba del cortejo fúnebre del hijo de la viuda, que iba acompañada por una gran multitud de vecinos que la estimaban y que la iban consolando. La otra procesión era la de Jesús, acompañado por sus seguidores, que estaban entrando en la ciudad. Cuando Jesús vio a la mujer llena de dolor y con angustia en su corazón, le pidió que no llorara; existía esperanza para ella. Se acercó al féretro y expresó con autoridad y poder sanador: "Joven, a ti te digo, levántate" (Lucas 7:14). El joven se levantó y comenzó a hablar. Jesús, entonces, lo entregó a su madre. Ella, con regocijo, alababa a Dios postrada en tierra, y decía: "Un gran profeta se ha levantado entre nosotros". La mujer había comprendido que Jesús era el representante de Dios en la tierra pues afirmó: "Dios ha visitado a su pueblo" (vers. 16).

Jesús tiene compasión por todos los que sufren alguna pena y, sin que se lo pidamos, viene a nosotros, nos toca y llena nuestro corazón de esperanza, salud y bienestar. Permitámosle hoy que toque nuestra vida y la cambie.

"¿Qué pensáis del Cristo?"

"Cuando Jesús llegó a la región de Cesarea de Filipo, les preguntó a sus discípulos:
'¿Quién dice la gente que es el Hijo del Hombre?'".
Mateo 16:13, NTV

L A MAÑANA del martes de la semana de la pasión, Jesús regresó de Betania a Jerusalén y entró en el templo, donde los principales sacerdotes, los fariseos y los ancianos del pueblo lo hostigaron con muchas preguntas acerca de su autoridad. También trataron de tenderle una trampa, preguntándole si era correcto pagar tributos al emperador romano y planteándole cuestiones acerca de cuál era el gran mandamiento de la ley.

Jesús les contestó con otra pregunta de profundo significado: "¿Qué pensáis del Cristo? ¿De quién es Hijo?" (Mateo 22:42). Los fariseos respondieron sin discernimiento espiritual, afirmando que era hijo de David.

Cuando estamos alejados de Dios y el Señor no habita en nuestro corazón, no lo conocemos. Pero cuando la luz del evangelio brilla en nuestro interior, Cristo pasa a ser todo para nosotros. Es un Dios admirable, consejero, fuerte, nuestro Padre eterno, Príncipe de paz, o como dijo Pedro: "Tú eres el Cristo, el Hijo del Dios viviente" (Mateo 16:16).

Pablo también lo experimentó y llegó a la siguiente conclusión: "Aún más, a nada le concedo valor si lo comparo con el bien supremo de conocer a Cristo Jesús, mi Señor. Por causa de Cristo lo he perdido todo, y todo lo considero basura a cambio de ganarlo a él" (Filipenses 3:8, DHH). Jesús fue el único que estuvo dispuesto a dar su vida en rescate por muchos.

Amado Nervo dijo en una ocasión: "Si la ciencia engreída no te ve, yo te veo; si sus labios te niegan, yo te proclamaré. Por cada hombre que duda, mi alma grita: 'Yo creo'. ¡Y con cada fe muerta, se agiganta mi fe!". Y también Robert G. Ingersol declaró que Cristo fue el único hombre perfecto. Afirmó que sus enseñanzas habían sido más elevadas que las de Sócrates, Platón, Mahoma, Buda o Confucio, y agregó que los grandes imperios fundados por la fuerza, como los de Alejandro Magno o Gengis Kan, se han desvanecido, pero el imperio del amor fundado por el humilde carpintero de Nazaret crece diariamente y muchas personas estarían dispuestas a morir por él.

Aceptemos a Cristo como nuestro único Salvador y pidámoselo hoy que more en nuestro corazón.

Cristo, el Cordero de Dios

"Al día siguiente Juan vio a Jesús que se acercaba a él, y dijo:
'¡Aquí tienen al Cordero de Dios, que quita el pecado del mundo!'".
Juan 1:29, NVI

EL MIÉRCOLES de la semana de la pasión, los Evangelios no registran ningún acto público de Jesús. Faltaban dos días para su crucifixión, por lo que podemos suponer que sentía gran angustia por el peso del pecado del mundo.

La Pascua había sido establecida como símbolo de liberación del pueblo de Israel de la esclavitud de Egipto. El cordero sacrificado era la figura principal para la remisión de los pecados pero, en esta ocasión, Cristo sería quien nos liberaría de la condenación del pecado y de la muerte eterna. Los sacrificios por el pecado lo señalaban a él como el Cordero de Dios que quita el pecado del mundo (Juan 1:29).

Casi dos mil años antes de la llegada de Jesús, Abraham vio a Cristo como el Cordero de Dios cuando le dijo a Isaac que el Señor proveería el animal para el holocausto (Génesis 22:8). Anticipó la venida de Jesús, y comprendió que un día se sacrificaría por nuestras faltas. Jesús dijo: "Abraham, vuestro padre, se gozó de que había de ver mi día; y lo vio y se gozó" (Juan 8:56). El patriarca comprendió que el cordero que él ofrecía era solo un símbolo de Jesús, quien vendría un día para morir en la cruz por nosotros.

¿Cómo pudieron ser salvas esas personas antes de que viniera Cristo? Por la fe en su sangre, al igual que nosotros. Pero hay una diferencia: ellas fueron salvas por la fe que miraba hacia la futura muerte del Señor en la cruz, y nosotros somos salvos por la fe que mira atrás, cuando Cristo murió en la cruz.

Isaías presentó a Cristo como el sustituto del pecador. Cientos de años antes de que Jesús naciera, el Espíritu Santo reveló a Isaías que el Mesías sería varón de dolores, experimentado en quebrantos. Isaías comprendió que el Salvador sufriría y moriría, y el Espíritu Santo le hizo entender cuál era la razón de los sufrimientos de Cristo: nuestros pecados.

Depositemos nuestra fe en la sangre de Cristo, el Cordero de Dios que nos limpia de todo pecado.

¿Qué hacer con el Cordero?

"Sabiendo que habéis sido rescatados de vuestra vana conversación (la cual recibisteis de vuestros padres), no con cosas corruptibles, como oro o plata; sino con la sangre preciosa del Cristo, como de un Cordero sin mancha y sin contaminación". 1 Pedro 1:18, 19, JBS

CUANDO JUAN EL BAUTISTA declaró que Jesús era el Cordero de Dios, se refería a que él era la ofrenda definitiva ofrecida por el pecado. De hecho, todo el sistema sacrificial establecido por Dios en el Antiguo Testamento sirvió como base para la venida de Jesucristo, quien era el perfecto sacrificio que Dios proveería como expiación por los pecados de su pueblo.

¿Qué debemos pues hacer con el Cordero de Dios? Juan nos aconseja que miremos a Jesús como el Cordero perfecto que perdona todos los pecados, porque en él hay salvación. También debemos comer de la carne del Cordero y beber su sangre para tener parte con él en el reino. Jesús dice: "El que come mi carne y bebe mi sangre tiene vida eterna, y yo lo resucitaré en el día final" (Juan 6:54). Elena G. de White dice: "Comer la carne y beber la sangre de Cristo es recibirle como Salvador personal, creyendo que perdona nuestros pecados, y que somos completos en él. Contemplando su amor, y espaciándonos en él, absorbiéndolo, es como llegamos a participar de su naturaleza" (*El Deseado de todas las gentes*, p. 359).

Por otro lado, así como en la Pascua una familia pequeña compartía el cordero con otra familia vecina, también nosotros debemos compartir con otros la carne del Cordero (ver Éxodo 12:4). Compartir a Cristo es hablar de él a quienes no lo conocen y presentarles las promesas de la Palabra de Dios. Y, de la misma manera, debemos adorar al Cordero de Dios que está en pie en medio del trono en los cielos. Los seres celestiales lo adoran y dicen a gran voz: "El Cordero que fue inmolado es digno de tomar el poder, las riquezas, la sabiduría, la fortaleza, la honra, la gloria y la alabanza" (Apocalipsis 5:12).

Contemplemos, comamos, compartamos y adoremos al Cordero para triunfar con él por siempre.

Cristo lo es todo en la vida

"Ya no tiene importancia el ser griego o judío, el estar circuncidado o no estarlo, el ser extranjero, inculto, esclavo o libre, sino que Cristo es todo y está en todos".
Colosenses 3:11, DHH

JESÚS explicó el gran mandamiento de la ley: "'Amarás al Señor tu Dios con todo tu corazón, con toda tu alma y con toda tu mente'. Este es el primero y grande mandamiento. Y el segundo es semejante: 'Amarás a tu prójimo como a ti mismo'. De estos dos mandamientos dependen toda la ley y los profetas" (Mateo 22:37-40).

Por esto, cuando Cristo lo es todo en nuestra vida, decimos como Pablo: "Estoy seguro de que ni la muerte ni la vida, ni ángeles ni principados ni potestades, ni lo presente ni lo por venir, ni lo alto ni lo profundo, ni ninguna otra cosa creada nos podrá separar del amor de Dios, que es en Cristo Jesús, Señor nuestro" (Romanos 8:38, 39).

Juan Montalvo afirmó: "Si yo hubiera vivido en los tiempos de Cristo, lo habría seguido, habría sido uno de sus discípulos, y no el que le jugó la corta herencia, sino uno de los fieles, de los buenos. Tan real, tan profundo es el amor que siento por él, me embelesa tanto su historia que la sigo todos los años, desde Belén hasta el Calvario". Y Elena G. de White nos dice: "Cuando Cristo mora en el corazón, el alma rebosa de tal manera de su amor y del gozo de su comunión, que se aferra a él; y contemplándole se olvida de sí misma. El amor a Cristo es el móvil de sus acciones" (*El camino a Cristo*, p. 44). También Gandhi afirmó que solo Cristo lo dio todo sin negarle nada a nadie, sin importarle sus creencias, y que la vida de Jesús expresa perfectamente el espíritu y la voluntad de Dios.

Si Jesús lo dio todo por nosotros, cuánto más daremos nosotros todo por él. El Señor debe ocupar el primer y el último lugar en la vida de cada creyente. Debemos reflejar a Cristo en cada pensamiento, acto y actitud. Cuando los demás nos miren, deben ver un reflejo de su carácter en nuestra vida.

Busquemos la manera de que Cristo sea todo en nuestra vida; que sus palabras llenen nuestra mente y nuestro corazón.

Tomó la copa en mi lugar

*"Yendo un poco más allá, se postró sobre su rostro y oró:
'Padre mío, si es posible, no me hagas beber este trago amargo.
Pero no sea lo que yo quiero, sino lo que quieres tú'".*
Mateo 26:39, NVI

JESÚS había terminado su ministerio a favor de las personas que lo seguían en la semana de la pasión. No había más que decir a quienes habían oído las advertencias más solemnes y las verdades más importantes y las habían rechazado.

El jueves, su último día antes de morir, decidió dedicarlo a sus discípulos. Mientras los dirigentes judíos lo rechazaron con odio y desprecio, y mientras otros que habían profesado ser sus discípulos le daban la espalda, los doce apóstoles y otro pequeño grupo permanecieron junto a él hasta los momentos finales de su existencia.

Cristo tomó la copa del sufrimiento en nuestro lugar, y "comenzó a entristecerse y a angustiarse en gran manera". "Mi alma está muy triste hasta la muerte", dijo enseguida (Mateo 26:37, 38). El terrible peso del pecado del mundo gravitaba sobre él y se cumplía lo dicho por el profeta Isaías: "Jehová cargó en él, el pecado de todos nosotros" (Isaías 53:6). No permitió que muriéramos eternamente, sino que nos brindó la posibilidad de vivir para siempre. ¡Gloria a nuestro Salvador!

Tomó también la copa de absoluta soledad y vacío: "¿Así que no habéis podido velar conmigo una hora?" (Mateo 26:40). Ninguno de los discípulos fue testigo de la agonía de Jesús. ¿Dónde estaban los cinco mil que habían sido alimentados? En aquellos momentos, Jesús anhelaba la empatía y el apoyo de sus seguidores. El salmista dijo: "Esperé a quien se compadeciera de mí, y no lo hubo" (Salmo 69:20). Nadie pudo ayudar al maestro en esa hora angustiosa. Incluso tomó la copa de agonizante oración: "Padre mío, si no puede pasar de mí esta copa sin que yo la beba, hágase tu voluntad" (Mateo 26:42). Después de ese momento difícil, la traición se consumó: "¡Levantaos, vamos! Ved, se acerca el que me entrega" (Mateo 26:46).

Jesús tomó la copa de la soledad, de la dolorosa oración y de la traición. ¿Cómo podríamos olvidar semejante amor? Vayamos a él sin demora alguna.

El camino del Calvario

"Lo golpeaban en la cabeza con una vara y lo escupían, y arrodillándose delante de él le hacían reverencias. Cuando se cansaron de burlarse de él, le quitaron el manto rojo y le pusieron su propia ropa. Después se lo llevaron para clavarlo en la cruz". Marcos 15:19, 20, TLA

CUANDO JESÚS SALIÓ DE GETSEMANÍ, sus pies iniciaron el doloroso camino hacia el Calvario. Había aceptado cargar con la culpa de los pecadores, y el castigo que ellos merecían caería sobre él. El juicio, celebrado de noche, fue ilegal y atrozmente injusto, basado en falsas acusaciones. Entre la noche del jueves y la madrugada del viernes, Jesús compareció ante Anás, Caifás, dos veces ante el Sanedrín, Herodes y dos veces ante Pilato.

El viernes por la mañana, Cristo fue crucificado en el Calvario, y hubo tinieblas sobre la tierra; aquel viernes de condena y crucifixión fue el día más oscuro de la historia. La humanidad mostró la mayor ingratitud y perdió toda noción de justicia; la mayor crueldad y el mayor pecado se afrontaron al mayor acto de amor de Dios.

No es posible imaginar ni narrar la crucifixión de Jesús sin que el corazón se quebrante. Sus manos y pies fueron traspasados por los clavos en el madero. El sol se ocultó para no ver la sangrienta y horrible escena de Jesús ofreciéndose voluntariamente a morir en la cruz.

Durante esas horas previas a su muerte, Jesús pronunció palabras de inmensa transformación y esperanza para la humanidad perdida en la miseria. Cuando Jesús le dijo al ladrón en la cruz: "De cierto te digo que hoy estarás conmigo en el paraíso" (Lucas 23:43), lo dijo también para nosotros. Sin embargo, "Cristo no prometió que el ladrón estaría en el paraíso ese día. Él mismo no fue ese día al paraíso" (Elena G. de White, *El Deseado de todas las gentes*, p. 711). La Biblia nos enseña que la recompensa del creyente será otorgada en la resurrección y, por eso Cristo resucitó, para que tengamos la misma certeza de estar con él en la Tierra Nueva.

Lo que Jesús le dijo al ladrón en la cruz nos garantiza que todos podemos ser salvos en Cristo. Si confesamos nuestros pecados y nos entregamos a él de todo corazón, podremos vivir junto a él por la eternidad.

Seguridad de perdón en Cristo

"Padre, perdónalos, porque no saben lo que hacen".
Lucas 23:34, NVI

E STO ES lo que el hombre moderno necesita escuchar hoy. Solo Dios tiene poder y facultad para perdonar los pecados por medio de su Hijo. El núcleo de este mensaje es que Jesús perdonó a sus enemigos, como ejemplo para que nosotros respondamos a quienes nos han ofendido e injuriado con estas palabras: "'Te amo por causa de Cristo, y te perdono la injuria que me has hecho[?]' Jesús será testigo de este acto de amor, y lo aprobará; y como hacéis a los demás, os será hecho a vosotros también" (Elena G. de White, *Hijos e hijas de Dios*, p. 155). Cuán dulce es ser perdonado, pero nosotros también debemos perdonar a nuestros ofensores, pues nuestra capacidad de perdonar está estrechamente ligada a nuestra relación con Dios.

En 2012, en Florida, Estados Unidos, un joven disparó a una compañera en el autobús de la escuela. Ella murió en el acto y él fue condenado. Con el asesino frente al tribunal, y tras escuchar el veredicto, la madre de la chica exclamó: "Por fin se hizo justicia". Con lágrimas en los ojos, caminó hacia el asesino de su hija, lo abrazó con fuerza, y le dijo: "Te perdono, no me debes nada, ahora tengo paz en mi corazón". Es difícil llevar a la práctica este tipo de acción de perdón, y solo se logra cuando Cristo habita en nosotros.

Pedro preguntó a Jesús cuántas veces es necesario perdonar a otros, pues, según los rabinos, solo se podían perdonar hasta tres ofensas. Creyendo cumplir la enseñanza de Cristo, Pedro pensó extenderlas a siete, el número de la perfección, pero Jesús enseñó que nunca debemos cansarnos de perdonar. "El que rehúsa perdonar, está desechando por este hecho su propia esperanza de perdón" (Elena G. de White, *Palabras de vida del gran Maestro*, p. 192).

Si un médico receta a un enfermo los medicamentos adecuados, habrá hecho su parte, pero el paciente también debe hacer la suya. Para perdonar a la humanidad, Jesús hizo su parte, y Dios también; solo falta que nosotros hagamos la nuestra: aceptar el perdón y humillarnos ante Dios.

Tenemos el privilegio de acercarnos a Dios con corazón contrito y ser perdonados. Solo el perdón divino traerá descanso a nuestra alma, y paz y seguridad de salvación a nuestra vida.

Un sábado en la tumba de José de Arimatea

"Las mujeres que habían acompañado a Jesús desde Galilea, fueron y vieron el sepulcro, y se fijaron en cómo habían puesto el cuerpo. Cuando volvieron a casa, prepararon perfumes y ungüentos". Lucas 23:55, 56, DHH

A LAS TRES de la tarde del viernes, tras un largo día de tortura y sufrimiento, Jesús murió y, a la puesta del sol, fue sepultado en la tumba de José de Arimatea para descansar en el sueño de la muerte todo el sábado. Los discípulos, dispersos, vivieron un día de amarga tristeza. En el templo reinaba el desconcierto, pues la pesada cortina que separaba los compartimentos del Santuario se había rasgado de arriba abajo, y los enfermos que llegaban allí no encontraban al Sanador. Pilato permitió que se colocara un sello de seguridad sobre la piedra que cerraba la tumba, y ordenó a los soldados vigilar el sepulcro de Jesús.

El corazón de Simón de Cirene, del ladrón en la cruz y del centurión romano fueron tocados por Dios durante la crucifixión de Jesús y se habían puesto de parte de él. Simón de Cirene llevó la cruz de Jesús, pues él no podía cargarla, y este privilegio lo indujo a llevar la verdadera cruz de Cristo y a oír su llamado.

La Biblia afirma que el sábado que Cristo pasó en la tumba no fue un sábado ceremonial sino el sábado semanal del mandamiento. Lucas narra que las mujeres que acompañaron a Cristo hasta su crucifixión no se quedaron junto a la tumba, sino que regresaron a sus hogares para adorar a Dios y guardar el mandamiento (Lucas 23:56). Tanto ellas como los apóstoles estaban deseosos de que pasara el sábado para correr a la tumba, pero por temor a los judíos no acudieron al sepulcro al ocultarse el sol. El domingo, muy temprano, regresaron al sepulcro, pero Jesús había resucitado y Satanás había sido derrotado. La victoria sobre el mal estaba asegurada y Cristo estaba listo para llenar todo corazón de esperanza de vida eterna. El Cordero de Dios había muerto por el pecador y ya no era preciso hacer más sacrificios.

Cristo y sus discípulos nos enseñan que el sábado es de suma importancia descansando en él conforme al mandamiento. Que el sábado siga siendo siempre especial para nosotros.

Resurrección: salvación garantizada

*"Lo cierto es que Cristo ha sido levantado de entre los muertos,
como primicias de los que murieron".*
1 Corintios 15:20, NVI

JESÚS es nuestro eterno Salvador, que murió, pero volvió a la vida; que fue sepultado, pero salió de la tumba: "No está aquí, pues ha resucitado, como dijo. Venid, ved el lugar donde fue puesto el Señor" (Mateo 28:6), le dijo el ángel a las mujeres.

De los grandes fundadores de religiones de este mundo, Jesús es el único cuyo sepulcro está vacío; de manera que los cristianos son los únicos que pueden proclamar que su fundador no está sepultado. Murieron grandes hombres, pero nunca volvieron a levantarse.

Uno de ellos fue Abraham, que murió casi 2.000 años antes que Cristo. Su tumba, una de las mejores conservadas desde hace casi 4.000 años, está en la cueva de Macpela en Hebrón, en la zona sur de Palestina. En la actualidad, hay sobre ella una mezquita mahometana. Muchos creen que ese lugar es la tumba genuina del gran patriarca y amigo de Dios, pero nadie ha sostenido jamás que Abraham haya resucitado.

Otro fue Buda, que murió y, según los escritos primitivos del budismo, no hay evidencias de que haya resucitado, ni nadie asevera que haya ocurrido. También Mahoma falleció en Medina, Arabia, en el 632 d. C. y, hasta hoy, miles de devotos visitan su tumba cada año. Sin embargo, Cristo se levantó y dejó la tumba para darnos esperanza, y los soldados, las mujeres y los discípulos fueron testigos de su resurrección.

Braulio Pérez Marcio lo expresó en un poema:

No lo aprisionan las paredes frías de oscura tumba milenaria y triste.
¡Surgió a la vida nuestro Dios, y existe para llenar la nuestra de alegría!
Ya está la tumba de Jesús vacía, ya está vencido el ángel de la muerte.
¡Gloria al Señor, que poderoso y fuerte, ganó tu salvación, ganó la mía!

La tumba no es un callejón sin salida, sino el camino a la auténtica vida. En ella concluye nuestra vida mortal y se romperá el día que comience la vida venidera, sin que el creyente tenga conciencia del tiempo que ha permanecido en el sepulcro.

Si Cristo resucitó y ascendió al cielo, nosotros también podremos resucitar con él y vivir juntos para siempre. Que la resurrección de Jesús sea una garantía de vida eterna para nosotros.

Corramos antes de que se cierre la puerta

"Estarán dos hombres en el campo: uno será llevado y el otro será dejado. Dos mujeres estarán moliendo: una será llevada y la otra será dejada".
Mateo 24:40, 41, NVI

JUDAS, uno de los apóstoles de Jesús, estuvo a sus pies durante más de tres años, aprendiendo de él, observando sus pasos, viendo sus milagros y oyendo sus enseñanzas. Sin embargo, a pesar de todo lo que recibió de su Maestro, desaprovechó el tiempo inútilmente. Cristo estuvo dispuesto a perdonarlo, pero Judas no le rindió su corazón; la compañía de Jesús lo habría transformado, pero dejó pasar la oportunidad.

Lo mismo sucede con algunos que han escuchado durante mucho tiempo la verdad de la Palabra. Han sido testigos del poder de Dios en su vida y en la de los demás, y han participado en la predicación del evangelio, pero no se han entregado por completo a Cristo. De repente, se encuentran en grandes dificultades, encerrados en su propia trampa sin poder salir, y perecen lejos de Dios y sin esperanza.

Hace muchos años, justo a la puesta del sol, llegó a las costas de Inglaterra un barco procedente de Nueva York. De pronto, encalló sobre unas rocas, se hundió y todos los pasajeros perecieron, salvo el capitán y su esposa, quienes durante toda la noche permanecieron sobre una roca, soportando el viento frío y las fuertes olas. Al amanecer, llegó la ayuda, pero el barco de rescate no pudo acercarse lo suficiente debido a las rocas, así que, desde lejos, les lanzaron sogas para rescatarlos de aquella situación. Solo tenían que saltar cuando las olas bravías del mar subían para cubrir las rocas salientes, y así no caer sobre ellas y perecer. El capitán le pidió a su esposa que saltara primero. Ella se aferró a la soga y quiso lanzarse en el momento preciso pero se detuvo un instante, lo suficiente como para perder la oportunidad. Cuando por fin se lanzó, fue demasiado tarde: las olas habían bajado y, al caer, se estrelló contra las rocas y también pereció.

Así sucede con todo aquel que duda al entregar su corazón a Cristo. La oportunidad muchas veces no se repite, la dejamos pasar y, cuando reaccionamos, es demasiado tarde. No dudemos y entreguemos nuestra vida a Dios.

Cristo trae paz al corazón

"Les dejo la paz. Les doy mi paz, pero no se la doy como la dan
los que son del mundo. No se angustien ni tengan miedo".
Juan 14:27, DHH

E L MUNDO ANHELA PAZ, pero está lejos de encontrarla, puesto que no es algo que se pueda proclamar por decreto ni se pueda recibir de la mano humana o de un sistema religioso o político. La verdadera paz nace en el corazón de una persona cuando acepta a Cristo como su Salvador personal y recibe la maravillosa presencia del Señor en su corazón.

Vemos mucha angustia en el mundo por la inseguridad ante lo que está sucediendo y lo que sucederá en el futuro, pero la paz nos ayuda a estar tranquilos y seguros en medio de un mundo revuelto y lleno de tinieblas. El apóstol Pablo dijo: "Cuando digan: 'Paz y seguridad', entonces vendrá sobre ellos destrucción repentina, como los dolores a la mujer encinta, y no escaparán" (1 Tesalonicenses 5:3). La paz genuina no es algo que pueda producir el ser humano; es Cristo quien la genera en sus corazones.

Podríamos decir que en el Jardín del Edén el ser humano estaba en paz con Dios y había paz en su corazón. Gozaba de las bendiciones del Señor todos los días, tal como lo relata el libro de Génesis, y tenía cubiertas todas sus necesidades. No se preocupaba por la enfermedad ni por la muerte, pues no existían. La Biblia dice: "Jehová Dios plantó un huerto en Edén, al oriente, y puso allí al hombre que había formado. E hizo Jehová Dios nacer de la tierra todo árbol delicioso a la vista y bueno para comer; también el árbol de la vida en medio del huerto, y el árbol del conocimiento del bien y del mal" (Génesis 2:8, 9).

Gracias a la presencia del árbol de la vida, Adán y Eva gozaban de la vida eterna; no se enfermaban y no morirían. Antes de la irrupción del pecado en la tierra, la humanidad gozaba de paz, y Dios desea restaurar esa paz original, que conllevaba mucho más que la mera ausencia de conflictos. El Señor quiere derramar todas sus bendiciones espirituales y materiales en nuestra vida, tal como lo hizo con Adán y Eva, y hoy podemos recibir ese regalo inesperado. ¿Lo aceptamos?

Cuando la paz se ausenta

*"Cuando Jesús estuvo cerca de Jerusalén y vio la ciudad, lloró y dijo:
'¡Habitantes de Jerusalén! ¡Cómo me gustaría que hoy ustedes pudieran entender
lo que significa vivir en paz! Pero no, ustedes son incapaces de comprenderlo'".*
Lucas 19:41, 42, TLA

C UANDO EL PECADO entró en el corazón del ser humano, el mundo se llenó de oscuridad. La humanidad se alejó de Dios, y ese distanciamiento hizo que la paz que reinaba desde el principio se esfumara. Adán y su mujer se escondieron de la presencia de Dios, pues un vacío se apoderó de sus corazones y generó en ellos un sentimiento de culpa que se transmitiría a las siguientes generaciones.

El profeta Isaías clama: "Ay de los que se esconden de Jehová encubriendo sus planes, y sus obras las hacen en tinieblas, y dicen: '¿Quién nos ve, y quién nos conoce?'" (Isaías 29:15). La verdadera paz desapareció de la tierra y no se recuperó. El pecado provocó la separación entre Dios y la humanidad porque el ser humano lo permitió, y cuando dejamos que el pecado nos aleje de Cristo, la paz no tiene cabida, aunque la deseemos.

Así sucedió cuando nuestros primeros padres pecaron. La tierra fue maldecida y, a partir de ese momento, el dolor y el sufrimiento pasaron a formar parte de la vida cotidiana (Génesis 3:16, 17). Asimismo, el pecado nos desconecta de Dios y solo nos provoca desdicha. No permitamos más que el pecado nos aleje de Dios; pidámosle al Señor que cada día que esté a nuestro lado y que nos dé paz.

Cuando Adán y Eva fueron expulsados del Jardín del Edén perdieron el gozo y la alegría. Comenzaron a ver cómo caían las hojas de los árboles, cómo se marchitaban las flores y cómo se peleaban los animales. Al caminar por la tierra, las espinas y los cardos los lastimaban y comenzaron a experimentar el dolor y la tristeza. Fue allí, al meditar en su vida, cuando reconocieron el verdadero valor de la paz que habían tenido.

Si en algún momento hemos dejamos de sentir esa paz, volvamos a Cristo y vivamos bajo su pabellón. Pronto experimentaremos de nuevo la paz perfecta para siempre.

Cómo obtener la paz que Cristo ofrece

"Ahora en Cristo Jesús, vosotros que en otro tiempo estabais lejos, habéis sido hechos cercanos por la sangre de Cristo. Él es nuestra paz, que de ambos pueblos hizo uno, derribando la pared intermedia de separación". Efesios 2:13, 14

CUANDO EL MUNDO estaba hundido en la miseria y muy lejos de Dios, Cristo vino para traer redención. Si no hubiese venido a darnos esperanza, este mundo ya habría llegado a su fin. Gracias a la presencia de Cristo entre nosotros, podemos tener paz, esa paz que es un don de Dios para los que creen. Es tranquilidad y sosiego, descanso, seguridad y confianza en Cristo. Pero, ¿cómo se consigue esa paz?

El secreto está en la fe en Dios. Así lo declara el apóstol Pablo: "El Dios de la esperanza os llene de todo gozo y paz en la fe, para que abundéis en esperanza por el poder del Espíritu Santo" (Romanos 15:13). La paz de Dios nos sostiene cuando sentimos aflicción o soledad (Juan 16:33), y nos da confianza incondicional en el Redentor, aunque las cosas no funcionen como nosotros esperábamos. Es más, guardar los mandamientos de Dios produce en nosotros paz abundante (Isaías 48:18); en la obediencia impulsada por el amor a Dios, encontramos el secreto de la verdadera paz.

Hace algunos años, una madre viuda viajaba por las montañas de Escocia cuando fue sorprendida por una tempestad de nieve que le impidió llegar a su destino. Pasó toda la noche luchando contra el frío y, a la mañana siguiente, la encontraron helada y muerta; sin embargo, en su regazo encontraron vivo a su bebé, a quien había cubierto con todo lo que traía. De la misma manera, Dios ofreció su vida para salvar a sus hijos y, a partir de ese momento, Dios protege en su regazo a todos aquellos que creen en él. Nunca debemos olvidar esta buena noticia: Jesús dio su vida para que tú y yo tengamos paz y seamos salvos mediante su vida.

La mano extendida

"Cuando cruces las aguas, yo estaré contigo; cuando cruces los ríos,
no te cubrirán sus aguas; cuando camines por el fuego,
no te quemarás ni te abrasarán las llamas".
Isaías 43:2, NVI

ESTE VERSÍCULO no promete que no tendremos problemas o que no nos enfrentaremos a circunstancias difíciles. Afirma que, si pasamos por una situación complicada o una enfermedad, Dios estará allí para ayudarnos. Será como un puente para cruzar el río; no estamos solos.

La Biblia cuenta cómo Dios salvó al pueblo de Israel. Se encontraban en un callejón sin salida, entre el ejército del faraón y el mar y, a la orden de Dios, el pueblo atravesó el Mar Rojo. Puede que el problema sea demasiado grande para nosotros, pero para Dios no; porque para él no hay nada imposible.

Asimismo, Dios libró del fuego del horno ardiente a los tres jóvenes hebreos amigos de Daniel, aunque había sido calentado siete veces más de lo acostumbrado y los habían atado muy bien. El milagro fue realizado porque Cristo está con sus hijos en cualquier situación. Recuerda, Dios cumple lo que promete.

Un autor anónimo escribió: "Dios no nos prometió cielos siempre azules, ni caminos de flores, o una vida sin dolores. Dios no nos prometió sol sin lluvia, gozo sin dolores, paz sin sufrimiento. Pero Dios sí nos prometió: fortaleza para cada día, descanso de nuestras labores, luz para el camino, gracia para las pruebas, ayuda en todo momento, misericordia ilimitada y amor sin límites".

Un día, una mujer pidió a su pastor que orara por ella, pues deseaba tener más paciencia. Se arrodillaron, y el pastor oró: "Señor, envía a mi hermana más tribulaciones, envíale persecución, ponla en apuros, envíale pruebas". La hermana interrumpió la oración, diciendo: "Pastor, yo no quiero tribulaciones, lo que necesito es paciencia" y él le respondió: "Sí, hermana, es necesario pasar por tribulaciones para desarrollar la paciencia".

Demos gracias a Dios por ayudarnos a soportar cualquier situación.

Las preocupaciones y la fe

"No se preocupen por el día de mañana, porque mañana habrá tiempo para preocuparse. Cada día tiene bastante con sus propios problemas".
Mateo 6:34, DHH

L AS PREOCUPACIONES bloquean la mente y no nos permiten ver el camino de salida. Sin embargo, en Cristo encontramos libertad ante el miedo y la ansiedad; sin él los problemas de la vida nos enfermarían. El consejo del apóstol Pablo es: "Por nada estéis angustiados, sino sean conocidas vuestras peticiones delante de Dios en toda oración y ruego, con acción de gracias" (Filipenses 4:6). Jesús no prometió una vida fácil, pero sí prometió su presencia junto a aquellos que lo aman.

Se ha dicho que las preocupaciones y la fe son incompatibles. Si la fe es firme y fuerte, no debemos preocuparnos, pero si la fe es débil, la angustia no nos ayudará en nada. Un autor anónimo agregó: "La fe y el temor no pueden morar juntos: cuando uno entra, el otro sale. Cuando comienza la ansiedad, es el fin de la fe, pero cuando la verdadera fe comienza, termina la ansiedad". Las preocupaciones son como una mecedora: nos mantienen ocupados meciéndonos todo el tiempo, pero no nos llevan a ninguna parte. Recordemos que en el verdadero amor no hay temor (1 Juan 4:18).

A un hombre de avanzada edad le preguntaron qué le había impedido disfrutar al máximo de su vida, y él contestó: "Cosas que nunca llegaron a suceder". La gran mayoría de las personas siempre están preocupadas por cosas que creen que van a sucederles en el futuro, pero casi todas esas cosas quizás no lleguen a ocurrir nunca. Siendo así, ¿por qué no dejamos el futuro en las manos del Señor? La actitud es lo más importante para salir adelante.

En cierta ocasión, le enviaron una carta a John Quincy Adams, sexto presidente de los Estados Unidos, preguntándole por su estado, dado que ya era anciano y estaba jubilado. Su respuesta fue que la casa donde vivía estaba casi en ruinas y el techo estaba a punto de caerse, pero agregó: "Creo que John Quincy Adams tendrá que cambiarse pronto de casa, pero a pesar de todo, está bien, muy bien".

Sin duda, la actitud y la fe en Dios son claves para triunfar en Cristo Jesús.

Nuestra actitud marca la diferencia

"Entonces Job se levantó, y rasgó su manto, y trasquiló su cabeza, y cayendo en tierra adoró; y dijo: 'Desnudo salí del vientre de mi madre, y desnudo tornaré allá. El Señor dio, y el Señor quitó; sea el nombre del Señor bendito'".
Job 1:20, 21, JBS

LA ACTITUD que mostramos ante las dificultades puede hacer que se resuelvan o que se enreden aún más; es decir, muchas veces, la actitud determinará nuestro éxito o nuestro fracaso. La actitud puede ser poderosa para construir o para destruir, edificará o causará heridas, pues hay quienes encuentran una oportunidad en cada dificultad, y quienes ven una dificultad en cada oportunidad. La actitud no es un sentimiento ni depende de las circunstancias externas; consiste en elegir por uno mismo cuál será la perspectiva ante un nuevo día.

La actitud también es determinante para nuestra paz interior, nuestra salud y las relaciones interpersonales. La actitud positiva se cultiva; no nacemos con ella. Si alguien nos hace daño injustificadamente, nos ponemos a la defensiva, nos deprimimos y nos afecta a la autoestima. Pero lo más sano en estos casos es no prestar atención a lo dicho y sonreír como si nada hubiese sucedido.

Para cultivar una actitud positiva, es fundamental hacer una autoevaluación, y luego reconocer que el corazón humano es engañoso y permitirle a Dios que lo transforme. Job es un ejemplo a seguir, pues bendijo el nombre de Dios cuando perdió todo lo que tenía, incluyendo a sus hijos. ¿Cuál habría sido tu actitud frente a esta terrible situación? ¡Qué hermosa la actitud de Job frente a todos los infortunios que le acontecieron! ¡Qué paciencia! ¡Qué humildad! ¡Qué fe y confianza en el Señor!

Cuando creamos haberlo perdido todo, digamos: "Dios es nuestro amparo y fortaleza, nuestro pronto auxilio en las tribulaciones" (Salmo 46:1). Si Dios es nuestro amparo, en los momentos difíciles debemos mantener la calma y la confianza en él; en lugar de desesperarnos, caigamos de rodillas como hizo Job, glorificando su nombre.

Job no le echó la culpa a Dios ni a nadie de su desgracia y, como no entendió lo que pasaba, dejó que Dios se encargara e hiciera lo que mejor le pareciera. Dejemos todo en manos del Todopoderoso cuando nos enfrentemos a una injusticia.

Vivir un día a la vez

"Este es el día que el Señor ha hecho;
y en él nos alegraremos y regocijaremos".
Salmo 118:24, RVC

CADA DÍA podemos decidir si viviremos alegres o tristes. Si meditamos en todas las bendiciones que hemos recibido de lo alto, veremos que no tenemos motivos para sentirnos tristes: Jesucristo murió por nosotros, y nos ofrece el poder de su sangre, que nos lava y nos limpia, para vivir una vida victoriosa gracias al poder del Espíritu Santo, que también está a nuestra disposición. Por lo tanto, tenemos razones suficientes para gozarnos y alegrarnos todos los días. La alegría no depende de las circunstancias que nos rodean; Dios la cultiva en nuestro corazón. No importa los problemas a los cuales te estás enfrentando, ni lo que te hayan dicho los médicos, regocíjate hoy porque Dios hizo este día.

Vivir un día a la vez significa concentrar nuestras fuerzas, nuestras habilidades, nuestras metas y nuestros objetivos en el presente, como un peldaño, un paso más en un proyecto de vida y de realización personal. Nuestra percepción del futuro nos genera ansiedad si nos enfocamos en aquello que no está bajo nuestro control absoluto. Las aflicciones también sobrevienen cuando perdemos la perspectiva y la experiencia del tiempo presente, hoy, el único día dado por Dios para hacer lo que debemos hacer. Sin embargo, podemos experimentar paz si hoy confiamos en que Dios se encargará del futuro.

Hay dos días por los cuales no debemos preocuparnos: ayer y mañana. El ayer, con sus errores y cuidados, faltas y equivocaciones, se ha ido para siempre y está fuera de nuestro control; no podemos borrar lo sucedido. El mañana, con sus posibles adversidades, sus cargas y sus grandes promesas, está asimismo fuera de nuestro control inmediato. El sol de mañana saldrá, con gran esplendor o detrás de una masa de nubes, pero saldrá, y hasta que el sol salga otra vez, no podremos hacer nada con el día de mañana.

En cambio, sí podemos vivir el día de hoy, porque cualquier persona puede hacer frente a las batallas de un solo día. Solo sucumbimos cuando añadimos las cargas del ayer y del mañana a nuestro presente. Por eso, acudamos hoy a Dios: "Echad toda vuestra ansiedad sobre él, porque él tiene cuidado de vosotros" (1 Pedro 5:7).

Solo el amor

"Si hablo las lenguas de los hombres y aun de los ángeles, pero no tengo amor,
no soy más que un metal que resuena o un platillo que hace ruido".
1 Corintios 13:1, DHH

L A DIFERENCIA BÁSICA entre el amor de Dios y el nuestro es que Dios ama a los enemigos, nos ama a todos, y no espera recompensa; es decir, no necesita ser amado antes o después, sino que ama por naturaleza, porque el poder de su amor es mayor que todo.

En cierta ocasión, llegó a manos de una joven universitaria un libro. Comenzó a leerlo con interés, pero de pronto su curiosidad se esfumó y, sin haber terminado de leerlo, lo cerró bruscamente, diciendo: "Es el libro más insípido que he leído en mi vida".

Años después, esa joven se encontró con un muchacho en la universidad y, en poco tiempo, se hicieron novios. El joven resultó ser el autor de aquel libro y, sin saber que ella ya lo había leído, se lo recomendó; esta vez, ella lo leyó completo. Al terminarlo, llegó a la conclusión de que jamás había leído un libro tan interesante y bello como ese. ¿Cuál fue la diferencia? Su amor por el joven.

Alguien dijo una vez: "La inteligencia, sin amor, te hace perverso. La justicia, sin amor, te hace implacable. La diplomacia, sin amor, te hace hipócrita. El éxito, sin amor, te hace arrogante. La riqueza, sin amor, te hace avaro. La docilidad, sin amor, te hace servil. La pobreza, sin amor, te hace orgulloso. La autoridad, sin amor, te hace tirano. El trabajo, sin amor, te hace esclavo. La ley, sin amor, te esclaviza. La fe, sin amor, te hace fanático. La cruz, sin amor, se convierte en tortura. La vida, sin amor, no tiene sentido".

No importa cuán grande sea la carga o las barreras que se interpongan en nuestro camino. Cuando hay amor, la carga es ligera y las barreras desaparecen, porque el amor a Dios y al prójimo es el principal mandamiento y la esencia de la ley. Que el amor de Dios se implante en nuestro corazón y lo practiquemos en nuestro círculo cercano, de modo que sea una bendición en la iglesia, la familia y el trabajo.

En busca de perdón

"Pues todos hemos pecado;
nadie puede alcanzar la meta gloriosa establecida por Dios".
Romanos 3:23, NTV

DE FORMA CONSCIENTE O inconsciente, en general, el ser humano busca maneras de encontrar perdón y enmendar sus errores. Unos lo buscan por medio de sacrificios, otros ayunan por muchos días o andan de rodillas martirizando el cuerpo hasta llegar a un supuesto lugar sagrado. Otros caminan descalzos sobre espinas y piedras, o laceran su cuerpo hasta sentir que Dios los ha perdonado.

En el mundo islámico, los que peregrinan hasta la Meca confiesan sus pecados ante la piedra Kaaba. En los altos del Himalaya, en India, nace el río Ganges que, según la tradición hindú, nació del intenso deseo de una diosa por perdonar los pecados de su pueblo; lavándose en ese río, reciben perdón y limpieza. Cuando los huicholes van a Wirikuta a buscar peyote (un tipo de cactus que utilizan en ceremonias religiosas) deben confesar los pecados cometidos durante el año ante el dios del fuego y deben limpiarse espiritualmente antes de llegar. Durante el año, hacen un nudo en un mecate por cada pecado cometido, principalmente los sexuales y, al llegar allí, con su mecate lleno de nudos, se colocan frente al fuego para confesarlos. Mientras tanto, un joven los golpea con una vara en las piernas para que no se les olvide ninguno y sean limpios completamente. Al terminar, tiran el mecate al fuego y quedan listos para ir en busca de los cactus.

¿Son estos los métodos para conseguir el perdón de Dios? ¿Nos pide el Señor esa clase de sacrificios? La Biblia es clara al decir que solo hay un Dios capaz de perdonar: Cristo Jesús, nuestro Salvador. Si nos arrepentimos y confesamos todos nuestros pecados, él nos limpia de toda maldad. Fuera de él, no hay nada que pueda limpiar nuestra conciencia; no hay otra forma de ser perdonados.

Recibimos paz y felicidad cuando Dios nos limpia de todo mal. Basándose en su propia experiencia, David habla de la bendición que es recibir el perdón: "Bienaventurado aquel cuya transgresión ha sido perdonada y cubierto su pecado. Bienaventurado el hombre a quien Jehová no culpa de iniquidad y en cuyo espíritu no hay engaño" (Salmo 32:1, 2).

Depositemos toda nuestra confianza en Dios y nos perdonará. Nuestrocorazón rebozará de gozo y nuestra relación con él será restablecida.

Primer paso: reconocer

"Si afirmamos que no tenemos pecado,
lo único que hacemos es engañarnos a nosotros mismos
y no vivimos en la verdad".
1 Juan 1:8, NTV

RECONOCER que estamos equivocados no suele ser nuestra primera reacción. Una cosa es saber que somos pecadores y otra distinta es reconocer que lo somos, pero el reconocimiento es el primer paso hacia el perdón, pues nos conduce al arrepentimiento, la confesión y la humillación contrita. Cuando reconocemos nuestro pecado ante Dios, somos conscientes de que puede perdonarnos y transformarnos.

El Evangelio de Lucas relata la parábola del publicano y el fariseo cuando fueron al templo a orar a Dios. Aunque ambos personajes se consideraban justos, el primero no podía siquiera alzar los ojos hacia el cielo; el segundo, sin embargo, daba gracias porque no era ladrón ni injusto como los demás hombres. La Palabra dice que el publicano regresó a su casa justificado, a diferencia del fariseo, que demostró que su corazón estaba cerrado a la influencia del Espíritu Santo; y como no había reconocido la condición en que se encontraba y no sintió necesidad de perdón, no recibió nada (Lucas 18:9-14). Aquí se encierra una gran lección: Dios es el único que puede librarnos del autoengaño.

En un lugar apartado de la ciudad, un joven enfermó y comenzó a bajar de peso. Su padre notó que estaba muy pálido y le recomendó que fuera al médico; pero el joven le contestó que no estaba enfermo y que, por tanto, no necesitaba ir a ningún lado. Después de dos meses, había perdido unos quince kilos, y su padre fue a una ciudad cercana en busca de un médico conocido de la familia para que lo examinara en casa. Para sorpresa de la familia, el médico le diagnosticó cáncer en la sangre. Lo llevaron de urgencia a un hospital, pero ya no pudieron hacer nada por él: la enfermedad había avanzado demasiado y, al poco tiempo, murió.

Esto es lo que sucede con aquellos que no reconocen que están enfermos del pecado y necesitan al Médico divino. Ahora es tiempo de reconocer y entregar nuestro corazón al Señor antes de que la enfermedad del pecado avance y sea demasiado tarde. Oremos para que Dios nos haga sensibles a la voz del Espíritu Santo en este día.

No más cicatrices

"No te fijes en mi maldad ni tomes en cuenta mis pecados".
Salmo 51:9, TLA

EL PECADO deja todo tipo de cicatrices, en el cuerpo, en la mente, en los sentimientos. El alcohol, el tabaco y las drogas dejan marcas terribles, así como el abuso sexual. Sin embargo, Dios es capaz de quitar toda mancha y todo rastro que deja el pecado. No importa cuánto tiempo hayamos estado perdidos en el mal camino; si clamamos a Dios en busca de auxilio, él nos escuchará. Él oye cada súplica sincera y cada petición que anhela hallar gracia ante sus ojos.

Un famoso artista pintó un cuadro representando la inocencia. El niño que le sirvió de modelo se llamaba Rupert, y lo pintó orando de rodillas al lado de su madre. Las palmas de sus manos estaban juntas en posición de oración y sus mejillas rosadas atestiguaban su salud perfecta. El niño elevaba sus ojos azules con expresión de devoción y paz, y el pintor quedó tan satisfecho con el cuadro, que lo colgó en su estudio.

Pasaron los años y el artista, ya anciano, quiso pintar otro cuadro que expresara el crimen. Así que visitó algunas cárceles y, en un calabozo sucio, encontró a un criminal al que llamaban "Randall". Estaba atado con cadenas, su cuerpo estaba gastado, sus mejillas caídas y sus ojos hundidos reflejaban angustia y vicio. El pintor pidió permiso al jefe de la cárcel para llevarlo a su estudio y utilizarlo de modelo.

Cuando le concedieron el permiso, un guardia condujo al preso hasta el estudio del artista, y al llegar allí, Randall vio el cuadro que reflejaba la inocencia. Miró el rostro de aquella mujer que estrechaba con sus manos al tierno niño y, de pronto, rompió a llorar. El pintor se detuvo por un momento y le preguntó la razón de su desconsuelo. El prisionero, señalando a la mujer, dijo: "¡Es mi madre! Yo soy ese niño inocente que usted pintó hace años. El pecado y el vicio me han destruido. El pecado ha arruinado mi vida, y por eso ahora reflejo crimen y miseria".

Si el pecado ha dejado cicatrices en nuestras vidas, pidamos a Dios que las borre, pues solo él puede. Oremos para tener una vida nueva en Jesús.

El gozo del perdón

*"Pero te confesé sin reservas mi pecado y mi maldad;
decidí confesarte mis pecados, y tú, Señor, los perdonaste".*
Salmo 32:5, DHH

E L REY DAVID expresa con gran gozo su seguridad de que Dios nos perdona (Salmo 32:11), y es que esta es la actitud adecuada de un pecador cuyo corazón se llena de alegría al recibir el perdón divino; no porque lo merezca, sino porque el Señor es misericordioso.

Sin embargo, no solo hay gozo en el corazón del que ha sido perdonado: todo el cielo rebosa de alegría. En las tres parábolas de Lucas 15 (la oveja perdida, la moneda perdida y el hijo pródigo) se celebra que el pecador haya recibido el perdón de Dios: "Hay gozo delante de los ángeles de Dios por un pecador que se arrepiente" (Lucas 15:10). La palabra "bienaventurado" del Salmo 32 significa felicidad, alegría, dicha, gozo, y es que nada en la vida debería proporcionar más dicha al ser humano que saber que su pecado ha sido limpiado.

En cierto lugar, vivía una familia muy conocida en la comunidad por su amistad y su buen testimonio. En la familia había dos hijos varones y, un día, salieron los dos al campo a trabajar. Por alguna razón, uno de ellos se enojó, y golpeó a su hermano hasta matarlo. El asesino fue encarcelado.

Después de un tiempo, la comunidad intervino para que lo liberaran, ya que la familia era de buen testimonio. Así que un grupo de vecinos fue ante el gobernador, quien les prometió que iría personalmente a la cárcel para llevar el indulto.

Cuando el gobernador llegó a la cárcel vestido de sacerdote para no ser reconocido por la gente y pidió hablar con el prisionero, el guardia lo condujo hasta la celda; sin embargo, cuando el prisionero vio a un sacerdote, volteó la cara hacia la pared, gritando: "¡No quiero ver a un sacerdote, lo que quiero es que el gobernador me saque de aquí!".

El visitante se retiró y, cuando el prisionero supo que quien había ido a llevarle el indulto había sido el gobernador, dijo: "Si muero mañana, no digan que muero por haber matado a mi hermano, sino por haber rechazado el perdón que me trajeron".

Oremos hoy a Dios diciéndole: "Te alabo, Señor, porque tuviste misericordia de mí, y has pasado por alto toda mi maldad".

El poder transformador de la cruz

"El mensaje de la cruz es una locura para los que se pierden; en cambio,
para los que se salvan, es decir, para nosotros, este mensaje es el poder de Dios".
1 Corintios 1:18, NVI

L A CRUZ, que era un medio de tortura para criminales, se convirtió en un
instrumento de salvación para nosotros, y no porque tenga poder en sí
misma, sino porque Jesús dio su vida sobre ella para salvarnos. La cruz trazó
una línea entre la vida y la muerte, entre el reino de Cristo y el reino de Satanás,
y nos recuerda la grandeza de Cristo porque no rehusó morir en ella.

De camino al Calvario, Simón de Cirene cargó la cruz de Jesús, y mientras
lo hacía, meditó en Cristo y en su sufrimiento. Lucas afirma que le seguía una
gran multitud y muchas mujeres que lloraban por él (Lucas 23:27). Simón fue
testigo de la crucifixión de Cristo y de cuántos lo siguieron, y esta experiencia
lo hizo cambiar. El poder de la cruz lo transformó en un buen cristiano, y la
aceptó como medio de salvación.

Un reformador y mártir cristiano llamado Jan Huss fue condenado a morir
en la hoguera por su fe. Mientras lo ataban, le preguntaron si se retractaba de
seguir a Cristo y, con fe firme, contestó: "Si he de morir por Cristo mi Señor,
que así sea". Cuando las llamas lo envolvían, elevó una oración, diciendo:
"Señor misericordioso, creo en tu muerte en la cruz del Calvario, y por tu
sangre derramada en esa cruz seré salvo por tu gracia".

Cuando Jesús fue crucificado, en la hora sexta hubo tinieblas sobre toda la
tierra hasta la hora novena. Durante esas horas de oscuridad, el centurión romano que custodiaba la cruz escuchó a Jesús decir: "Padre, en tus manos encomiendo mi espíritu" (Lucas 23:46). Cuando el centurión vio lo que había
acontecido, dio gloria a Dios, diciendo: "Verdaderamente este hombre era Hijo
de Dios" (Marcos 15:39).

El poder de la cruz transformó al centurión. Aceptó a Cristo como Salvador
del mundo y le entregó su vida. Entonemos hoy el himno 267 del *Himnario*
adventista: "A la cruz de Cristo voy, débil, pobre y ciego soy. Mis riquezas nada
son, necesito salvación". Que esta gran verdad sea una realidad en nuestras
vidas.

La gracia salvadora de Cristo

"Porque por gracia ustedes han sido salvados mediante la fe;
esto no procede de ustedes, sino que es el regalo de Dios".
Efesios 2:8, NVI

CRISTO ES EL MEDIADOR de todas las bendiciones que Dios derrama sobre nosotros: la salida del sol, la lluvia, el sostenimiento del planeta... Por su gracia, nos movemos, vivimos y somos. Pedro dijo que Dios el Padre es un Dios de toda gracia que nos llamó a su gloria eterna en Jesucristo, pero, ¿qué es la gracia de Dios?

La gracia divina es un don del cielo que no merecemos; sin embargo, el Señor nos la regala solo por el amor que nos profesa. Es un atributo divino que el Señor da al ser humano para que viva y pueda conocerlo; es un gesto generoso del Señor hacia nosotros.

La vida cristiana se centra por completo en la gracia de Dios, la cual es abundante y suficiente para toda emergencia y necesidad; gracias a ella, el pecador puede acercarse a Dios y ser perdonado.

En Escocia, hubo una época en la que escaseó mucho el alimento. La gente no tenía qué comer, y los que más sufrían eran los pobres. En una aldea, vivía una viuda que tenía varios hijos. El mayor tenía dieciséis años y, un día, fue con algunos amigos a buscar huevos en las montañas. Cuando llegaron, el chico amarró la soga a un árbol y bajó a treinta metros sobre el filo del risco para tomar los huevos de los nidos. Encontró suficientes como para llenar su mochila; sin embargo, cuando intentó subir, aparecieron cientos de aves que venían a defender sus huevos y lo atacaron. El muchacho intentó alejarlas, pero no pudo, y el forcejeo provocó que la soga se deshilachara casi hasta romperse. Subió con cuidado, y cuando estaba a punto de llegar a la cima, la cuerda se rompió. Dichosamente, antes de que pudiera caer, uno de sus amigos le lanzó otra soga y logró salvar su vida.

¿Se salvó por casualidad? No, sobrevivió por el amor y la gracia de su amigo. De igual manera, la gracia de Dios no se obtiene por favores ni esfuerzos humanos; la recibimos únicamente porque Dios se complace en salvarnos.

Aceptemos hoy la gracia que Dios nos ofrece.

Comienzo y fin de la gracia individual

"La ley apareció para que el pecado se hiciera fuerte;
pero si bien el pecado se hizo fuerte, el amor de Dios lo superó".
Romanos 5:20, TLA

"**A** TODOS los que lo recibieron, a quienes creen en su nombre, les dio potestad de ser hechos hijos de Dios" (Juan 1:12). En este versículo Juan declara que comenzamos a percibir la gracia salvadora cuando aceptamos a Cristo en nuestra vida y lo recibimos en nuestro corazón.

Elena G. de White nos dice que el ejercicio de la fe y la recepción de la gracia están vinculados: "Si son fieles a su voto, serán provistos de gracia y poder que los habilitará para cumplir con toda justicia. 'A todos los que lo recibieron, a quienes creen en su nombre, les dio potestad de ser hechos hijos de Dios'" (*El evangelismo*, p. 226). Y es que la gracia de Cristo es como un manantial en el desierto, cuyas aguas brotan para refrescar a todos.

Tolstói describió de esta manera cómo percibió él la gracia salvadora: "Hace cinco años, la gracia y la fe de Cristo me encontraron; yo creí en la gracia de Cristo Jesús, y toda mi vida cambió repentinamente. Dejé de desear lo que antes anhelaba y, por otro lado, comencé a querer lo que nunca había deseado. Lo que anteriormente me había parecido bueno, apareció ahora como malo, y lo que solía ver como malo, ahora me parecía bueno". Cuando aceptamos la gracia de Cristo, nuestra vida cambia completamente: el orgullo se convierte en humildad, el odio en amor y el egoísmo en generosidad.

Pero, ¿podemos dejar de recibir la gracia? Si la recibimos al creer en Cristo y aceptarlo como Salvador, podemos perder sus beneficios cuando nos alejamos de él, y se convierte en un camino sin retorno cuando fallecemos. Mateo nos presenta el caso de Judas, que rechazó a Cristo tras acompañarlo fielmente. Dejó de seguirlo y lo traicionó y, en ese momento, rechazó la gracia divina y su vida terminó en perdición, sin Dios y sin esperanza. Su experiencia nos muestra que, aunque la gracia es ilimitada, nuestras oportunidades de aceptarla no lo son.

Vivamos bajo la gracia de Dios. No la rechacemos, ni desaprovechemos; aferrémonos a ella para ser salvos en Cristo.

El fin del tiempo de gracia

"Porque la gracia de Dios se ha manifestado para salvación a todos los hombres, enseñándonos que, renunciando a la impiedad y a los deseos mundanos, vivamos en este siglo sobria, justa y piadosamente".
Tito 2:11, 12, RV60

L A GRACIA SALVADORA ofrecida a toda la humanidad existe desde antes de la fundación del mundo, tal como lo afirma Pablo: "Nos escogió en él antes de la fundación del mundo, para que fuéramos santos y sin mancha delante de él" (Efesios 1:4). Dios nos eligió para ser parte de su pueblo y destinatarios de su gracia antes de crearnos, por si decidíamos separarnos de él. No fuimos predestinados a ser destruidos, sino a ser salvos por su gracia.

En Romanos, Pablo dice: "Sabemos, además, que a los que aman a Dios, todas las cosas los ayudan a bien, esto es, a los que conforme a su propósito son llamados. A los que antes conoció, también los predestinó para que fueran hechos conformes a la imagen de su Hijo, para que él sea el primogénito entre muchos hermanos" (Romanos 8:28, 29).

La gracia divina tuvo un principio, pero también tiene un fin que llegará pronto y estará marcado por algunos acontecimientos. Primero, terminará el sellamiento de quienes han aceptado a Cristo como Salvador personal, tal como lo describe Apocalipsis. En ese momento, los ángeles que retienen los poderes de la naturaleza los soltarán a la orden del Señor, pues se habrá cumplido el tiempo de Dios y todo habrá terminado. Solo aquellos que hayan aceptado la gracia de Cristo vivirán por fe hasta que el Señor regrese para rescatarlos del gran cataclismo y los lleve al cielo. El sello en la frente será la marca distintiva del pueblo de Dios.

Las siete plagas postreras también serán un indicador del fin de la gracia. El derramamiento de las plagas pondrá fin a la intercesión de Cristo por nosotros en el Santuario celestial: "El templo se llenó de humo por causa de la gloria de Dios y por causa de su poder. Nadie podía entrar en el templo hasta que se cumplieran las siete plagas de los siete ángeles" (Apocalipsis 15:8).

El fin del sellamiento y las siete postreras plagas marcarán el fin de la gracia para el planeta, y ahora que aún disfrutamos de la gracia, debemos prepararnos para ese momento final.

Llamados a participar de la gracia

"Antes por la gracia del Señor Jesús, el Cristo,
creemos que seremos salvos, como también ellos".
Hechos 15:11, JBS

H EMOS SIDO JUSTIFICADOS gratuitamente por la gracia de Jesucristo, no por nuestras obras. Él nos concede su gracia salvadora, la cual nos llama a rendir todo nuestro ser ante su presencia. Isaías nos hizo un llamado cuando dijo: "¡Buscad a Jehová mientras puede ser hallado, llamadle en tanto que está cercano!" (Isaías 55:6).

También Elena G. de White habló de ello en varios de sus escritos: "Nuestro tiempo es precioso. Nos quedan tan solo muy pocos días de gracia en los cuales prepararnos para la vida futura e inmortal" (*Testimonios para la iglesia*, t. 6, p. 407). "Este día de oportunidad y gracia está llegando a su fin; el sol se está ocultando rápidamente. ¿Podría ocurrir que se esté ocultando y tú no conozcas 'lo que es para tu paz'? ¿Habrá de pronunciarse la irrevocable sentencia, 'mas ahora está encubierto de tus ojos'?" (*¡Maranata, el Señor viene!*, p. 272).

El tiempo de gracia llega a su fin y es ahora cuando debemos mirar dentro de nuestro corazón, para estar listos cuando se cierre la puerta de la oportunidad. Es urgente seguir el consejo del apóstol Pablo: "Acerquémonos, pues, confiadamente al trono de la gracia, para alcanzar misericordia y hallar gracia para el oportuno socorro" (Hebreos 4:16).

El fin de la gracia vendrá repentinamente cuando Jesús deje de interceder por nosotros, y todos los casos estarán decididos para siempre: "Cuando al final del tiempo el Señor se encamine hacia la tierra para ejecutar su juicio, las temidas plagas comenzarán a caer. Entonces, la gente que menospreciaba la Palabra de Dios y no se la tomaban en serio, 'vagará sin rumbo de mar a mar; andarán errantes del norte al este, buscando la palabra del Señor, pero no la encontrarán' (Amós 8:12, NVI). [...] Los ministros de Dios habrán realizado su última obra, elevado sus últimas plegarias, derramado su última amarga lágrima en favor de una iglesia rebelde y un pueblo impío" (Elena G. de White, *¡Maranata, el Señor viene!*, p. 264).

Esta es la razón por la cual somos llamados a participar de la gracia salvadora de Cristo antes de que termine. Vivamos bajo esa gracia hasta el final.

La gran promesa

"Cuando el Hijo del hombre venga en su gloria,
con todos sus ángeles, se sentará en su trono glorioso".
Mateo 25:31, NVI

Las palabras de Jesús en Juan 14:2, 3, recogen la promesa que nuestro Señor Jesucristo hizo de que preparará una morada celestial para los redimidos: "En la casa de mi Padre muchas moradas hay; si así no fuera, yo os lo hubiera dicho; voy, pues, a preparar lugar para vosotros. Y si me voy y os preparo lugar, vendré otra vez y os tomaré a mí mismo". Cristo ascendió al cielo a preparar un lugar para cada uno de sus hijos, porque en la casa de su Padre hay suficiente espacio para todos.

Según lo describe el Apocalipsis, esa ciudad tiene luz propia, semejante a la luz de la piedra de jaspe. Posee, además, un muro grande y alto con doce puertas hechas de perlas, y en cada puerta hay un ángel. También tienen grabados los nombres de las doce tribus de los hijos de Israel. El muro tiene doce fundamentos y, en ellos, los doce nombres de los doce apóstoles, y la ciudad es de oro puro semejante al vidrio limpio. Juan vio cómo esta ciudad descendía del cielo a la tierra para ser el hogar eterno de los redimidos.

Solamente nuestro Señor es capaz de redimir y darle un hogar a seres mortales como nosotros. Pero solo aquellos que salgan victoriosos de las pruebas y las aflicciones finales podrán heredar la Ciudad Santa y la Tierra Nueva: "El vencedor heredará todas las cosas, y yo seré su Dios y él será mi hijo" (Apocalipsis 21:7).

Lo maravilloso es llegar a ser incorporados a la familia celestial, donde el Rey de reyes y Señor de señores será nuestro Padre y nosotros sus hijos, herederos de todo lo que le pertenece. Tal como lo menciona el apóstol Pablo: "Os habéis acercado al monte Sion, a la ciudad del Dios vivo, Jerusalén la celestial, a la compañía de muchos millares de ángeles" (Hebreos 12:22). Para entonces, la enfermedad, el dolor y el sufrimiento habrán desaparecido para siempre.

Oremos pidiendo a Dios que nos dé la oportunidad de vivir con él en la Nueva Jerusalén, en la Tierra Nueva.

La recompensa de los redimidos

"Después, los que hayamos quedado vivos seremos llevados, juntamente con ellos, en las nubes, para encontrarnos con el Señor en el aire; y así estaremos con el Señor para siempre".
1 Tesalonicenses 4:17, DHH

L A SEGUNDA VENIDA de Jesús constituye el momento culminante en la vida de los redimidos. La salvación esperada por tantas generaciones de hijos de Dios se hará realidad, y será un momento histórico y único donde los seres celestiales se unirán en solemne adoración a Cristo por haber dado su vida por la humanidad. Será el clímax de nuestra redención.

La venida de Jesús ocurrirá en un abrir y cerrar de ojos al sonar la trompeta final, pero el ascenso del pueblo de Dios será más lento. Elena G. de White, en su primera visión, contempló que: "Juntos entramos en la nube y durante siete días fuimos ascendiendo al mar de vidrio, donde Jesús sacó coronas y nos las ciñó con su propia mano" (*Primeros escritos*, p. 40).

La autora describe que, al llegar al mar de vidrio, Jesús los condujo a la puerta de la ciudad. Los ángeles traían de la ciudad brillantes coronas, una para cada santo, cuyo nombre estaba inscrito en ella, y Jesús mismo las colocaba. Después, les entregó arpas en sus manos y, al llegar a la puerta, levantó su brazo y abrió la puerta para darles la bienvenida, invitándolos a entrar. Luego, los condujo al árbol de la vida y les dijo: "'Las hojas de este árbol son para la sanidad de las naciones. Comed todos de ellas'. El árbol de vida daba hermosísimos frutos, de los que los santos podían comer libremente" (*Primeros escritos*, p. 51).

Al narrar la visión, Elena G. de White expresó que las palabras se quedaban cortas para describir el cielo. La gloria venidera no se puede comparar con ninguna gloria terrenal, y no hemos hecho nada para obtenerla; solo la adquirimos cuando aceptamos a Cristo y dejamos que transforme todo nuestro ser. Cuando está en nosotros y nosotros en él, tenemos la garantía de la vida eterna, y esta herencia celestial es para usted y para mí.

Anhelo disfrutar de esa Tierra Nueva, tan diferente a nuestra experiencia actual. Hagamos de Cristo lo primero y más importante de nuestra vida, para disfrutar con él cuando regrese a buscarnos.

El poder del evangelio

*"Porque no me avergüenzo del evangelio, porque es poder de Dios
para salvación a todo aquel que cree; al judío,
primeramente, y también al griego".*
Romanos 1:16, RV60

PABLO VEÍA ILÓGICO avergonzarse de algo que transformaba la vida y traía salvación a las personas; y es que el evangelio en el cual creemos es un evangelio de poder, por lo que nuestra prioridad debe ser conocerlo. Sin embargo, ese conocimiento debe ser más que teórico. En Tesalonicenses, Pablo dice que el evangelio no solo nos llegó en palabras, sino también en poder, en el Espíritu Santo y en plena certidumbre de fe.

Además, debemos creer en él, es decir, tener la confianza de que, por medio del evangelio, seremos salvos. Tenemos el ejemplo de Felipe, que instó al eunuco a creer de todo corazón para ser salvo (Hechos 8:37). Cuando creemos, le entregamos todo a Dios: nuestra vida, nuestro tiempo, nuestros talentos y nuestros tesoros. Nada queda oculto ante su vista y, cuando creemos, el gozo del evangelio inunda nuestro ser.

Finalmente, debemos proclamarlo. Si el evangelio habita en nuestro corazón, cada palabra y acción estarán teñidas por él, y se convertirán en un testimonio vivo para los demás. No podemos quedarnos callados; debemos proclamar que Cristo nos ha salvado y que ahora somos felices en él.

El propósito del evangelio es revelar la justicia de Dios que, a su vez, se revela por medio de la fe, y para la fe. También muestra el carácter de Dios, que es amor, su santidad como camino en el que jamás podemos extraviarnos, su gracia y, sobre todo, revela la paz.

Gilberto estaba perdido en los vicios del pecado. Cada día, después del trabajo, pasaba por la cantina y llegaba ebrio a casa. Se peleaba con su esposa, sus hijos e incluso con los vecinos. Era un mal ejemplo en su comunidad; pero un día, llegó a sus manos una Biblia. El Espíritu Santo lo impulsó a leerla y descubrió el evangelio que trae paz y salvación. Sintió la necesidad de visitar una iglesia; invitó también a su familia y todos comenzaron a asistir. Después de tomar estudios bíblicos, se bautizaron y hoy son una familia feliz, con la esperanza de ser salvos en Cristo Jesús. Ese es el poder del evangelio.

Que ese poder actúe hoy en nuestro corazón.

Restauración total

"Él respondió: 'Un hombre llamado Jesús hizo lodo, me lo puso en los ojos,
y me dijo que fuera a la piscina de Siloé y que me lavara. Yo fui,
y en cuanto me lavé los ojos pude ver'".
Juan 9:11, TLA

L A CEGUERA ESPIRITUAL es una enfermedad que invade nuestro mundo actual. Es la incapacidad que padecemos de sentir nuestra necesidad de Dios, y solo Cristo puede ponerle solución. Jesús sanó a muchos ciegos en su tiempo para mostrarnos que tiene el remedio a todas las enfermedades que aquejan a la humanidad. De igual modo también tiene poder para sanarnos de cualquier dolencia espiritual. De hecho, todos necesitamos restauración espiritual, emocional, social y física.

El capítulo 9 del Evangelio de Juan describe cómo sanó Jesús a un ciego. A nuestros ojos, no es lo mismo curar a un ciego que perdió la vista en un momento dado de su vida que sanar a alguien que nació ciego; sin embargo, para Jesús, todo es posible. Días después de que Cristo lo sanara, caminando cerca del templo de Jerusalén, lo encontró triste en la calle porque los judíos lo habían expulsado del templo. Jesús se detuvo para consolarlo y revelarle quién lo había sanado y, durante la conversación, le hizo algunas preguntas. "Oyó Jesús que lo habían expulsado y, hallándolo, le dijo: ¿Crees tú en el Hijo de Dios?'. Respondió él y dijo: '¿Quién es, Señor, para que crea en él?'. Le dijo Jesús: 'Pues lo has visto; el que habla contigo, ese es'. Y él dijo: 'Creo, Señor', y lo adoró" (Juan 9:35-38).

Los vecinos del joven y los que lo habían conocido ciego, se preguntaban si ese que ahora veía era el mismo que antes se sentaba a mendigar. Ahora, no solamente veía, sino que parecía otro hombre. Aprovechó para hablarles de Jesús y de cómo había sido sanado, y sus conocidos pidieron ver a Cristo, pero el ciego no sabía dónde estaba; lo único que sabía es que antes era ciego y ahora podía ver.

Si dejamos que el Señor cure nuestra ceguera espiritual, podemos esperar restauración total. Hoy podemos escoger recibir la luz de vida o quedar sumidos en las tinieblas de muerte de este mundo. Oremos para que Cristo nos restaure física, mental, emocional y espiritualmente, para que nuestros ojos sean abiertos.

Sanación y restauración

"Pero mientras estoy aquí en el mundo,
yo soy la luz del mundo".
Juan 9:5, NTV

S I LE ENTREGAMOS todas nuestras cargas, Cristo puede restaurarnos completamente. Cuando Jesús salió del templo, se encontró en la calle a un ciego de nacimiento que pedía limosna. En aquella época, la entrada al templo de los leprosos, los cojos y los ciegos no estaba bien vista. Los judíos creían que los enfermos estaban en esa condición por algún pecado cometido por ellos o por sus padres, pero Jesús se acercó a él lleno de amor y compasión para hacer algo en su favor, sin que el ciego se lo pidiera.

Los discípulos le preguntaron si él o sus padres eran los culpables de su ceguera y Jesús les respondió: "No es que pecó este, ni sus padres, sino para que las obras de Dios se manifiesten en él" (Juan 9:3). A pesar de la creencia de aquel entonces, el ciego no reclamó ni acusó de nada a los hombres que decían que estaba ciego por los pecados que había cometido; esperó a que Jesús hiciera todo por él. No pronunció ninguna palabra, solo permitió que Jesús actuara.

El Señor conoce los corazones de quienes depositan todo en sus manos y confían en que él actúe en su vida. Con esto, Jesús enseñó que el templo es para los enfermos del pecado, porque él vino a buscar y a salvar lo que estaba perdido. Vino a restaurar la condición espiritual de los enfermos y a dar vida eterna a todos los crean en él.

Cuando dejamos nuestras cargas en manos de Dios, nos quitamos su peso de encima y él se encarga de todo lo demás: "Venid a mí todos los que estáis trabajados y cargados, y yo os haré descansar" (Mateo 11:28).

El ciego de nacimiento, en cuyo caso reflexionamos ayer, era un joven despreciado por la sociedad. Sin embargo, así como ese pobre ciego depositó su carga en Cristo, también nosotros podemos hacerlo en este día para ser restaurados totalmente.

Humillación y restauración

*"Dicho esto, escupió en el suelo,
hizo barro con la saliva y se lo untó en los ojos al ciego".*
Juan 9:6, NVI

CUANDO NOS HUMILLAMOS desde el corazón, Cristo nos restaura completamente. La saliva y el lodo representan la impotencia humana ante la enfermedad, pero cuando estos elementos son tocados por las manos de Jesús, lo imposible para el ser humano, se hace posible gracias a él. No hay ningún mérito en nosotros, todo depende de Dios. Si nos humillamos sinceramente, sin jactancia ni altivez, encontraremos salud espiritual y el perdón de los pecados.

La Biblia recoge otros relatos en los cuales Jesús utilizó saliva para curar a una persona. Marcos 7:31-37 narra que Jesús curó a un sordo y tartamudo al tocar con saliva su lengua para que hablara. Otro episodio registrado en Marcos 8:22-26, relata que Jesús curó a un ciego escupiendo sobre sus ojos. En el primer caso, lo apartó de la gente para escupir y tocar su lengua y, en el segundo, lo tomó de la mano y lo sacó fuera de la aldea, escupió en sus ojos y lo tocó con sus manos para sanarlo. Y es que cuando Jesús nos toca, nos restaura por medio de su gracia.

"Podemos lisonjearnos como Nicodemo de que nuestra vida ha sido muy buena, de que nuestro carácter es perfecto, y pensar que no necesitamos humillar nuestro corazón delante de Dios como el pecador común, pero cuando la luz de Cristo resplandece en nuestras almas, vemos cuán impuros somos; discernimos el egoísmo de nuestros motivos y la enemistad contra Dios que han manchado todos los actos de nuestra vida. Entonces conocemos que nuestra propia justicia es en verdad como andrajos inmundos y que solamente la sangre de Cristo puede limpiarnos de las manchas del pecado y renovar nuestro corazón a su semejanza" (Elena G. de White, *Conflicto y valor*, p. 292).

El ciego de nacimiento aceptó todo lo que Jesús hizo por él, sin importar que utilizara su propia saliva para hacer el lodo. Se humilló y encontró salud. Que hoy podamos encontrar en Cristo salud física, mental y espiritual al someternos a su voluntad.

Obediencia y restauración

"'Ve a lavarte en el estanque de Siloé' (Siloé significa 'enviado').
Entonces el hombre fue, se lavó, ¡y regresó viendo!".
Juan 9:7, NTV

OBEDECER Y CONFIAR en Jesús nos restaura. El ciego hizo exactamente lo que Jesús le ordenó; aunque no podía ver el camino, buscó ayuda para llegar al estanque, porque su deseo era ser restaurado tal como Jesús le había dicho. Si no hubiera obedecido, jamás habría recibido la vista.

La obediencia a Dios y a su Palabra es indispensable para ser salvo y sanado espiritualmente. Dios ordenó a Adán y Eva que no comieran del árbol prohibido ni lo tocaran y, su desobediencia trajo el caos al mundo: "¿Cómo pueden educar a sus hijos en las cosas de Dios, a menos que sepan primeramente qué está bien y qué está mal, a menos que se den cuenta de que la obediencia significa vida eterna y la desobediencia muerte eterna? Comprender la voluntad de Dios debe ser la tarea de nuestra vida" (Elena G. de White, *Alza tus ojos*, p. 222).

La fe genuina solo conduce a la obediencia; es la evidencia de que nuestra confianza en Dios está bien encauzada.

"El gran acto de fe de Abraham descuella como un fanal de luz, que ilumina el sendero de los siervos de Dios en las edades subsiguientes. Abraham no buscó excusas para no hacer la voluntad de Dios. Durante aquel viaje de tres días tuvo tiempo suficiente para razonar, y para dudar de Dios si hubiera estado inclinado a hacerlo. Pudo pensar que, si mataba a su hijo, se le consideraría asesino, como un segundo Caín, lo cual haría que sus enseñanzas fuesen desechadas y menospreciadas, y de esa manera se destruiría su facultad de beneficiar a sus semejantes. Pudo alegar que la edad le dispensaba de obedecer. Pero el patriarca no recurrió a ninguna de estas excusas. Abraham era humano, y sus pasiones y sus inclinaciones eran como las nuestras; pero no se detuvo a inquirir cómo se cumpliría la promesa si Isaac muriera. No se detuvo a discutir con su dolorido corazón. Sabía que Dios es justo y recto en todos sus requerimientos, y obedeció el mandato al pie de la letra" (Elena G. de White, *Patriarcas y profetas*, p. 148).

Obedezcamos con amor, fe y obediencia las indicaciones de la Biblia, y Dios restaurará completamente nuestra salud espiritual.

Testificación y restauración

"Él les contestó: 'Si es pecador, no lo sé.
Lo que sí sé es que yo era ciego y ahora veo'".
Juan 9:25, DHH

COMPARTIR EL MENSAJE del evangelio con otros es la mayor evidencia de que Jesús ha transformado nuestras vidas. Este joven, que antes era ciego, comenzó a testificar a los vecinos que lo habían conocido en su lamentable condición cuando le preguntaron sobre su sanación. Él les relató la historia y les explicó que Jesús había hecho lodo, se lo había untado en los ojos y lo había enviado a lavarse.

Al contarles su experiencia, despertó en ellos el interés por conocer a Cristo. Solo la eternidad nos revelará cuántos creyeron por su eficaz testimonio.

Este joven también dio testimonio de su fe ante los fariseos y los gobernantes. Ellos le preguntaron cómo había recibido la vista y él volvió a contar lo que había sucedido. Ese testimonio causó división entre los líderes religiosos, pues era muy poderoso y no podían negar el milagro. El ciego rebosaba de gozo y gratitud, contemplaba las maravillas de la naturaleza y se deleitaba ante la hermosura de la tierra y del cielo. Le volvieron a preguntar qué pensaba él del hombre que había abierto sus ojos, y él contestó que lo consideraba un profeta que había descendido del cielo: el Mesías, su Salvador. No sabían cómo hacerlo callar para que dejara de testificar. Querían confundirlo con muchas preguntas y argumentos.

El testimonio de ese hombre fue contundente. Afirmó que nadie había podido curar su ceguera de nacimiento, pero que Jesús había sido capaz de restaurarlo completamente. Todo aquel que ha sido curado por Dios de su enfermedad espiritual debe testificar como lo hizo este hombre, con convicción y poder divinos. La gratitud es el principal impulso que lleva a un cristiano a hablar a otros de Dios.

Solo Cristo Jesús puede restaurarnos por completo, pero necesitamos depositar nuestras cargas sobre él. Necesitamos humillarnos de todo corazón ante su presencia, obedecer sus consejos y sus mandatos, y debemos dar testimonio de la manera en que el Señor nos ha transformado. Debemos contarles a otros que Cristo Jesús ha abierto nuestros ojos y ahora vemos claramente el camino hacia el cielo.

Cristo, el primero y el último

"Yo soy el Alfa y la Omega, principio y fin, dice el Señor,
el que es y que era y que ha de venir, el Todopoderoso".
Apocalipsis 1:8, RV60

J UAN ESCRIBIÓ el libro de Apocalipsis en Patmos, una remota isla ubicada en el mar Egeo, a ochenta kilómetros al suroeste de Éfeso. La isla tiene quince kilómetros de largo por diez de ancho, es rocosa y árida, y se utilizó como cárcel en la época del Imperio romano. Bajando por el cerro sobre el cual está el monasterio, a mitad de camino hacia el puerto de Skala, hay una cueva del tamaño de una habitación pequeña. Parece ser que ese fue el lugar en el que Juan vivió durante su exilio, y allí recibió sus visiones. En el techo de la cueva hay tres grietas que se afirma fueron ocasionadas por un terremoto, cuando el Señor dijo: "Yo soy el Alfa y la Omega, principio y fin". Los residentes de la isla suponen que las grietas representan al Padre, al Hijo y al Espíritu Santo.

Lo que sí es cierto es que Cristo es el principio de la vida y el último responsable de ella; fuera de él, no hay otro Dios. La frase "Alfa y Omega" indica integridad y plenitud. Cristo existe antes y después de todas las cosas: "En el principio era el Verbo, el Verbo estaba con Dios y el Verbo era Dios" (Juan 1:1). "En Cristo hay vida original, que no proviene ni deriva de otra [...]. La divinidad de Cristo es la garantía de que el creyente tiene de la vida eterna" (Elena G. de White, *El Deseado de todas las gentes*, p. 501).

Toda comunicación entre el cielo y la humanidad es por medio de Cristo. Fue el Hijo de Dios quien dio a nuestros primeros padres la promesa de la redención; fue él quien se reveló a los patriarcas, el primer rayo de luz que penetró la lobreguez en que el pecado había envuelto al mundo. De él emana todo haz de resplandor celestial que ha caído sobre los habitantes de la tierra. En el plan de la redención, Cristo es el Alfa y la Omega, el Primero y el Último.

Sí, Cristo lo es todo en la vida del creyente. Adoremos al Señor como nuestro único y eterno Redentor en este día.

La grandeza de Cristo Jesús

"Y la Casa que tengo que edificar, ha de ser grande;
porque el Dios nuestro es grande sobre todos los dioses".
2 Crónicas 2:5, JBS

Dios está sobre todos los dioses ideados por la humanidad. En 1 Samuel 4:5-8 y 5:1-4 la Biblia relata que los israelitas llevaron el arca de Dios al campamento de guerra. Cuando llegó allí, gritaron de júbilo por tenerlo entre ellos mientras los filisteos se lamentaban profundamente, afirmando que ahora no podrían librarse del Dios poderoso de los israelitas.

Sin embargo, en esa ocasión, el pueblo de Israel perdió la batalla y los filisteos tomaron el arca llevándolo a Asdod, a la casa del dios Dagón. Cuando llegaron allí, colocaron el arca en el templo de Dagón, como señal de que el Señor había sido derrotado y Dagón había salido victorioso. Pero al día siguiente, cuando los sacerdotes llegaron al templo, la estatua estaba tirada en el suelo. La levantaron y la colocaron de nuevo en su lugar, pero a la mañana siguiente, Dagón estaba de nuevo en el suelo, esta vez sin cabeza y sin brazos.

Los líderes filisteos decidieron devolver el arca a su lugar, pues el pánico había invadido a la nación y fueron heridos con tumores, además de plagas en sus tierras. Había terror en toda la ciudad, porque la mano de Dios los había castigado.

Job preguntó a Dios: "¿Son tus días como los días del hombre, o tus años como el tiempo de los seres humanos?" (Job 10:5), y el salmista David contestó: "Ciertamente mil años delante de tus ojos son como el día de ayer, que pasó, y como una de las vigilias de la noche" (Salmo 90:4). Pedro agregó: "No ignoréis que, para el Señor, un día es como mil años y mil años como un día" (2 Pedro 3:8). Todas estas expresiones revelan la grandeza de Dios, cuyo poder trasciende el espacio y el tiempo de toda comprensión humana.

Por su parte, el Antiguo Testamento también hace referencia a la grandeza de Dios mediante los siguientes nombres: "'Admirable consejero', 'Padre eterno' y 'Príncipe de paz'" (Isaías 9:6).

¿Reconocemos la grandeza de Dios? ¿Queremos abrir nuestro corazón a él? Hoy es el momento para hacer del Señor el centro de nuestra vida.

Hay poder en el nombre de Jesús

"Pedro, con Juan, mirándolo fijamente, le dijo: '¡Míranos!'. El hombre fijó en ellos
la mirada, esperando recibir algo. 'No tengo plata ni oro —declaró Pedro—,
pero lo que tengo te doy. En el nombre de Jesucristo de Nazaret,
¡levántate y anda!'". Hechos 3:4-6, NVI

ES MARAVILLOSO saber que en el nombre de Jesús los enfermos se levantan, las vidas se transforman y se obtiene esperanza, pues hay poder en él. "Nos allegamos a Dios en el nombre de Jesús por invitación especial, y él nos da la bienvenida a su cámara de audiencia" (Elena G. de White, *Consejos para los maestros*, p. 229).

Jesús envió delante de él a los setenta, de dos en dos, a toda ciudad y lugar donde él había de ir. Los mandó en su nombre y en su nombre actuaron. Les dio poder y autoridad para predicar el evangelio, sanar a los enfermos, limpiar a los leprosos, resucitar muertos y echar fuera demonios y, cuando regresaron, ellos expresaron que los demonios se sujetan al nombre de Jesús (ver Lucas 10:17).

Pedro y Juan subían juntos al templo a las tres de la tarde, la hora de la oración. De camino, encontraron a un cojo de nacimiento que pedía limosna, y extendió la mano, rogando que le dieran algo. Pedro recordó que Jesús los había enviado en su nombre, por eso le pidió al mendigo que los mirara, y en el poder del nombre de Jesús, el cojo se levantó. Esto causó asombro entre el pueblo, porque Jesús hacía obras extraordinarias.

En el nombre de Jesús se predica el evangelio y se producen grandes conversiones. En su nombre se sanan los enfermos, en su nombre hay reavivamiento espiritual y en su nombre llegaremos al cielo.

Creamos en el poder del nombre de Jesús, y en su nombre actuemos. Así, estaremos más capacitados para enfrentar los problemas del diario vivir.

No hay salvación en otro nombre

*"En ningún otro hay salvación, porque en todo el mundo Dios
no nos ha dado otra persona por la cual podamos salvarnos".*
Hechos 4:12, DHH

HECHOS 3:11 narra que Pedro y Juan, después de la oración, salieron del templo por la puerta de Salomón. Allí los esperaba una gran multitud, asombrada y atónita porque un cojo de nacimiento que había pedido limosna en la puerta del templo durante más de 40 años había sido sanado por el poder del nombre de Jesús. Pedro respondió al pueblo, afirmando que ellos no habían realizado ese milagro, sino que era obra de Cristo, a quien habían crucificado.

Mientras hablaban con el pueblo, se acercaron los sacerdotes, el jefe de la guardia del templo y los saduceos para prohibirles que siguieran diciendo que Jesús había resucitado de los muertos y que ellos eran testigos de ese milagro, y los arrestaron y lo metieron en la cárcel. Ese día no pudieron juzgarlos, porque ya era tarde, y los que habían escuchado el mensaje creyeron en Jesús y se unieron a la iglesia. El nombre de Jesús es tan poderoso, que hace crecer a su iglesia.

Al día siguiente, llevaron a Pedro y a Juan ante el concilio para juzgarlos y les preguntaron: "¿Con qué potestad o en qué nombre habéis hecho vosotros esto?" (Hechos 4:7). Pedro respondió exaltando el nombre y la obra de Jesucristo en la cruz: Resucitó de los muertos y, por la victoria lograda en la cruz, solo en él hay salvación y vida eterna.

Pablo afirma que la muerte y la resurrección de Cristo hicieron que su nombre fuera exaltado sobre todas las cosas: "Por eso Dios también lo exaltó sobre todas las cosas y le dio un nombre que es sobre todo nombre, para que en el nombre de Jesús se doble toda rodilla de los que están en los cielos, en la tierra y debajo de la tierra; y toda lengua confiese que Jesucristo es el Señor, para gloria de Dios Padre" (Filipenses 2:9-11).

Al ser bautizados en su nombre, nacemos a una vida nueva; nos congregamos en el nombre de Jesús y, en él, podemos pedir cuanto necesitemos. Con el salmista, digamos: "Nuestro socorro está en el nombre de Jehová, que hizo el cielo y la tierra" (Salmo 124:8).

Cristo entre los paganos

"Y corría su fama por toda Siria; y le traían todos los que tenían mal;
los tomados de diversas enfermedades y tormentos, y los endemoniados,
y lunáticos, y paralíticos, y los sanaba". Mateo 4:24, JBS

E S ADMIRABLE pensar que nuestro Señor Jesús no solo se interesó por el pueblo judío, sino por toda la humanidad para sanarla física y espiritualmente. Los sirios llegaron a saber que Cristo sanaba, enseñaba y llamaba a las personas al arrepentimiento, y muchos de ellos creyeron en él. Podemos decir, por tanto, que la vida de Cristo impactó a Siria positivamente.

El Evangelio de Marcos menciona que la influencia de Cristo llegó hasta el trono de Herodes (ver Marcos 6:14), y es que proyectar una imagen que transforme es proyectar a Cristo, es vivir con él, es aceptarlo. Nuestro testimonio debe traspasar los límites de la iglesia y producir una influencia positiva en todo el mundo.

La influencia de Cristo atrajo a muchos, al punto que Lucas escribió: "Su fama se extendía más y más; y se reunía mucha gente para oírlo y para que los sanara de sus enfermedades" (Lucas 5:15). Cuando una persona está al borde de la desesperación, necesita a un amigo que lo escuche, lo comprenda y le dé un consejo acertado. Por eso la influencia de Cristo fue tan impactante; porque tuvo compasión de la gente.

Hace algunos años, un volcán hizo erupción y afectó a muchas comunidades. Una de las comunidades necesitaba urgentemente ayuda humanitaria, y llevamos allí tres toneladas de alimentos. Entre los límites de un estado y otro, la policía resguardaba las entradas, así que pedimos permiso para pasar, pero nos lo negaron. Uno de los policías nos dijo que fuéramos a un pueblo cercano y pidiéramos una recomendación a un habitante influyente que tenía una tienda a la entrada. Al ver la recomendación escrita de aquel caballero, el capitán nos dejó entrar a la zona del desastre. "Si este hombre los recomendó, pueden pasar sin dificultades. Él es el único adventista en la zona, y un ejemplo cristiano", afirmó el oficial.

Esa influencia positiva es la que necesitamos ejercer en el círculo en que nos movemos; esa fue la influencia que tuvo Jesús.

Colaboradores de Cristo

"Llegaron cuatro hombres cargando a un paralítico en una camilla".
Marcos 2:3, NTV

J ESÚS eligió Capernaúm como centro provisional de operaciones misioneras. La Biblia menciona que se oyó decir que estaba en casa, no porque allí hubiera nacido, pues nació en Belén, ni porque fuera el lugar donde se crió, que fue Nazaret, sino porque allí pasaba la mayor parte del tiempo y de allí procedía la mayoría de sus discípulos.

Lucas menciona que cuando Jesús llegó a la casa, la encontró llena de personas procedentes de muchos lugares. Había fariseos y doctores de la ley que habían acudido desde Galilea, Judea y Jerusalén, y muchas otras personas interesadas en escuchar a Jesús y aprender de él. Otros fueron solo para criticarlo, y algunos para condenarlo por ejercer un poder que desconocían.

En esa casa, Jesús hizo uno de los milagros más notables de su vida: curar a un paralítico que dependió de la fe de otros para ser sanado.

Las casas de la época tenían las paredes de piedra, eran amplias, pero sin ventanas y con una puerta. Algunos comentaristas afirman que, probablemente, tenían agujeros en las paredes para mirar afuera, y que tenían una escalera exterior para acceder a la parte superior. No se conocen los nombres de las cuatro personas que llevaron al paralítico ante la presencia de Jesús ni cuál era su oficio o su origen; sin embargo, realizaron tres importantes acciones: se unieron para ayudar a su vecino en necesidad, vencieron todas las barreras que encontraron y creyeron que Cristo podía sanarlo y salvarlo.

"Como el leproso, este paralítico había perdido toda esperanza de restablecerse. Su enfermedad era resultado de una vida de pecado, y sus sufrimientos eran amargados por el remordimiento. Mucho antes, había apelado a los fariseos y doctores con la esperanza de recibir alivio de sus sufrimientos mentales y físicos. Pero ellos lo habían declarado fríamente incurable y abandonado a la ira de Dios. Los fariseos consideraban la aflicción como una evidencia del desagrado divino, y se mantenían alejados de los enfermos y menesterosos. Sin embargo, cuán a menudo los mismos que se exaltaban como santos, eran más culpables que aquellos dolientes a quienes condenaban" (Elena G. de White, *El Deseado de todas las gentes*, p. 238).

Pongamos en práctica nuestra misión de colaborar con Cristo, ayudando al necesitado para que se encuentre con él.

Colaboradores de Cristo (continuación)

"Llegaron unas personas con una camilla, en la que llevaban a un hombre que no podía caminar. Querían poner al enfermo delante de Jesús".
Lucas 5:18, TLA

E N EL RELATO del paralítico, la historia que repasamos ayer, la primera acción de sus amigos fue unirse para ayudarlo. Su cuerpo estaba completamente paralizado y había sido desahuciado por los médicos. Además, los fariseos, que eran los dirigentes de la iglesia de esa época, le habían dicho que Dios lo había abandonado a causa de su pecado y que no tenía remedio.

Los hombres que lo cargaron conocían la fama de Jesús y habían sido testigos de su poder sanador. La camilla era un colchón relleno de paja, muy flexible y muy difícil de llevar, por eso se unieron los cuatro. ¿Qué los unió? El amor al prójimo, el deseo de salvar un alma, las ganas de ver a un amigo sano y feliz en Cristo Jesús, y esto nos enseña que el evangelismo no es tarea de unos cuantos, sino de todos los creyentes.

La segunda acción fue vencer todas las barreras, y la primera fue una multitud egoísta. Allí había personas que anhelaban ser curadas; sin embargo, otros habían acudido solo por mera curiosidad. Si la gente allí reunida hubiera sentido compasión por ese enfermo, le habrían dejado entrar y le habrían permitido llegar hasta donde se encontraba Jesús. Pero todos querían estar lo más cerca posible de él y no dejaban que nadie pasara.

La otra acción consistió en decidir dañar una propiedad ajena para que el paralítico pudiera llegar hasta la presencia de Jesús; pero estaban dispuestos a intentarlo todo.

Por último, esos hombres creyeron que Cristo podía sanarlo. El Evangelio de Marcos narra que "al ver Jesús la fe de ellos, dijo al paralítico: 'Hijo, tus pecados te son perdonados'" (Marcos 2:5). Esos cuatro amigos confiaron en Jesús, aunque no vieron cómo el hombre se levantaba de su lecho. Esperaron, y luego, fueron testigos de estas palabras: "Levántate, toma tu camilla y vete a tu casa" (Marcos 2:11).

Nuestra fe individual puede desempeñar un papel fundamental en la salvación de los demás; sin embargo, si nos unimos para ayudar, estaremos colaborando con Dios y seremos testigos de sus hechos milagrosos.

Vidas transformadas

"Jesús le contestó: 'Todos los que beben de esta agua, volverán a tener sed; pero el que beba del agua que yo le daré, nunca volverá a tener sed. Porque el agua que yo le daré se convertirá en él en manantial de agua que brotará dándole vida eterna'". Juan 4:13, 14, DHH

JESÚS se encontró con la mujer samaritana junto al pozo de Jacob. Debido al odio ancestral entre judíos y samaritanos, ese territorio pudo haber rechazado la obra de Jesús. Sin embargo, junto al pozo, la mujer aceptó dialogar con nuestro Señor. El Salvador pasó de lo que parecía una conversación trivial a hablar de la salvación eterna, y la mujer, que esperaba al Mesías venidero, creyó en él cuando se reveló como el Mesías prometido.

La presencia de Jesús cambió las cosas para los samaritanos. Después de descubrir quién era ese forastero, la mujer fue a los suyos y les dijo: "Venid, ved a un hombre que me ha dicho todo cuanto he hecho. ¿No será este el Cristo?" (Juan 4:29). Por su testimonio y su conversión, otros habitantes de la ciudad de Samaria creyeron en él: "Ya no creemos solamente por lo que has dicho, pues nosotros mismos hemos oído y sabemos que verdaderamente éste es el Salvador del mundo, el Cristo" (Juan 4:42). La presencia permanente de Cristo en el corazón, en el hogar, en el trabajo, en los viajes, en las reuniones, es lo que marca la diferencia y produce conversiones genuinas.

Cuando Jesús llegó a Samaria, la semilla nació, creció y muchas personas le entregaron sus vidas. Cristo siega donde no siembra y recoge donde no esparce (ver Mateo 25:26). Así es el poder de Dios. Él es el dueño, el que tiene el control de todo. Pidámosle todos los días que su presencia esté allí donde vayamos. Si hay desánimo, un corazón desvalido o un vacío por haber perdido a un ser querido, pidamos que la presencia de Cristo permanezca a nuestro lado y él llenará todo hueco, animará al desanimado y fortalecerá el alma.

La presencia de Cristo mitiga el sufrimiento y ablanda el corazón. Él da esperanza y fortalece la fe. Su presencia en nuestra vida, hoy puede transformarlo todo.

La presencia de Jesús fortalece nuestra fe

"Al enterarse Marta de que Jesús había llegado, salió a recibirlo,
y María se quedó en la casa. Entonces Marta le dijo a Jesús:
'Señor, si tú hubieras estado aquí, mi hermano no habría muerto'".
Juan 11:20, 21, TLA

J ESÚS TARDÓ en llegar a la casa de sus amigos en Betania porque quería fortalecer su fe. Tiempo antes, había resucitado a la hija de Jairo justo al morir, pero los incrédulos fariseos habían dicho que la niña no estaba muerta sino dormida, pues Cristo mismo así lo había declarado. Claramente, habían puesto en duda la capacidad de Jesús para obrar milagros.

Para muchos, era inconcebible que Jesús hubiera tardado tanto en ir a la casa de Marta y María, pero, de esa manera, confirmó que es Todopoderoso. Lázaro volvió a la vida y nadie pudo negar su milagrosa actuación, y la fe de Marta y María creció enormemente.

La División Interamericana organizó un *Camporee* de Conquistadores en abril de 2011 en Ciudad de México. El encargado de protección civil informó a los directores de Jóvenes de las Uniones de que el terreno estaba muy seco, por lo que había ciertos riesgos. Cuando comenzó el evento, los niños fueron llegando, y en el lugar para acampar había mucho polvo. Algunos directores invitaron al encargado de protección civil a orar con ellos para que lloviera y el polvo se disipase. Esa misma tarde llovió y el problema se resolvió.

Sin embargo, justo antes de la inauguración, cuando había 20,000 niños sentados al aire libre en el lugar de reunión, el cielo se llenó de nubes densas y, si llovía, la ceremonia no podría tener lugar. De manera que, de nuevo, algunos directores invitaron a ese caballero a orar con ellos. Dios contestó las oraciones y no llovió.

Los milagros conmovieron el corazón de ese funcionario, comenzó a leer la Biblia y un año después, Julio César se bautizó. No obstante, lo que realmente impactó su vida no fue tanto el milagro sino la fe de esos jóvenes cristianos. A veces, los milagros solo confirman la fe, por eso la confianza en Dios siempre debe ir más allá de estos.

Pidamos hoy en oración que nuestra fe sea fortalecida por la presencia de Cristo.

Cristo nos hizo libres

"Por lo tanto, Cristo en verdad nos ha liberado.
Ahora asegúrense de permanecer libres y no se esclavicen de nuevo a la ley".
Gálatas 5:1, NTV

DIOS CREÓ al ser humano como un ente racional, con la dignidad propia de un ser dotado de iniciativa y dominio de sus actos. El libre albedrío se basa en la capacidad de tomar decisiones voluntariamente sin ninguna coacción externa, y es un don que Dios nos dio al hacernos a su imagen y semejanza. La libertad siempre supone decidir entre amar a Dios o no; escoger entre el bien y el mal. El pecado no puede ser explicado, y en la Biblia se dice que es un misterio, sin embargo el libre albedrío también conlleva la oportunidad de escoger el mal. Ofrecer libertad implica un riesgo, sí; pero merece la pena afrontarlo, y Dios lo sabía.

Por otro lado, a medida que practicamos el bien, nos hacemos más libres, porque la verdadera libertad radica en servir al bien y a la justicia. Elegir la desobediencia y el mal constituye un abuso de la libertad, y nos conduce a ser esclavos del pecado.

La autodeterminación también conlleva que seamos responsables de nuestras decisiones. Por eso, cuando Adán pecó, Dios le preguntó: "¿Qué es lo que has hecho?" (Génesis 3:13). También le dijo a Caín: "¿Qué has hecho?" (Génesis 4:10). Y, de igual manera, cuando David cometió adulterio y asesinato, Natán le preguntó: "¿Por qué, pues, has tenido en poco la palabra de Jehová, y hecho lo malo delante de sus ojos?" (2 Samuel 12:9).

Ejercemos nuestra libertad constantemente en las relaciones interpersonales, y es que todos tenemos derecho a elegir. No obstante, nadie debe coartar la libertad ajena, puesto que es un don divino, y cuando evitamos que otros ejerzan esa libertad conferida por Dios les restamos dignidad. Sigamos el ejemplo de Dios, quien respetó nuestra libertad al punto de hacer que su Hijo muriera para liberarnos.

Cristo nos hizo libres del pecado, para que, por medio de esa libertad, escojamos servirle y formar parte de su pueblo fiel hasta el final.

Cristo, un Dios de grandes proezas

*"Alabadle por sus proezas; alabadle conforme
a la muchedumbre de su grandeza".*
Salmo 150:2, JBS

JESÚS DIJO: "Yo he venido para que tengan vida y para que la tengan en abundancia" (Juan 10:10). Una de las grandes proezas de Cristo es que provee vida eterna a todo aquel que lo acepta. También es quien nos lleva de triunfo en triunfo sobre el mal y nos hace vencedores en él. Pablo explica que la victoria final contra el pecado y la muerte viene de Cristo y por medio de él. Así es, nuestro Dios realiza grandes proezas, milagros y hazañas.

El salmista nos anima a alabar a Cristo en su santuario, en la magnificencia de su firmamento. El único Dios que ha sacado a la humanidad del fango y de lo profundo del abismo es Cristo, nuestro Salvador (Salmo 56:13). Más adelante, David agrega: "Yo cantaré de tu poder, y alabaré de mañana tu misericordia; porque has sido mi amparo y refugio en el día de mi angustia" (Salmo 59:16). Alabado sea el Señor Dios Todopoderoso por todo lo que ha hecho a favor de los mortales.

No podemos pasar por alto que Dios quiere usarnos como sus portavoces, el medio a través del cual realiza sus proezas y sus milagros. Somos instrumentos en sus manos, y el creyente fiel siempre estará dispuesto a someterse a la voluntad divina, con el propósito de llevar el mensaje de salvación a aquellos que están en la oscuridad.

El plan de Dios es usar a los hombres y a las mujeres para su causa y, por medio de ellos, mostrar su fuerza y sus proezas. Cuando Sansón se hizo juez de Israel, desgraciadamente impidió que su vida armonizara con el plan que Dios tenía para él, pues se volvió caprichoso y moralmente descuidado. La debilidad del carácter de Sansón lo incapacitó para lograr la completa liberación de los israelitas, y esa tarea debieron realizarla otros después.

Jesucristo es un Dios de grandes proezas. Él quiere que seamos sus instrumentos, que seamos los portaestandartes de la verdad. Oremos para ser una bandera en manos del Capitán del cielo en este día.

La debilidad humana y el poder divino

"Señor Dios, tú has comenzado a mostrar a tu siervo tu grandeza, y tu mano fuerte; porque ¿qué dios hay en el cielo ni en la tierra que haga según tus obras, y según tus valentías?". Deuteronomio 3:24, JBS

A PESAR DE la debilidad y la fragilidad humana, las personas nos llenamos de orgullo, poder y altivez, sin percatarnos de que estamos ante un ser Todopoderoso. El ser humano, sin Dios, no es nada, su vida no tiene sentido. En realidad, el valor que tenemos procede de nuestro Creador. Él puede extender su mano y sacarnos de la miserable condición en la que nos encontramos.

La Majestad del cielo y su ejército de ángeles arrasaron los muros de Jericó delante de su pueblo. Los guerreros armados de Israel no tenían que gloriarse, pues todo fue obra del poder de Dios. Para tomar Jericó, el poderoso General trazó planes de batalla sencillos a fin de que nadie se apropiara de la gloria; ninguna mano humana derribaría los muros de la ciudad para que no pudiera atribuirse la victoria. De igual manera, hoy nadie debe gloriarse de la obra que realiza. Si abandonamos todo deseo de exaltación propia y nos sometemos humildemente a la voluntad divina, Dios manifestará su poder y dará libertad y victoria. Nuestra debilidad encontrará fuerza en Dios, obtendremos la ayuda para cada conflicto que afrontemos.

Al final de su vida, David quiso aumentar el poderío militar de Israel y mostrar a las demás naciones su autoridad. Censó al pueblo para determinar con cuántos hombres podía contar para el ejército, y dice la Biblia que: "Había ochocientos mil hombres en Israel que podían pelear a espada, y quinientos mil en Judá" (2 Samuel 24:9). Aumentando su potencia militar, David pensaba incrementar aún más el poder y el prestigio de Israel. Sin embargo, indujo a las naciones vecinas a pensar que el poderío de Israel radicaba en su ejército y no en Dios (ver 2 Samuel 24:10).

Esto desagradó a Dios, pues David lo hizo por motivos bélicos y para engrandecer su orgullo pasando por alto que Dios no actúa con ejército, sino con Espíritu. Oremos para mantener una actitud humilde y sin arrogancia ante los ojos de Dios.

Los caminos del justo

*"No obstante, proseguirá el justo su camino,
y el limpio de manos aumentará la fuerza".*
Job 17:9, RV60

L A PERSEVERANCIA en los caminos de Dios es de suma importancia para el creyente que, con fe, se dirige a la Canaán celestial. Si llegamos a la meta, mirando constantemente a Jesús y confiando en él, seremos salvos por su gracia. Una vez que entra en el camino de la vida en Cristo, el creyente ha de perseverar en él, pues el Señor nos dice: "Mas el justo vivirá por fe; pero si retrocede, no agradará a mi alma" (Hebreos 10:38). La senda que sigue el creyente fiel es la de la santidad.

Hay una gran diferencia entre el cristianismo nominal y el cristianismo real, y se puede comprobar en el fracaso de uno y en la perseverancia del otro. Ahora, lo que dice Hebreos 10:38 es que la persona verdaderamente justa perseverará en su camino. No regresará, no saltará los vallados ni se desviará a la derecha ni a la izquierda. No descansará quedándose sin hacer nada, ni tampoco desmayará ni dejará de andar, sino que "proseguirá su camino". Es probable que le resulte muy difícil hacerlo, pero tendrá el auxilio divino. Gracias al poder de la *gracia* que le ha sido otorgado, "proseguirá su camino" con firme determinación.

En su peregrinaje, quizá tenga algunos tropiezos y, seguramente, no siempre avance a la misma velocidad; sin embargo, a pesar de ello, continuará su camino. Habrá momentos en los que correremos sin cansarnos, y a menudo simplemente caminaremos y estaremos muy agradecidos porque no desmayamos. Oremos pidiendo a Dios que nos fortalezca para perseverar hasta el fin.

Invitados a la cena

"Jesús respondió con la siguiente historia:
'Un hombre preparó una gran fiesta y envió muchas invitaciones'".
Lucas 14:16, NTV

A NTE EL DILEMA de seguir o retroceder cuando nos enfrentamos a los desafíos de la vida, hemos de creer que los grandes retos son para enfrentarlos hoy, no mañana. Alguien dijo una vez: "Para ti, no hay mañana", y el sabio Salomón afirmó también: "El camino de la vida es hacia arriba" (Proverbios 15:24). Hay que escalar cumbres, y así es la vida cristiana; es el camino del servicio a Dios, porque la vida es un camino de progreso y desarrollo y no debemos mirar hacia atrás. No es momento de detenerse y claudicar, sino de hacerle frente a los obstáculos. Debemos tener la certeza de que, en el nombre de nuestro Señor, seguiremos adelante y triunfaremos, porque él nos ha invitado a la cena del Cordero.

Según Lucas 14:16, la invitación a la cena es única. Todo está preparado, y es un privilegio ser invitados a ella. El libro de Apocalipsis afirma que los que son llamados a la cena de las bodas del Cordero son bienaventurados (Apocalipsis 19:9). Esta gran cena representa la invitación a participar en su Reino celestial, cuando Jesús venga por segunda vez en gloria y majestad. El Señor ha provisto un banquete para todos nosotros, pues es una fiesta abierta a todos los que acepten la invitación, y solo hay una condición: "Nadie probará de la cena de las bodas del Cordero, si no tiene el traje de boda" (Elena G. de White, *A fin de conocerle*, p. 263). "Ahora es el momento de revestirse de la justicia de Cristo, el traje de bodas que os habilitará para entrar en la cena de bodas del Cordero" (*Ibíd.*, p. 348).

Dado que la invitación a la cena es única para todos los que acepten a Cristo en su corazón, vayamos hoy a él y preparémonos para la gran cena. Velemos y oremos para disfrutar junto al Señor de ese gran banquete.

Una respuesta urgente

*"Cuando el banquete estuvo listo, envió a su sirviente a decirles a los invitados:
'Vengan, el banquete está preparado'".*
Lucas 14:17, NTV

E L DUEÑO de todas las cosas, Jesús, que siempre tiene un mensaje seguro y certero, envía a su siervo para que sus invitados acudan a la cena. Nuestro Señor ya hizo todo por nosotros: dio su vida en la cruz, ascendió al cielo para preparar un lugar para cada uno de los redimidos y ha provisto la mesa para la cena en el Reino celestial. Ya está todo listo, y la invitación es urgente; solo faltamos nosotros para que se inicie la celebración. Por tanto, aprendamos de la parábola y no nos dejemos distraer por los intereses personales.

Así como el siervo de la parábola fue enviado a hablarle al pueblo, nosotros debemos creer y proclamar este mensaje: "Venid, que ya todo está preparado". El plan de salvación está completo en Cristo, no hay que esperar a otro Mesías; no es necesario añadir nada más a la salvación ya alcanzada. Él es el camino, la verdad y la vida, y todos los siervos que hemos sido enviados, tenemos que anunciar la vida eterna que él nos ofrece. Además, se nos pide que, con celeridad, vayamos por las plazas y las calles de la ciudad, invitando a todos los necesitados, a todos aquellos que no conocen a Dios.

La indicación que recibieron los mensajeros fue: "Insístele que venga para que la casa esté llena" (Lucas 14:23, NTV). Fueron enviados a hablarles a los indiferentes espirituales, a los tibios, a los que aman al mundo y las cosas del mundo, a los que tienen su corazón en las cosas materiales. Y con la palabra "insístele", Jesús sencillamente quiso destacar la urgencia de la invitación y el poder de la gracia divina; la única fuerza motriz habían de ser la bondad y el amor.

Dentro de muy poco, las puertas del cielo se abrirán para recibir al pueblo de Dios, que entrará y se sentará a la mesa con Cristo. Usted y yo estamos invitados a asistir.

El amor mueve nuestras acciones

"Y Jesús le dijo: 'Amarás al Señor tu Dios de todo tu corazón y de toda tu alma y de toda tu mente. Este es el Primero y el Grande Mandamiento. Y el Segundo es semejante a éste: Amarás a tu prójimo como a ti mismo'".
Mateo 22:37-39, JBS

E L QUE REALMENTE ama a Dios, procurará poner su vida en conformidad con la voluntad divina, tal como se expresa en los Diez Mandamientos. Jesús dijo que los dos grandes mandamientos, citados en Mateo 22:37-39, son semejantes, porque los une el amor. Esto quiere decir que el amor ha de mover todas nuestras acciones en la vida. Sin amor, todo lo que hagamos es inútil y sin valor.

"Cuando el amor llena el corazón, fluye hacia los demás, no por los favores recibidos de ellos, sino porque el amor es el principio de la acción. El amor cambia el carácter, domina los impulsos, vence la enemistad y ennoblece los afectos. Tal amor es tan ancho como el universo y está en armonía con el amor de los ángeles que obran. Cuando se lo alberga en el corazón, este amor endulza la vida entera y vierte sus bendiciones en derredor. Esto, y únicamente esto, puede convertirnos en la sal de la tierra" (Elena G. de White, *El discurso maestro de Jesucristo*, p. 35).

El móvil supremo es el amor de Jesús en nuestro corazón. Pablo se llama a sí mismo con frecuencia siervo, pero su servicio era voluntario y fruto del amor. El amor a Dios halla su más sublime y mejor expresión en el amor y el servicio al prójimo. El amor mutuo es una prueba para el mundo de la autenticidad de la religión cristiana (ver Juan 13:34, 35).

El amor es la base del servicio. Si das y ayudas sin expresar el amor de Cristo Jesús, lo que hagas no tiene valor, ni es aceptado por Dios. En 1 Corintios 13:3, Pablo dice: "Si repartiera todos mis bienes para dar de comer a los pobres, y si entregara mi cuerpo para ser quemado, y no tengo amor, de nada me sirve".

Permitamos hoy que el amor a Dios y al prójimo sea lo que impulse todas nuestras acciones.

El amor mueve nuestras acciones (continuación)

"Si alguno dice: 'Yo amo a Dios', y al mismo tiempo odia a su hermano,
es un mentiroso. Pues si uno no ama a su hermano, a quien ve,
tampoco puede amar a Dios, a quien no ve". 1 Juan 4:20, DHH

EL AMOR perdona, el amor sirve, el amor espera, da sin esperar recibir, da su vida en sacrificio para que otra persona viva, el amor cura heridas, el amor bendice, alegra al desanimado y revive al moribundo. Por amor a Cristo, Moisés rehusó ser llamado hijo de la hija del faraón y decidió permanecer con el pueblo de Dios. Pablo, por amor a Cristo, consideró basura y sin valor alguno todo lo que este mundo ofrece.

"Si el amor de la verdad está en vuestro corazón, hablaréis de la verdad. Hablaréis de la bienaventurada esperanza que tenéis en Jesús. Si tenéis amor en vuestro corazón, procuraréis establecer y edificar a vuestro hermano en la santísima fe" (Elena G. de White, *A fin de conocerle*, p. 154).

En 1910, el entonces presidente de la Misión Adventista de la Guayana Británica, Ovid Elbert Davis, tuvo un sueño en el que se le pedía ir a predicar a una tribu araucana en plena montaña Roraima, donde se unen las fronteras de Brasil, Venezuela y Guyana. Tras haber intentado llegar en varias ocasiones, en 1911, guiado por un minero, lo intentó de nuevo. Se despidió de su esposa e hijos y les dijo que, si no regresaba, se mantuvieran fieles en el camino y que se encontrarían cuando Jesús regresara.

Davis había oído hablar de la tribu y deseaba compartir con ellos las buenas nuevas. Cuando llegó a la tribu, lo estaban esperando, porque años antes su líder había soñado que alguien llegaría con un libro y les enseñaría acerca de Dios. En el sueño, había visto que el sábado era el día del Señor, y un pequeño grupo ya lo guardaba. Davis les enseñó el evangelio, pero enfermó y murió en la montaña. Allí esperará hasta que Cristo venga.

Hoy, oremos juntos: "Señor, no amo con un corazón parcial y dividido, sino enteramente con todas mis fuerzas. Te amo porque tú me amaste primero, y decido amar a los demás y servir con todo mi corazón".

Buscar a Cristo lo es todo

"Para que buscaran a Dios, si en alguna manera, palpando,
le hallen; aunque cierto no está lejos de cada uno de nosotros".
Hechos 17:27, JBS

NUESTRO SEÑOR Jesucristo está cerca de cada uno de nosotros, tocando a la puerta de nuestros corazones. Mientras no abramos, seguirá esperando con el inmenso deseo de salvarnos de la muerte eterna y regalarnos vida. Su amor es tan grande, que esperará todo el tiempo necesario hasta que nuestro corazón responda.

En cierta ocasión, un grupo de niños quedó atrapado en una escuela en llamas. Algunos lograron salir, pero el fuego y el humo terminaron invadiendo las escaleras y dejó sin escapatoria a muchos. Los niños, asustados, se pegaron a las ventanas esperando a los bomberos; sin embargo, el rescate parecía imposible. Mark Spencer vivía a dos cuadras y, al ver el fuego, corrió hacia la escuela. No era policía ni bombero, pero acudió al rescate impulsado por sus sentimientos. Al llegar, pidió a los niños que rompieran las ventanas y los pedazos de vidrio cayeron al suelo.

Mark era un hombre alto, musculoso y fuerte. Todos podían ver el brillo de confianza en sus ojos, la seguridad de sus brazos y el amor en su voz cuando, a gritos, dijo a los niños: "¡Salten, yo los atraparé!".

Uno a uno, aquellos niñitos comenzaron a saltar. Los poderosos brazos de Mark los recibían y depositaban en el suelo. Finalmente, todos quedaron a salvo, menos uno; el pequeño Mike que miraba hacia abajo y daba un paso atrás, con miedo. Mark le gritó, le suplicó, le pidió y le ordenó: "Salta, nada te va a suceder, yo te agarraré".

Los demás compañeros también le gritaban: "¡Salta, Mike, salta! Nosotros pudimos saltar, tú también vas a poder".

El niño se quedó allí, inmóvil por el miedo y, cuando el fuego cesó, encontraron el cuerpecito carbonizado de Mike, el hijo de Mark Spencer. Cuando la vida del pequeño estaba entre la vida y la muerte, su padre lo esperó con los brazos abiertos, suplicando, implorando, llorando por salvar a su hijo. Pero él no confió en sus brazos.

Jesús está aquí para salvarnos y guiarnos. Si se lo permitimos, nos salvará de la tragedia de este mundo. Oremos buscando a Cristo insistentemente y abrámosle nuestro corazón.

La sinceridad doblega al mal

"Mire usted el borde de su manto que tengo en la mano. Yo corté este pedazo,
pero a usted no lo maté. Reconozca que yo no intento hacerle mal ni traicionarlo.
Usted, sin embargo, me persigue para quitarme la vida,
aunque yo no le he hecho ningún agravio".
1 Samuel 24:11, NVI

DAVID, ungido por Samuel para ser rey de Israel, fue perseguido durante mucho tiempo por Saúl, quien quería matarlo. David tuvo la oportunidad de matar a Saúl y liberarse, sin embargo, había asegurado que nunca dañaría al ungido del Señor.

David estaba con sus 600 hombres en En-gadi escondido en una cueva. Cuando Saúl llegó con 3,000 soldados, sin saber que David estaba allí, entró en la cueva para hacer sus necesidades y, cuando salió, David le gritó: "¡Mi señor, el rey! [...] ¿Por qué escuchas las palabras de los que dicen: 'Mira que David procura tu mal'? [...] Mira la orilla de tu manto en mi mano; porque yo corté la orilla de tu manto y no te maté. Reconoce, pues, que no hay mal ni traición en mis manos, ni he pecado contra ti; sin embargo, tú andas a caza de mi vida para quitármela" (vers. 8-11). Saúl respondió: "Más justo eres tú que yo, que me has pagado con bien, habiéndote yo pagado con mal" (vers. 17).

David le perdonó la vida a Saúl, mostrando bondad, piedad, sinceridad de corazón y respeto por el ungido de Dios. Esa actitud sincera, sin ambiciones, con auténtico amor cristiano y, sobre todo, sin desear hacer el mal a nadie y siendo tan justo como fuera posible, le permitió dirigir al pueblo de Dios con grandes bendiciones. David no tuvo que mancharse las manos destruyendo a su enemigo, pues la justicia lo alcanzó al morir en una batalla contra los filisteos.

Salomón dijo: "En el camino de la justicia está la vida; en sus sendas no hay muerte", y agregó: "La integridad guía a los rectos, pero a los pecadores los destruye su propia perversidad" (Proverbios 12:28; 11:3).

A pesar de la persecución, el odio y el deseo de destruirlo, David no guardó rencor ni odio en su corazón. Prometió a Saúl que protegería a su familia cuando fuera rey. Un corazón vaciado de odio y rencor, vivirá en paz con Dios y con sus semejantes.

Un grito de angustia y un canto de alabanza

"Pero yo, gusano soy y no hombre; la gente se burla de mí, el pueblo me desprecia.
Cuantos me ven, se ríen de mí; lanzan insultos, meneando la cabeza:
'Este confía en el Señor, ¡pues que el Señor lo ponga a salvo! Ya que en él se deleita,
¡que sea él quien lo libre!'". Salmo 22:6-8, NVI

EN ESTOS VERSÍCULOS, el salmista expresa su desamparo y debilidad describiendo al mismo tiempo, de manera tipológica, lo que Cristo sufrió por la humanidad: "Abrieron contra mí su boca como león rapaz y rugiente. He sido derramado como el agua y todos mis huesos se descoyuntaron. Mi corazón fue como cera, derritiéndose dentro de mí. Como un tiesto se secó mi vigor, y mi lengua se pegó a mi paladar. ¡Me has puesto en el polvo de la muerte! Perros me han rodeado; me ha cercado una banda de malignos; desgarraron mis manos y mis pies. [...] Repartieron entre sí mis vestidos y sobre mi ropa echaron suertes" (Salmo 22:13-16, 18).

Los autores del Nuevo Testamento presentan que lo dicho en el Salmo 22 se cumplió históricamente en la crucifixión de Cristo, en ese sacrificio perfecto e indispensable para el perdón de nuestros pecados. Este incomparable poema declara que el siervo que sufrió, murió triunfante sabiendo que entregó su vida por todos nosotros. Con bellas palabras, el salmista narra cómo fue escuchada su oración y cómo alabará a Dios por ello ante todos.

En el salmo se percibe claramente el paso de la desesperación a la confianza renovada en Dios, y concluye en los versículos del 22 al 31 con un mensaje de alabanza: "Anunciaré tu nombre a mis hermanos; en medio de la congregación te alabaré. Los que teméis a Jehová, ¡alabadlo! ¡Glorificadlo, descendencia toda de Jacob! ¡Temedlo vosotros, descendencia toda de Israel!" (Salmo 22:22, 23).

El mensaje es para todos, pues Cristo murió por todos para darnos la esperanza de la vida eterna. Él obtuvo la victoria y él es digno de honra y gloria por siempre. Sí, hubo un grito de angustia en el Calvario; pero también un canto de alabanza, porque nuestra salvación está asegurada. Alabemos y demos gracias a Cristo cada día por su plan de salvación.

Bartimeo busca a Jesús

"Al oír que era Jesús de Nazaret, el ciego comenzó a gritar:
'¡Jesús, Hijo de David, ten compasión de mí!'".
Marcos 10:47, DHH

EN CIERTA OCASIÓN, Cristo y sus discípulos viajaron a Jericó. La Biblia dice que, al salir de la ciudad, una gran multitud los seguía. Junto al camino pedía limosnas Bartimeo, hijo de Timeo, un hombre con dos grandes problemas: era ciego y muy pobre. Él oyó del mensaje de Jesús, de sus milagros y de su amor por las personas que le pedían ayuda, y cuando supo que Jesús iría a Jericó decidió aprovechar la oportunidad.

"Jesús, Hijo de David, ten misericordia de mí", gritó. Era la sincera oración de un necesitado que clamaba desde su oscuridad en busca de ayuda. Muchos lo reprendieron para que callara, pero en lugar de eso, Bartimeo gritó aún con más fuerzas: "Jesús, Hijo de David, ten misericordia de mí". El clamor de nuestra oración llega hasta Jesús y él nos escucha; no hay oración que él no pueda oír.

Junto a Jesús caminaba un grupo de personas egoístas que no querían que otros también fueran bendecidos por el Señor y, por eso, pedían al ciego que se callara y no lo molestara. Muchas veces encontramos gente en la iglesia que, en lugar de animar, desalientan; ponen barreras a los más débiles en la fe y, a veces, provocan que dejen de seguir a Jesús. Sin embargo, nada se interpuso en el propósito de Bartimeo. Haciendo caso omiso de lo que le ordenaban, gritó aún más fuerte pidiendo auxilio a Cristo, pues quería lograr a toda costa la meta que se había puesto: tener un encuentro con Jesús.

Robert Fulton construyó el primer barco a vapor en 1803. Cuentan que, cuando el Clermont fue llevado al mar, muchos espectadores se aglomeraron en la orilla y, tras varios intentos fallidos de los marineros, comenzaron a decir: "Nunca navegará, nunca navegará". Sin embargo, después de varias horas de trabajo, el barco logró zarpar en medio de una extensa nube de vapor. Atónitas, las mismas personas comenzaron a decir: "No podrá detenerse, no podrá detenerse".

A pesar de las barreras que Bartimeo encontró al buscar a Jesús, finalmente pudo verlo, conocerlo y recibirlo como su Salvador personal. Usted y yo podemos hacer lo mismo.

Bartimeo busca a Jesús (continuación)

"Entonces Jesús se detuvo y dijo: 'Llámenlo'.
La gente llamó al ciego y le dijo: '¡No tengas miedo!
Ven, que Jesús te llama'". Marcos 10:49, TLA

L CIEGO BARTIMEO tenía una actitud muy positiva y confiaba plenamente en que Jesús lo escucharía. Para poder llamar su atención y, de esa manera, tener un encuentro personal con él, solo podía utilizar lo que tenía a su alcance: la voz. Era su única oportunidad y, a pesar de la multitud, pudo hacerse escuchar a través del vocerío.

La fe nos acerca a Dios, nos hace tener esperanza cuando todo parece venirse abajo. Nos induce a elevar la voz cuando nos ordenan callar, y nos mueve a pedir al Señor lo que necesitamos con la certeza de que lo recibiremos. El corazón de Bartimeo dio un salto de alegría cuando supo que el Mesías estaba a pocos pasos de él. Era ciego, pero no mudo, y su fe era firme.

Lo admirable de Bartimeo es su persistencia al pedir ayuda a Dios. Clamó y volvió a clamar hasta que le dijeron que Jesús se había detenido y lo estaba llamando. La fe nace de nuestra incapacidad de hacer cualquier cosa por nosotros mismos; solo nos queda caer rendidos a los pies de aquel que puede hacerlo todo por nosotros. La fe de Bartimeo traspasó toda barrera e impedimento y, gracias a ello, tuvo su encuentro con el Señor.

Bartimeo tiró su manto y, de un salto, se puso en pie y se acercó a Jesús. Entonces el Maestro le preguntó: "¿Qué quieres que te haga?" (Marcos 10:51). Si bien había muchas cosas de las que tenía necesidad, como dinero, abrigo o consuelo, el ciego le dijo desde lo más profundo de su corazón: "Maestro, que recobre la vista". Pidió lo imposible, lo que pedimos solo cuando tenemos fe: la vista. Entonces Jesús afirmó que la fe de Bartimeo lo había salvado e, inmediatamente, recobró la vista. Desde ese momento, Bartimeo no pudo dejar de seguir a Jesús.

La fe en Jesús sana cualquier dolencia espiritual y también puede curar las dolencias físicas, pero su poder va más allá de la curación. La fe nos da la confianza y la seguridad de que nuestra vida, independientemente de la adversidad que enfrentemos, está bajo el control del poder soberano de Dios.

Un poema de amor

"Las muchas aguas no podrán apagar el amor, ni lo ahogarán los ríos.
Si diera el hombre toda la hacienda de su casa por este amor,
de cierto lo menospreciarán". Cantares 8:7, JBS

S ALOMÓN Y LA SULAMITA expresan los ideales de un matrimonio estable y feliz. Algunos afirman que la palabra "sulamita" es la versión femenina del nombre de Salomón, dando a entender que ella es su otro yo, su contraparte, su imagen visible en el espejo. El Cantar de los Cantares relata los sentimientos más íntimos de la pareja y revela la profundidad de la comunicación que había entre ellos. En este cantar de Salomón, el matrimonio es una experiencia elevadora, de mutua solicitud, de gozo y de realización.

Ella lo era todo para él, y él lo era todo para ella. Salomón y la sulamita se olvidaron del dolor, del sufrimiento y del hecho de que vivían en un mundo lleno de maldad, y se concentraron en ellos mismos como si en su bello universo no existiera nadie más. Por eso Cantares es la vivencia de un matrimonio que, a pesar del pecado, vive en la atmósfera del Edén. Salomón compara el matrimonio con los árboles, las flores, el sol, la luna, los pájaros y los animales, y se ve disfrutando ya de la Tierra Nueva, con un amor sano y una confianza en su pareja como si nunca más la fuera a perder de vista.

Ella lo ve a él como lo más hermoso de la creación de Dios, como el hombre que el Señor creó exactamente para ella. Solamente tiene ojos para él y su amor es profundo y sin egoísmo. Ella le canta: "Mi amado ha bajado a su jardín, a las eras de las especias, a apacentar en los huertos y recoger los lirios. ¡Yo soy de mi amado, y mi amado es mío! Él apacienta entre los lirios" (Cantares 6:2, 3). El texto bíblico pone de manifiesto una excelente comunicación y una relación de amor muy intensa entre la pareja.

No hemos de suponer que la vida de casados sea fácil, pero si Cristo está presente en el hogar, sabremos enfrentar los problemas del diario vivir. Habrá un ambiente permeado de amor, perdón, gracia y tolerancia. Invitemos a Jesús a que more en nuestro hogar cada día.

Como un sello en el corazón

"Grábame como un sello sobre tu corazón; llévame como una marca sobre tu brazo. Fuerte es el amor, como la muerte, y tenaz la pasión, como el sepulcro. Como llama divina es el fuego ardiente del amor".
Cantares 8:6, NVI

S ALOMÓN SE GANÓ el corazón de su esposa, y ella le correspondió; ambos se dieron el uno al otro. Expresaron con plena confianza sus sentimientos y fueron felices porque se entregaron sin reservarse nada para sí, sin ocultar detalle alguno.

En estos versículos, ella le expresa sus emociones y sentimientos de una manera cariñosa, compasiva y tierna, envuelta en un ambiente de galanteo permanente. El deseo de Dios es que el matrimonio continuamente tenga un vínculo con Cristo y que la pareja sea feliz para siempre.

Salomón utiliza refinadas metáforas para referirse a su esposa: "¡Qué hermosas son tus mejillas entre los pendientes y tu cuello entre los collares! Zarcillos de oro te haremos, con incrustaciones de plata" (Cantares 1:10, 11). "¡Qué hermosa eres, amada mía, qué hermosa eres! ¡Tus ojos son como palomas!" (vers. 15). "¿Quién es esta que sube del desierto, recostada sobre su amado?" (Cantares 8:5). Y es que todas esas palabras de amor no se podrían expresar sino a una esposa amada.

"El amor es un precioso don que recibimos de Jesús. El cariño puro y santo no es un sentimiento sino un principio. Los que son movidos por el amor verdadero, no son ni faltos de juicio ni ciegos. El divino amor que mana de Cristo nunca destruye al amor humano, sino que lo incluye. El amor humano es refinado y purificado, elevado y ennoblecido por él. El amor humano jamás podrá producir frutos preciosos a menos que esté unido con la naturaleza divina y educado a fin de que crezca para la eternidad" (Elena G. de White, *La fe por la cual vivo*, p. 257).

El libro de Cantares es el poema de una pareja que ha invitado a Cristo a su hogar y, con su presencia, el amor se ha fortalecido y ha dado frutos de unidad. Permitamos a Dios ser el invitado de honor en nuestro hogar y él hará grandes obras.

Que no falte amor en el hogar

"Los que temen al Señor están seguros; él será un refugio para sus hijos".
Proverbios 14:26, NTV

ES NECESARIO QUE EL AMOR, especialmente hacia los hijos, se exprese de diferentes maneras en la vida práctica. Leamos la carta de una niña carente de amor debido a la ausencia de su padre:

"Papi, es media noche y, sentada en mi cama, te escribo esta carta. Echo de menos hablar contigo como antes, pero siempre estás ocupado. Sé que ahora vives con otra persona y es terrible aceptarlo, sobre todo porque ya no estarás en casa, y quiero que sepas lo que está ocurriendo en nuestras vidas.

"Siento que nuestra familia ha estado viajando en un automóvil durante un tiempo y, con los años, ha tenido algunos problemas. El motor no funciona como antes y los asientos están rotos pero, aunque desgastado, aún puede funcionar. Mi hermanito y yo hemos viajado en los asientos traseros, mientras tú y mamá iban delante. Nos sentíamos muy seguros cuando tú manejabas y mamá iba a tu lado.

"El mes pasado, te bajaste del automóvil y mamá tuvo que comenzar a manejar. Lo ha hecho lo mejor que puede, pero tenemos mucho miedo sin ti.

"Hace unos días, estábamos llegando a casa cuando un automóvil fuera de control se nos acercó de frente. Mamá intentó esquivarlo, pero chocamos. El golpe fue tan duro que salimos volando, pero antes, pudimos ver que quien conducía el otro vehículo eras tú, y a tu lado iba una mujer. Nos llevaron al hospital, pero no supimos nada de ti, ni si estabas herido ni si necesitabas ayuda. Mami sufrió mucho; tiene pesadillas y llora constantemente. Mi hermanito sufrió algunas heridas y el dolor le impide ir a la escuela, y yo tengo las dos piernas rotas. ¡Me sentí tan indefensa al no poder ayudar a mamá ni a mi hermanito! Duele mucho y no paro de llorar.

"Sé que si estuvieras aquí todo sería diferente, porque lo que más duele es lo mucho que te extraño. Sueño que vienes a visitarnos, que vuelves a manejar nuestro automóvil. Tu hija".

Este es el tipo de sufrimiento que los padres causamos en los hijos por nuestras actitudes egoístas. No permitamos que sigan sufriendo a pesar de los errores que hayamos cometido; llevemos hoy amor y seguridad a nuestros hogares.

El centurión bondadoso

"Él es quien perdona todas mis maldades, quien sana todas mis enfermedades,
quien libra mi vida del sepulcro, quien me colma de amor y ternura".
Salmo 103:3, 4, DHH

E N EL MUNDO actual reinan el egoísmo, la codicia y la opresión, y muchos hijos de Dios se sienten realmente afligidos por ello. Algunos viven en lugares humildes y miserables, rodeados de pobreza, enfermedad y culpabilidad. Otros soportan pacientemente su propia carga de dolor y tratan de consolar a quienes tienen a su alrededor. "El poder de Satanás sobre la familia humana aumenta. Si el Señor no viniese pronto a quebrantar su poder, la tierra quedaría despoblada antes de mucho" (Elena G. de White, *Consejos sobre la salud*, p. 18).

Viviendo en un panorama tan terrible, es lógico anhelar humanidad, misericordia, benevolencia, benignidad, clemencia, filantropía, mansedumbre, dulzura y, sobre todo, bondad. La bondad es la inclinación a hacer el bien, una virtud que Dios implanta en el corazón de quienes lo buscan.

Cristo es quien nos corona de favores, misericordia y bondad. Y es que estos atributos son el mejor remedio para prevenir el estrés, la tensión, el nerviosismo, los dolores y las enfermedades. Son virtudes que hasta los ciegos pueden ver y los sordos escuchar.

La Biblia ilustra la bondad a través de un hombre muy peculiar, un centurión romano cuyo siervo estaba enfermo y a punto de morir. El centurión era el jefe de un ejército de soldados que servía a Herodes Antipas, tetrarca de Galilea, y tenía un siervo a quien le unía una estrecha relación; algo poco común. El siervo se había quedado paralítico por una fuerte fiebre reumática que le causaba muchos dolores, y esto lo atormentaba.

En aquella época, muchos esclavos eran tratados con crueldad y, cuando estaban enfermos, sus amos los dejaban morir y buscaban a otro siervo más joven y fuerte. Gracias a su actitud, el centurión protagonizó una bonita historia que nos revela la belleza de la bondad, una virtud que traspasa las barreras culturales y las fronteras de las clases sociales.

Pidamos hoy a Dios que implante en nuestro corazón la bondad de Cristo Jesús y que, como el centurión, podamos ayudar a las personas más vulnerables y necesitadas.

La bondad siempre vuelve

"Cuando el oficial oyó hablar de Jesús,
envió a unos respetados ancianos judíos a pedirle que fuera a sanar a su esclavo".
Lucas 7:3, NTV.

EL CENTURIÓN del relato anterior también se ganó el corazón de los judíos, quienes testificaron que amaba en gran manera a su nación. La bondad de ese hombre conquistó a los habitantes de Capernaúm, y por eso le dijeron a Jesús que merecía que su siervo fuera sanado. Y es que cuando la bondad nace del corazón, las barreras del prejuicio y del odio son derribadas.

El centurión construyó una sinagoga para los judíos con sus propios recursos, no con dinero del gobierno de Roma; mostraba su generosidad con hechos y no solo con palabras.

La bondad es algo bello que se ejerce cada día, en cada paso de nuestro caminar. Cada persona con la que tratamos representa una nueva oportunidad para manifestar amor, simpatía, comprensión y cariño, es decir, la bondad en todas sus dimensiones.

La bondad es una de las marcas distintivas del cristiano. "Un cristiano bondadoso y cortés es el argumento más poderoso que se pueda presentar en favor del cristianismo. Las palabras bondadosas son como el rocío y suaves lluvias para el espíritu" (Elena G. de White, *El colportor evangélico*, p. 76). No hay animadversión que pueda resistirse a un trato bondadoso constante; ante ello, todos los argumentos resultan inútiles.

En realidad, la bondad es un concepto tan amplio que solamente el carácter de Cristo puede englobar todos sus significados. Incluso cuando reprendía, las palabras de Jesús estaban recubiertas de una bondad irrefrenable. Al ser afables y tratar con amor a nuestros semejantes estaremos reflejando el carácter de Jesús.

La sociedad actual está saturada de violencia y agresión. Los insultos son muy comunes y, a través de los medios de comunicación, esa violencia verbal se filtra en los hogares, donde tiene un impacto aterrador. Por este motivo es tan necesario expresar palabras de bondad en la familia en primer lugar, para luego extender ese trato a los que nos rodean en los círculos más amplios.

Que nuestras palabras sean bondadosas y ofrezcan alivio al cansado, ánimo al afligido y fortaleza al débil. De un modo u otro, esa bondad regresará a nosotros.

La función de los padres cristianos

"Educa a tu hijo desde niño, y aun cuando llegue a viejo seguirá tus enseñanzas".
Proverbios 22:6, TLA

UNA DE LAS FUNCIONES que los padres desempeñan en el hogar es la de consejeros para sus hijos, especialmente cuando son adolescentes. Rebeca e Isaac, los padres de Jacob, quedaron muy preocupados por la situación que sus hijos estaban atravesando. Ella, en cumplimiento de su papel como madre, le dijo a su hijo: "Ahora, pues, hijo mío, obedece a mi voz: levántate y huye a casa de mi hermano Labán, en Harán" (Génesis 27:43). El padre, de igual manera, cumplió su función bendiciendo a su hijo y diciéndole: "No tomes mujer de las hijas de Canaán" (Génesis 28:1). Tanto él como ella hablaban el mismo idioma porque querían lo mejor para sus hijos. Como padres, pretendían que sus pequeños no se olvidaran de Dios ni de los principios divinos que debían guiar sus vidas.

Otra de las responsabilidades de los padres cristianos es actuar como guías espirituales para conducir a su familia por el camino de la vida eterna. Si no desempeñan esta labor tan importante en su hogar, es fácil que sus hijos sigan otro rumbo. En su rol de padre, Jacob percibió cómo su familia buscaba otros dioses, y los llamó al arrepentimiento y a la consagración: "Quitad los dioses ajenos que hay entre vosotros, limpiaos y mudad vuestros vestidos. Levantémonos y subamos a Bet-el, pues allí haré un altar al Dios que me respondió en el día de mi angustia y que ha estado conmigo en el camino que he andado" (Génesis 35:2, 3). Se despojaron de todos los dioses falsos y, junto al altar, consagraron sus vidas al Dios verdadero; entonces, fueron testigos de una lluvia de bendiciones.

Jacob erró al poner a José por encima de sus otros hijos, lo que generó el odio de los hermanos. Como padres, no es fácil hacerlo todo bien, pero debemos aprender de los errores para enseñar a nuestros hijos principios que perduren toda la vida. José mostró en su diario vivir que su padre le había inculcado valores como la honradez, el respeto, la fidelidad y, sobre todo, el amor a Dios.

Seamos consejeros y guías espirituales para nuestros hijos, y ellos recibirán las bendiciones divinas. Oremos pidiendo sabiduría y fortaleza espiritual.

Intercesión paternal

"Y tomándolos en los brazos, poniendo las manos sobre ellos, los bendecía".
Marcos 10:16, JBS

DURANTE EL MINISTERIO de Cristo, los padres traían a sus hijos hasta él para que los tocara, los tomara en sus brazos y los bendijera; sabían que en las manos de Jesús había sanidad. Hoy, más que nunca, los padres debemos acudir de igual manera a Jesús en busca de un toque divino para nuestros hijos. Las redes de Satanás nunca han sido tan sutiles, y llenan el mundo de densas tinieblas para que no podamos ver a Cristo.

Los padres debemos interceder por los hijos ante Dios como Job, que ofrecía sacrificios cada día por los pecados de sus hijos, para que Dios tuviera misericordia de ellos y los limpiara.

Como padres y madres debemos preguntarnos: "¿Cómo iré al cielo sin mis hijos? ¿Qué cuentas rendiré ante el Padre celestial por la grey que me dio?". Debemos preocuparnos por nuestros hijos y prepararlos para el bautismo; debemos instarlos a entregar su corazón a Dios, orar por ellos, estudiar la Biblia y llevándolos a la iglesia para que tengan su encuentro personal con Dios. Y es que, de cara a nuestros pequeños y, sobre todo, de cara a Dios, tenemos una solemne responsabilidad.

"Padres, si perdéis vuestra oportunidad, Dios tenga piedad de vosotros, pues en el día del juicio el Señor preguntará: '¿Dónde está el rebaño que te fue dado, tu hermosa grey?' [...]. Supongamos que ustedes llegaran al cielo y ninguno de sus hijos estuviera allí. ¿Cómo podrían decir a Dios: 'Heme aquí, Señor, y los hijos que tú me diste'? El cielo toma nota del descuido de los padres. Se registra en los libros del cielo" (Elena G. de White, *Conducción del niño*, p. 531).

Si no lo ha hecho, es tiempo de comenzar a interceder por sus hijos ante Dios, pedir que la gracia divina sea derramada sobre ellos. Mientras duermen, están en la escuela o de paseo, llevemos en oración a nuestros hijos ante la presencia de Cristo, para que los toque y los bendiga.

No lo dejemos para mañana; intercedamos desde este momento por nuestros chicos y chicas para que puedan experimentar en sus vidas las bendiciones de Dios.

Llevemos a nuestros hijos a Cristo

"Aquí estoy, con los hijos que Dios me dio".
Hebreos 2:13, DHH

S EGÚN ESCRIBE ELENA G. DE WHITE, los hijos reconocerán los esfuerzos de los padres fieles en la Tierra Nueva: "Cuando empiece el juicio y los libros sean abiertos, cuando sea pronunciado el 'Bien hecho' del gran juez, y colocada en la frente del vencedor la corona de gloria inmortal, muchos levantarán sus coronas a la vista del universo reunido y, señalando a sus madres, dirán: 'Ella hizo de mí todo lo que soy mediante la gracia de Dios. Su instrucción, sus oraciones, han sido bendecidas para mi salvación eterna'" (Elena G. de White, *Mensajes para los jóvenes*, p. 233). Por ello es tan importante dedicar tiempo a enseñar a nuestros hijos los caminos de Dios y no pasar por alto nuestro deber.

Un padre salió a pasear al campo con su hijo de cinco años. Como hacía calor, se sentó a la sombra de un árbol mientras el niño cortaba flores silvestres y se las traía. Después de un rato, el papá se acostó y enseguida se quedó dormido, y el niño se fue alejando poco a poco del lugar sin que su padre se percatara de ello. Cuando se despertó, no vio al niño. Empezó a buscarlo y, al ver que no aparecía, comenzó a desesperarse. Un poco más adelante, descubrió un barranco y, tristemente encontró allí abajo a su pequeño sin vida. Bajó corriendo y lo tomó en sus brazos, y corrió gritando: "¡Soy un asesino, soy un asesino!". Lamentablemente, un gran descuido por nuestra parte como padres puede poner en grave peligro la vida de nuestros hijos.

Los hijos son un don de Dios, un regalo que el Señor da a los padres para que cuiden de ellos, los amen y los edifiquen como columnas labradas de un palacio. Es una hermosa realidad que seguir los consejos de Dios trae grandes bendiciones a nuestros hijos, por eso debemos guiarlos por el camino correcto; debemos presentarlos todos los días ante Dios.

Sin embargo, Satanás también está interesado en nuestros hijos, y pretende desviarlos de la senda correcta, por lo que debemos velar, orar y obrar para protegerlos. Pidamos al Señor que nos dé poder para ayudar a nuestros hijos en este día.

De tal palo, tal astilla

"Grábate en el corazón estas palabras que hoy te mando.
Incúlcaselas continuamente a tus hijos. Háblales de ellas cuando estés en tu casa
y cuando vayas por el camino, cuando te acuestes y cuando te levantes".
Deuteronomio 6:6, 7, NVI

EL AUMENTO del uso de la tecnología y el ajetreo de la vida moderna han afectado al nivel de espiritualidad del hogar cristiano, y la iglesia desea mejorar en ese aspecto, ya que la comunión con Dios trae seguridad y gozo a toda la familia. Si la Palabra de Dios anida en la mente y los corazones de nuestros hijos, el Espíritu Santo los instruirá a lo largo de toda su vida.

Las oraciones de los padres construyen barreras protectoras alrededor de sus hijos: "Por la mañana, los primeros pensamientos del cristiano deben fijarse en Dios. Los trabajos mundanales y el interés propio deben ser secundarios. Debe enseñarse a los niños a respetar y reverenciar la hora de oración [...]. Es el deber de los padres creyentes levantar así, mañana y tarde, por ferviente oración y fe perseverante, una valla en derredor de sus hijos. Deben instruirlos con paciencia, enseñándoles bondadosa e incansablemente a vivir de tal manera que agraden a Dios" (Elena G. de White, *Conducción del niño*, p. 491). De esta manera, cada hogar se convertirá en una casa de oración durante el culto familiar.

Solo la mitad de las familias cristianas practican el culto familiar diario o semanal, y la otra mitad lo celebra esporádicamente o no lo fomenta. Sin embargo, Elena G. de White insta a los padres a reunirse con sus hijos y orar con ellos y por ellos cada mañana, antes de comenzar las actividades cotidianas, y al final del día, agradeciendo al Señor su cuidado y protección, y pidiendo un descanso reparador: "Padres y madres, necesitáis buscar a Dios por la mañana y por la noche, en el altar de la familia, para que podáis aprender a enseñar a vuestros hijos sabia, tierna y amorosamente" (*Ibíd.*, p. 489).

El culto familiar tiene una influencia penetrante a la hora de desarrollar valores cristianos en los hijos. La espiritualidad de nuestros pequeños depende en gran medida de ello. De manera que, comprometámonos a hacerlo cada día y aprovechemos este medio tan poderoso para atenderlos y acercarnos a Dios como familia.

La atmósfera de un hogar cristiano

*"Y las atarás como una señal en tu mano,
y estarán como frontales entre tus ojos; y las escribirás en los postes de tu casa,
y en tus puertas".* Deuteronomio 6:8, 9, RV60

L O QUE LOS NIÑOS vean y oigan en su hogar influirá poderosamente en ellos. Los cuadros en las paredes, las revistas, los libros, la música, los programas de televisión, las películas, Internet, los videojuegos; todo contribuye a crear la atmósfera espiritual negativa o positiva. "Por la contemplación nos transformamos" (Elena G. de White, *El hogar cristiano*, p. 299). En un hogar donde la televisión, los videojuegos e Internet monopolizan el tiempo, tanto adultos como niños reciben información y desarrollan valores ajenos a la Biblia.

Al evaluar la atmósfera espiritual de nuestro hogar debemos formularnos una serie de preguntas significativas: ¿Qué ven y oyen nuestros niños en casa? Analicemos los libros, revistas y las imágenes que llegan a casa a través de las diferentes pantallas (computadoras, TV, celulares, etcétera). ¿Enseñan los mismos valores que predicamos? Los niños tienen una habilidad especial para discernir entre lo que los adultos proclamamos y lo que vivimos, y tienden a hacer lo que vivimos. Enseñamos a nuestros niños a respetar las leyes civiles, pero luego los exponemos a películas en las que salirse con la suya es casi siempre la clave del héroe. Queremos que nuestros hijos sean amables, pero les permitimos ver programas de televisión violentos en los que agredirse es divertido. Hablamos a nuestros niños del poder del Señor, pero luego llenamos sus mentes con películas fantasiosas que minimizan el papel de Dios.

Si bien es cierto que no podemos aislar a nuestros hijos del mundo, al menos deberíamos reflexionar y tratar con ellos el mensaje que hay detrás de los medios y la publicidad.

La cita de hoy resalta la importancia de compartir con nuestros hijos el mensaje bíblico. Si solo abrimos la Biblia unos minutos al día y dejamos que otros medios inunden nuestro hogar con el mensaje opuesto al evangelio, no debería sorprendernos que la Palabra de Dios no sea el medio más incluyente en nuestros pequeños y jóvenes. Si la atmósfera de nuestro hogar está cuidadosamente guiada por Dios, repercutirá de manera positiva en la formación del carácter de nuestros hijos.

El mayor testimonio

*"Ustedes estudian las Escrituras a fondo porque piensan que ellas
les dan vida eterna. ¡Pero las Escrituras me señalan a mí!".*
Juan 5:39, NTV

L A LECTURA DE LA BIBLIA debe ser la parte central del culto familiar. Si dedicamos cinco minutos al estudio de la Biblia y dos horas a ver el partido de fútbol o una telenovela, ¿qué lección estamos transmitiendo a nuestros hijos? Es esencial leer la Palabra para ayudar a nuestros niños y niñas a crecer espiritualmente; la Biblia es una fuente poderosa de valores para la familia.

La costumbre de leer a los niños un relato a la hora de dormir permite construir recuerdos felices juntos. No todos los adultos leen por placer, sin embargo, la lectura de la Biblia hace de los niños oyentes ávidos y prepara el terreno para hablar de manera natural de los valores espirituales. En la Palabra hay relatos muy emocionantes que podemos compartir con ellos, por ejemplo, la odisea de José en Egipto, la cautivadora historia de la joven criada de Naamán, las aventuras de Daniel y sus amigos en Babilonia, y relatos de acción como el enfrentamiento entre David y Goliat. La vida de todos esos jóvenes muestra la influencia del hogar, pero además enseñan muchísimos principios. "Únicamente inculcando los debidos principios podremos destruir los malos pensamientos. El enemigo sembrará cizaña en los corazones de los hijos a menos que los padres siembren en ellos las semillas de la verdad" (Elena G. de White, *Consejo para los maestros*, p. 116).

Desde temprano, los padres debemos abrir las Escrituras para que nuestros hijos puedan adquirir buenos hábitos. La lectura de la Biblia suaviza, ablanda, eleva y santifica el corazón de los niños, y para disfrutar de estos beneficios debemos leerla todos los días. La Biblia es la guía que nos conduce a una vida más elevada y santa. Su lectura vigoriza la mente, deshace las tinieblas de nuestro camino y abre los ojos para disfrutar las bellezas del cielo y la Tierra Nueva. La eternidad nos dirá cuán provechoso fue haber dedicado tiempo suficiente a leer la Palabra.

Encontrarnos con ellos en el reino de Dios será una experiencia incomparable que nadie ni nada nos podrá arrebatar. Pidamos la sabiduría del Espíritu para que la Palabra de Dios sea luz y guía en sus vidas.

La espiritualidad de los padres

"Padres, no irritéis a vuestros hijos,
para que no se vuelvan de poco ánimo".
Colosenses 3:21, JBS

LOS PADRES somos responsables de crear la atmósfera espiritual del hogar mediante nuestra espiritualidad y la manera en que la compartimos con nuestros hijos. Los niños necesitan ver en nosotros un modelo práctico; debemos ser francos al hablar de nuestra fe y compartirla con ellos. Si mantenemos nuestra relación con Dios en secreto, no tendrán un ejemplo explícito de cómo impacta la gracia de Cristo en una persona. Comparta lo que Dios está haciendo en su vida, ore por sus amigos, ore por cada miembro de la familia, ore pidiendo al Espíritu Santo que sea una parte importante en tu vida diaria.

"Dichosos los padres cuya vida es un reflejo fiel de la vida divina, de modo que las promesas y los mandamientos de Dios despierten en los hijos gratitud y reverencia [...] dichosos los padres que, al enseñar a sus hijos a amarlos, a confiar en ellos y a obedecerles, les enseñen a amar a su Padre celestial, a confiar en él y a obedecerle. Los padres que hacen a sus hijos semejante dádiva los enriquecen con un tesoro más precioso que los tesoros de todas las edades, un tesoro tan duradero como la eternidad" (Elena G. de White, *El ministerio de curación*, p. 291).

Debemos reconsiderar nuestras prioridades, pues las cargas pueden terminar oscureciendo nuestra visión de Dios. Si aligeramos el peso y volvemos a nuestras raíces, mostraremos a nuestros hijos valores eternos, y Dios honrará nuestra felicidad y perseverancia.

Los niños suelen seguir el ejemplo de sus padres y, si ese modelo está fundamentado en Dios, nuestros hijos también reflejarán esas prioridades. Grabar en los demás la imagen divina mediante nuestro ejemplo no es tarea sencilla.

Si la espiritualidad de los padres es casi nula y su cristianismo solo es aparente, nuestros hijos seguirán nuestros pasos. Podrán tolerar nuestros errores, pero rechazarán nuestra hipocresía al enseñar algo que realmente no vivimos; la doble vida nos alejará de Dios y podemos llegar a modelar en ellos una espiritualidad enfermiza.

Sin embargo, si nuestra máxima prioridad en la vida y en el hogar es Dios, el Señor proveerá lo que nos falte y nuestros hijos se sentirán inspirados a seguirlo. Que Dios nos capacite y nos convierta en verdaderos padres cristianos.

La bendición del sábado

"El sábado se hizo para el hombre,
y no el hombre para el sábado".
Marcos 2:27, NVI

EL SÁBADO ES UN SELLO de oro que une a Dios con su pueblo, y ningún ser humano, rey, sacerdote o gobernante podrá sustituir de ninguna manera este día destinado a la adoración del Señor. Es el día del Señor y un símbolo de la relación que existe entre Dios y su creación; un "pacto perpetuo" que el Eterno estableció con nosotros.

Para los que reverencian este día santo, el sábado es una señal de que Dios los reconoce como su pueblo escogido. Es el monumento del Señor que conmemora su obra creadora, y un distintivo que debe mantenerse delante del mundo. Es el sello del Dios vivo, un día dedicado a la adoración y al descanso.

El sábado puede llegar a ser para nosotros un pequeño santuario en el desierto de este mundo en el cual podemos liberarnos de nuestras preocupaciones. Si el descanso del sábado fue deseable para los seres sin pecado del paraíso, ¡cuánto más esencial lo es para los mortales que se preparan para entrar de nuevo en esa bendita morada! Cuando el pecado sea erradicado, el sábado, pilar fundamental de nuestra fe, permanecerá para siempre.

"Creemos en el sábado del cuarto mandamiento porque está señalado explícitamente, y es el fundamento de nuestra fe religiosa. Que ninguno se avergüence de esto [...]. No aceptamos la autoridad de los concilios humanos, sino nos adherimos a los concilios celestiales. 'Para siempre, oh Dios, permanece tu palabra en los cielos' (Salmo 119:89). Aceptamos un 'así dice Dios'. Esta es nuestra posición" (Elena G. de White, *A fin de conocerle*, p. 355).

La Biblia enseña que el sábado da testimonio tanto del poder creador como del poder santificador de Dios, y su observancia es un reconocimiento de fe en su poder para crear y recrear, o santificar la vida de los seres humanos.

Si el sábado es una delicia, un gozo y un placer para el creyente, vale la pena entrar en él y reposar conforme a la Palabra de Dios. Propongámonos disfrutar del próximo sábado y recibir sus incontables bendiciones.

El cuidado de los ángeles

"Mi Dios envió su ángel, el cual cerró la boca de los leones
para que no me hicieran ningún daño, pues Dios sabe que soy inocente
y que no he hecho nada malo contra Su Majestad".
Daniel 6:22, DHH

L A BIBLIA ENSEÑA que los ángeles están al servicio de los hijos de Dios, cuidándolos y librándolos de todo peligro. Si tuviéramos la oportunidad de ver cómo actúan, estaríamos constantemente agradecidos por la protección que nos ofrecen. Los ángeles acampan alrededor de los que tienen temor de Dios y los defienden de todo mal.

Los ángeles son mencionados más de trescientas veces en la Biblia; muchas más veces de lo que se menciona a los demonios. Jesús enseñó que cada creyente sincero tiene un ángel a su servicio, y eso demuestra su relevancia en el plan de Dios.

Una de las principales funciones de los ángeles es proteger a los seres humanos (ver Salmo 91:11, 12). Hay muchos relatos bíblicos que dan fe de ello, como el rescate de Lot, la alimentación de Elías, los encuentros con Agar, Ismael y Jesús, la experiencia de Daniel en el foso de los leones y la liberación de Pedro de la cárcel. Cuando Daniel fue lanzado al foso de los leones, las bestias no habían comido en todo el día, pero el ángel del Señor es tan poderoso que cerró la boca de aquellos animales hambrientos. Sin embargo, cuando tiraron al foso a las familias de quienes acusaron a Daniel, los leones los devoraron antes de que llegaran al suelo. Sin duda, una prueba impactante de que los ángeles cuidan en todo momento de los fieles de Dios.

Los ángeles también fortalecen nuestro corazón cuando estamos angustiados. Cuando Cristo se encontraba en Getsemaní triste y preocupado por lo que se avecinaba, un ángel de Dios apareció para fortalecerlo. Cuando estamos a punto de caer, de perder la fe o muy desanimados, Dios envía a sus ángeles para que nos den fuerza espiritual.

Los ángeles también nos defienden del poder del mal, pues Dios les ha ordenado que luchen contra los demonios. Hoy, podemos pedir a Dios que nos cuide y nos proteja, y con seguridad enviará a sus ángeles en respuesta a nuestra oración.

Guardianes invisibles

"Anoche se me apareció un ángel,
enviado por el Dios a quien sirvo y pertenezco".
Hechos 27:23, TLA

URANTE SU MINISTERIO, Pablo experimentó el cuidado de los ángeles y, como leemos en el versículo, dio testimonio de su protección. Elena G. de White también expresó en sus escritos la maravillosa labor de estos seres en nuestra vida: "Los seres celestiales han desempeñado una parte activa en los asuntos de los hombres. Han aparecido con ropas tan brillantes como el relámpago; se han presentado como hombres, bajo la apariencia de viajeros. Han aceptado la hospitalidad ofrecida por hogares terrenales; han actuado como guías de viandantes extraviados. Han frustrado el propósito del ladrón y desviado el golpe del destructor [...]. ¡Qué sensación le producirá conversar con el ángel que fue su guardián desde el primer momento; que vigiló sus pasos y cubrió su cabeza en el día de peligro; que estuvo con él en el valle de la sombra de muerte, que señaló su lugar de descanso, que fue el primero en saludarlo en la mañana de la resurrección, y conocer por medio de él la historia de la intervención divina en la vida individual, de la cooperación celestial en toda obra en favor de la humanidad!" (*La segunda venida y el cielo*, pp. 142, 143).

Un grupo de niños de una iglesia salió a escalar y se perdió. Una tormenta cubrió el sendero de nieve y su líder no sabía dónde estaban ni cómo volver al campamento. El sol se ocultaba y la temperatura descendió rápidamente; estaban en grave peligro. Andando con dificultad por la nieve y cada vez más asustados, oyeron a alguien gritar: "¡Aquí está el camino!". Miraron hacia arriba y vieron a alguien a unos treinta metros por encima de ellos. Subieron hasta la gran roca donde había estado sentado aquel hombre, pero cuando llegaron, no encontraron a nadie. No vieron huellas en la nieve, pero sí el sendero que se extendía ante ellos para regresar a salvo al campamento, y supieron al instante que quien los había guiado había sido un ángel de Dios.

El Salmo 91 nos da la garantía de que el Señor envía a sus ángeles para guardarnos en nuestro caminar, y debemos enfrentar los desafíos de la vida con la certeza de que es más que poderoso para cuidar de nosotros y de nuestra familia.

Fidelidad para vencer

"Entonces los gobernadores y sátrapas buscaban ocasión para acusar a Daniel en lo relacionado al reino; mas no podían hallar ocasión alguna o falta, porque él era fiel, y ningún vicio ni falta fue hallado en él".
Daniel 6:4, RV60

PARA MANTENER su reino bajo su control, Darío nombró 120 gobernantes, uno por cada provincia. También nombró a tres jefes que supervisaban a estos gobernadores, de los cuales Daniel era el principal. Dios bendijo a Daniel abundantemente otorgándole sabiduría, prudencia, diplomacia y ciencia. Hacía bien su trabajo y el rey lo apreciaba; sin embargo, sus compañeros sentían celos de él y decidieron tenderle una trampa. No lograron encontrar defectos en su administración y, por eso, intentaron acusarlo por su religión.

Los conspiradores propusieron al rey dictar una nueva ley: durante un mes estaría prohibido adorar a ningún dios o persona que no fuera el rey y, cualquiera que desobedeciera sería lanzado vivo al foso de los leones. Tenían la certeza de que así podrían acusar y condenar a Daniel, y lograron convencer al rey para que firmara el edicto.

Al enterarse de lo sucedido, tal como hacía, Daniel se retiró a su casa y oraba tres veces al día. Abrió la ventana y se arrodilló a orar, y los espías lo vieron. Los principales jefes acudieron al rey y le dijeron: "Daniel, que es de los hijos de los cautivos de Judá, no te respeta a ti, rey, ni acata el edicto que confirmaste, sino que tres veces al día hace su petición" (Daniel 6:13). Con dolor en su corazón, el rey Darío ordenó traer a Daniel para tirarlo al foso, pero antes le dijo: "El Dios tuyo, a quien tú continuamente sirves, él te libre" (vers. 16). Los enemigos lograron su objetivo, pero el Señor libró a Daniel del peligro. Su fe lo salvó y pasó a ocupar puestos de confianza en el reino.

Los confabuladores tuvieron que pagar por su pecado, y fueron arrojados junto a sus familias al foso de leones hambrientos, que los devoraron antes de llegar al suelo.

Daniel era fiel a Dios y era un buen trabajador, por eso sus enemigos no pudieron encontrar motivo para acusarlo. Cuando un obrero trabaja según los principios de Dios y le rinde fidelidad, el Señor lo protege, lo bendice y le da prosperidad.

Orar como Daniel

"Y cuando Daniel supo que el edicto había sido firmado, entró en su casa,
abrió las ventanas de su alcoba que daban hacia Jerusalén, y tres veces al día se
arrodillaba y oraba a su Dios, dándole gracias como acostumbraba hacerlo".
Daniel 6:10, RVC

ORAR COMO DANIEL significa orar sin cesar, persistentemente, a cualquier hora del día, en cualquier circunstancia, aunque esté prohibido hacerlo. Daniel convirtió su hogar en un lugar de oración, como debería ser cada hogar cristiano. Elevó al cielo una oración de testificación, aprovechando la oportunidad para decirle al mundo que solo hay un Dios en los cielos y en la tierra a quien adorar y en quien confiar. Cuando supo que el edicto había sido firmado como una trampa para él, acudió a Dios y, aunque el peligro estaba a la puerta, su oración solo expresó gratitud a Dios.

Daniel confiaba plenamente en el brazo poderoso del Omnipotente y, aferrándose a las promesas de Dios, continuó su labor dejando su causa en manos del que resuelve los problemas y nos auxilia cuando estamos en peligro. El ángel le dijo a Daniel que había acudido a él gracias a sus palabras, lo que nos asegura que su oración había contribuido a la victoria espiritual que los ángeles obtuvieron contra Satanás. Los ángeles nos defienden en el mundo espiritual, pero nosotros podemos colaborar en la lucha con nuestra oración.

El edicto del rey Darío prohibía orar durante 30 días a cualquier dios, lo que significaba robarle al Señor el tributo que merece y quitarle al ser humano la oportunidad de comunicarse con él cada día. ¿Qué podía hacer una persona piadosa si estaba en un aprieto y no podía acudir a Dios en busca de ayuda? A pesar del edicto, Daniel oró a Dios arriesgando su vida. Para él, su relación personal con el Señor estaba en primer lugar, y el Todopoderoso recompensó su oración de fe, rescatándolo del foso y cerrando la boca de las bestias hambrientas. ¡Qué Dios tan maravilloso tenemos! Cuando acudimos a él con inmenso dolor pero con el deseo de contemplarlo, se hace presente, nos responde y nos levanta con su propio brazo.

Oremos como oró Daniel, cada día sin cesar; testifiquemos que solo hay un Dios que salva y que nos libra de todo peligro.

Orar como Eliseo

"Entonces Eliseo oró: 'Oh Señor, ¡abre los ojos de este joven para que vea!'.
Así que el Señor abrió los ojos del joven, y cuando levantó la vista vio que la
montaña alrededor de Eliseo estaba llena de caballos y carros de fuego".
2 Reyes 6:17, NTV

EL REY DE SIRIA estaba en guerra contra Israel y reunió a su consejo para determinar la estrategia que debían seguir. Les indicó todos los lugares por donde llegarían para destruir al ejército israelí; sin embargo, no encontraron a los israelitas por ninguna parte. Esto suscitó sospecha en el rey sirio, y se turbó por lo que estaba sucediendo. Reunió nuevamente a su consejo de guerra y lo acusó de filtrar información al rey de Israel; pero uno de sus siervos respondió: "No, rey y señor mío; el profeta Eliseo, que está en Israel, es el que hace saber al rey de Israel las palabras que tú hablas en tu habitación más secreta" (2 Reyes 6:12).

Efectivamente, Eliseo recibía de Dios la información, y la trasmitía al rey israelí; gracias a ello, Israel podía cambiar su estrategia de batalla. El rey de Siria se enojó tanto que, en lugar de continuar con la batalla, fue en busca de Eliseo. Envió un gran ejército a Dotán con caballos y carros para tomarlo vivo o muerto, y cuando llegaron por la noche sitiaron la ciudad.

Temprano, al levantarse, el siervo de Eliseo vio al ejército sirio sitiado alrededor de ellos, y sintió tanto miedo que corrió hasta el profeta temiendo que nadie pudiera librarlos, a lo que Eliseo respondió: "No tengas miedo, porque más son los que están con nosotros que los que están con ellos" (2 Reyes 6:16). Eliseo evidenció la confianza que debemos tener en Dios, y oró para que su siervo viera el ejército de ángeles que los defendían y que eran más numerosos que sus enemigos. Cuando Dios abrió los ojos del siervo, este vio el monte lleno de jinetes y carros de fuego alrededor de Eliseo.

Nosotros también hemos de ser conscientes de esta realidad: los ángeles que nos cuidan son más numerosos y poderosos que los demonios. No debemos temer, pues el ángel del Señor acampa entre nosotros. Oremos como oró Eliseo con la plena confianza de que Dios responderá y extenderá su brazo para librarnos.

Cómo vencer al enemigo

"Y cuando los sirios descendieron a él, Eliseo oró al Señor, y dijo:
'Te ruego que hieras a esta gente con ceguedad'. Y los hirió con ceguedad,
conforme al dicho de Eliseo".
2 Reyes 6:18, JBS

L A VERGONZOSA DERROTA que infligió Eliseo al ejército sirio, un ejército que pretendía tomarlo prisionero o matarlo, fue efectiva gracias al poder de Dios. Eliseo oró para que Dios los hiriese con ceguera y, en ese instante, fueron heridos y confundidos, y no sabían ni en qué ciudad se encontraban. Entonces Eliseo aprovechó y les dijo: "No es este el camino ni es esta la ciudad; seguidme y yo os guiaré al hombre que buscáis" (2 Reyes 6:19). Después los guio hacia Samaria, hasta tenerlos en medio de la ciudad, y oró para que fueran abiertos sus ojos y vieran dónde se hallaban. El rey de Israel se vio tentado a aniquilar al ejército enemigo, pero le preguntó a Eliseo si debía hacerlo y este le respondió negativamente. En su lugar, le pidió que les sirviera comida y agua, y que, después de comer, les ordenara regresar a su territorio.

Al rey de Israel le pareció muy extraña esa indicación, pero siguió su consejo: les preparó un banquete, los atendió muy bien y los hizo regresar a su pueblo con el rey de Siria. No eran prisioneros del rey, sino de Dios y del profeta, por lo tanto, el rey no podía hacerles daño. Por toda Siria se dio a conocer ese portento.

El trato bondadoso de parte del profeta y del rey de Israel tuvo su efecto; la Biblia dice que las tropas sirias se marcharon y no regresaron al territorio de Israel (2 Reyes 6:23). La mayor victoria que se puede obtener sobre un enemigo es convertirlo en amigo.

El siervo de Eliseo solo veía el peligro, pero su fe le permitió ver la solución. Y es que cuando Dios abre nuestros ojos, desaparecen nuestros temores. En la oscuridad somos propensos a tener miedo, pero cuanto más clara sea nuestra visión de la soberanía y del poder de Dios, menor será nuestro temor ante las calamidades de esta tierra.

Es tiempo de orar y pedirle a Dios que nos mantenga cerca de él, para que podamos ver con los ojos de la fe y avanzar confiados en sus promesas.

Hoy es día de buenas noticias

*"Esto no está bien. Hoy es un día de buenas noticias,
y no las estamos dando a conocer. Si esperamos hasta que amanezca,
resultaremos culpables. Vayamos ahora mismo al palacio y demos aviso".*
2 Reyes 7:9, NVI

EL REY SIRIO organizó su ejército para conquistar Samaria y les ordenó sitiar la ciudad. Pronto la comida empezó a escasear, casi no había agua y el hambre se extendía por todas partes. La cabeza de burro se vendía por ochenta monedas de plata y un cuarto de litro de estiércol de paloma por cinco. La terrible situación provocó que el pueblo se enfrentara al rey de Israel, quien se enojó tanto que culpó a Eliseo de lo que estaba sucediendo: "Traiga Dios sobre mí el peor de los castigos, si la cabeza de Eliseo hijo de Safat queda hoy sobre sus hombros" (2 Reyes 6:31). En otras palabras, afirmó que ese mismo día mataría a Eliseo.

El rey envió a su hombre de confianza a decapitarlo, pero el profeta aseguró al verdugo: "Mañana a estas horas valdrá un siclo el seah de flor de harina, y un siclo dos seahs de cebada, a la puerta de Samaria" (2 Reyes 7:1). Al día siguiente, su predicción se cumplió y los sirios fueron derrotados por la mano poderosa de Dios.

A la entrada de Samaria había cuatro leprosos sin esperanza de sanarse y a punto de morir. Se dijeron: "¿Por qué estamos aquí esperando la muerte? Si tratamos de entrar en la ciudad, moriremos en ella, por el hambre que hay en la ciudad; y si nos quedamos aquí, también moriremos" (vers. 3, 4). Así que decidieron probar suerte en el campamento enemigo. Al llegar, no vieron a nadie; Dios había hecho que el ejército de Siria escuchara estruendo de carros de guerra, ruido de caballos y estrépito de gran ejército para confundirlos, y habían huido dejando todo en el campamento.

Los cuatro leprosos llevaron la noticia a Samaria y proclamaron que en el campamento enemigo había comida y riquezas para los habitantes de la ciudad. No pensaron solo en sí mismos, sino que transmitieron las buenas nuevas a todos.

Llevemos las buenas nuevas a quienes perecen por hambre de la Palabra. En Cristo hay vida y vida abundante, así que proclamemos: "Hoy es día de buenas noticias".

Elías modernos

"Voy a enviarles al profeta Elías, antes que llegue el día del Señor,
que será un día grande y terrible. Y él hará que padres e hijos se reconcilien.
De lo contrario vendré y castigaré su país, destruyéndolo por completo".
Malaquías 4:5, 6, DHH

ENTRE LAS MONTAÑAS de Galaad, al oriente del Jordán, moraba en los días de Acab un hombre de fe y oración cuyo ministerio intrépido estaba destinado a detener la rápida extensión de la apostasía en Israel. Alejado de toda ciudad de renombre y sin ocupar un puesto elevado, Elías el tisbita inició su misión, confiando en el propósito que Dios tenía para su vida. Su ministerio estaba consagrado a la reforma, y la suya era la voz de quien clama en el desierto para rechazar la marea del mal. Se presentó ante el pueblo para reprender el pecado, pero su mensaje ofreció consuelo a las almas enfermas que deseaban ser sanadas.

En el tiempo de Acab y Jezabel, se habían dado tres sucesos en las familias de Israel: el padre había perdido el control del hogar, el altar de Dios había sido derribado y el pueblo no tenía pastores que lo guiara, porque los profetas habían muerto o habían sido perseguidos por Jezabel. La apostasía reinaba en el pueblo de Dios, y la adoración a Baal había sustituido el culto al verdadero Dios.

Hoy, como en los tiempos de Elías, la línea de demarcación entre el pueblo que guarda los mandamientos de Dios y los adoradores de los falsos dioses está claramente trazada. Elías clamó: "¿Hasta cuándo van a seguir indecisos? Si el Dios verdadero es el Señor, deben seguirlo; pero, si es Baal, síganlo a él" (1 Reyes 18:21, NVI). El mensaje destinado a nuestra época es: "¡Ha caído, ha caído la gran Babilonia! [...] '¡Salid de ella, pueblo mío, para que no seáis partícipes de sus pecados ni recibáis parte de sus plagas!'" (Apocalipsis 18:2, 4). Esta es la proclamación de los Elías modernos: un llamado solemne a las familias para consagrarse a Dios y abandonar el camino del mal.

Respondamos a su llamado y preparemos a nuestros hijos para el gran acontecimiento que está por venir: la segunda venida de Cristo.

Educar para la eternidad

"Todos, sin falta, deben ir a esa fiesta: hombres, mujeres, niños y refugiados. Allí escucharán la lectura de estas enseñanzas, y aprenderán a respetar a Dios y a obedecer sus mandamientos". Deuteronomio 31:12, TLA

LA BIBLIA NOS EXHORTA a educar a nuestros hijos en los caminos de Dios mediante una enseñanza basada en sus principios. Solo podremos prepararlos para hacer frente a los obstáculos y desafíos de este mundo hostil a través de una instrucción fundamentada en los valores divinos.

Como podemos ver en la cita bíblica de hoy, Moisés insta a los padres a enseñar a sus hijos los principios de la reverencia a Dios y la obediencia a la Ley: "Podrán oírla y aprenderán a temer a Jehová, vuestro Dios, todos los días que viváis sobre la tierra que vais a poseer tras pasar en el Jordán" (Deuteronomio 31:13).

El hijo de un guardabarrera de ferrocarriles era un modelo de obediencia. Había sido educado por sus padres desde su infancia de tal manera que nunca titubeaba en obedecer lo que le ordenaban. Hasta sus maestros se sentían admirados por el respeto que ese niño manifestaba en todas sus relaciones. Un día, el pequeño estaba jugando y corriendo por las vías del ferrocarril cuando su padre, que estaba colocando la barrera, vio con horror cómo se acercaba un tren por detrás del niño. Se hallaba tan cerca que un instante de demora sería fatal. El padre gritó a su hijo: "Tírate al suelo y no te muevas hasta que pase el tren". Al instante, el niño se tiró al suelo entre los dos rieles. El tren pasó, y el padre horrorizado corrió para ver lo que había sucedido. Para su sorpresa, su hijo estaba ileso; obedeció sin dudar la indicación de su padre y, gracias a ello, salvó su vida.

Educar a los hijos para la eternidad constituye uno de los mayores desafíos para los padres de la actualidad. Satanás permanece activo, intentando controlar las mentes de nuestros hijos y guiarlos por el camino equivocado. Como padres, tenemos la responsabilidad de conducirlos por el sendero del bien, así que pidamos a Dios que nos dé la sabiduría para guiarlos hacia el reino de los cielos.

Una mujer dirigida por Dios

"¡Adelante! Este es el día en que el Señor entregará a Sísara en tus manos.
¿Acaso no marcha el Señor al frente de tu ejército?".
Jueces 4:14, NVI

DURANTE EL PERIODO CAÓTICO de los jueces, Israel, liderado por buenos gobernantes, disfrutó de una relativa paz durante ochenta años. Sin embargo, con el paso del tiempo, el pueblo de Dios se apartó de él, cayó en el pecado de la idolatría y, en consecuencia, se convirtió en presa fácil de sus opresores. Jabín, rey de los cananeos, y su general Sísara oprimieron con crueldad a los hijos de Israel durante veinte años hasta que Débora, una mujer de Dios, se levantó como vocera del Señor.

El pueblo clamó a Dios para que lo librara de la mano del rey Jabín, y el Señor respondió mediante Débora, una mujer que gozaba de una comunión íntima con Dios. Era profetisa y se dedicaba plenamente al servicio de Israel como juez. Dios había bendecido a su sierva con extraordinaria prudencia y sabiduría, y tal era su humildad que atendía al pueblo a la sombra de una palmera en lugar de hacerlo a la puerta de la ciudad, como otros jueces. Los hijos de Israel la respetaban y acudían a ella en busca de justicia.

Débora se reunió con Barac y le pidió que fuera al monte Tabor con 10,000 hombres para que Dios les diera la victoria sobre el enemigo. El ejército israelita se acababa de formar y no tenían recursos, sin embargo, con novecientos carros herrados, el ejército de Sísara era muy numeroso y poderoso. Ante un panorama tan desolador, Dios guio a su pueblo en todo el proceso: les dijo el número de soldados que necesitaban, de qué tribus debían salir y dónde debían reunirse. Siguieron las indicaciones del Señor y, una vez preparados, Barac pidió a Débora que los acompañara a la batalla.

Israel salió victorioso, pero no por sus 10,000 soldados ni por sus estrategias, sino porque Dios creó confusión en el ejército de Sísara. Dice Flavio Josefo que, cuando Barac vio desplegado el ejército de Sísara, su corazón desfalleció, pero Débora lo animó a atacar. Estalló una tormenta de granizo que golpeó el rostro del enemigo y el cielo obtuvo la victoria.

Débora se puso en manos de Dios y él la guio. Hagamos nosotros lo mismo y saldremos vencedores.

Educar para el éxito

"Ester no había dicho de qué nación ni de qué pueblo era,
pues así se lo había ordenado Mardoqueo. Y es que Ester hacía lo que Mardoqueo
le ordenaba, como cuando él la educaba". Ester 2:20, RVC.

ESTER NO FUE EDUCADA para ser reina, sino para ser una mujer de bien; sin embargo, gracias a esa educación, llegó a ser la reina de Persia. Su primo Mardoqueo, que la había adoptado como hija, dedicó el tiempo necesario para educarla para el éxito, sin saber que un día llegaría a ocupar el lugar de la reina Vasti. Mardoqueo le enseñó a obedecer y a ser leal a Dios, principios básicos de la vida que hicieron de Ester una mujer prudente que se ganó el aprecio de todos en palacio.

Ester era hermosa y elegante, pero Mardoqueo le enseñó a ser humilde y sencilla. La humildad que la caracterizó hizo que hallara gracia ante Hegai, el eunuco que cuidó de ella. Sin embargo, sobre todas las cosas, lo más valioso que Mardoqueo le enseñó fue a amar a Dios. Nunca estuvo dispuesta a traicionar su fe por el placer, ni las riquezas, ni el honor de ser la reina de Persia. Al contrario, se tomó de la mano de Dios para liberar a su pueblo de un decreto de muerte inminente.

La clave del éxito familiar radica en educar a nuestros hijos en el camino de Dios. Si los padres dedicaran tiempo a sus hijos y les enseñaran los principios básicos del cristianismo, los frutos serían abundantes y esa educación perduraría para siempre.

El tiempo, el dinero, el amor y el cuidado que los padres inviertan en la educación de sus hijos tendrá su recompensa, y la edificación de una vida sobre la roca ayudará a nuestros muchachos a soportar las pruebas y a salir victoriosos. "Dadles instrucción religiosa diariamente. Enseñadles a amar a Dios y ser leales a los principios de rectitud. Con una fe elevada y ferviente, dirigida por la influencia divina del Espíritu Santo, trabajad, trabajad ahora" (Elena G. de White, *Conducción del niño*, p. 527).

Oremos pidiendo al Señor sabiduría para educar a nuestros hijos para la eternidad.

Consagración total

"Ve y reúne a todos los judíos que están en Susa y hagan ayuno por mí.
No coman ni beban durante tres días, ni de noche ni de día; mis doncellas
y yo haremos lo mismo. Entonces, aunque es contra la ley, entraré a ver al rey.
Si tengo que morir, moriré". Ester 4:16, NTV

ESTER VIVIÓ UNA VIDA de consagración total. Cuando había que tomar decisiones, las tomaba con determinación y mucho coraje, pues estaba centrada en cumplir la voluntad divina. Su anhelo era ayudar, y no permitiría que el pueblo de Dios pereciera por el edicto del rey que decía que sería exterminado por completo.

Si hubiese buscado su propio beneficio, no habría arriesgado su vida. Tenía todo en el palacio: cuidado, honor, gloria, respeto, admiración y prestigio. No le faltaba nada, pero lo más importante para ella era mantener su identidad como parte del pueblo de Dios y echar su suerte con él, y por eso decidió ver al rey, aunque no fuera conforme a la ley. Fue una mujer valiente que defendió su fe a costa de su propia vida.

Ester era hermosa y temerosa de Dios, fuerte, valiente y decidida, y el Señor la utilizó para cumplir su plan. Como reina, sería el instrumento que Dios podía usar para salvar al pueblo de Israel del exterminio. Usted, ¿hasta dónde llegaría para cumplir el plan de Dios? Lamentarse y hacerse la víctima no ayudará en nada. Mire el ejemplo de Ester: perdió a sus padres, no tenía a nadie en el mundo salvo a Mardoqueo y, sin embargo, su fe en el Dios de Israel marcó la diferencia.

Hoy en día se necesitan ese coraje, esa valentía y esa determinación. No importa que todo esté en su contra y que nadie le aprecie o le quiera. Dios tiene un plan para usted y, si sigue sus instrucciones y se propone hacer su voluntad, será un instrumento en manos del Señor para ayudar a que otros sean salvos.

Necesitamos que en nuestros días haya más personas como Ester: valientes, obedientes, espirituales, sensibles, inteligentes y llenas de gracia y de verdad. Oremos para que Dios nos revele cuál es su voluntad para nuestra vida en el contexto de su misión.

Hay que sepultar el pasado

*"Y había criado a Hadasa, es decir, Ester, hija de su tío, porque era huérfana;
y la joven era de hermosa figura y de buen parecer. Cuando su padre y su madre
murieron, Mardoqueo la adoptó como hija suya".*
Ester 2:7, RV60

UNA DE LAS PEORES decisiones que podemos tomar es la de aferrarnos al pasado. Al mirar hacia atrás solo veremos nuestra desgracia y nuestra incapacidad y, en lugar de crecer, menguaremos. Nos quedaremos encerrados en un círculo vicioso que no nos dejará avanzar; las malas decisiones del pasado se convertirán en una telaraña de la que no podremos escapar.

Ester fue diferente. Sus padres habían fallecido por lo que Mardoqueo la adoptó y se encargó de criarla con mucho cuidado y dedicación, enseñándole los principios basados en la Palabra de Dios. Lejos de lamentarse por su situación, Ester aprovechó cada oportunidad para avanzar entregando su corazón a Dios y dejando que él dirigiera su futuro. Cuando el rey Asuero le colocó la corona real, la aceptó como la voluntad de Dios, sin intimidarse, aunque no era de la aristocracia. Si se hubiera aferrado a su hermosura y su buen parecer en lugar de a Dios, habría fracasado y nunca habríamos conocido su historia.

No piense más en el pasado, en la poca suerte que tuvo ni en las injusticias que sufrió. No deje que nada ni nadie ponga límites a su vida. Dios le ha dado libertad para pensar, creer, intentar y triunfar. Sin importar las circunstancias, el lugar o lo que digan, mire adelante con fe, porque cuando Dios actúe, ¿quién podrá impedirlo? No hay fuerza humana con ese poder y David lo sabía: "Aunque mi padre y mi madre me dejen, con todo, Jehová me recogerá" (Salmo 27:10). Si tenemos confianza en Dios, dirigirá nuestro futuro, porque habremos puesto nuestra vida en sus manos.

Ester creyó y confió en Dios, oró y ayunó, y el Señor contestó su oración. Fue un instrumento para liberar al pueblo judío de la destrucción. Aunque usted haya tenido un pasado oscuro o le hayan faltado oportunidades como la de Ester, mire hacia el futuro confiando, sabiendo que Dios proveerá los recursos para cumplir su voluntad en su vida. Ore para que el Señor le muestre los planes que tiene para usted y déjese conducir por su Espíritu Santo.

Padres que buscan la voluntad de Dios

"Entonces Manoa dijo: 'Cúmplase pues tu palabra.
¿Qué orden se tendrá con el niño, y qué ha de hacer?'".
Jueces 13:12, JBS

A CAUSA DE SUS PECADOS, Israel vivió bajo el dominio y la opresión filistea durante cuarenta años. A pesar de la maldad del pueblo, había familias como la de Manoa que temían a Dios y eran fieles al Creador. En medio del formalismo y el materialismo que imperaba en Israel, Manoa y su esposa eran personas espirituales y consagradas a Dios y, aunque el pueblo se había olvidado de él, el Señor no se olvidó de sus hijos y escogió a una familia para que de ella saliera el libertador de Israel. Un ángel del Señor habló a la esposa de Manoa y le prometió que, a pesar de su esterilidad, tendría un hijo varón.

Preocupado por hacer lo mejor como padre en favor del hijo que pronto llegaría, Manoa le preguntó al ángel cómo debían instruirlo y educarlo. Sus palabras revelan el deseo de un padre de hacer la voluntad de Dios y de criar a su hijo de acuerdo con ella. El ángel les indicó que debían criar a Sansón como un nazareo.

Según el libro de Números, el voto de nazareo significaba que el niño sería consagrado a Dios, apartado para vivir en santidad. Si Sansón hubiera obedecido, su vida no hubiera tenido un final tan trágico. A pesar de la fidelidad de sus padres a Dios y a sus instrucciones, Sansón no vivió a la altura de su llamamiento.

Es necesario que, como padres, sigamos las instrucciones que Dios nos ha dado en su Palabra para criar a nuestros hijos. Busquemos al Señor para saber cómo debemos actuar con ellos, pues necesitamos enseñarles a amar a Dios sobre todas las cosas, a reverenciarlo y adorarlo como único merecedor de honra y gloria. Si los padres guían a los hijos hacia el Señor, él hará el resto en su educación. "Muchos han considerado livianamente el efecto de las influencias prenatales; pero las instrucciones enviadas por el cielo a aquellos padres hebreos, y dos veces repetidas en la forma más explícita y solemne, nos indican cómo mira nuestro Creador el asunto" (Elena G. de White, *Patriarcas y profetas*, p. 545).

Pidamos al Señor que nos muestre qué es lo mejor para nuestros hijos.

Transformados por el Espíritu Santo, primera parte

*"Cuando venga el Espíritu de la verdad, él los guiará a toda la verdad,
porque no hablará por su propia cuenta sino que dirá solo lo que oiga
y les anunciará las cosas por venir".* Juan 16:13, NVI

L AS CÁRCELES DE JERUSALÉN ESTABAN LLENAS de cristianos debido a la persecución liderada por Saulo de Tarso. Saulo tenía cartas expedidas por el sumo sacerdote que lo autorizaban a castigar a los herejes, y vio con satisfacción cómo apedreaban a un hombre llamado Esteban. El delito de Esteban había sido creer que Jesucristo era el Mesías. Sin embargo, tiempo después, el belicoso Saulo entraba ciego, humillado y sumiso por las puertas de la ciudad de Damasco, alcanzado y transformado por el poder del Espíritu Santo.

En el Antiguo Testamento encontramos el papel protagónico del Espíritu Santo. Los vemos tomando parte activa en la creación de nuestro mundo. Con respecto a la construcción del Santuario, se nos dice que el Espíritu Santo capacitó a los artífices con sabiduría e inteligencia en todo arte, para labrar los diseños y trabajar el oro, la plata, el bronce y la madera, para labrar las piedras y engastarlas. Si no hubiera sido por la intervención del Espíritu Santo en estos hombres, la construcción del Santuario conforme al modelo divino no habría sido posible. Dios no solamente brindó el modelo, sino también la ayuda para construirlo.

En el Nuevo Testamento se afirma que el Espíritu Santo enseña, convence, ayuda, intercede, inspira y santifica. De esta forma, el Espíritu Santo trabaja unido con el Padre y el Hijo en la salvación y trasformación de cada uno de nosotros.

El Espíritu Santo también impregna el sello de la salvación en nuestra vida. La obra de santificación es posible únicamente por medio del poder del Espíritu Santo.

Solamente él puede librarnos de nuestra naturaleza carnal. Por lo tanto, "debemos orar por el Espíritu Santo, confiar en él y creer en él" (*El colportor evangélico*, cap. 12, p. 86). Cuando el Espíritu Santo llega a nuestro corazón, nos transforma y nos convierte en personas nuevas. Una vez que hemos sido renovados y su presencia habita en nosotros, nos hace fuertes y vigorosos en la fe. Hoy podemos experimentar el poder renovador del Espíritu Santo, si le permitimos que nos transforme.

Transformados por el Espíritu Santo, segunda parte

"Cuando terminaron de orar, el lugar en que estaban congregados tembló; y todos fueron llenos del Espíritu Santo y hablaban con valentía la palabra de Dios". Hechos 4:31

COMO UNA MARCA INDELEBLE EN NUESTRO CORAZÓN el Espíritu Santo es el sello que nos asegura que somos posesión de Dios. La vida cristiana no es una mejora de nuestra conducta, ni un cambio de hábitos, sino una transformación sobrenatural de todo nuestro ser.

El ser humano puede mejorar su vida con una buena educación y una excelente formación cultural; pero eso no es suficiente. El egoísmo no puede erradicarse del corazón con una dosis de fuerza de voluntad o una serie de reglas éticas. El Espíritu Santo produce el milagro de la conversión cuando el alma penitente se declara en bancarrota y siente la necesidad de Dios. Únicamente entonces ocurre un verdadero milagro.

¿Cómo podemos explicar semejante transformación? ¿Cómo explicar la obra del Espíritu Santo? Cierta vez, Jesús dijo a Nicodemo: "El viento sopla de donde quiere, y oyes su sonido, pero no sabes de dónde viene ni a dónde va. Así es todo aquel que nace del Espíritu" (Juan 3:8). La obra del Espíritu Santo es especial y misteriosa a la vez, pero es efectiva, y actúa en cada uno de nosotros. Tiene como fin capacitar al ser humano para tomar las decisiones correctas en el lugar y el momento adecuados. El Espíritu Santo se convierte en el amigo ayudador, en el consolador que nos acompaña en los momentos difíciles de la vida. Él es nuestro consejero y abogado las veinticuatro horas del día. No duerme ni descansa, obrando a nuestro favor.

El Espíritu Santo es fuego transformador que consume toda impureza. Es el aceite que sensibiliza nuestros oídos para percibir la voz de Dios y mantener plena comunicación con el cielo. Oremos a Dios y pidámosle la unción del Espíritu Santo en nuestro corazón.

La necesidad del Espíritu Santo

*"Yo estoy lleno del poder del espíritu de Jehová,
de juicio y de fuerza, para denunciar a Jacob su rebelión y a Israel su pecado".*
Miqueas 3:8

EL SER HUMANO ES DÉBIL, y no hay poder alguno en él a menos que Dios lo llene de su Santo Espíritu. Eso fue lo que ocurrió cuando envió al profeta Miqueas a denunciar la rebelión de Israel, como vemos en el texto de hoy. El anhelo de Cristo es que todo aquel que lo recibe y lo acepta como su Salvador sea lleno del fuego del Espíritu. Esta es nuestra gran necesidad, ya que el Espíritu provee poder, fortaleza, conocimiento, sabiduría, virtudes y dones a sus hijos para que estén preparados para el reino de los cielos y para proclamar su evangelio.

Juan el Bautista bautizó con agua para arrepentimiento, pero Cristo lo hizo con fuego del Espíritu Santo. El fuego completa la obra que el agua comenzó. Si hay fuego en sus hijos, los corazones fríos serán encendidos y los huesos secos se llenarán de carne, tendones y fuerza.

"La dispensación en la cual vivimos ha de ser, para los que piden, la dispensación del Espíritu Santo. Pedid su bendición. Es tiempo de que seamos más intensos en nuestra devoción. [...]. Por todo esto el derramamiento del Espíritu es esencial. Debemos orar por él" (*Testimonios para los ministros*, cap. 18, p. 520).

La iglesia de Dios requiere urgentemente de este poder.

"No podemos depender de la forma o la maquinaria externa. Lo que necesitamos es la influencia vivificante del Espíritu de Dios. [...] Es el tiempo de la lluvia tardía, cuando el Señor dará liberalmente de su Espíritu. Sed fervientes en la oración, y velad en el Espíritu" (*Ibíd.*, p. 522).

La presencia del Espíritu entre nosotros es indispensable, ya que es la que produce nuestra conversión y transformación. Por la presencia del Espíritu Santo en nuestro corazón habrá fuego en nuestros huesos, esperanza para ser salvos y gozo por el evangelio.

Busquemos a Dios en este día, pidiendo su Espíritu Santo y su poder incalculable, y él estará con nosotros.

Experimentemos el poder del Espíritu Santo

"Los cuales, una vez llegados, oraron por ellos para que recibieran el Espíritu Santo […]. Entonces les imponían las manos y recibían el Espíritu Santo".
Hechos 8:15, 17

FELIPE DESCENDIÓ A SAMARIA y predicó de Cristo. Los Samaritanos escuchaban muy atentos (ver Hech. 8:6). Con el poder del Espíritu Santo, Felipe hacía grandes señales. Los que tenían espíritus inmundos sanaban, y los paralíticos y los cojos eran levantados. Eso produjo gran gozo y alegría en la ciudad de Samaria.

Pero había un hombre llamado Simón que ejercía la magia, y a quien los pobladores escuchaban atentamente porque tenía autoridad sobre ellos. Los habitantes decían que el poder que Simón tenía era de Dios (Hech. 8:10). Simón los había engañado durante mucho tiempo. No obstante, Felipe predicaba la Palabra con el poder de Dios, y muchos creyeron en Jesús. Finalmente, el mago Simón creyó, abandonó la magia y fue bautizado. Al acompañar a Felipe, fue testigo de los milagros y las señales que Dios hacía por medio de él.

Cuando Pedro y Juan llegaron a Samaria para fortalecer la fe de los creyentes, les imponían las manos y estos recibían el Espíritu Santo. Simón no recibió el Espíritu y quiso comprarlo con dinero, pero el Espíritu Santo solamente se recibe por gracia y a quien Dios decida darlo. Pedro le dijo a Simón que su corazón no era recto, y que tenía que arrepentirse de sus malos pensamientos para que Dios lo perdonara. Simón, aunque recién bautizado, tenía que arrepentirse. Debía confesar todo a Dios y vaciar su corazón de toda impureza que alejara la presencia del Espíritu. Lamentablemente, no tuvo el privilegio de recibir el Espíritu Santo, como los otros conversos.

Estamos viviendo en el tiempo del fin, cuando se nos ha prometido un nuevo derramamiento del Espíritu. Es tiempo de buscar a Dios, de arrepentirnos con sinceridad, con un corazón humilde y sumiso, para recibir el Espíritu Santo sin medida. Esta provisión es tan abundante como desafiante: recibiremos poder para predicar la última advertencia en la historia de este mundo. Es tiempo de iniciar un reavivamiento y reforma para que el Espíritu pueda ser derramado como la lluvia tardía. ¿Por qué no empezar con nuestras propias vidas?

Una vida que glorifica a Dios

"A ellos, Dios quiso dar a conocer las riquezas de la gloria de este misterio entre los gentiles, que es Cristo en vosotros, esperanza de gloria".
Colosenses 1:27

LA FRASE: "CRISTO EN VOSOTROS, esperanza de gloria", nos recuerda que la vida del cristiano es un monumento a Dios, un rótulo que anuncia que Cristo es el Salvador del mundo. ¿Por qué el pueblo glorificaba a Dios al ver trasformada la vida de Pablo? Porque reflejaba una conversión genuina. Su vida hablaba de un Dios de poder y transformación, capaz de cambiar un carácter violento (Gál. 1:23, 24). El *Comentario bíblico adventista* dice que "hallaban en Pablo, en su conversión y en su ministerio, un motivo para alabar a Dios" (t. 6, p. 940).

La vida de Pablo nos recuerda cuál es el plan maravilloso que Dios tiene para nuestra vida. ¡Qué privilegio tan maravilloso es que Dios nos haya elegido para que reflejemos su imagen!

Cuando nuestra vida no está acorde al plan de Dios, lejos de glorificarlo, podemos llegar a ser piedra de tropiezo para otros. Por eso, debemos humillar nuestro corazón, pedir perdón por nuestros pecados y dejar que el Espíritu Santo haga su obra de santificación. Recién entonces los frutos del Espíritu podrán glorificar a Dios en nuestra vida, como Pablo mismo lo experimentó. "Cuando Cristo, la esperanza de gloria, esté formado en el interior, entonces la verdad de Dios actuará de tal manera sobre el temperamento natural que su poder transformador se manifestará en un carácter transformado" (*Consejos para los maestros*, cap. 26, p. 186).

El apóstol Pablo fue un ejemplo vivo del poder transformador de Dios. Pero al mismo tiempo, reconoció: "Palabra fiel y digna de ser recibida por todos: que Cristo Jesús vino al mundo para salvar a los pecadores, de los cuales yo soy el primero" (1 Tim. 1:15). Si abrimos nuestro corazón a Cristo y le pedimos que viva en nosotros, él hará un cambio radical. Los que nos observen alabarán a Dios por lo que ha hecho en nosotros y glorificarán su santo nombre. Oremos para que nuestra vida glorifique a Dios.

Se necesitan vidas transparentes

"Aquí estoy; atestiguad contra mí delante de Jehová y delante de su ungido, si he tomado el buey de alguno, si he tomado el asno de alguno, si he calumniado a alguien, si he agraviado a alguno o si de alguien he aceptado soborno para cerrar los ojos; y os lo restituiré" 1 Samuel 12:3.

COMO CRISTIANOS TENEMOS LA OBLIGACIÓN de ser íntegros y transparentes ante el mundo. Ahora bien, ¿qué es transparencia? Es la capacidad que tiene un objeto de dejar pasar la luz y permitir que se pueda ver a través de él. Rectitud y honradez son sinónimos de transparencia en la vida de un creyente que no esconde nada a la vista de los demás. Dios nos pide que seamos transparente y puros como el cristal en la iglesia, en nuestro lugar de trabajo, en nuestras transacciones comerciales y en nuestra familia.

Cuando la luz del evangelio penetra en nuestro corazón y llevamos una vida transparente, esa luz pasará a través de nosotros, alumbrará a los demás y les iluminará sus caminos hacia Cristo.

La vida del profeta Samuel era así. Cuando él le preguntó al pueblo si había algo que le reprocharan o le reclamaran, los israelitas respondieron que su vida era intachable (ver 1 Sam. 12:4). La Biblia afirma que Samuel se mantuvo fiel a Dios (1 Sam. 3:20). Al igual que Samuel, Dios requiere de sus hijos transparencia en el diario vivir, porque una vida oscura y opaca jamás honrará al reino de Dios.

El consejo de Dios es: "No tendrás en tu bolsa dos pesas diferentes, una más pesada que la otra. Tampoco tendrás en tu casa dos medidas diferentes, una más grande que la otra. Más bien, tendrás pesas y medidas precisas y justas, para que vivas mucho tiempo en la tierra que te da el Señor tu Dios" (Deut. 25:13-15, NVI).

Pidamos que la luz de Dios ilumine nuestro interior, y que por medio de nosotros esa luz también alumbre al mundo.

Seamos cristianos íntegros

"Hoy pasaré por entre tu rebaño
y apartaré todas las ovejas manchadas y salpicadas de color
y todas las ovejas de color oscuro, y las manchadas y salpicadas de color entre las
cabras. Eso será mi salario, y la garantía de mi honradez el día de mañana".
Génesis 30:32-33

JACOB SIRVIÓ A SU SUEGRO LABÁN durante veinte años. En ese tiempo, Labán, al ver que Dios prosperaba a Jacob diariamente, le cambió el salario varias veces. Debido a eso, concluyeron que era mejor llegar a un acuerdo definitivo. Acordaron que el salario de Jacob consistiría en darle todas las cabras y ovejas rayadas, manchadas, y de piel oscura que nacieran de allí en adelante. Este trato sacó a relucir la honradez e integridad de Jacob.

La palabra "integridad" implica rectitud, bondad y honradez. Una persona íntegra es aquella en la que se puede confiar: alguien que hace lo que dice y que cumple sus promesas. Jacob, mostró integridad al estar dispuesto a depender totalmente de la providencia divina. Labán demostró egoísmo y falta de consideración al apartar todas las cabras y ovejas manchadas y oscuras y llevarlas lejos, para dejar a Jacob con pocas cabras y ovejas de un solo color y con mínimas posibilidades de tener algún beneficio. Sin embargo, la honradez e integridad de Jacob lo llevaron a obtener excelentes resultados porque Dios premia la integridad de sus hijos. Al final, la fidelidad de Jacob se convirtió en prosperidad.

La avaricia y el egoísmo oscurecen la mente y bloquean el entendimiento para discernir la voluntad de Dios. A lo largo de la Biblia, y especialmente en las enseñanzas de Jesús, se afirma que en la fidelidad en los detalles y en aquello que parece nimiedad radica el secreto, no solamente de la vida cristiana, sino también del éxito. A aquel que es fiel en lo poco, se le confían cosas mayores. Quien es fiel en la administración de los bienes ajenos, pronto llegará a administrar los suyos. Pero el mayordomo deshonesto cuando menos lo espere verá su ruina. "Nadie que sea deshonesto con Dios o con sus semejantes puede prosperar" (*Consejos sobre mayordomía cristiana*, cap. 15, p. 82).

De esta manera, la honradez y la integridad son valores morales que nos capacitan, no solo para el cielo, sino también para la prosperidad terrenal. El íntegro siempre hará lo correcto y su máximo interés será agradar a Dios. Oremos pidiendo a Dios que nos haga personas honradas, honestas e íntegras.

La pasión de Dios

"Nadie tiene mayor amor que este,
que uno ponga su vida por sus amigos".
Juan 15:13

Entusiasmo es un sentimiento muy fuerte que puede expresarse hacia una persona, un tema, una idea o un objeto. Es un vivo interés por una causa o una inclinación exclusiva hacia algo. Significa fuerza, ganas y deseo ferviente. En ese sentido, lo que más entusiasma a Dios es que seamos salvos en su nombre. Este deseo es tan fuerte, que entregó su vida en nuestro lugar, murió por nosotros y se entregó a sí mismo para salvarnos.

Diariamente vemos muchos ejemplos de gente entusiasmada con lo que hace. Michael Phelps es un apasionado campeón de natación que no se conformó con una o dos medallas olímpicas, ¡sino que ha ganado veintiocho! Steve Jobs, cofundador de Apple, vivía entusiasmado por innovar y facilitar nuestra vida. Eso lo impulsó a producir dispositivos móviles, computadoras y otros aparatos que han abierto miles de posibilidades a la comunicación.

Otro ejemplo destacado fue el de Martin Luther King, Jr., quien luchó por los derechos civiles de las personas más allá de su raza o el color de su piel. Por eso, dijo en su famoso discurso: "Tengo el sueño de que mis cuatro hijos pequeños vivirán un día en una nación donde no serán juzgados por el color de su piel, sino por el contenido de su carácter". ¡Ese es el entusiasmo que trasciende!

El entusiasmo engendra entusiasmo. El amor a Dios se convertirá en amor por los perdidos. Si lo que estamos buscando es el sentido de nuestra vida, respondamos hoy al llamado divino y volveremos a sentir amor por Dios y por los demás.

El anhelo de Dios por estar con nosotros hizo que su propio Hijo estuviera dispuesto a morir en la cruz. Su único motivo fue el amor. Porque nos ama, Dios ya pagó un altísimo precio por nuestras vidas. Para él no hay nada más importante que nosotros. ¡Agradezcamos a Dios por ello!

La pasión del hombre

"Cualquiera que haya dejado casas, o hermanos, o hermanas, o padre,
o madre, o mujer, o hijos, o tierras, por mi nombre, recibirá cien veces más,
y heredará la vida eterna". Mateo 19:29

AYER DIJIMOS QUE EL ENTUSIASMO ES FUERZA, ganas y un deseo ferviente. El entusiasmo es necesario porque es la energía que mueve la fe para que alcance la meta, el cumplimiento de las promesas de Dios en nuestras vidas. Hay deseos negativos y positivos que debemos aprender a identificar. Como cristianos, hemos de cultivar deseos positivos, sentimientos profundos de amor a Dios, porque él nos amó primero.

Elías era un hombre que amaba a Dios. Él anhelaba de corazón que el pueblo de Israel se volviera a su Creador. Deseaba que se convirtieran, que derribaran los altares de los dioses falsos y retomaran la adoración del Dios verdadero. Tenía el deseo fervoroso de que el pueblo confiara en Jehová. A fin de que el pueblo entendiera quién era el Dios verdadero y que él era un profeta del Señor, Elías oró para que no lloviera. Dios lo escuchó y cerró las ventanas de los cielos hasta que el profeta considerara que el pueblo estaba listo para recibir la bendición.

El entusiasmo de Elías lo llevó a desafiar a los profetas de Baal, diciéndoles que solamente el verdadero Dios respondería con fuego para el sacrificio que habían preparado. Luego, se dirigió nuevamente al Señor. Estaba seguro de que, al ser testigo de sus maravillas, el pueblo creería nuevamente, se arrepentiría y se volvería a Dios.

Durante la reforma del siglo XVI, hubo un personaje muy promisorio para Dios y la sociedad. Zuinglio tenía dones especiales. A los trece años ya era un gran orador, escritor y un genio para la música y la poesía. Estudió en el monasterio de Berna, Suiza, y llegó a ser presbítero y doctor en teología. Sin embargo, Dios tenía una misión para él: consolidar la Reforma. Luego de haber leído a Erasmo de Róterdam, concluyó que muchas de las doctrinas de la iglesia estaban en contradicción con las enseñanzas bíblicas. Así que Zuinglio decidió impulsar la Reforma y la predicación del evangelio. Quienes escuchaban a Zuinglio, afirmaban: "¡Este [...] es un predicador de verdad! Él será nuestro Moisés, para sacarnos de las tinieblas de Egipto" (*El conflicto de los siglos*, cap. 9, p. 163).

Oremos para que nuestro entusiasmo por Dios dure para siempre, y que sea reconocido por todos.

Sin distracciones

*"Tengan cuidado, no sea que se les endurezca el corazón por el vicio,
la embriaguez y las preocupaciones de esta vida. De otra manera,
aquel día caerá de improviso sobre ustedes"*
Lucas 21:34, NVI

U NO DE LOS PELIGROS EN LA VIDA DEL CRISTIANO es la distracción. Es muy fácil caer en esa trampa y permitir que cualquier cosa desvíe nuestra atención de Dios. Una distracción nos puede hacer caer, terminar accidentados como creyentes. La distracción no necesita ser larga: en un instante la vida se nos enreda en los asuntos de este mundo.

El rey David se distrajo mirando a Betsabé y cayó a un abismo de dolor. Se desconectó un instante de Dios, Satanás lo indujo al pecado y sufrió las consecuencias. Por ello el cristiano siempre debe estar alerta. "Es necesario dedicar mucho tiempo a la oración secreta en íntima comunión con Dios. Únicamente así pueden ganarse las victorias. La eterna vigilancia es el precio de la seguridad" (*Consejos para los maestros*, cap. 34, p. 245). El apóstol Pablo nos aconseja: "Ya que han resucitado con Cristo, busquen las cosas de arriba, donde está Cristo sentado a la derecha de Dios" (Col. 3:1, NVI).

Otra que se distrajo fatalmente fue la esposa de Lot. A ella la frustró perder sus bienes materiales. Todos sus intereses estaban concentrados en Sodoma. Al final del camino se distrajo por un instante, miró hacia atrás creyendo que no pasaría nada, y se perdió. Distraernos nos estanca, produce pérdidas y genera dolor en la familia. Es fundamental avanzar sin temor con la mirada fija en Cristo.

No permitamos ninguna distracción rumbo al cielo. Mantengamos nuestra mirada fija en el autor y consumador de nuestra fe, sin fluctuar. El Señor nos dará la fortaleza y el poder para salir victoriosos. Entreguémonos en los brazos de Dios y confirmemos que deseamos seguirle hasta el final del camino.

Un último esfuerzo

"El camino de la vida es hacia arriba para el prudente;
así se aparta del seol abajo".
Proverbios 15:24

ANTE LOS GRANDES DESAFÍOS DE LA ACTUALIDAD solo nos queda una opción: avanzar o retroceder. Ahora bien, los retos son para enfrentarlos hoy, no mañana. El sabio Salomón afirma en Proverbios 15:24 que el camino de la vida es hacia arriba. La vida es un camino de progreso y desarrollo. No es hora de detenernos y claudicar, sino de enfrentar y vencer gigantes.

Lo que nos queda es hacer un último esfuerzo para escalar el peldaño más difícil. El esfuerzo suple la falta de talentos, la falta de habilidades y crea nuevos caminos para llegar a la cumbre. El último esfuerzo es una acción enérgica del cuerpo y del espíritu para lograr lo que deseamos. Dios le dijo a Josué, el gran líder del pueblo de Israel: "Solamente esfuérzate y sé muy valiente" (Jos. 1:7). La palabra esfuerzo es la base de todo éxito. El esfuerzo derriba muros, vence tensiones y produce resultados increíbles. Tenemos que vencer el conformismo y trabajar arduamente para hacer que las cosas cambien.

Pensemos en las dos ranitas que cayeron en un recipiente de leche. Las dos lucharon y se esforzaron hasta el cansancio por salir de allí. Una de ellas, después de tanto luchar, se dio por vencida, dejó de nadar y se ahogó. La otra se dijo: "Voy a luchar un poco más, me esforzaré más, agotaré mis últimos recursos, nadaré hasta que se me acabe el último aliento". Siguió nadando con más fuerzas, hasta que de pronto sus patitas sintieron que la leche se había endurecido. De tanto moverla, la leche se había convertido en mantequilla. Eso permitió que se afianzara y saltara fuera del recipiente. Se salvó gracias a su último esfuerzo.

Levantemos nuestros ojos y oremos al Dios Todopoderoso, pidiendo fuerzas para enfrentar cada día, y permitamos que nos tome de la mano, nos coloque en su regazo y nos salve en su nombre.

Un fracaso, una oportunidad

*"Descendí a los cimientos de los montes. La tierra echó
sus cerrojos sobre mí para siempre; mas tú sacaste
mi vida de la sepultura, Jehová, Dios mío".*
Jonás 2:6

MUCHAS VECES NOSOTROS MISMOS propiciamos el fracaso o el ambiente que nos rodea, pero es Dios quien brinda las oportunidades. Si hemos fracasado, levantémonos, pidamos la ayuda de Dios y él escuchará nuestros ruegos, extenderá su mano, y nos levantará para una nueva vida en Cristo Jesús.

Después de muchos fracasos, un hombre logró llegar a la cumbre del éxito. Stanley J. Klonowski, un joven polaco que vivió a comienzos del siglo XX, trabajó como empleado postal y operador telegráfico, y prestó servicio militar en Rusia. Después de una mala experiencia como militar, Stanley decidió irse a Estados Unidos, y radicarse en la ciudad de Cleveland. Durante tres años estuvo lavando platos, pero allí tuvo contacto con una empresa de bienes raíces que estaba a punto de declararse en quiebra. Stanley fue contratado para administrarla y, luego de tres años de esfuerzo y dedicación, la convirtió en una empresa próspera.

Un día uno de los ejecutivos de la empresa le comunicó que ya no lo necesitaban y que estaba despedido. Esa injusticia no logró detener la determinación de Stanley. Cuando salió de la oficina donde había servido con tanto éxito, a poca distancia encontró un local vacío. Tres horas después lo había alquilado, y media hora después puso un anuncio que decía: "Bienes Raíces Klonowski". Estaba decidido a triunfar. Empezaron a llegar clientes, y se consolidó el negocio. Poco a poco, los bancos comenzaron a confiar en él y llegó a ser intermediario de préstamos. En poco tiempo, había fundado el Banco de Ahorros Klonowski, que actualmente se llama Banco de Cleveland.

Todo esto lo logró siendo persistente después de sus fracasos. John D. Rockefeller dijo una vez: "Yo creo en el poder supremo de las personas y en su derecho de vivir, su libertad y la búsqueda de la felicidad. Yo creo que cada derecho implica una responsabilidad; cada oportunidad una obligación; cada posesión, un deber".

Hoy Dios puede otorgarnos las energías necesarias para seguir avanzando, seguir intentándolo sin bajar los brazos. En él hay poder ilimitado.

Con los ojos en la meta

"Nuestra ciudadanía está en los cielos, de donde también
esperamos al Salvador, al Señor Jesucristo".
Filipenses 3:20

E N SU PRIMERA VISIÓN, Elena G. de White vio a un grupo de personas avanzando por un camino recto y angosto hacia la ciudad celestial, mientras que una luz brillante alumbraba el sendero y los pies de los caminantes. Algunos se mantenían fieles mirando fijamente a Jesús, el Capitán, mientras que otros caían fuera del camino. Los que apartaban su vista de Cristo perdían el rumbo y caían.

Si somos fieles a Dios y perseveramos —siguiendo a Jesús, nuestro Capitán— llegaremos a la meta. Por eso, debemos mantener viva la visión del cielo en nuestra mente y corazón. Cuando meditamos en la patria celestial, elevamos nuestros pensamientos a Cristo y nuestra esperanza se renueva.

Elena G. de White nos insta a meditar en la tierra venidera: "Vi que es privilegio de todo cristiano gozar de las profundas emociones del Espíritu de Dios. Una paz dulce y celestial invadirá la mente y nos deleitaremos en meditar en Dios y en el cielo" (*Testimonios para la iglesia*, t. 1, p. 149). Además, agrega: "La conversación del cristiano debería referirse al Cielo, de donde esperamos a nuestro Salvador. La meditación en los asuntos celestiales es provechosa, y siempre estará acompañada de la paz y el consuelo del Espíritu Santo" (*Ibíd.*, t. 2, p. 284).

Cuán gloriosa será la mañana, cuando por fin nos encontremos en la misma gloria de Dios, iluminados por su presencia, animados por su mirada de amor eterno, y guiados por su brazo poderoso. Allí no existirá más el dolor, el sufrimiento ni la muerte. Ya no habrá más amargura, odio o celos; allí viviremos junto con nuestro bondadoso Dios. ¿Estaremos allí? ¿Será el cielo para nosotros? ¿Estará nuestro nombre en la lista de los redimidos? No olvidemos que nosotros somos coherederos de todo lo que pertenece a nuestro Padre celestial. Es momento de avanzar por fe y llegar a ese gran destino. ¿Por qué no empezamos ahora?

Mantengamos viva la visión del cielo

"¡Cuán hermosos son sobre los montes los pies del que trae alegres nuevas,
del que anuncia la paz, del que trae nuevas del bien, del que publica salvación,
del que dice a Sion: '¡Tu Dios reina!'".
Isaías 52:7

CUANDO AVIVAMOS EL ENTUSIASMO por predicar el evangelio, nuestra vida cobra un nuevo sentido. Dicho entusiasmo nos hace ver en cada persona un candidato al reino de los cielos, a descubrir una necesidad y satisfacerla, a vestir al desnudo, dar de comer al hambriento, consolar al doliente, animar al desanimado y levantar al caído.

Compartir la esperanza de la salvación nos revive, nos mantiene en pie, nos hace levantar la mirada al Autor de la vida y nos convierte en cristianos verdaderos. Cuando no existe en nosotros ese anhelo de compartir nuestra fe, el alma se paraliza y se agota la esperanza que da sentido a la vida cristiana.

Hoy más que nunca es necesario predicar de ese evangelio que desvanece la oscuridad, que nos abre el camino que conduce Dios, que nos lleva a Cristo, nuestro Salvador personal. Las buenas nuevas nos motivan a usar todos nuestros talentos para llevar el evangelio a cada rincón de la tierra. Esforcémonos por mantener viva la llama del evangelio, de tal manera que ilumine a otros para encontrar el camino de la fe. Si la lámpara se mantiene encendida como símbolo de la gloria de Dios, habrá vida en el creyente, colaboración en la expansión del evangelio, unidad en el cuerpo de Cristo y seguridad de vida eterna. Si todos portamos esa luz, seremos como un faro permanente, capaz de atraer al perdido a los pies del Señor.

Oremos para que Dios nos dé fuerzas para mantener viva la visión del evangelio, y para que el aceite que proviene de lo alto mantenga esa chispa de fuerza espiritual dentro de nosotros para alumbrar a otros.

La generación que espera la segunda venida

"Murió también toda aquella generación, por lo que la generación que se levantó después no conocía a Jehová ni la obra que él había hecho por Israel".
Jueces 2:10

TRAS SU SALIDA DE EGIPTO, Israel murmuró en el desierto, se rebeló y desobedeció a Dios. Esa generación no entró a Canaán, excepto Josué y Caleb. La segunda generación que nació en el desierto tuvo el privilegio de heredar la tierra de Canaán, pero de igual manera se desviaron de Dios, adoraron a dioses falsos y aceptaron costumbres paganas de las naciones vecinas. Jueces 2:10 declara que la tercera generación que se crió en la tierra prometida no conocía a Dios. Es una pena que los que israelitas que entraron en Canaán se hayan olvidado del Señor. Aunque fueron testigos de los triunfos logrados por la intervención del brazo poderoso de Dios, llenaron su corazón de paganismo, de pecados horrendos y desobediencia. Esa fue la generación de la vergüenza, del desconocimiento y del rechazo a Dios.

La moda actual es ponerle nombres a las generaciones: *Baby Boomers*, generación Jones, generación X, generación Y, la generación Z. Ahora vivimos en la época de la generación T. La generación T se caracteriza por prestar poca atención a lo que otros dicen; es la generación de los medios virtuales, de las redes sociales y los problemas con la comunicación. Esta generación digital representa la tercera parte de los habitantes del mundo.

Me pregunto: ¿Cuál será la generación que estará en pie cuando Jesús venga por segunda vez? Más allá del nombre con el que se le etiquete, oremos para que nosotros formemos parte de una generación que no se olvide de Dios y que haga su voluntad. "La necesidad que tienen los hombres de esta generación de invocar en su ayuda el poder de la voluntad fortalecida por la gracia de Dios, a fin de no caer ante las tentaciones de Satanás" (*La temperancia*, cap. 6, p. 144).

Necesitamos el poder de Dios para ser transformados a la imagen de Cristo, y llegar a ser la generación que estará de pie durante los acontecimientos finales, listos para ser trasladados al cielo en la segunda venida.

Las promesas de Dios para una generación poderosa

"Su descendencia será poderosa en la tierra;
la generación de los rectos será bendita".
Salmo 112:2

L AS PROMESAS DE DIOS PARA UNA GENERACIÓN poderosa se fundamentan en el temor a Dios y en su deleite en guardar sus mandamientos. La generación que escucha la voz de Dios y la obedece, es bienaventurada, porque Dios le confiere poder. Su corazón está firme y confiado en Dios, y su justicia permanece para siempre.

Corresponde a esta generación bienaventurada mantener la integridad, la pureza, la bondad y la honestidad, virtudes que están casi al borde de la extinción en esta época. La Palabra de Dios nos aconseja: "Mañana, cuando te pregunte tu hijo: '¿Qué significan los testimonios, estatutos y decretos que Jehová nuestro Dios os mandó?', dirás a tu hijo: 'Nosotros éramos siervos del faraón en Egipto, y Jehová nos sacó de Egipto con mano poderosa. Jehová hizo delante de nuestros ojos señales y milagros grandes y terribles en Egipto, contra el faraón y contra toda su casa. Y nos sacó de allá para traernos y darnos la tierra que prometió a nuestros padres. Jehová nos mandó que cumplamos todos estos estatutos, y que temamos a Jehová, nuestro Dios, para que nos vaya bien todos los días y para que nos conserve la vida, como hasta hoy'" (Deut. 6:20-24).

Max Jukes, un furibundo adversario del cristianismo, se casó con una joven tan anticristiana como él. Un minucioso estudio de sus 1.026 descendientes, arrojó que 300 de ellos murieron muy jóvenes, 100 terminaron en alguna prisión por diversos delitos, 109 se entregaron a la lujuria y 102 cayeron en el alcoholismo. Toda la familia le costó a Estados Unidos 1.100.000 dólares.

Por otro lado, Jonathan Edwards fue un buen cristiano, consagrado a Dios. Cuando llegó el momento de elegir a la compañera de su vida, buscó a una joven igualmente cristiana. De su unión matrimonial hubo 729 descendientes hasta el día en que se hizo el estudio. De ellos, 300 fueron predicadores del evangelio, 65 fueron maestros de escuelas públicas, 13 fueron rectores de universidades, 6 llegaron a ser escritores de importantes libros, 3 fueron parlamentarios y 1 vicepresidente de la república. Su descendencia familiar no le costó ni un solo dólar al gobierno estadounidense; al contrario, fue de gran beneficio para la nación y el mundo.

¡Qué enorme diferencia hay entre el que teme a Dios y el que no, entre el que ama y obedece a su Hacedor y el que se rebela contra él! Oremos para que esta generación bienaventurada sea capaz de mostrar una conducta aprobada por el cielo; una generación que viva a la altura de la fe.

Una generación que deje huella

*"Nosotros, pueblo tuyo y ovejas de tu prado, te alabaremos para siempre.
¡De generación en generación cantaremos tus alabanzas!".*
Salmo 79:13

S E NECESITA UNA GENERACIÓN QUE SE ATREVA a romper los patrones y paradigmas sociales, que no se conforme con lo que está sucediendo sino que transforme la sociedad, y que viva de acuerdo al propósito de Dios.

La primera generación de israelitas que salió de Egipto pereció en el desierto a causa de su rebeldía y desobediencia. No siguió la voz de Dios aun cuando él estuvo con el pueblo todo el tiempo. Solamente Josué y Caleb entraron a Canaán, porque en ellos había una actitud positiva, de valor y fortaleza en Dios, un espíritu de avanzada, de conquista y de visión que marcó la diferencia. La segunda generación que nació en el desierto entró a Canaán no porque haya habido un cambio, sino porque Dios tuvo misericordia de ellos.

Una generación que deja huellas no se caracterizará por vivir a su manera, sino como Dios manda. Su código de comportamiento está basado en los principios de la Palabra de Dios. Sus mentes han sido cambiadas y transformadas por la Palabra. Son hijos que honran y respetan a sus padres, independientemente de cómo sean ellos. Son jóvenes que se preparan en espíritu, alma y cuerpo para asumir los retos que se les presentan, sin negociar sus principios. Son ciudadanos provocadores de cambios pero no por medio de la violencia y la guerra, sino de un estilo de vida que motiva a otros a cambiar. Son seres humanos sensibles al sufrimiento de sus semejantes. Son jóvenes con una identidad sana y definida, que tienen metas y proyectos de vida claros.

"Dios no hace acepción de personas, pero en cada generación los que temen al Señor y obran con justicia son aceptados por él, mientras que los murmuradores, incrédulos y rebeldes, no obtendrán su favor ni las bendiciones prometidas a los que aman la verdad y caminan en ella" (*Consejos sobre salud*, cap. 3, p. 108).

Dejemos huella dondequiera que estemos por medio de una vida cristiana inmersa en la voluntad de Dios y la dirección de su Santo Espíritu.

El peligro de una fe mal fundada

*"Cuando Jehová les levantaba jueces, Jehová estaba con el juez,
y los libraba de manos de los enemigos mientras vivía aquel juez;
porque Jehová era movido a misericordia al oírlos gemir por causa
de quienes los oprimían y afligían".* Jueces 2:18

COMO CREYENTES, CORREMOS UN GRAVE PELIGRO si dependemos de un líder para mantener nuestra fe en Cristo. El libro de Jueces menciona que el pueblo de Israel, mientras tuviera un juez que los guiara y les dijera lo que tenía que hacer, mantenía la fe. Sin embargo, al morir el juez, se iban tras dioses ajenos.

Esa fe indecisa no solamente hizo que se corrompieran espiritualmente, sino que perdieran las bendiciones materiales que Dios había derramado sobre ellos en el pasado. Debido a la rebeldía de su pueblo, Dios había dejado algunas naciones paganas sin conquistar para que sirvieran de instrumento para probar la fe de ellos. Al desobedecer a Dios, se mezclaron con estas naciones y cayeron fácilmente en el error de dar a sus hijas e hijos a esos pueblos, que adoraban a dioses falsos.

De esta forma, el pueblo no percibió el peligro y la gravedad del pecado. Esto pasa cuando nos alejamos de Dios y perdemos la capacidad de discernir espiritualmente. Cuando Dios está en el corazón, abre nuestros ojos para que identifiquemos el peligro y nos indica el camino por el que debemos andar. Dios en nosotros es la esperanza de gloria. Él es la muralla que Satanás no puede derribar, y su presencia cubre nuestras vidas. Dios estaba con los jueces de Israel, y no con el pueblo; porque mientras los gobernantes buscaban la comunicación con el cielo, el pueblo descuidaba su crecimiento espiritual.

El consejo para su iglesia hoy es el mismo: "No amen al mundo ni nada de lo que hay en él. Si alguien ama al mundo, no tiene el amor del Padre" (1 Juan 2:15, NVI). "Nadie puede seguir a Cristo, y poner sus afectos en las cosas de este mundo" (*Testimonios para la iglesia*, t. 3, p. 524).

Si nos mantenemos fieles a Dios, rechazando toda idolatría, adorando únicamente al Dios del cielo y de la tierra, y mantenemos el altar de la devoción personal ante él, hay esperanza de salvación.

Aferrémonos a Cristo

"Dijo: 'Déjame, porque raya el alba'. Jacob le respondió:
'No te dejaré, si no me bendices'".
Génesis 32:26

EL TÉRMINO "AFERRARSE" TIENE UN SIGNIFICADO muy fuerte. Denota insistencia, perseverancia y paciencia. El que insiste, llega; el que persevera, alcanza; y el que espera con paciencia, cosechará. Cuando Jacob se aferró a Dios y no lo soltó hasta que lo bendijera, su persistencia fue más fuerte de lo normal. Era semejante a un niño aferrado al pantalón del padre, pidiendo algo que quiere sin soltarlo hasta que lo consigue.

El débil necesita aferrarse al más fuerte, o de lo contrario fallará. Debemos aferrarnos fuertemente a una roca, a una fortaleza como lo es Cristo Jesús. El frenético ritmo de vida embate con fuerza, y los vientos de maldad arrecian más y más. Es necesario que imitemos a Jacob: aferrarnos a Cristo hasta ser liberados y alcanzar la victoria. Jacob afirmó que no soltaría a Dios hasta no ser bendecido. El pueblo de Dios debe aferrarse a Cristo; de lo contrario, perderá su orientación.

Cuando Eliseo supo que Dios se llevaría a Elías (2 Rey. 2:2), no lo dejó un solo instante, ni se distrajo en ningún momento. No quiso quedarse en Betel, tampoco en Jericó y cuando llegaron al Jordán, juntos pasaron el río en seco. Al despedirse, Elías le dio la oportunidad a Eliseo de pedir lo que quisiera y él pidió una doble porción de su espíritu. Eliseo tuvo el privilegio de ver al profeta ser alzado en un carro de fuego al cielo, y al mismo tiempo recibir una doble porción del Espíritu de Dios. Esto es aferrarse con todas las fuerzas, fijando la mirada en Cristo y tomando su mano para permanecer en el camino de la salvación.

Oremos y luchemos con Dios en nuestro lugar de oración, busquemos su bendición, pidiendo que nos sostenga hasta el final del camino.

El peso de la idolatría

"Los hijos de Israel volvieron a hacer lo malo ante los ojos de Jehová
y sirvieron a los baales y a Astarot, a los dioses de Siria, a los dioses de Sidón,
a los dioses de Moab, a los dioses de los hijos de Amón y a los dioses de los
filisteos. Abandonaron a Jehová y no lo sirvieron". Jueces 10:6

¿CÓMO ES POSIBLE ABANDONAR A DIOS —creador del cielo y de la tierra, el que ama desinteresadamente, el que murió por la humanidad— y entregarse a la idolatría? Cuando la mente se ha desviado, cuando el corazón se ha torcido por el pecado, el ser humano abandona a Dios. El pueblo de Israel adoró a los dioses de sus vecinos para quedar bien con ellos, pero quedaron mal con Dios. El pueblo se hizo esclavo de la idolatría. Las consecuencias no se hicieron esperar: la decadencia moral se vio de inmediato.

Cuando Dios dijo: "No tendrás dioses ajenos delante de mí" (Éxo. 20:3), quiso decir que le pertenecemos únicamente a él, y él se reservó ese derecho. Si otros dioses ocupan su lugar, como ocurrió con Israel, entonces Dios tiene el derecho de decir: "Si estás en aflicción y en gran necesidad, que ellos te libren y te ayuden a salir de la aflicción, porque yo hice todo por ti y me has abandonado".

Dios entregó a Israel en manos de los filisteos para probarlos. Finalmente, el pueblo clamó, con humildad y arrepentimiento: "Hemos pecado; haz con nosotros como bien te parezca. Solo te rogamos que nos libres en este día" (Juec. 10:15). Junto con el arrepentimiento, vino la acción. Quitaron todos los dioses de en medio de ellos y sirvieron a Dios. Él los escuchó, le pesó en su corazón la aflicción de Israel y los libró una vez más, porque su misericordia es más grande que este mundo.

Para que haya un verdadero arrepentimiento, es necesario que haya plena convicción de pecado. Únicamente con Dios podemos ser plenamente felices. Agustín de Hipona dijo: "Nos has hecho, Señor, para ti y nuestro corazón está inquieto hasta que descanse en ti".

Oremos pidiendo que el poder de Dios quite todo vestigio de idolatría de nuestro corazón y que el fuego de su presencia queme todo pecado para ser purificados en sus manos.

Dominados por la idolatría

"En los montes de Efraín vivía un hombre que se llamaba Micaía,
el cual dijo a su madre: 'Los mil cien siclos de plata que te robaron,
por los cuales maldijiste y de los cuales me hablaste, están en mi poder;
yo tomé ese dinero'. Entonces la madre dijo: ¡Bendito seas de Jehová, hijo mío!'".
Jueces 17:1-2

CUANDO LA IDOLATRÍA DOMINA NUESTROS PENSAMIENTOS, las tinieblas espirituales moran en nuestra vida. Nuestra conciencia no logra discernir el camino correcto. Esto fue lo que le pasó a Micaía en los montes de Efraín, cuando dejó de ir al templo de Jerusalén para hacer su propio templo y tener sus propios dioses.

A su madre se le habían perdido mil cien siclos de plata. Ella, sin saber quién los había robado, maldijo al ladrón. Sin embargo, al saber que había sido su hijo, lo bendijo. Esa es la actitud cuando la idolatría ha ofuscado el pensamiento y ha minado la vida espiritual. Micaía no solamente había robado, sino que además, junto con su madre, había usado ese dinero para fabricar más ídolos. También consagró a uno de sus hijos para convertirlo en sacerdote del templo pagano. Incluso, convirtió a un forastero levita en sacerdote principal por diez monedas de plata al año. Micaía pensó que, al tener como sacerdote a un descendiente de Leví, Dios lo ayudaría y todo le saldría bien.

Pero no fue así. Llegaron los de la tribu de Dan buscando un lugar donde vivir, y se dieron cuenta de que esta familia tenía un templo, ídolos que adoraban, un sacerdote y dinero. Los saquearon, llevándose todo lo que Micaía tenía. En lugar de irle bien como él pensaba, le fue muy mal.

Cuando la idolatría invade el pensamiento y nuestra actitud se concentra en dar prioridad a lo que es menos importante, estamos adorando a otros dioses y no podemos esperar que nos vaya bien. Cuando Dios no está en nuestro pensamiento ni nuestro corazón, hacemos cosas inconvenientes. Es peligroso desviarse de la verdad, del camino correcto, de la adoración verdadera, porque caemos en un pozo profundo de confusión y errores que nos pueden costar la vida eterna.

Es hora de desechar toda impureza pagana de nuestra vida y de expulsar todo ídolo de nuestro ser para llenar nuestro corazón con la presencia de Jesús y del poder del Espíritu Santo. Si nos concentramos en Jesús, los ídolos no tendrán lugar en nosotros.

El llamado a dejar todo por Cristo

*"Si a ustedes les parece mal servir al Señor, elijan ustedes mismos
a quiénes van a servir: a los dioses que sirvieron sus antepasados al otro lado
del río Éufrates, o a los dioses de los amorreos, en cuya tierra ustedes ahora
habitan. Por mi parte, mi familia y yo serviremos al Señor".*
Josué 24:15, NVI

EL LLAMADO QUE JOSUÉ LE HIZO AL PUEBLO está basado en dejar todo por Dios. Los instó a recordar que Dios los había sacado con mano fuerte de Egipto, y que fueron liberados de la esclavitud. Debían recordar que fueron conducidos a través del desierto, cruzando milagrosamente el Mar Rojo, y cómo fueron protegidos en el camino a Canaán e introducidos en la tierra prometida. Los pueblos que habitaban la tierra que recibirían como heredad, habían sido expulsados sin espada y sin arco, gracias a la intervención divina. Se les había dado la tierra por la que no trabajaron, las ciudades que no edificaron, y comerían de viñas y olivares que no sembraron.

Entonces Josué desafío al pueblo entero a dejar todo por Dios. Y ellos respondieron: "A Jehová, nuestro Dios, serviremos y a su voz obedeceremos" (Jos. 24:24). Elena G. de White afirma: "En nuestro mundo existen dos clases. Una de ellas está compuesta por aquellos que contemplan a un Salvador crucificado y resucitado. La otra incluye a todos aquellos que han elegido alejar su mirada de la cruz y seguir las indicaciones de las influencias satánicas. Esta última clase está ocupadísima en colocar tropiezos delante del pueblo de Dios" (*Nuestra elevada vocación*, p. 17).

Debemos huir del mal y refugiarnos en los brazos de nuestro Señor Jesucristo. Para el pueblo de Israel, era urgente decidir a favor de Dios, antes que los pueblos vecinos los destruyeran por apartarse de él. Para nosotros hoy es más urgente aún, porque el tiempo se acaba; la segunda venida de Cristo está cerca, las profecías que describen el fin se han cumplido y Satanás anda como león rugiente buscando a quien devorar. A Canaán, la tierra prometida, entró un remanente. Al cielo, ¿cuántos llegaremos?

Oremos fervorosamente, pidiendo a Dios que nos acepte como sus hijos y que nos aparte del mal, de toda adoración falsa, de todo pecado oculto en nuestro ser. A partir de hoy, hagamos de Dios nuestro líder supremo.

Un encuentro con Dios

*"Allí se le apareció el Ángel de Jehová en una llama de fuego,
en medio de una zarza. Al fijarse, vio que la zarza ardía en fuego,
pero la zarza no se consumía". Éxodo 3:2*

DIOS SE REVELÓ A MOISÉS EN UNA LLAMA de fuego en una zarza. Dios se manifiesta de muchas formas para encontrarse con el hombre y atraerlo al camino de la salvación. El profesor Jaime Barylko lo expresó así:

"Un hombre camina apaciblemente entre ovejas y prados verdes. Sueña con las formas de las nubes como suelen todos los pastores. De pronto, avizora una extraña imagen. Algo arde allá lejos. Entre praderas y desiertos, lo sabe el pastor, más de un arbusto se enciende al contacto del sol. Algo, sin embargo, distinto hay en la visión. Lentamente se acerca a ver.

"Es una zarza que arde y no se consume. El hombre está maravillado, conmovido. Los fuegos consumen. Las zarzas, quedan consumidas. El hombre entiende que contempla algo extraordinario. Quiere retroceder, huir. Percibe que la situación es peligrosa.

"Oye una voz. Tan extraña como la misma extraña zarza ardiente. La voz le dice que él es un elegido, que no puede retroceder, que de ahí en adelante habrá de arder como la zarza sin jamás dejar de consumirse, que nació para luchar por el ideal de la justicia humana.

"Es tarde. No hay camino de retorno. La voz está dentro. La zarza está dentro. Ya no habrá ocasión para jugar con las formas de las nubes ni con dulces balidos en campos verdes. Está comprometido" (*Introducción al Judaísmo*, [Buenos Aires, Fleishman & Fischbein]).

Así como Dios se reveló a Moisés, también nos habla de diversas maneras para decirnos lo que espera de nosotros. Moisés escuchó la voz de Dios en medio de la zarza. Nosotros escuchamos su voz en diferentes circunstancias: mediante un sueño, una enfermedad, una prueba o un mensaje; pero sobre todo, a través de la Biblia. Lo importante es escucharla y seguir sus instrucciones.

Moisés pudo haber ignorado la voz y guardar en sus recuerdos la imagen de la zarza ardiendo; sin embargo, él prestó atención al llamado del cielo y siguió las indicaciones que el ángel le dio. Moisés dejó de pastorear ovejas para seguir a Dios. Asimismo, Pedro y Andrés escucharon la voz de Jesús. "'Vengan, síganme —les dijo Jesús—, y los haré pescadores de hombres'. Al instante dejaron las redes y lo siguieron" (Mat. 4:19-20, NVI).

Escuchemos la voz de Dios en su Palabra y pongámosla en práctica. Sigamos a Cristo y él nos guiará por el camino seguro hacia el reino de los cielos.

Dios convierte lo ordinario en extraordinario

"Entonces Moisés se dijo: 'Iré ahora para contemplar esta gran visión, por qué causa la zarza no se quema'".
Éxodo 3:3

LA ZARZA QUE ARDÍA SIN QUEMARSE es un testimonio vivo de que Dios tiene poder para convertir lo ordinario en extraordinario. Él utilizó una zarza, el arbusto más común en el desierto, para ilustrarle a Moisés que al aceptar el llamado, lo convertiría en un instrumento valioso. Él transforma lo indigno en digno y lo impuro en puro. Dios pudo haber usado una palmera, un cedro o un olivo, pero no fue así. Es la presencia de Cristo en el corazón de los seres humanos lo que los hace valiosos y útiles.

Cuando Dios llamó a Moisés, este cubrió su rostro porque tuvo miedo de mirar a Dios. Más tarde, después de varios encuentros y de ser transformado, anhelaba ver su rostro.

Moisés era imperfecto, había asesinado a un egipcio y además era tartamudo. A pesar de su carácter violento y de no ser un tipo fuerte, Dios lo llamó al camino de la salvación y lo convirtió en un instrumento para su gloria.

Al estudiar la vida de Moisés, nos encontramos con que al final de su vida él contempló la gloria de Dios, y se menciona que no hubo profeta en Israel como él (Deut. 34:10), que haya conocido a Dios cara a cara, y que hiciera grandes señales y prodigios a la vista de todo el pueblo. Cuando el profeta murió, Cristo y sus ángeles lo enterraron: "Pero no permaneció mucho tiempo en la tumba. Cristo mismo, acompañado de los ángeles que enterraron a Moisés, descendió del cielo para llamar al santo que dormía" (*Patriarcas y profetas*, cap. 43, p. 454). Moisés fue trasladado al cielo después de su muerte, y de esta forma representa a los santos que resucitarán cuando Cristo vuelva.

Así como Dios transformó a Moisés en un hombre manso y humilde, nos ha llamado para convertirnos en creyentes fieles, llenos de la gracia divina y del Espíritu Santo, para vivir con él en el reino eterno. Sintamos hoy la presencia de Dios para que su influencia espiritual nos transforme.

No con ejército ni con fuerza

"Esta es palabra de Jehová para Zorobabel, y dice:
'No con ejército, ni con fuerza, sino con mi espíritu, ha dicho Jehová de los
ejércitos'". Zacarías 4:6

L A VIDA DEL SER HUMANO ES FRÁGIL. Lo más sorprendente, es que intentamos hacer todo por medio de nuestras propias fuerzas y recursos. Dios, sin embargo, no obra así: él actúa donde no hay nada. Todo lo que el hombre pueda llegar a hacer sin la intervención divina, tarde o temprano, perecerá; todo lo que el hombre realiza al final es efímero, porque en algún momento dejará de existir y su nombre quedará en el olvido.

Cuando el joven David se presentó ante el poderoso Goliat sin casco de bronce en su cabeza, sin coraza de malla en su pecho, sin canilleras de bronce en sus piernas, sin jabalina en su espalda, sin lanza alguna en su mano, sin experiencia ni estrategias de guerra, estaba convencido de que la victoria no sería operada por el hombre, sino por Dios. Sabía muy bien que no necesitaba de armas humanas, y que al refugiarse en Dios, ganaría la batalla.

Eliab, su hermano mayor, lo vio hablando con otros y preguntando detalles sobre la guerra, y por eso lo reprendió: "¿Para qué has descendido acá? ¿A quién has dejado aquellas pocas ovejas en el desierto? Yo conozco tu soberbia y la malicia de tu corazón; has venido para ver la batalla" (1 Sam. 17:28). No solo lo golpearon las palabras de su hermano, sino también las del rey Saúl: "Tú no podrás ir contra aquel filisteo, y pelear con él, porque eres un muchacho, mientras que él es un hombre de guerra desde su juventud" (vers. 33). Ni Eliab ni Saúl percibieron lo que Dios podía hacer por medio de David, pero él sí confió. Lleno del Espíritu de Dios, enfrentó al gigante:

"Tú vienes contra mí con espada, lanza y jabalina; pero yo voy contra ti en el nombre de Jehová de los ejércitos, el Dios de los escuadrones de Israel, a quien tú has provocado. Jehová te entregará hoy en mis manos, yo te venceré y te cortaré la cabeza. Y hoy mismo entregaré tu cuerpo y los cuerpos de los filisteos a las aves del cielo y a las bestias de la tierra, y sabrá toda la tierra que hay Dios en Israel. Y toda esta congregación sabrá que Jehová no salva con espada ni con lanza, porque de Jehová es la batalla y él os entregará en nuestras manos" (1 Samuel 17:45-47).

El Señor no actúa con fuerza ni con ejércitos humanos, sino con su gran poder. Cuando nos ocultamos bajo la sombra del Omnipotente y nos cobijamos en sus brazos, entonces "somos". Que en este día seamos vencedores y triunfemos sobre las huestes del mal.

Ni con arco ni con espada

"'Con él está el brazo de carne, pero con nosotros está Jehová, nuestro Dios,
para ayudarnos y pelear nuestras batallas'. Y el pueblo tuvo confianza
en las palabras de Ezequías, rey de Judá".
2 Crónicas 32:8

S ENAQUERIB, REY DE LOS ASIRIOS, invadió Judá y amenazó a las ciudades fortificadas. Envió cartas al rey Ezequías diciendo que la confianza de él en su Dios no lo salvaría, así como ningún dios había podido librar a los pueblos vecinos de su mano. Pero Ezequías reunió al pueblo y proclamó palabras de esperanza. Esa es la confianza que necesitamos en el brazo poderoso de nuestro Padre celestial. Si nos dejamos caer en sus brazos y confiamos en que Dios proveerá, él nos librará de todo mal, nuestra fe se afianzará en su poder y saldremos vencedores.

Bastó un ángel para destruir el ejército asirio y para que Senaquerib se tragara sus propias palabras y regresara avergonzado y derrotado a su país. Judá no necesitó levantar lanza ni espada contra el enemigo, Dios se encargó. Cuando nos sintamos al borde del abismo o que nuestros problemas no tienen solución, clamemos a Dios y él defenderá nuestra causa y nos librará del peligro, e incluso de la muerte.

Cuando sintamos debilidad, desánimo, angustia o muchas preocupaciones, acudamos a Dios. Pidamos ayuda y él vendrá en nuestro auxilio. La oración de Josafat fue: "Nosotros no tenemos fuerza con que enfrentar a la multitud tan grande que viene contra nosotros; no sabemos qué hacer, y a ti volvemos nuestros ojos" (2 Crón. 20:12). Cuando terminó de orar, el Espíritu de Dios fue sobre Jahaziel levita, y habló al pueblo y al rey: "Escuchen, habitantes de Judá y de Jerusalén, y escuche también su majestad. Así dice el Señor: 'No tengan miedo ni se acobarden cuando vean ese gran ejército, porque la batalla no es de ustedes, sino mía [...]. Ustedes no tendrán que intervenir en esta batalla. Simplemente, quédense quietos en sus puestos, para que vean la salvación que el Señor les dará. ¡Habitantes de Judá y de Jerusalén, no tengan miedo ni se acobarden! Salgan mañana contra ellos, porque yo, el Señor, estaré con ustedes'" (2 Crón. 20:15, 17, NVI).

Los enemigos, Moab y Amón, fueron destruidos sin arco ni espada. Con este relato, una vez más Dios nos recuerda que está con nosotros y nos anima a seguir adelante, a enfrentar las dificultades no con nuestras propias fuerzas, nuestra inteligencia o recursos, sino con su Espíritu que ha de venir en nuestro auxilio.

El amor de Dios para un pueblo infiel

"Escuchen, israelitas, la palabra del Señor, porque el Señor va a entrar en juicio contra los habitantes del país: 'Ya no hay entre mi pueblo fidelidad ni amor, ni conocimiento de Dios'". Oseas 4:1, NVI

EL PUEBLO DE ISRAEL SE DIVIDIÓ EN DOS después del reinado de Salomón: el reino del norte y el reino del sur. De todos los reyes de Judá, cuatro intentaron hacer la voluntad de Dios: David, Josafat, Ezequías y Josías; sin embargo, de los reyes del norte, no hubo ninguno que lo hiciera. Cuando Jeroboam I reinó en Israel, levantó un becerro de oro en cada extremo del reino a fin de que el pueblo no subiera a Jerusalén para adorar al Dios verdadero. Más adelante, el reinado de Jeroboam II se caracterizó por la idolatría, la corrupción y la prosperidad material. En sus días se estimulaba el lujo en todas sus formas, se pervertía la justicia y se oprimía al pobre. El adulterio era una práctica religiosa. Todos los niveles sociales se habían corrompido. Los sacerdotes estaban entregados a la idolatría y se unían con el pueblo en su pecaminosidad.

En medio de esta situación, Dios llamó al profeta Oseas para amonestar al reino del norte y llamarlo al arrepentimiento, pero sus palabras no fueron escuchadas. Por medio del matrimonio de Oseas, Dios ejemplificó su amor por el pueblo. El profeta llegó a entender el sufrimiento de su Padre: así como Dios fue rechazado por Israel, él lo fue por Gomer; y del modo en que Dios sintió compasión por su pueblo, Oseas se compadeció de su esposa. Tanto Gomer como el pueblo de Israel fueron como el hijo pródigo, que después de haberse extraviado volvió al hogar. Este episodio evidencia el gran amor de Dios por el hombre, que no mengua ni cambia. Así como Oseas rescató a su esposa del pecado y del olvido, Dios liberó a Israel del error y de la perdición.

Resulta difícil comprender la paciencia de Dios, su gran amor y su misericordia. Cada vez que nos alejamos y volvemos a él, ¿experimentamos la inmensidad de su ternura o sentimos que Dios puede cansarse de perdonarnos? Así como el Señor recibió nuevamente al pueblo de Israel en sus brazos de amor, nos recibe también a nosotros cada vez que nos arrepentimos. Tal es su misericordia, que desea que nos acerquemos a su presencia para amarlo como él nos ama.

Ahora es el momento de acercarnos a nuestro Padre amado y entregarle todo lo que somos. Entremos bajo su sombra y sintamos cómo él nos sostiene en sus brazos.

Anuncios del fin

"Vino a mí palabra de Jehová, diciendo:
'Tú, hijo de hombre, anuncia que así ha dicho Jehová, el Señor,
a la tierra de Israel: 'El fin, el fin viene sobre los cuatro extremos de la tierra'".
Ezequiel 7:1-2

L A BIBLIA ESTÁ LLENA DE ADVERTENCIAS. A continuación veremos tres ejemplos. El primero lo tenemos en los capítulos 6 y 7 de Génesis, donde Noé anuncia el diluvio que sobrevendría al cabo de 120 años. El segundo, cuando los profetas Isaías, Jeremías y Ezequiel proclamaron el fin de Israel y Judá. En Ezequiel 7, se advierte con insistencia de la destrucción inminente, es decir, del fin de todo. Isaías ya había profetizado esto unos cien años antes, y luego Ezequiel lo repitió al pueblo a fin de lograr en ellos el arrepentimiento. El tercer ejemplo está en Apocalipsis 14:15-16, cuando el ángel proclama a gran voz: "'¡Mete tu hoz y siega, porque la hora de segar ha llegado, pues la mies de la tierra está madura!' El que estaba sentado sobre la nube metió su hoz en la tierra y la tierra fue segada".

Como vemos en estos y otros ejemplos, Dios nunca emite un juicio sin haberlo anunciado con anticipación. Su intención es llamar la atención de sus hijos, a fin de que eleven la mirada a Cristo y, de esta manera, con arrepentimiento genuino, se produzca un cambio en sus vidas y sean salvos de la destrucción final. De algo estamos seguros: el fin del mundo, tal y como lo conocemos, es inminente.

"El fin de todas las cosas es inminente. Las señales se están cumpliendo rápidamente y, sin embargo, parece que pocos se dan cuenta de que el día del Señor viene rápida y silenciosamente, como ladrón en la noche. Muchos están diciendo: 'Paz y seguridad'. A menos que estén velando y esperando a su Señor, serán apresados como en una trampa" (*Mensajes selectos*, t. 3, p. 466).

La pregunta que debemos hacernos es: ¿Estaremos preparados cuando esto suceda?

Es hora de levantarnos del sueño

"Conociendo el tiempo, que es ya hora de levantarnos del sueño,
porque ahora está más cerca de nosotros nuestra salvación que cuando creímos".
Romanos 13:11

A VECES TENEMOS LA IMPRESIÓN de que en la iglesia de Dios hay más personas dormidas que despiertas. Aquellos que están dormidos dejan pasar el tiempo y las oportunidades de prepararse para ir al cielo. Por el contrario, los que están despiertos se preparan para encontrarse muy pronto con Dios. Aún está vigente la advertencia de que aquellos que duermen en una tibia complacencia propia, en el día del Señor serán sorprendidos como si viniera un ladrón en la noche.

Estamos viviendo un tiempo de gracia, un tiempo adicional en el que cualquier cosa puede suceder. Es una época peligrosa, en la que todo está pasando con rapidez. Pero Jesús nos dejó un mensaje de advertencia: "Aprendan de la higuera esta lección: Tan pronto como se ponen tiernas sus ramas y brotan sus hojas, ustedes saben que el verano está cerca. Igualmente, cuando vean todas estas cosas, sepan que el tiempo está cerca, a las puertas. Les aseguro que no pasará esta generación hasta que todas estas cosas sucedan. El cielo y la tierra pasarán, pero mis palabras jamás pasarán" (Mat. 24:32-35, NVI).

Mientras el pueblo de Dios se prepara, los acontecimientos se están cumpliendo. Algunos hechos de este tiempo nos ayudan a darnos cuenta de que falta poco para ir a casa: la crisis moral del mundo, el grado de maldad prevaleciente en la sociedad, el surgimiento de nuevas enfermedades, la desintegración familiar, los niveles de violencia y los grandes desastres naturales.

Debemos prepararnos para el regreso de Cristo. Esto conlleva estar a cuentas con Dios y con nuestros semejantes. En cualquier momento vendrá el Esposo para consumar su unión eterna con su esposa la iglesia.

¡Se acerca el día!

"La noche está avanzada y se acerca el día. Desechemos, pues,
las obras de las tinieblas y vistámonos las armas de la luz".
Romanos 13:12

L A PREPARACIÓN PARA LA SEGUNDA VENIDA de Cristo exige de los cristianos una continua vigilancia. En la parábola, las diez vírgenes "cabecearon todas y se durmieron" (Mat. 25:5); pero cinco de ellas estaban preparadas con aceite suficiente para esperar al esposo. No se demoraron como las otras cinco (que no tenían reserva de aceite) y pudieron entrar a regocijarse en la fiesta de boda. En cambio para las que no estuvieron preparadas, la puerta de oportunidad se cerró y no pudieron entrar.

A medida que los días y los años van pasando, las palabras del apóstol Pablo parecen destacarse y repercutir con mayor fuerza. La noche más oscura está golpeando a la humanidad. La inquietud e incertidumbre llena los corazones de los hombres en cada rincón del planeta. Cada día hay más ateos y personas indiferentes a las circunstancias actuales. Se sienten satisfechos con su situación, creen que no les falta nada y no quieren saber nada de Dios. Algunos aparentan una vida piadosa, benefactora y preocupada por el bienestar de la humanidad, pero esto no es el todo del hombre. Mientras vivan en tinieblas estarán perdidos.

El apóstol Pablo declara: "Ustedes antes eran oscuridad, pero ahora son luz en el Señor. Vivan como hijos de luz" (Efe. 5:8, NVI). Ahora que la noche está avanzada y que se acerca el día grande de Dios, rindamos nuestro corazón a los pies de Jesús, escuchemos su voz y sigamos sus indicaciones.

Cristo recibido en gloria

"Eleven, puertas, sus dinteles; levántense, puertas antiguas,
que va a entrar el Rey de la gloria. ¿Quién es este Rey de la gloria?
Es el Señor Todopoderoso; ¡él es el Rey de la gloria!". Salmo 24:9-10, NVI

ESTE CANTO DEL SALMO 24 fue escrito por David cuando llevó el arca de Dios desde la casa de Obed Edom hasta la tienda que le había preparado en Jerusalén, la ciudad de David (2 Sam. 6:12-23). Fue un acontecimiento solemne, de alabanzas, de regocijo, en el que pidió que las puertas de Jerusalén se abrieran de par en par ante la presencia del arca que contenía la gloria del Dios altísimo.

Las mismas palabras fueron repetidas cuando Cristo el rey de la gloria ascendió al cielo. Elena G. de White, menciona: "Todo el cielo estaba esperando para dar la bienvenida al Salvador a los atrios celestiales. Mientras ascendía, iba adelante, y la multitud de cautivos libertados en ocasión de su resurrección le seguía. La hueste celestial, con aclamaciones de alabanza y canto celestial, acompañaba al gozoso séquito. Al acercarse a la ciudad de Dios, la escolta de ángeles demanda: 'Eleven, puertas, sus dinteles; levántense, puertas antiguas, que va a entrar el Rey de la gloria. ¿Quién es este Rey de la gloria? Es el Señor Todopoderoso; ¡él es el Rey de la gloria!'" (*El Deseado de todas las gentes*, cap. 86, pp. 788-789).

Esas puertas que se mantenían cerradas, debían ser abiertas para Cristo: "Entonces los portales de la ciudad de Dios se abren de par en par, y la muchedumbre angélica entra por ellos en medio de una explosión de armonía triunfante. Allí está el trono, y en derredor el arco iris de la promesa. Allí están los querubines y los serafines. Los comandantes de las huestes angélicas, los hijos de Dios, los representantes de los mundos que nunca cayeron, están congregados. El concilio celestial delante del cual Lucifer había acusado a Dios y a su Hijo, los representantes de aquellos reinos sin pecado, sobre los cuales Satanás pensaba establecer su dominio, todos están allí para dar la bienvenida al Redentor. Sienten impaciencia por celebrar su triunfo y glorificar a su Rey" (*Ibíd.*, p. 789).

Dios es soberano y su dominio es universal. Los habitantes del universo, de toda clase y categoría, reconocen su dominio. Los seres celestiales claman: "¡Aleluya! Salvación, honra, gloria y poder son del Señor Dios nuestro […]. Y del trono salió una voz que decía: 'Alabad a nuestro Dios todos sus siervos, y los que los teméis, así pequeños como grandes'" (Apoc. 19:1, 5).

Pronto llegará el gran día de la coronación de Cristo como nuestro Rey. Ya está sentado en el trono, pero espera el banquete final, donde estarán sus hijos que redimió con su sangre y su gran sacrificio. *Yo espero la mañana del gran día sin igual, del cual dicha eterna emana y deleite perennal. Pronto espero unir mi canto al triunfante y celestial, y cambiar mi amargo llanto por el himno angelical.*

El servicio que transforma el corazón

"Amado, no imites lo malo, sino lo bueno.
El que hace lo bueno es de Dios, pero el que hace lo malo no ha visto a Dios".
3 Juan 1:11

SERVIR ES LA MISIÓN QUE DIOS DEJÓ al ser humano. Isaías afirma que incluso la lluvia desciende para bendecir. El mayor ejemplo de servicio abnegado lo tenemos en Jesús. Pero también hay otros personajes que han dejado huella por su servicio. Teresa de Calcuta, por ejemplo, una monja de origen Albanés y naturalizada en la India, fundó en 1950 la congregación de las misioneras de la caridad en Calcuta.

Durante más de cuarenta y cinco años atendió a pobres, enfermos y huérfanos. Obtuvo el Premio Nobel de la Paz en 1979. En una ocasión, declaró: "Por sangre y origen soy albanesa. Por mi vocación pertenezco al mundo entero, pero mi corazón pertenece por completo a Jesús". Desde temprana edad se mostró fascinada por las historias de los misioneros y sus obras en Bengala. Con determinación, dijo: "Fallar al servicio es quebrantar la fe".

Otra mujer que marcó una diferencia con su vida de servicio fue Florence Nightingale, célebre enfermera, escritora y estadista británica, considerada una de las pioneras de la enfermería moderna, y creadora del primer modelo conceptual de enfermería. Su lema era: "Educar no es enseñar al ser humano a saber, sino a hacer". Aunque procedía de una familia rica, en 1844 rechazó una vida de comodidades para trabajar como enfermera de los más necesitados.

Motivada por su deseo de independencia y sus convicciones religiosas, se enfrentó a su familia y a los convencionalismos sociales de la época para buscar una cualificación profesional que le permitiera ser útil a la humanidad. En 1854, ofreció sus servicios en la Guerra de Crimea junto a un grupo de enfermeras voluntarias (por primera vez, se permitía la entrada de personal femenino en el ejército británico). Su labor consiguió reducir la mortalidad en los hospitales militares y contribuyó a corregir los problemas de higiene en general.

Elena G. de White afirma: "Cuando tenemos el amor de Dios en el corazón, eso se pondrá de manifiesto en nuestra vida. El suave perfume de Cristo nos rodeará y nuestra influencia elevará y beneficiará a otros" (*El camino a Cristo*, cap. 9, p. 122).

Hoy tenemos la oportunidad marcar la diferencia sirviendo a los demás. Pidamos a Dios que nos ayude a servir a la humanidad.

Huellas del servicio

*"Si alguno quiere ser el primero, será el último
de todos y el servidor de todos".*
Marcos 9:35

S ON MUCHOS LOS QUE HAN DEJADOS SUS HUELLAS en el sendero del servicio, sobre todo en la predicación del evangelio. Entre ellos está Ovid Elbert Davis, presidente de la Misión Adventista de la entonces Guayana Británica. Me gustaría repasar hoy con más detalle una de las grandes experiencias de su vida.

En cierta ocasión, Ovid recibió en su oficina a dos indígenas de caras pintadas. Le dijeron que habían venido desde el monte Roraima a buscar a un misionero que guardaba el sábado. Según ellos, habían recibido mediante una visión el evangelio de Jesucristo: la creación, el sábado, la caída del hombre, la salvación por medio de Jesús, su regreso en gloria y la monogamia. El cacique Auká, obediente a la visión, reformó su vida y la de su pueblo. Dejaron de hacer sacrificios humanos, abolieron la poligamia y comenzaron a guardar el sábado. Pero luego de un tiempo, el viejo cacique murió y no pudo ver realizada la parte final de su sueño: conocer al hombre blanco con el libro negro que había visto en la visión.

En 1910, el pastor Ovid Davis decidió emprender el viaje. Se encontró con un minero buscador de oro llamado George Dinklage, y llegó hasta la zona del Cuyuní, pero no pudo continuar el viaje porque enfermó. El año siguiente lo intentó de nuevo. Se despidió de su esposa y de sus dos hijos pequeños diciendo que si no regresaba, se mantuvieran fieles a Dios y a la iglesia.

Varias semanas tardó en llegar hasta donde estaba la tribu de los indios arahuacos. Se encontró con ellos el 7 de junio de 1911. Para su sorpresa, encontró un grupo que guardaba el sábado y había desechado la poligamia. Ellos le contaron de la visión que tuvo el cacique Auká; y el pastor les enseñó algunos himnos. Allí pudo organizar la primera iglesia adventista en Guyana.

Ovid enfermó de paludismo y no logró soportar la enfermedad. Antes de morir, reunió al pueblo para animarlos a seguir creciendo en la fe. Los arahuacos derribaron el Roraima, un árbol que antes adoraban, y con la corteza envolvieron el cuerpo del pastor Davis y lo sepultaron. Allí permanecerá hasta la segunda venida de Cristo, cuando al fin podrá reunirse con su esposa y sus dos hijos. Actualmente hay varias iglesias en Guyana, gracias a una vida de servicio que dejó huellas del evangelio.

¿Qué huellas dejaremos al morir? ¿Huellas de paz y de salvación? ¿Huellas de amor y de servicio? Que Dios nos permita dar todo lo que tenemos al servicio de los demás.

Cuando el servicio marca la vida, primera parte

"Si alguno me sirve, sígame; y donde yo esté, allí también estará mi servidor. Si alguno me sirve, mi Padre lo honrará".
Juan 12:26

S ERVIR A DIOS EN LA PROCLAMACIÓN del evangelio es un privilegio para el cristiano, y una gran oportunidad de colaborar en el reino de Dios. Una vida de servicio abnegado deja huellas en el camino que orientan a otros a la cruz del Calvario.

"Bendita será la recompensa de la gracia para quienes han trabajado para Dios con sencillez de fe y amor. El valor del servicio a Dios se mide por el espíritu con el que se presta, antes que por la duración del tiempo pasado haciendo el trabajo" (*Testimonios para la iglesia*, t. 9, p. 61).

La vida de John Nevis Andrews, primer misionero adventista enviado al extranjero en 1874, estuvo marcada por el servicio. Andrews aceptó el llamado de Dios en una reunión de la Asociación General en la que leyeron cartas enviadas desde Europa pidiendo los servicios de un pastor. Ellos querían escuchar del mensaje. Elena G. de White se levantó en la reunión y dijo: "El Señor me ha mostrado que tenemos que llevar este evangelio a todos los rincones del mundo. De parte del Señor viene este llamado. '¿A quién enviaremos? ¿Quién irá por nosotros?'".

En la parte de atrás de esa iglesia había un hombre sentado. De pronto, este hombre se puso de pie y dijo: "Yo iré. Aquí estoy, envíenme a mí".

En menos de treinta días estaba listo para irse de misionero a Europa con la familia que le quedaba, porque su esposa había muerto casi dos años atrás. Sus dos hijos menores también habían fallecido, así que viajó con Mary, su hija de doce años, y Charles, su hijo de diecisiete. Llegaron a Basilea, Suiza, y después de seis semanas acordaron que en su casa solamente hablarían francés y no inglés. Así comenzó la redacción de la primera revista adventista, *Signs of the Times* [Señales de los tiempos], en francés.

El pastor J. N. Andrews no recibía paga de ningún tipo. Con los pocos ahorros que llevaba tenía que sostener a su familia y la publicación de la revista. Para no generar grandes gastos, vivían con muchas limitaciones. Consiguieron una pequeña imprenta que pusieron en el cuarto donde vivían. Allí escribía, su hija traducía al francés, y Charles imprimía.

La vida de Andrews se distinguió por el sacrificio y el servicio voluntario y desinteresado en favor de la causa de Dios. Oremos por un servicio de entrega y gozo en el pronto regreso de Jesús.

Cuando el servicio marca la vida, segunda parte

"Ciertamente les aseguro que, si el grano de trigo no cae en tierra y muere,
se queda solo. Pero, si muere, produce mucho fruto".
Juan 12:24, NVI

JOHN NEVIS ANDREWS DEDICÓ TODA SU VIDA a la predicación. Distribuyó la revista *Signes des Temps* [Señales de los tiempos] en varios territorios de Europa y, como resultado de ese esfuerzo, muchos se interesaron en el evangelio.

Pero no todo fue bueno. En Basilea, Mary enfermó gravemente de tuberculosis, la misma enfermedad que acabó con la vida de su madre. En ese tiempo se celebraría el Congreso de la Asociación General y la iglesia le pidió al pastor Andrews que asistiera y presentara un informe de la obra en Europa (durante esos tres años y medio, habían levantado once iglesias adventistas). Como Andrews solamente tenía un pasaje para él y no quería dejar sola a su hija, vendió su casa para pagar el pasaje de Mary y llevarla a Estados Unidos.

Cuando obtuvieron los recursos, ambos pudieron viajar. Pero tristemente, Mary falleció y el pastor tuvo que regresar solo a Europa. En esos días el pastor Andrews escribió en la *Review and Herald*: "Me da la impresión de estar aferrado a Dios con una mano adormecida. Es como si hiciera tanto frío, que ya del dolor no siento su mano. Pero todavía estoy aferrado a Dios". Antes de regresar, Elena G. de White le dijo: "Tuve una visión, y el Señor me dijo que tu esposa, tus dos hijos pequeños que murieron y Mary duermen en el Señor, pero los verás en el reino si te mantienes fiel hasta el fin". Este mensaje confortó el corazón de Andrews y le animó a regresar a Europa a continuar la obra junto con su hijo.

Andrews aprendió alemán, francés, italiano, hebreo y griego; y escribió en francés, alemán e italiano. Predicaba cuatro sermones diarios dondequiera que iba. Pero debido a su pobre alimentación también enfermó de tuberculosis. Cuando ya no pudo caminar, como había muchos candidatos para el bautismo, ungió a su hijo para que él bautizara en su lugar.

John N. Andrews murió en el campo misionero. La semilla del evangelio se esparció y la obra se consolidó en Europa. El testimonio de Andrews pone de manifiesto que vale la pena servir hasta el final de nuestra vida. Cuando el servicio marca la vida de un cristiano, llega a ser en un monumento de la verdad. David Livingstone dijo: "Las pruebas del servicio se llevan dentro". El servicio con sacrificio, devoción y entrega es aprobado por el Dios al que servimos. Hoy respondamos al llamado de Dios y dediquemos nuestra vida al servicio de su obra.

Buenas obras en Jesús

"Había entonces en Jope una discípula llamada Tabita (que traducido es 'Dorcas').
Esta abundaba en buenas obras y en limosnas que hacía".
Hechos 9:36

VARIAS VERSIONES DE LA BIBLIA ESPECIFICAN que el nombre griego de Tabita era Dorcas, que significa "gacela". Tabita tenía tres características concretas: (1) servía a los demás, (2) ayudaba a los pobres y a las viudas y (3) abundaba en buenas obras. Pero lo más admirable para mí es que fabricaba túnicas y vestidos con sus propias manos y con un estilo propio y los regalaba. Esta mujer cumplía con el mandato de Jesús de cubrir al que no tenía ropa y dar pan al hambriento. Esa es la religión práctica y verdadera, digna de un discípulo de Cristo.

Comentando acerca de esta mujer admirable, Elena G. de White escribió: "Por sus buenas obras se había ganado un gran afecto. [...] Su vida estaba llena de actos de bondad. Ella sabía quiénes necesitaban ropas abrigadas y quiénes necesitaban apoyo, y servía generosamente a los pobres y afligidos. Sus hábiles dedos estaban más atareados que su lengua" (*Los hechos de los apóstoles*, cap. 14, p. 101).

Y, con respecto a su muerte y resurrección, la señora White añade: "Dorcas había prestado grandes servicios a la iglesia, y a Dios le pareció bueno traerla de vuelta del país del enemigo, para que su capacidad y energía siguieran beneficiando a otros y también para que por esta manifestación de su poder, la causa de Cristo fuera fortalecida" (*Ibíd.*, p. 102).

Antes que todo, Dorcas abrió su corazón al Señor; pero no solo entregó su corazón, además también se dedicó a servir. "El que más completamente se entrega a Dios es el que le rendirá el servicio más aceptable. [...] El servicio prestado con sinceridad de corazón tiene gran recompensa" (*El Deseado de todas las gentes*, cap. 31, pp. 281-282). Es decir, la verdadera fe ha de expresarse en el servicio que beneficie a la humanidad. El que sigue a Cristo es impulsado a servir a los demás, como lo hizo nuestro Maestro. Cristo nos ha transformado, nos ha dotado de creatividad, a fin de que busquemos la mejor manera de consagrar nuestras vidas a servir a nuestro prójimo. En servir radica la verdadera felicidad. El que quiera obtener esa felicidad debe compartirla mediante un servicio abnegado. "La felicidad es la hermana gemela del amor".

Pidamos hoy a Dios que nos ayude a seguir el ejemplo de Dorcas, y que podamos tener una vida llena de amor por los necesitados.

El refugio de Nehemías

"Cuando oí estas palabras me senté y lloré,
hice duelo por algunos días, ayuné y oré delante del Dios de los cielos".
Nehemías 1:4

E L LIBRO DE NEHEMÍAS CONTIENE valiosas lecciones para nuestro diario vivir. Él era copero del rey Artajerjes de Persia, un puesto de mucha confianza en la monarquía persa. Aunque la posición del copero era de mucha envergadura, también era muy peligrosa, puesto que una de sus funciones era probar el vino antes que el rey para evitar que el monarca fuera envenenado. La persona que ocupara ese puesto debía ser de buen parecer, modesta, inteligente y ágil. Además, hasta cierto punto, sería de influencia ante otros.

La Biblia dice que Artajerjes estimó mucho a Nehemías. Dios estuvo desde el principio con él, lo guió en todo el proceso desde que era un niño esclavo y de origen judío, hasta llegar a la corte real. Aunque Nehemías realizaba su trabajo con mucho esmero, su corazón estaba en Jerusalén.

Cuando su hermano, Hanani, le relató la situación en la que se encontraba el pueblo (la ciudad estaba en ruinas, los muros destruidos y las puertas quemadas por el fuego), Nehemías no renunció a su trabajo para ir a Jerusalén, ni corrió a contarle el problema al rey. Se sentó, lloró, hizo duelo durante varios días, ayunó y oró. Es decir, acudió primero a Dios para que él le indicara lo que tenía que hacer.

De ese episodio podemos aprender que cuando se nos presente algún problema, hemos de ir primeramente a Dios. Si tenemos alguna dificultad familiar, laboral, matrimonial o de salud, podemos seguir el ejemplo de Nehemías: consultemos a Dios, porque él tiene la autoridad y el poder para resolver cualquier situación. Hoy podemos dejar nuestras cargas a los pies de la cruz. Dios nos escuchará, extenderá su mano para tomar la nuestra y nos conducirá por el camino correcto.

La oración es el medio para acercarnos al Altísimo. Él tiene poder para levantarnos, avivar nuestra fe y ponerla en acción. La pregunta es: ¿Tenemos muros difíciles de atravesar? ¿Montañas en las cuales no podemos abrir túneles? Dios es especialista en aquello que creemos imposible. Él hace lo que otros no pueden hacer, porque en él está la fuente de todo poder.

En este día, vayamos a Dios en oración sincera y profunda, entregando todo nuestro corazón.

Cuando Dios interviene

*"Te ruego, Jehová, que esté ahora atento tu oído a la oración de tu siervo,
y a la oración de tus siervos, quienes desean reverenciar tu nombre;
concede ahora buen éxito a tu siervo y dale gracia".* Nehemías 1:11

E S IMPRESIONANTE VER LA RESPUESTA de Dios a las oraciones.
"Durante cuatro meses Nehemías esperó una oportunidad favorable
para presentar su petición al rey. Mientras tanto, aunque su corazón estaba
apesadumbrado, se esforzó por conducirse animosamente en la presencia real.
En aquellas salas adornadas con lujo y esplendor, todos debían aparentar alegría y felicidad. La angustia no debía echar su sombra sobre el rostro de ningún
acompañante de la realeza" (*Profetas y reyes*, cap. 52, p. 424).

Con confianza, Nehemías se presentó ante el rey Artajerjes, y Dios subyugó
el corazón del rey para preguntarle a Nehemías qué le pasaba, ya que no se veía
enfermo, pero su rostro mostraba preocupación. Él le explicó lo que estaba
sucediendo con el pueblo de Israel. De pronto, se llenó de miedo al pensar en
la reacción del rey. ¿Sería condenado o beneficiado? El rey le preguntó: "¿Hay
algo que pueda hacer por ti?".

En ese momento, Nehemías oró nuevamente y la esperanza llenó su
corazón. Dios obró en el rey, quien le concedió el permiso para ir a Jerusalén.
Y no solo eso: le ofreció soldados para que lo acompañaran y cuidaran de sus
enemigos, le dio el permiso de cortar madera para las puertas de la ciudad, y le
entregó cartas de protección. Dios obró tan maravillosamente, que Nehemías
entendió que el rey le había concedido su petición gracias a su ayuda.

Cuando oramos, ayunamos y ponemos todo nuestro pesar en las manos del
Todopoderoso, él nos socorrerá, porque conoce de antemano lo que nos preocupa y su gran misericordia nos alcanzará. Nadie que acuda al Señor con corazón sincero quedará chasqueado, porque su oración siempre será escuchada.

Es tiempo de que todos los que creemos en Cristo nos acerquemos a él con
un corazón humillado, con plena confianza en nuestro Señor y total entrega
a él. Seremos testigos de los grandes resultados que él obrará en nuestra vida
diaria. Veremos un reavivamiento de la verdadera piedad y las bendiciones del
cielo llegarán.

El descuido y la negligencia producen caos

"Vino Hanani, uno de mis hermanos, con algunos hombres de Judá. Entonces les pregunté por los judíos que habían escapado, los que se habían salvado de la cautividad, y por Jerusalén. Ellos me dijeron: 'El resto, los que se salvaron de la cautividad, allí en la provincia, están en una situación muy difícil y vergonzosa. El muro de Jerusalén está en ruinas y sus puertas destruidas por el fuego'".
Nehemías 1:2-3

A JERUSALÉN LLEGARON TRES GRUPOS de judíos que estuvieron cautivos en Babilonia: uno comandado por Zorobabel, fue el primero en llegar; y el otro, que llegó años más tarde, estuvo comandado por Esdras. Posteriormente llegó Nehemías con el tercer grupo. El primero, se dedicó a reconstruir el templo y sus servicios. Pero después descuidaron su protección y pasaron vergüenza ante los enemigos vecinos. Por eso, la situación de la ciudad y sus habitantes se tornó muy difícil. Los muros fueron destruidos y las puertas de la ciudad, quemadas por los babilonios.

El descuido y la negligencia hacen que crezca la maleza en el corazón, y que el cerco espiritual esté en ruinas. Mientras no nos levantemos y acudamos a Dios en busca de auxilio, no se reconstruirá el muro de protección contra la tentación. Dios nos llama la atención para reconstruir la vida espiritual, pero muchas veces no escuchamos su voz y los ladrillos comienzan a derrumbarse. Con el tiempo, el descuido hace que el agujero aumente hasta que todo queda en ruinas, sin la protección de Dios. Definitivamente, este es un grave peligro, porque nos aleja de nuestro Salvador y nos deja sin defensa ante el enemigo.

Como ejemplo de descuido, podemos mencionar el caso del sacerdote Elí, que siendo el sumo sacerdote, descuidó la correcta instrucción de sus hijos al no aplicar la disciplina necesaria en el momento oportuno. La consecuencia de su negligencia fue lamentable: los hijos deshonraron a Dios y profanaron el templo. El final de la historia es muy triste: ellos cayeron en batalla y luego Elí también falleció al enterarse de la noticia de la muerte de sus hijos y de la toma del arca.

Preguntémonos hoy: ¿Tenemos tantas ocupaciones que no encontramos tiempo para limpiar la maleza que hay en nuestra alma por medio de la Palabra de Dios? ¿Reconstruimos a diario nuestro muro espiritual? El corazón descuidado, con sus muros caídos, puede conducirnos al caos. Por lo tanto, no nos conformemos con esta situación: reconstruyamos nuestros muros para que podamos perseverar hasta el fin.

La reforma comienza por nosotros mismos

"Te suplico que me prestes atención, que fijes tus ojos en este siervo tuyo que día y noche ora en favor de tu pueblo Israel. Confieso que los israelitas, entre los cuales estamos incluidos mi familia y yo, hemos pecado contra ti".
Nehemías 1:6, NVI

TODO VERDADERO CAMBIO COMIENZA por uno mismo. Pablo menciona: "Examínense para ver si están en la fe; pruébense a sí mismos. ¿No se dan cuenta de que Cristo Jesús está en ustedes? ¡A menos que fracasen en la prueba!" (2 Cor. 13:5, NVI). Cuando Nehemías reconoció que él y la casa de su padre habían pecado, inició una reforma y un reavivamiento en su propia vida, antes de exigirlos por parte de los demás. Se colocó de rodillas con oración, duelo y ayuno. De ese modo, intercedió por el pueblo y por él.

Así como Nehemías inició una auténtica reforma espiritual, nosotros debemos hacer lo mismo. Recordemos que si queremos que el mundo cambie, tenemos que cambiar nosotros primero. No estamos solos, contamos con la ayuda del Espíritu Santo. Solamente su presencia en nuestra vida puede lograr la transformación de nuestro carácter para que sea similar al de Cristo.

Si no experimentamos primero la necesidad de un cambio, este no puede operarse. Primero, debe existir dolor por haber ofendido a Dios con nuestros pecados. Después, es necesario permitir que la gracia divina trabaje en nuestro corazón para que lleguemos a ser una nueva criatura.

Las Escrituras dicen que Nehemías oró día y noche. Esto significa que no cesó hasta que sintió que Dios estaba con él. Gracias a eso, su testimonio fue: "Me lo concedió el rey, porque la benéfica mano de mi Dios estaba sobre mí" (Neh. 2:8).

Pidámosle a Dios que produzca el cambio que necesitamos, para que por medio de nosotros, el Espíritu Santo obre en otros.

Levantémonos y edifiquemos

"Entonces les declaré cómo la mano de mi Dios había sido buena conmigo,
y asimismo las palabras que el rey me había dicho. Ellos respondieron:
'¡Levantémonos y edifiquemos! Así esforzaron sus manos para bien'".
Nehemías 2:18

L A RESOLUCIÓN QUE TUVO EL PUEBLO DE ISRAEL fue inspirada por el testimonio de un hombre de Dios que creía en el poder del cielo y en la dirección divina.

Nehemías había ayunado, orado y meditado en la voluntad de Dios, y había pedido que Dios se manifestara poderosamente. Luego esperó cuatro meses y, durante ese tiempo, le pidió a Dios que el rey no solamente le permitiera ir a Jerusalén, sino también que lo invistiera de autoridad y le otorgara la ayuda necesaria para realizar la obra. Su oración había sido contestada de una manera tan clara, que era evidente que ese plan provenía del Señor. Cuando le dijo al pueblo que estaba sostenido por la autoridad combinada del rey de Persia y del Dios de Israel, ellos clamaron: "Levantémonos y edifiquemos".

En Jerusalén, los muros estaban derribados, y el pueblo se había desanimado mucho por esa situación. La adoración al Dios verdadero estaba mezclada con el paganismo y una vida espiritual decreciente. Hasta que se levantó un hombre que marcó la diferencia, y que fue capaz de animar al pueblo y de entusiasmarlo; de ayudarlo a que la fe naciera de nuevo y a que desearan prosperidad, crecimiento espiritual y poder para emprender una gran obra.

En estos últimos días, como en la antigüedad, debemos levantarnos para restaurar lo que está caído en el pueblo de Dios, para avivar la fe de muchos y lograr que los creyentes afirmen: "Estamos listos para marchar hacia el cielo". No tenemos tiempo que perder; debemos avanzar paso a paso con los ojos puestos en Jesús. Él nos conducirá por el camino correcto.

Cuando nadie mira

"Los oficiales no sabían a dónde yo había ido ni qué había hecho.
Todavía no lo había declarado yo a los judíos y sacerdotes,
ni a los nobles y oficiales, ni a los demás que hacían la obra".
Nehemías 2:16

CUANDO NEHEMÍAS ARRIBÓ A JERUSALÉN, se esperaba que se pusiera manos a la obra tan pronto llegara, pero durante tres días no se supo nada de él. Algunos pensaron que quizás estaría durmiendo; otros, que visitaba a su familia, o que tal vez solamente había ido a ver la situación del pueblo. Sin embargo, durante ese periodo, Nehemías estaba orando intensamente en la soledad de su habitación. Se encontraba analizando el plan de acción que había trazado, y pidiendo a Dios que dirigiera todas sus acciones.

En la búsqueda incesante de Dios, en silencio, él le pudo revelar sus planes al profeta. En la vida apresurada que vivimos, envueltos en nuestros ajetreos diarios, se torna complicado escuchar la dirección de Dios. Pero en medio de todo ese bullicio, podemos tener un encuentro a solas con el Señor.

Alguien dijo una vez que el carácter es aquello que somos cuando nadie nos está mirando. En esos tres días de intimidad con su Creador, Nehemías recibió la información necesaria para actuar con sabiduría. Por eso, él es un ejemplo de cómo debemos actuar cuando estamos solos, haciendo lo correcto, aquello que agrada a Dios. Preguntémonos: cuando estamos solos, ¿hacemos lo bueno o lo malo? ¿Buscamos a Dios o nos alejamos de él? Mi deseo es que como hijos de Dios, seamos lo que Dios espera que seamos cuando nadie nos está mirando; que cumplamos esmeradamente con nuestras labores, no para nada más agradar al hombre, sino a Dios.

Dos niños que estaban en una fiesta, se acercaron a una mesa que tenía muchas manzanas acarameladas. Cuando estaban a punto de tomar una, un adulto mayor les dijo: "No tomen las manzanas, Dios los está mirando". En seguida, se fueron de allí hacia otra mesa en la que había muchos chocolates. Entonces, uno de los niños le dijo al otro: "Rápido, toma todos los que quieras, Dios está ocupado cuidando las manzanas".

Recordemos que Dios está en todas partes. Decidamos hoy encontrarnos a solas con él para pedirle la dirección que necesitamos.

El reavivamiento genera oposición

*"Cuando lo supieron, Sambalat el horonita, Tobías el oficial amonita y
Gesem el árabe se burlaron de nosotros y nos preguntaron de manera despectiva:
'Pero ¿qué están haciendo? ¿Acaso pretenden rebelarse contra el rey?'".*
Nehemías 2:19, NVI

SIEMPRE QUE HAYA UN REAVIVAMIENTO Y REFORMA en la iglesia o en la
vida personal, también habrá oposición. Nehemías llegó a Jerusalén para
reformar no solamente la ciudad que estaba en ruinas, sino también la vida
espiritual del pueblo.

Cuando Sambalat, Tobías y Gesem se enteraron de que Nehemías había llegado para hacer cambios en Israel, se burlaron y los despreciaron. Sambalat era
el gobernador de Samaria, ciudad cercana a Jerusalén. Nehemías lo llamó des-
pectivamente horonita porque era de Bet-horón, una población en el territorio
de Efraín. Asimismo, Tobías era de la nobleza y Gesem, príncipe de Qedar en
Arabia. Ellos se opusieron todo el tiempo al proyecto y trataron de impedir que
los judíos recibieran recursos, pero la obra era de Dios y él la dirigió hasta el
final. Por eso, lograron concluirla en un tiempo récord de 52 días.

Cuando hay avance, desarrollo y prosperidad, es inevitable encontrar adversarios. Nehemías llegó con la visión y los planes de construir el muro de la
ciudad que había estado en ruinas durante más de ciento cincuenta años. Tenía
que hacer un cambio completo, pero sus adversarios se opusieron vehemente-
mente al cambio.

Mientras andamos por el camino de la fe, inevitablemente nos encontraremos
con los Sambalat y los Tobías. Nos enfrentaremos a la hostilidad de personas
que solo se dejan llevar por lo que aprecia su vista. Sambalat tenía intereses
económicos con los habitantes de Jerusalén, y el plan de Nehemías iba en
contra de sus intereses. De ahí su enojo y sarcasmo.

Que tengamos que experimentar crítica y oposición no significa que Dios
no está con nosotros. La mejor manera de sobreponernos al ataque de nuestros
críticos es actuar como Nehemías y estar seguros de que "el Dios de los cielos,
él nos prosperará" (Neh. 2:20).

La invitación de hoy es a que hagamos lo que tengamos que hacer para producir un cambio en el círculo donde nos movemos y, sobre todo, una reforma
y un reavivamiento espiritual.

Nehemías se impone al desánimo

*"Las fuerzas de los acarreadores se han debilitado
y el escombro es mucho; no podremos reconstruir el muro".*
Nehemías 4:10

LOS MUROS DE LA CIUDAD DE JERUSALÉN estaban a medio construir. La resistencia era mucha y la oposición aumentaba cada día. Los trabajadores escuchaban por todos lados que en cualquier momento serían atacados y asesinados. El desánimo se apoderó de la multitud que estaba construyendo la muralla. La tribu de Judá dudó de que se pudiera reconstruir el muro. ¿Qué ocurrió? Resulta curioso y hasta absurdo que hayan detenido la obra cuando ya iba por la mitad. Pero había una razón: las críticas, la oposición, el escarnio y los ataques eran muchos; al punto de que prefirieron darse por vencidos. Perdieron la fuerza, la visión, la confianza y la seguridad.

El desánimo es como neblina que nos dificulta la visión. Muchos creyentes viven en medio de una neblina de desánimo, preocupación, inseguridad y confusión. Sin embargo, así como la luz del sol puede quemar la neblina y desvanecerla, la luz de la verdad puede hacer desaparecer la neblina que ciega nuestra visión espiritual. La cura para el desaliento es concentrarnos en el propósito de Dios. Nehemías enfrentó el desánimo del pueblo y lo motivó a terminar la obra que había comenzado. Unificó las fuerzas de los trabajadores, dirigió sus mentes hacia Dios y les motivó a confiar en el poder del cielo.

Nuestro trabajo por el avance del reino y para preparar a un pueblo que esté de pie en el día de Dios traerá pruebas, pero Dios ha prometido estar con nosotros. Pidámosle al Señor el ánimo necesario para cumplir la obra que nos ha sido encomendada.

La Palabra de Dios regenera el corazón

"Abrió, pues, Esdras el libro ante los ojos de todo el pueblo;
pues estaba más alto que todo el pueblo; y cuando lo abrió, el pueblo entero
estuvo atento. Bendijo entonces Esdras a Jehová, Dios grande. Y todo el pueblo,
alzando sus manos, respondió: '¡Amén! ¡Amén!'; y se humillaron, adorando
a Jehová rostro en tierra". Nehemías 8:5-6

NEHEMÍAS NO SE PREOCUPÓ SOLAMENTE por la construcción del muro de Jerusalén, sino también por la condición espiritual del pueblo. Él sentía que predominaba en su entorno un vacío espiritual.

No es suficiente preocuparse por el templo; es necesario trabajar para que aquellos que concurren allí experimenten un reavivamiento espiritual como resultado de la lectura de la Palabra de Dios. Eso fue lo que experimentó el pueblo de Israel. Por medio de Esdras, las Escrituras proclamaron la verdad abierta y osadamente, como nunca antes, al punto de que los corazones se conmovieron. Los oídos de todo el pueblo estaban atentos al libro de la ley. Los israelitas se humillaron, adoraron inclinados en tierra y confesaron sus pecados.

La Palabra de Dios tiene poder para llevarnos a la más sublime reflexión, inducirnos al arrepentimiento e impartirnos vida si la obedecemos. Cuando Esdras leyó la Palabra de Dios, el pueblo sintió la necesidad de subyugar su corazón, de acercarse más a su Dios y de adorarlo con todo el corazón. "La Palabra de Dios es viva, eficaz y más cortante que toda espada de dos filos: penetra hasta partir el alma y el espíritu, las coyunturas y los tuétanos, y discierne los pensamientos y las intenciones del corazón" (Heb. 4:12). Si la Palabra de Dios es capaz de hacer esto, ¿no deberíamos ponerle más atención, leerla con más frecuencia, meditar más en ella y ponerla más en práctica?

Recordemos la historia del paralítico de Betesda. Él había estado enfermo durante más de 38 años, y cuando escuchó las poderosas palabras de Jesús: "Levántate, toma tu camilla y anda" (Juan 5:8), "confió en la palabra de Cristo, y Dios le dio el poder. Así fue sanado" (*El camino a Cristo*, cap. 6, p. 77). Él pudo haberle dicho: "Señor, si me sanas primero, obedeceré tu palabra", pero no fue así. Él simplemente creyó en la palabra de Cristo, se levantó y anduvo.

Acerquémonos hoy a la Palabra de Dios. Ella regenerará nuestro corazón y lo hará nuevo.

La santidad del sábado

"En aquellos días vi en Judá a algunos que pisaban en lagares en sábado, que acarreaban manojos de trigo y cargaban los asnos con vino, y también de uvas, de higos y toda suerte de carga, para traerlo a Jerusalén en sábado; y los amonesté acerca del día en que vendían las provisiones".
Nehemías 13:15

DESPUÉS DE SETENTA AÑOS DE CAUTIVERIO en Babilonia, el pueblo de Israel regresó con Zorobabel y reconstruyeron el templo y restauraron los servicios religiosos. Más tarde llegó Nehemías, quien levantó las murallas de la ciudad con ayuda del pueblo en 52 días. Fue gobernador de Israel durante doce años y se dispuso a regresar a Susa, capital del reino Persa, como copero del rey.

No se sabe cuánto tiempo tardó en regresar a Jerusalén, pero en ese tiempo de ausencia, el pueblo cayó en la idolatría. Establecieron alianzas matrimoniales con los paganos y los enemigos de Israel. Dejaron de realizar los servicios religiosos de adoración al verdadero Dios. Los levitas tuvieron que trabajar para ganar su sustento, y el templo fue abandonado y mancillado al darle a Tobías, un pagano, vivienda en uno de sus departamentos. Por si fuera poco, se olvidaron de la santidad del sábado, comenzaron a deshonrarlo trabajando y comerciando en el día que debía ser dedicado al Creador.

Cuando Nehemías regresó a Jerusalén y se encontró con esa situación, se dedicó a reformar todo. Esa reforma conllevaba reivindicar la santidad del sábado. Para Nehemías, la observancia del sábado no era un mero hábito o costumbre, sino una práctica divina, un mandato explícito de la Palabra de Dios. Necesitaba energía, valor y planificación para lograr el objetivo; por eso, una de las decisiones que tomó fue la de cerrar las puertas principales de la ciudad desde antes del comienzo del sábado hasta que ese día santo concluyera.

Elena G. de White afirma: "Hay que realizar un esfuerzo especial para llevar a cabo una reforma con respecto a la observancia del sábado" (*Consejos sobre salud*, cap. 8, p. 317). El sábado es el único día de la semana que fue bendecido y santificado por Dios. Todos los que reposan en ese día son reconfortados, sustentados y bendecidos por el Dios del cielo, porque las horas del sábado le pertenecen a él. "Nada de lo que a los ojos del cielo es considerado como violación del santo sábado debe dejarse para ser dicho o hecho en el día de reposo" (*Testimonios para la iglesia*, t. 2, pp. 618-619). Devolvámosle al sábado la santidad original impuesta por el Creador. Esto traerá bendición y refrigerio a nuestra vida espiritual.

Se necesitan verdaderos reformadores

"¡Acuérdate de ellos, Dios mío, de los que contaminan
el sacerdocio y el pacto del sacerdocio y de los levitas!".
Nehemías 13:29

Así como sucedió en la época de Nehemías también hoy es necesaria una reforma cabal y expedita en la iglesia. ¿Por qué? Porque al igual que nuestros antepasados espirituales nosotros hemos desobedecido la Palabra de Dios, hemos transgredido el sábado, hemos sido infieles respecto a la devolución del diezmo y de las ofrendas y hemos establecido alianzas con los incrédulos.

Todo reavivamiento tiene su origen en Dios mismo, y en la mayoría de los casos él conmueve nuestros corazones para lograr su propósito en la tierra. Pocos de los hombres y mujeres que han dado inicio a algún reavivamiento llegan a un punto de prominencia en el desarrollo del movimiento, y muchas veces pasan al olvido, sin ser reconocidos o con muy poco reconocimiento. Pero su obra perdura y los registros de su servicio están guardados en los lugares celestiales. Tal vez nunca ha habido un reavivamiento cuyo comienzo podamos identificar tan claramente como el que ocurrió en los días de Zorobabel, Hageo, Zacarías, Esdras y Nehemías.

Para que vuelva a ocurrir, se necesitan verdaderos reformadores que se levanten en la iglesia y con el poder del Espíritu Santo y equilibrio espiritual, conduzcan a la congregación a una reforma, que haga que la iglesia sea capaz de ser una luz en medio de las tinieblas espirituales de este mundo.

Con toda seguridad, Dios levantará mujeres y hombres consagrados para conducir a la iglesia hacia un verdadero reavivamiento de la fe primitiva, y para que los creyentes que esperamos la segunda venida de Cristo estemos listos para el encuentro con nuestro Dios. Ahora bien, ¿estamos dispuestos a ser verdaderos reformadores en favor de la verdad?

Un intercambio entre Dios y el ser humano

"Yo te aconsejo que compres de mí oro refinado en el fuego para que seas rico, y vestiduras blancas para vestirte, para que no se descubra la vergüenza de tu desnudez. Y unge tus ojos con colirio para que veas". Apocalipsis 3:18

LA IGLESIA DE LAODICEA REPRESENTA a la iglesia en el último periodo de la historia de la humanidad. Por eso Satanás ha agudizado su estrategia para atacarla fuertemente, ya no con persecuciones o asesinatos, sino con ataques más sutiles y sigilosos. El profeta Juan relata que el estado de Laodicea es de tibieza espiritual. Además, ella cree que no necesita nada, pues su condición le parece muy buena. El orgullo ha llenado su corazón y no permite que vea con claridad su deplorable condición. Ella no alcanza a visualizar que Jesús viene pronto y que la patria celestial está cercana y ha descuidado la preparación necesaria para recibir a Cristo.

A pesar de todo, Dios aún tiene misericordia de la iglesia de Laodicea y le hace un llamamiento individual. Debemos acudir a él y "comprar" lo que nos hace falta. Ahora, si la salvación es gratuita, sin ningún costo, ¿cómo podemos entender el llamado de Dios a "comprar" de él?

La definición de comprar, según el *Diccionario de la Real Academia Española*, es "obtener algo por un precio". En otras palabras, podríamos decir que es un intercambio. Ahora bien, el intercambio que debemos hacer con Jesús es entregarle nuestra miseria, orgullo, vanagloria y justicia propia; y a cambio él nos dará el perdón de nuestros pecados, vestiduras blancas, fe (como oro refinado) y poder del Espíritu Santo, como el colirio que quita la ceguera para ver claramente el reino de Dios. El amor del Creador por nosotros es tan grande, que él recibe nuestra inmundicia para darnos oro puro. De este modo, el Espíritu Santo hace una conversión completa en nuestra vida y nos prepara para encontrarnos con el Señor.

La única manera de contrarrestar la tibieza es que Cristo ocupe el primer lugar en nuestro corazón. La apostasía ha de ser confrontada con la fidelidad de Dios. La laxitud, con la convicción nacida de su autoridad. La pobreza, con su riqueza. El frío, con el poderoso fuego de su entusiasmo.

Necesitamos hacer un intercambio con Dios: entregarle todo lo que somos, toda nuestra escoria, a fin de que él implante en nosotros un nuevo corazón lleno de amor, fidelidad y fe en nuestro amado Padre celestial. ¡Hagámoslo ahora! No perdamos más tiempo.

La puerta cerrada

"Yo estoy a la puerta y llamo; si alguno oye mi voz
y abre la puerta, entraré a él y cenaré con él y él conmigo".
Apocalipsis 3:20

E L MENSAJE DEL VERSÍCULO DE HOY no tiene como sujeto principal a los no creyentes que rehúsan abrir el corazón a Dios. El Señor se está dirigiendo a los miembros de la iglesia de Laodicea que han cerrado su corazón para no oír el último mensaje de amonestación que se presentará ante el mundo. Allí está él, esperando que ese corazón duro, orgulloso, prepotente y lleno de tibieza espiritual, abra la puerta y deje que los rayos de la salvación penetren en él. Esa puerta no puede ser abierta desde afuera, solo se abre desde dentro. Nosotros somos los únicos que podemos abrirla para que Cristo entre y nos limpie de toda inmundicia. Su presencia quemará toda escoria y purificará nuestro ser, llenándolo de su gracia divina.

La condición de autosuficiencia, tan común en nuestra época, no permite que el hombre perciba la necesidad que tiene. Cristo está llamando a la puerta y esperando que abran; pero él no forzará la puerta, sino que espera pacientemente como un peregrino que pide hospitalidad. Pareciera que cuando dice: "Si alguno oye mi voz", es como si preguntara: "¿Habrá alguien que desee tener íntima comunión conmigo?". Su voz está en su Palabra, y podemos escucharla a diario, continuamente. Tenemos la posibilidad de ser conmovidos por su voz.

Un hecho que me inquieta es que, si es el hombre el que necesita comunicarse con él, ¿por qué Dios tiene que llamar a su puerta? El Señor, en su infinito amor no obliga a nadie a recibirlo; al contrario, desea que la relación con él sea genuina. Por eso, él está a la puerta llamando continuamente. Si le abrimos, producirá una feliz transformación en tu vida y un carácter semejante al suyo.

¿Por qué Dios llama a la puerta de cada corazón? No porque haya mérito alguno en nosotros, sino porque nos ama y quiere que seamos salvos mediante su muerte en la cruz. Él no se olvida de nosotros porque somos su creación. Si demoramos en abrir la puerta, existe el peligro de que se nos haga tarde, porque nadie sabe cuándo terminará su vida aquí en la tierra. La oportunidad pasará y no sabemos si volverá. Abramos nuestro corazón a Cristo, permitámosle que lo limpie, y él habitará allí para siempre.

La corona de la vida

*"Al vencedor le concederé que se siente conmigo en mi trono,
así como yo he vencido y me he sentado con mi Padre en su trono".*
Apocalipsis 3:21

ESTAMOS NAVEGANDO EN MEDIO de una fuerte tempestad, pero el llamado de Jesús es a vencer "así como yo he vencido". Esta es nuestra garantía, la victoria de Cristo, pues él ya venció toda prueba y tentación, incluso la muerte.

La iglesia de Laodicea está a punto de ser expulsada de la gracia, pero aún hay oportunidad de levantarse y dejar la indiferencia, la frialdad y la tibieza; de cambiar el rumbo y fortalecer su vida espiritual. La única manera de triunfar es escondernos bajo la sombra del Todopoderoso, porque él es nuestro protector y nuestra fuerza (Juan 15:5). Nos toca hacer nuestra parte, y en el nombre de Cristo vencer la indiferencia a los asuntos espirituales, el pecado que nos asedia y la muerte espiritual.

Las promesas plasmadas en Apocalipsis son maravillosas y verdaderas. El vencedor comerá del árbol de la vida. El vencedor no sufrirá el daño de la segunda muerte. El vencedor comerá del maná escondido. El vencedor recibirá autoridad sobre las naciones y la estrella de la mañana. El vencedor será vestido de vestiduras blancas. El vencedor tendrá una columna en el templo de Dios. El vencedor heredará todas las cosas y será hijo de Dios.

¿Por qué somos vencedores? Porque somos una nueva creación en Cristo, quien ha vencido al mundo por nosotros. "Todo lo que es nacido de Dios vence al mundo; y esta es la victoria que ha vencido al mundo, nuestra fe" (1 Juan 5:4).

Si Dios nos toma de la mano, nos dirige y nos defiende del poder del enemigo, venceremos y viviremos con él para siempre. Caminemos delante de su presencia en este día.

Contendamos ardientemente por la fe

*"Queridos hermanos, he deseado intensamente escribirles acerca de la salvación
que tenemos en común, y ahora siento la necesidad de hacerlo para rogarles
que sigan luchando vigorosamente por la fe encomendada una vez
por todas a los santos".* Judas 1:3, NVI

L A VIDA ESPIRITUAL ES UNA LUCHA constante. Es una batalla ardua y
desafiante, sin embargo nuestra fe nos ofrece la valentía necesaria para salir
victoriosos. Hebreos 11 declara: "Es, pues, la fe la certeza de lo que se espera, la
convicción de lo que no se ve" (vers. 1); y agrega: "sin fe es imposible agradar
a Dios" (vers. 6).

Primero, debemos vencernos a nosotros mismos, tomar nuestra carga y
depositarla a los pies de Jesús. A cambio, él nos transforma a su semejanza y nos
otorga la fe que necesitamos. Él nos ordena luchar intensa y constantemente
contra todo lo que se opone a nuestras convicciones cristianas. Es una lucha
fuerte y agotadora, una lucha sin pausas (ver Mateo 26:41). El apóstol Santiago
pregunta: "¿De dónde surgen las guerras y los conflictos entre ustedes? ¿No es
precisamente de las pasiones que luchan dentro de ustedes mismos?" (Sant.
4:1, NVI). Es una batalla intensa, pero Cristo Jesús ya venció, y nos invita a
permanecer a su lado.

Segundo, tenemos una lucha contra el mundo. "Nada de lo que hay en el
mundo —los deseos de la carne, los deseos de los ojos y la vanagloria de la
vida— proviene del Padre, sino del mundo. Y el mundo pasa, y sus deseos, pero
el que hace la voluntad de Dios permanece para siempre" (1 Juan 2:16-17). Por
eso, se nos insta a no amar al mundo, ni las cosas que están en él. El cristiano
debe ser como el lirio, que crece limpio en medio del fango.

Tercero, la lucha titánica es directamente contra Satanás. Él se atrevió a
tentar a Cristo en el desierto, pero Cristo lo derrotó en la cruz del Calvario.

Cuando sintamos que estamos perdiendo la batalla contra nosotros mismos,
contra el mundo o contra Satanás, permanezcamos del lado de Jesús, puesto
que él puede concedernos la victoria.

Cristo levantará nuestra cabeza

"Tú, Jehová, eres escudo alrededor de mí;
mi gloria, y el que levanta mi cabeza". Salmo 3:3

BAJAR LA CABEZA Y ENCORVAR los hombros suele ser una actitud de derrota. Cuando un equipo pierde un partido, los jugadores generalmente salen cabizbajos. Es común ver personas agobiadas, decaídas y derrotadas por las circunstancias de la vida. No pueden levantar la cabeza aunque se esfuercen y busquen respuestas en libros de autoayuda y otros recursos.

El versículo de hoy afirma que hay Uno capaz de levantar la cabeza del que ya no tiene esperanzas, sueños ni ánimos de seguir. Hay un Dios en los cielos que nos ama y que dice a todo aquel que está cansado que puede acudir a él. Si usted se siente así en este momento, le invito a acercarse a Cristo y pedir su ayuda. Él levantará su cabeza y le dará fuerzas para resistir el mal; nacerá la fe en su corazón y permanecerá erguido en ella. Cristo será su escudo y fortaleza. Podrá decir: "Yo me acosté y dormí, y desperté, porque Jehová me sustentaba. No temeré ni a una gran multitud que ponga sitio contra mí" (Sal. 3:5-6).

Aunque hayamos pecado, podemos clamar a Dios por ayuda. David, en medio de una gran tribulación, pero con mucha fe en Dios, imploró el socorro divino. Sin importar cuán adversas seas las circunstancias, si el creyente mantiene su fe en Dios, más firme y unido estará con su Señor y Salvador.

Lo primero que hizo David fue llevar su aflicción a Dios, y abrir su alma delante de su Salvador. Expresó todas las angustias que oprimían su pecho, y las puso ante el trono de la gracia. Qué bien nos hace llevar nuestra pena y dolor al que no solamente nos ama, sino que se compadece de nuestra aflicción porque él conoció y experimentó nuestros dolores. Cuando entramos en la presencia de Dios vemos más allá de nuestros problemas. Él nos invita a acercarnos confiadamente al trono de la gracia para alcanzar misericordia y oportuno socorro.

El templo en nuestro cuerpo

"¿No saben que ustedes son templo de Dios
y que el Espíritu de Dios habita en ustedes?".
1 Corintios 3:16, NVI

SER TEMPLOS DE DIOS ES UN PRIVILEGIO para nosotros. Él dice que somos su propiedad. Pablo usó la palabra griega *naon*, que es la misma que se usa para describir el Lugar Santo y el Lugar Santísimo del santuario, donde se manifestaba constantemente la gloria de Dios. Además, el texto dice que el Espíritu Santo habita en nosotros. La Traducción en Lenguaje Actual lo expresa de este modo: "El Espíritu de Dios vive en ustedes". Así como el Santuario estaba separado de todo lo común o profano, también el creyente, como templo de Dios, debe estar separado de todo lo común y profano, porque Dios vive en su corazón. Está en el mundo, pero no es del mundo; pasa por el fango, pero no se ensucia. Vive para Dios porque a él le pertenece.

El apóstol Pablo amplía este pensamiento al decir: "Que Dios mismo, el Dios de paz, los santifique por completo, y conserve todo su ser; espíritu, alma y cuerpo; irreprochable para la venida de nuestro Señor Jesucristo" (1 Tes. 5:23, NVI). Toda nuestra vida debe ser santificada —nuestra mente, nuestros pensamientos, nuestros corazón y nuestras energías— por la presencia de Cristo y el Espíritu Santo. Nuestras facultades vitales no deben consumirse en prácticas concupiscentes.

"Todos nuestros hechos, buenos o malos, tienen su origen en la mente. Es ella la que adora a Dios y nos une con los seres celestiales" (*Conducción del niño*, cap. 60, p. 361).

Si cuidamos nuestro cuerpo como lo que es, el templo de Dios, entonces recibiremos bendiciones físicas, emocionales y espirituales. Que nuestra oración sea: "Señor, te entrego todo mi cuerpo para que lo sanes, lo cuides y lo santifiques, para que habites en mí. Amén".

Perseverancia hasta el fin

"El que persevere hasta el fin, este será salvo".
Mateo 24:13

PERSEVERAR EN EL CAMINO de la fe es indispensable si queremos llegar al cielo. Sería en vano brotar como la semilla que es sembrada sobre la roca, para luego secarse ante los rayos inclementes del sol. Eso solo demostraría que no tenemos raíces sólidas. Ahora bien "se llenan de savia los árboles de Jehová" (Sal. 104:16), permanecen, continúan y dan fruto, aun en su vejez, para demostrar que el Señor es recto. Perseverar es mantenernos firmes, resistir, padecer, sufrir, permanecer. Santiago 1:12 contiene una hermosa promesa: "Bienaventurado el hombre que soporta la tentación, porque cuando haya resistido la prueba, recibirá la corona de vida que Dios ha prometido a los que lo aman".

"Si bien es cierto que a menudo debemos impresionar la mente con el hecho de que la vida cristiana es una vida de lucha, que debemos velar, orar y esforzarnos, que es peligroso que el alma descuide por un momento la vigilancia espiritual, el tema ha de ser la plenitud de la salvación que se nos ofrece en Jesús, que nos ama y se entregó para que no pereciéramos sino que tuviéramos vida eterna" (*Mensajes selectos*, t. 1, p. 213).

Muchos son atraídos a la vida cristiana, pero pocos están dispuestos a enfrentar las condiciones por las cuales puede ser suya la recompensa del cristiano. Si pudieran ganar la salvación sin esfuerzo de su parte estarían más que felices. Pero las Escrituras enseñan que uno debe cooperar con la voluntad y el poder de Dios, despojarse de quiénes éramos en el pasado, dejar todas nuestras cargas, correr con paciencia y resistir, porque únicamente el que siga firme será salvo.

El apóstol Pablo declara: "'El justo vivirá por fe; pero si retrocede, no agradará a mi alma'. Pero nosotros no somos de los que retroceden para perdición, sino de los que tienen fe para preservación del alma" (Heb. 10:38-39).

"Por la fe llegaron a ser de Cristo, y por la fe tienen que crecer en él dando y tomando a la vez. Tienen que darle todo: el corazón, la voluntad, la vida. Dense a él para obedecer todos sus requerimientos; y tomen todo: a Cristo, la plenitud de toda bendición, para que habite en su corazón y para que sea su fuerza, su justicia, su eterna ayuda, a fin de que les dé poder para obedecerle" (*Dios nos cuida*, p. 79). Pidamos a Dios que nos dé la voluntad que necesitamos para perseverar.

Perseverar sin retrocesos

"'El justo vivirá por fe; pero si retrocede, no agradará a mi alma'.
Pero nosotros no somos de los que retroceden para perdición,
sino de los que tienen fe para preservación del alma".
Hebreos 10:38-39

L A PERSEVERANCIA ES UNA DE LAS CARACTERÍSTICAS de los santos. Aunque el tiempo sea lluvioso, húmedo y muy ventoso, debemos avanzar por fe, pues el fin está garantizado. Aunque el camino sea difícil y tengamos que atravesar colinas y valles, y respirar agitadamente y que nos duelan los pies, llegaremos a la meta.

¿Cómo saber quién será al ganador de una carrera? Los espectadores están a un lado y los corredores en la vía. ¡Qué personajes tan atléticos! ¡Qué músculos tan magníficos! ¡Qué fortaleza y qué vigor! Se puede ver la meta, y allí es donde se juzgará quién es el ganador, no en el punto de partida. "¿No saben que en una carrera todos los corredores compiten, pero solo uno obtiene el premio? Corran, pues, de tal modo que lo obtengan" (1 Cor. 9:24, NVI). Podemos seleccionar a este o aquel como probable ganador, pero no podemos tener absoluta certeza hasta que la carrera haya terminado. Podemos ver cómo se esfuerzan estirando sus músculos, pero uno tropieza, otro se desmaya, un tercero se queda sin aliento, y otros se quedan muy atrás. Solamente gana uno, ¿quién? El que perseveró hasta el fin.

Pablo afirma que solo el que continúe hasta llegar a la meta alcanzará la plenitud cristiana. Sin perseverancia no hay salvación. Perseveremos en el camino de la gracia de Cristo, miremos al faro fijamente, "puestos los ojos en Jesús, el autor y consumador de la fe" (Heb. 12:2). ¿Tenemos alguna dificultad? Debemos conquistarla. No retrocedamos, sigamos adelante, a la meta; allí está Jesús para otorgarnos la corona de la victoria. Pablo dijo: "Todo aquel que lucha, de todo se abstiene; ellos, a la verdad, para recibir una corona corruptible, pero nosotros, una incorruptible" (1 Cor. 9:25).

A medida que pasa el tiempo, el camino se hace más escabroso, peligroso y difícil, pero si logramos cruzar todas esas barreras junto a nuestro Señor Jesucristo, llegaremos a la meta. El Evangelio de Marcos nos asegura: "Todo el mundo los odiará a ustedes por causa de mi nombre, pero el que se mantenga firme hasta el fin será salvo" (Mar. 13:13, NVI).

La corona al final de la carrera

"Yo de esta manera corro, no como a la ventura; de esta manera peleo, no como quien golpea el aire; sino que golpeo mi cuerpo y lo pongo en servidumbre, no sea que, habiendo sido heraldo para otros, yo mismo venga a ser eliminado".
1 Corintios 9:26-27

EL APÓSTOL PABLO CORRÍA LA CARRERA con un objetivo establecido: su meta era recibir la corona incorruptible de las manos del Señor. Por ello, no permitía que nada interfiriera. No corría con vacilación, estaba seguro del premio que lo esperaba. Así como los atletas se disciplinan para ganar las carreras, Pablo disciplinaba su cuerpo, prestando atención a la posibilidad de que mientras le predicaba a otro, él mismo no fuera descalificado. La carrera que Pablo corría, no era solo suya. Nosotros también corremos la misma carrera. La misma corona y el mismo premio nos esperan. Él no se contaba como ganador, sino que desestimaba aquellas cosas que quedaron atrás, prosiguiendo a la meta, al premio del supremo llamamiento de Dios en Cristo Jesús. Pero Pablo no consideraba este premio como ya recibido, sino que enfocaba su vida en recibirlo. Tenía un objetivo, no corría con incertidumbre. No golpeaba al aire. Frente a sus ojos tenía el premio: la corona incorruptible.

Por lo general, nos proponemos metas y trazamos planes para alcanzarlas; pero pocos se proponen metas espirituales. Fue por estas metas que el apóstol Pablo nos animó a correr. Hay una corona incorruptible preparada para cada creyente que la anhela con fe.

¿Nos satisface nuestra condición espiritual? ¿Estamos visualizando la meta celestial? Olvidemos lo que ha quedado en el pasado, sean derrotas o victorias. Tengamos la visión de Cristo, quien está llamándonos para que completemos la carrera. No nos quedemos atrás. Tengamos una meta en la vida espiritual, así como la tenemos en la vida material.

El consejo de hoy es a no detenernos. Corramos a los pies de la cruz, entreguemos todo a Cristo y recibamos su aprobación para la vida eterna. Que nuestra oración sea: "Señor, hoy quiero correr esta carrera de tal manera que alcance el premio y pueda, por medio de tu Espíritu, tener fuerzas para perseverar en el camino".

De triunfo en triunfo

"¡Bienaventurado tú, Israel! ¿Quién como tú, pueblo salvado por Jehová?
Él es tu escudo protector, la espada de tu triunfo.
Así que tus enemigos serán humillados,
y tú pisotearás sus lugares altos".
Deuteronomio 33:29

EL TRIUNFO DEL CRISTIANO SOLO SE OBTIENE a través de la gracia de Dios. En este mundo secular encontramos gente triunfadora a nivel material que se siente muy complacida de lo que ha logrado. Sin embargo, los triunfos obtenidos en este mundo pasan al olvido, porque al morir, todo se acaba. Ya no hay memoria de lo realizado en vida. Por eso, el mayor triunfo de un creyente es estar en Cristo para triunfar contra el mal. Si logramos colocarnos al lado de Cristo, que triunfó sobre el mal y aun sobre la muerte, también habremos triunfado a su lado.

La Palabra de Dios afirma: "¡Bienaventurado tú, Israel! ¿Quién como tú, pueblo salvado por Jehová? Él es tu escudo protector, la espada de tu triunfo". Los triunfos no se miden por los resultados, sino por caminar y obedecer a Dios cada día. Pertenecemos a las alturas; pero si vivimos en las profundidades del fracaso no estaremos cumpliendo el plan de Dios. Él quiere que nos mantengamos de triunfo en triunfo, ganando victoria tras victoria sobre el mal.

Elena G. de White afirma: "No tiene término la lucha de este lado de la eternidad. Pero, aunque hay que sostener batallas constantes, también hay importantes victorias que ganar; y el triunfo sobre el yo y el pecado es de más valor de lo que la mente puede estimar" (*Consejos para los maestros*, cap. 2, p. 21).

Somos vencedores gracias a la muerte de Jesús en la cruz. Él venció al pecado y a la muerte. ¡Nos transformó en triunfadores! Caminar de su mano nos asegura la victoria. Las tentaciones del enemigo no pueden derrotarnos, porque hemos sido llamados a sobreponernos y obtener la victoria. Es Jesucristo, nuestro amado Señor, quien nos lleva siempre de triunfo en triunfo.

Acudamos a Dios en oración, pidiendo que nos sostenga con su mano poderosa. Bajo su dirección y poder seremos victoriosos.

Dios nos cuida desde el vientre

"Escúchame, familia de Jacob, todo el resto de la familia de Israel,
a quienes he cargado desde el vientre, y he llevado desde la cuna.
Aun en la vejez, cuando ya peinen canas, yo seré el mismo, yo los sostendré.
Yo los hice, y cuidaré de ustedes; los sostendré y los libraré".
Isaías 46:3-4, NVI

D IOS SE REVELÓ AL PROFETA ISAÍAS y le dijo que no hay Dios como el de Israel. Las estatuas de Bel y Nebo, dioses de Babilonia, se tambalearon y cayeron al suelo, porque eran incapaces de salvarse. Luego, describe lo que es Dios para su pueblo. Dios cuida de sus hijos desde antes de que nazcan, y los protege hasta su vejez. Por su poder hemos sido creados, él es nuestro Creador. Nos hizo a su imagen para vivir junto a él. Lo más grandioso es que nos sostiene porque somos muy frágiles y necesitamos de su ayuda. Desde que nacemos hasta que morimos él nos sostiene, es el mismo en todas las edades.

Dios nos creó, nos guía y nos guarda. El salmista dijo: "Tú, Señor Jehová, eres mi esperanza, seguridad mía desde mi juventud. En ti he sido sustentado desde el vientre. Del vientre de mi madre tú fuiste el que me sacó; para ti será siempre mi alabanza" (Sal. 71:5- 6).

Hoy hemos despertado por la fuerza de Dios que nos guía; por el poder de Dios que nos sostiene; por la inteligencia de Dios que nos conduce; por el ojo de Dios que mira delante de nosotros; por el oído de Dios que nos escucha; por la Palabra de Dios que habla con nosotros; por la mano de Dios que nos guarda; por el escudo de Dios que nos protege. Pidámosle al Señor: "Permanece conmigo".

El camino que Dios conoce

*"Luego que el faraón dejó ir al pueblo, Dios no los llevó por el camino
de la tierra de los filisteos, que estaba cerca, pues dijo Dios:
'Para que no se arrepienta el pueblo cuando vea la guerra, y regrese a Egipto'".*
Éxodo 13:17

CUANDO SALIÓ DE EGIPTO, el pueblo de Israel tenía la promesa de que llegaría a una tierra en la que fluía leche y miel: la tierra prometida. Para llegar allí, había dos caminos posibles: (1) pasar por el territorio de los filisteos, lo que les llevaría pocos días para poseer la tierra por heredad; o (2) atravesar el desierto, pasando por el monte Sinaí, y tardar unos tres meses en llegar a Canaán. Dios los llevó por el desierto, por el camino más largo, pero en lugar de llegar en pocos meses, tardaron cuarenta años.

¿Por qué duraron tanto tiempo? ¿No podía Dios prepararlos e introducirlos en menos tiempo en Canaán? Si analizamos detenidamente los hechos, veremos primeramente que el pueblo de Israel no estaba listo para asumir la responsabilidad de su libertad. Segundo, aún tenían que aprender muchas lecciones en el desierto: lecciones de fe, paciencia, obediencia y orden, entre otras. Tercero, tenían una fe débil, y esta debía ser fortalecida con los milagros que Dios les mostró. Cuarto, tenían que aprender a humillar su corazón, lo cual lograrían mediante las pruebas en el desierto.

El camino de Dios es siempre el mejor, aunque muchas veces no lo parezca. En ese camino de muchas pruebas, escabroso y angosto, debe pulirse el metal y refinarse el oro. Si nos resistimos a seguir ese camino no llegaremos, y perderemos el rumbo, porque nuestro Guía va por el camino que hemos de seguir. Para andar por dicho camino hay que cultivar una relación con Jesús mediante la oración y el estudio diario de la Palabra. Los que yerran en el camino son los que apartan su vista de él. En el camino, Dios provee luz para el tiempo de oscuridad y refugio para el tiempo de prueba.

El salmista nos anima diciendo: "Alzaré mis ojos a los montes. ¿De dónde vendrá mi socorro? Mi socorro viene de Jehová, que hizo los cielos y la tierra" (Sal. 121:1-2).

Bajo la seguridad de la nube

"Jehová iba delante de ellos, de día en una columna de nube para guiarlos por el camino, y de noche en una columna de fuego para alumbrarlos, a fin de que anduvieran de día y de noche".
Éxodo 13:21

DESDE EL PRIMER DÍA QUE EL PUEBLO DE ISRAEL salió de Egipto, Dios iba a su lado. ¿No es Dios demasiado bueno con sus hijos? ¿Por qué se preocupa tanto por nosotros? No solamente proveyó sombra y luz, sino que cuando los enemigos egipcios los tenían entre la espada y la pared, se interpuso entre ellos para que no pudieran destruirlos. Con su poder, abrió el mar Rojo para que cruzaran e hizo a un lado el lodo, para no entorpecer sus pies.

Los israelitas llegaron al desierto de Sin, entre Elim y el monte Sinaí, en término de un mes. A esa altura se les había acabado la provisión de alimentos que habían llevado de Egipto, pero del cielo cayó el milagroso maná, que los sustentó durante cuarenta años.

Cristo era la nube, la columna de fuego, el rocío que caía por la mañana, el maná que satisfizo su necesidad, la roca que destiló agua para saciar su sed y el ángel que los guiaba continuamente. ¿Qué más necesitaba el pueblo si Dios les había dado todo?

Como cristianos, debemos estar bajo la nube, que es Cristo, para no quedar desprotegidos ni perder el camino a la Canaán celestial. Que Dios nos guarde para ser salvos en Cristo Jesús.

Dios es nuestra sombra

"Jehová es tu guardador, Jehová es tu sombra a tu mano derecha.
El sol no te fatigará de día ni la luna de noche. Jehová te guardará
de todo mal, él guardará tu alma". Salmo 121:5-7

MUCHOS DE LOS HECHOS ADVERSOS que ocurren en nuestra vida, se deben a las malas decisiones que hemos tomado nosotros o nuestros antecesores. Si pudiéramos hacer una lista de las veces que tomamos decisiones equivocadas, ¿cuál sería el resultado? Algunos podrían afirmar: "Tenía la seguridad de que mi matrimonio funcionaría"; "creí que este era el negocio de mi vida"; "nunca pensé que venir a este país sería mi desgracia"; "escoger esta profesión fue un error". Ahora, imaginemos cómo sería nuestra vida si Dios, que nunca se equivoca, nos hubiera instruido en el camino que debíamos escoger. ¿Cree usted que las cosas serían diferentes?

La cita bíblica de hoy asegura que nuestro Defensor está a la derecha, listo para intervenir en nuestro favor: "El que habita al abrigo del Altísimo morará bajo la sombra del Omnipotente" (Sal. 91:1). Necesitamos permanecer bajo el abrigo de Aquel que todo lo puede, para quien no hay nada imposible. Estas palabras nos animan a reposar en Dios y poner nuestra confianza en él, porque de otra manera no podemos hacer nada. Solamente al andar en su luz y su verdad estaremos caminando correctamente.

"No obstante las penurias que habían soportado, no había una sola persona enferma en todas sus filas. Los pies no se les habían hinchado en sus largos viajes, ni sus ropas habían envejecido. Dios había subyugado y dominado ante su paso las fieras y los reptiles venenosos del bosque y del desierto" (*Patriarcas y profetas*, cap. 38, p. 404).

Si Dios actuó así con su pueblo en el pasado, también lo hará con nosotros. Solamente necesitamos vivir bajo su sombra y depender totalmente de su presencia. Él multiplica el sustento de cada día, nos libra de muchos peligros y abre puertas que durante mucho tiempo estuvieron cerradas. Para él no hay nada imposible; él conoce el futuro desde el principio de la vida, nos cuida día y noche, y satisface muchas necesidades sin que nos demos cuenta.

El verdadero socorro solamente puede venir del que hizo los cielos y la tierra, y que tiene poder suficiente para auxiliarnos. Que Dios nos ayude a permanecer bajo su sombra.

En el nombre de Dios

"Nuestro socorro está en el nombre de Jehová,
que hizo el cielo y la tierra".
Salmo 124:8

DESDE EL MOMENTO EN QUE EL PECADO entró a este mundo, el sufrimiento y el dolor invadieron a la familia humana. El mal ha dejado sin hogar, paz y felicidad a muchos. Ante la adversidad de la vida, Dios es nuestro socorro, el que mitiga nuestro dolor.

La cita de hoy explica que de no haber sido por Dios, el pueblo de Israel habría perecido, tragado vivo por sus enemigos. Por eso, el salmista alaba al Señor: "¡Bendito sea Jehová, que no nos dio por presa a los dientes de ellos! Nuestra alma escapó cual ave del lazo de los cazadores; se rompió el lazo y escapamos nosotros" (Sal. 124:6-7). Cuanto más grave es la enfermedad, mejor se echa de ver la pericia del médico que la cura. Si Dios es nuestro socorro, ¿por qué nos invade el temor y la angustia? ¿Nos olvidamos de que Dios es nuestro amparo y nuestra fortaleza? Allí está el auxilio, en el brazo de Dios; él es nuestro socorro. Aprendamos a depender menos de los hombres y más de Dios, porque de él viene toda la ayuda, y él no permitirá que nuestros pies resbalen. Él está pendiente de sus hijos y vigila que sus necesidades sean satisfechas. Aunque pasemos por el fuego y crucemos por el agua, nos rescatará para la abundancia.

Si sentimos que nuestra vida está vacía, necesitamos de Dios con urgencia. Todo lo que necesitamos según Dios, no según nosotros, vendrá a la mano de acuerdo con su poder. Nuestro socorro viene de Dios, que hizo los cielos y la tierra. El amor del Creador es tan grande, que nos auxilia a cada instante y vigila nuestros pasos para que no resbalemos en ningún momento. Digamos como el salmista: "¡Dios, Dios mío eres tú! ¡De madrugada te buscaré! Mi alma tiene sed de ti, mi carne te anhela en tierra seca y árida donde no hay aguas […]. Porque has sido mi socorro y así en la sombra de tus alas me regocijaré" (Sal. 63:1, 7).

Demos gracias a Dios por su protección diaria.

Negociar mientras esperamos su venida

"Dijo, pues: 'Un hombre noble se fue a un país lejano para recibir un reino y volver. Llamó antes a diez siervos suyos, les dio diez minas y les dijo: 'Negociad entre tanto que regreso'". Lucas 19:12-13

JESÚS CONTÓ LA PARÁBOLA DE LAS DIEZ MINAS porque la gente pensaba que el reino de Dios se establecería en esa época. Jesús era muy popular y mucha gente lo seguía. En ese momento, el pueblo judío esperaba librarse de la opresión de Roma.

El protagonista de la parábola tenía que irse a un país lejano para recibir un reino y volver. Antes de emprender su viaje, llamó a diez de sus empleados, le dio una mina a cada uno y les dijo: **"Negociad entre tanto que regreso"**. La expresión "negociad" denota acción, trabajo, entrega, crecimiento y progreso. El reino de Dios requiere acción. Lo que Jesús quiso decir fue: "Ocúpate mientras regreso. Trabaja arduamente. Invierte tu tiempo en actividades productivas, y haz de esto algo habitual. Recuerda que lo que negociamos son los recursos de Dios". Por lo tanto, necesitamos la habilidad para producir más. Producir para el reino, no para nosotros. Esa debe ser nuestra ocupación.

Nosotros, los creyentes, somos los siervos de la parábola. Dios nos ha dejado una encomienda. Sabiendo esto, hemos de trabajar para que el reino de Dios se expanda. Multiplicar los talentos que él nos ha dado, ponernos en acción. Trabajar para Dios mientras él viene, porque Dios no tolera la negligencia, la ociosidad ni la pasividad.

De los diez siervos, tres rindieron su informe. Uno de ellos, con una mina ganó diez; el otro, ganó cinco; y el tercero devolvió la mina que recibió. Todos recibieron lo mismo, pero no generaron los mismos resultados. El que multiplicó una mina en diez más, al igual que el que ganó cinco más, representan a quienes se esfuerzan al máximo de su capacidad. Ponen todos sus talentos, recursos, esfuerzos e intereses a fin de que el evangelio llegue a todos los rincones de la tierra. Sin embargo, el que guardó la mina, representa al creyente inactivo, que solamente espera recibir, pero no da; su vida espiritual no tiene fundamento y ni siquiera espera el regreso de su Señor.

Oro para que todos los que hemos recibido a Cristo en nuestro corazón estemos "negociando" mientras esperamos el regreso de nuestro amado Jesucristo.

Un Dios de ganancias

"Aconteció que, al regresar él después de recibir el reino,
mandó llamar ante él a aquellos siervos a los cuales había dado el dinero,
para saber lo que había negociado cada uno". Lucas 19:15

L AS CUENTAS QUE DIOS PIDE son individuales, por eso en la parábola leemos que Dios los llamó para saber lo que había negociado cada uno. Esto quiere decir que la tarea de negociar no es transferible, es una responsabilidad personal. Dios nos pedirá cuentas de lo que hayamos hecho con su tesoro: su Palabra. ¿La estudiamos? ¿La obedecemos? ¿La compartimos con los demás? Como Dios no es un Dios de pérdidas sino de ganancias, hemos de devolverle más de lo que él nos dio.

El que recibió una mina la multiplicó, pues Dios es capaz de multiplicar lo que tenemos: los recursos, los talentos. El reino de Dios es un reino de crecimiento y progreso. Al aumentar las ganancias de lo que Dios nos da, tendremos una recompensa superlativa. Al que ganó más se le concedió más. Pero a aquel que recibió una mina y no negoció, lo poco que tenía le fue quitado.

"Debemos velar, obrar y orar como si este fuera el último día que se nos concede. [...] Solo el día presente es nuestro. Durante esas horas, trabajemos por el Maestro, como si fuera nuestro último día en la tierra. Presentemos todos nuestro planes a Dios, a fin de que él nos ayude a ejecutarlos o abandonarlos según lo indique su Providencia" (*La oración*, cap. 2, p. 27; cap. 14, p. 167).

Los que hagan que el reino de Dios se multiplique, recibirán la parte de los que no lo hicieron. "Les aseguro que a todo el que tiene, se le dará más, pero al que no tiene, se le quitará hasta lo que tiene" (Luc. 19:26, NVI). Dios no desea que seamos perezosos o negligentes, y por eso nos da la oportunidad de trabajar para él. "Nuestra única seguridad consiste en realizar nuestro trabajo cada día según se nos presenta: trabajando, velando, esperando, dependiendo cada momento de la fuerza de Aquel que estuvo muerto y que vive otra vez, que vive para siempre".(*Eventos de los últimos días*, cap. 6, p. 69).

Trabajemos para que el reino de Dios crezca y se cumpla su misión. Oremos pidiendo que el reino de Dios sea establecido para siempre.

Prejuicios que inhabilitan

"Se presentó otro, diciendo: 'Señor, aquí está tu mina,
la cual he tenido guardada en un pañuelo, porque tuve miedo de ti,
por cuanto eres hombre severo que tomas lo que no pusiste
y siegas lo que no sembraste'". Lucas 19:20-21

UN PREJUICIO ES UNA OPINIÓN PRECONCEBIDA, generalmente negativa, acerca de algo o alguien. El prejuicio nos lleva a opinar de lo que no conocemos. Es una actitud suspicaz u hostil hacia una persona. Antes de ver, oír, tocar, conocer, se hace un juicio incorrecto. Eso provoca que el prejuicioso se inhabilite para aceptar la opinión de aquel de quien tiene el prejuicio. Es una actitud errónea y contraria a la voluntad de Dios.

En la parábola de las diez minas, encontramos al siervo que guardó la suya en un pañuelo. Debido a su prejuicio sobre su señor, no hizo nada con lo que recibió; simplemente lo escondió y se apartó de él. Podemos percibir aquí una carencia de acercamiento, de relación personal y amistosa entre el siervo y su señor. El siervo toma sus decisiones basado en preconceptos: "Me parece", "creo que", "a lo mejor". No confía en el dueño y lo percibe como un personaje severo y cruel.

Es fundamental que conozcamos a nuestro Señor. Cuanto más estrecha sea nuestra relación con él, más crecerá nuestra confianza en ese Dios de amor, lleno de misericordia y verdad.

Los prejuicios no nos dejarán crecer en lo espiritual y también evitarán que tengamos buenas relaciones con nuestros semejantes. Aceptar a las personas tal como son crea lazos de amistad. Debemos tratarlas como quisiéramos que nos trataran a nosotros, sin prejuicio alguno, y amando a los menos favorecidos.

Pidamos hoy a Dios que nos libre de todos los prejuicios que tenemos sobre los demás o sobre él; así, nuestra relación nos acercará más al Señor y a nuestros semejantes.

Una sola petición

"Una cosa he demandado a Jehová, esta buscaré:
que esté yo en la casa de Jehová todos los días de mi vida,
para contemplar la hermosura de Jehová
y para buscarlo en su templo". Salmo 27:4

E L DESEO DEL SALMISTA ERA MORAR a la sombra de Dios, estar bajo sus alas y su protección, y permanecer allí todos los días de su vida. En la antigüedad, los sacerdotes tenían su residencia en los atrios del templo, y allí habría deseado David tener también su morada habitual. Para él, lo más importante era estar en la presencia de Dios. Todos los buenos hijos de Dios desean vivir en la casa de su Padre. Alabar a Dios ha de ser la ocupación primordial de cada creyente.

En la tierra nueva se ha edificado un magnífico castillo. Jamás nadie ha visto una mansión más sólida: el techo nunca gotea, las paredes no se agrietan y los cimientos jamás tiemblan. Nunca se ha visto lugar más espléndido. ¿Ha vivido usted alguna vez en una casa como esa? Estoy seguro de que no lo ha hecho. Lo más probable es que no hayamos pensado en construir una casa para vivir durante la eternidad. Construimos casas para vivir aquí, en la tierra, pero el interés por cultivar una relación con Dios queda relegado a una casucha en una ladera donde los vientos nocturnos nos congelan y las lluvias nos inundan. ¿Sorprende que el mundo esté tan lleno de corazones fríos?

No tiene que ser así. No tenemos que vivir al aire libre. Dios no planeó que nuestro corazón vagara como beduino. Dios quiere que entremos, desea que nos alejemos del frío y que vivamos con él. Bajo su techo hay espacio para todos. En su mesa hay un lugar preparado. En su sala hay un cómodo sillón reservado exclusivamente para nosotros. Él quiere que residamos en su morada eterna. ¿Por qué querría darnos un lugar en su casa? Porque él es nuestro Padre.

Cualquier lugar que no sea el suyo, es insuficiente. Cualquier lugar lejos de este, es peligroso. Solamente el hogar edificado por Dios puede proteger nuestro corazón y el Padre celestial quiere que habitemos allí.

El salmista solamente pidió una cosa: tener comunión íntima con Dios. Pidamos lo mismo nosotros: estar al lado de nuestro Padre celestial para siempre.

Seguridad en la morada de Dios

"Él me esconderá en su Tabernáculo en el día del mal;
me ocultará en lo reservado de su morada;
sobre una roca me pondrá en alto".
Salmo 27:5

S I HAY ALGO QUE NECESITAMOS PEDIR A DIOS, es vivir permanentemente en su morada, escondidos en su Tabernáculo, cimentados en la Roca de los siglos, que es Jesucristo. Si las perplejidades nos hacen la vida difícil, Dios nos asegura un refugio en él. Bajo su gracia y su gran misericordia, las dificultades se amortiguan y el corazón herido encuentra paz en Cristo. Desechemos cualquier pensamiento que nos haga creer que Dios se ha alejado de nosotros, pues él está a nuestro lado.

Moisés lo sabía, y por eso oró: "Señor, tú nos has sido refugio de generación en generación" (Sal. 90:1). Qué pensamiento más reconfortante: ¡Dios como nuestro hogar! ¿Conoce usted su casa? No necesita que le digan dónde está su dormitorio; no necesita que le digan cómo llegar a la cocina. Después de un día difícil por el mundo, es tranquilizante volver a casa, un lugar que conocemos bien. Así como nuestra casa terrenal es un lugar de refugio, la Casa de Dios es un lugar de paz, porque nunca será saqueada, ni serán derrumbadas sus paredes. Dios es nuestra morada. Él quiere que estemos bajo su techo ahora y siempre. Quiere ser nuestro guía, nuestro punto de referencia, nuestro hogar. Su Hijo prometió: "El que me ama, mi palabra guardará; y mi Padre lo amará, y vendremos a él y haremos morada con él" (Juan 14:23).

El salmista también dijo: "Jehová es mi fortaleza y mi escudo; en él confió mi corazón y fui ayudado, por lo que se gozó mi corazón. Con mi cántico lo alabaré" (Sal. 28:7). Podemos contar con la protección de Dios en cualquier circunstancia. Independientemente de qué situación esté oprimiéndonos, él es nuestra fortaleza y escudo. Como creyentes, necesitamos confiar plenamente en nuestro Dios, creer que en los tiempos malos y dificultosos, él nos toma de la mano para cruzar el río, va a nuestro lado para librarnos del peligro y nos levanta cuando caemos.

Demos gracias a Dios por su protección, y pidamos que en medio de las dificultades nos esconda en su Tabernáculo.

Gracia ante los ojos de Dios

*"Si he hallado gracia a tus ojos, te ruego que me muestres
ahora tu camino, para que te conozca y halle gracia
a tus ojos; y mira que esta gente es tu pueblo".*
Éxodo 33:13

MOISÉS HALLÓ GRACIA ANTE LOS OJOS al acercarse humildemente delante de Dios cara a cara. Dios le dijo: "Yo te he conocido por tu nombre y has hallado también gracia a mis ojos" (Éxo. 33:12). Hallar gracia ante los ojos de Dios es algo muy especial, porque así es como él nos acepta para su reino eterno, permanece a nuestro lado, conduce nuestra vida por el camino recto y nos libra de todo mal. Significa también ser aceptados como sus hijos sin merecerlo, sin que haya mérito alguno en nosotros. Él se acerca, perdona nuestros pecados, nos limpia de maldad y nos dice: "Venid a mí todos los que estáis trabajados y cargados, y yo os haré descansar" (Mat. 11:28).

Cuando nuestro Señor Jesucristo ascendió hacia el Calvario por la vía dolorosa de Jerusalén, Simón de Cirene lo ayudó a llevar la cruz. Al llegar allí, Jesús vio a otros que iban a ser crucificados con él. Pusieron su cruz en medio de ellos; aquellos gemían de dolor por el maltrato que estaban recibiendo, Jesús gemía de dolor porque estaba separado de su Padre. Cuando los crucificaron, uno de los malhechores injuriaba a Jesús diciendo: "'¿Eres tú el Cristo? Pues, sálvate a ti mismo, y sálvanos a nosotros'". El otro dijo: "'Señor, acuérdate de mí cuando vengas en tu reino'. Entonces Jesús le contestó: 'Te aseguro hoy, estarás conmigo en el paraíso'" (Luc. 23:39, 42-43, Nueva Reina Valera, Versión Siglo XXI). Jesús tuvo compasión de él, y por esa compasión recibió la seguridad de la vida eterna.

El apóstol Pablo describió la gracia de Dios como el poder que lo restauró y como el medio para llegar a ser apóstol de Jesucristo. "Por la gracia de Dios soy lo que soy; y su gracia no ha sido en vano para conmigo, antes he trabajado más que todos ellos; aunque no yo, sino la gracia de Dios que está conmigo" (1 Cor. 15:10). Cuando la gracia nos alcanza, nos transforma, somos redimidos y quedamos bajo el abrigo del Altísimo. "El corazón que responda a la gracia de Dios será como un jardín regado. Su salud brotará rápidamente; su luz saldrá en la oscuridad, y la gloria del Señor lo acompañará" (*El Deseado de todas las gentes*, cap. 36, p. 319).

No dejemos de orar para que Dios nos imparta la fuerza y la gracia a fin de resistir cada tentación. Que la gracia de Cristo cubra nuestra vida.

Compasión por sus obreros

*"Los apóstoles se reunieron con Jesús y le contaron lo que habían hecho
y enseñado. Y, como no tenían tiempo ni para comer, pues era tanta la gente que
iba y venía, Jesús les dijo: 'Vengan conmigo ustedes solos a un lugar tranquilo
y descansen un poco'".* Marcos 6:30-31, NVI

JESÚS ENVIÓ A SUS DOCE APÓSTOLES, de dos en dos, a predicar el evangelio del reino. Ellos se esparcieron por todas partes en la región de Galilea para cumplir la misión. Durante varias semanas estuvieron predicando hasta que llegó el momento de regresar para informarle al Maestro lo que habían hecho y enseñado. Pedro, Jacobo y Juan eran los más efusivos en sus informes. Pedro quizá informó:

"Señor, bauticé a cincuenta personas en Magdala, levanté a veinte cojos, ayudé a cinco ciegos a que recobraran la vista y saqué a treinta demonios. Pero Señor, muchas veces nos quedamos sin comer y dormir, y padecimos muchas carencias".

Jesús, debió mirarlos con amor y compasión. Al verlos cansados, les pidió que lo acompañaran a un lugar desierto para que descansaran un poco.

Llegaron a la orilla del lago, tomaron una barca que tenían lista, porque antes Jesús les había dicho que lo hicieran así. Entonces tomaron la barca de Zebedeo, padre de Jacobo y Juan, para cruzar el lago de Galilea y partir de Capernaúm en una travesía de cinco kilómetros.

Fue así que Jesús los invitó a un retiro espiritual al desierto, cerca de la aldea de Betsaida, la ciudad de Pedro, Andrés y Felipe. Ellos se alegraron pues tendrían la oportunidad de saludar a su familia. En aquel lugar apartado, había mucha vegetación porque era primavera y había llovido.

La compasión de Jesús por sus obreros es tan grande, que aparta tiempo para estar con ellos a fin de que ellos obtengan una mejor comprensión del mensaje y puedan impartirlo con mayor eficacia. Cristo toma en cuenta la pesadumbre de unos y la fatiga de otros y les provee el alivio adecuado: descanso para los fatigados y refugio para los desamparados.

No estamos solos, Jesús está a nuestro lado. Nos escucha con mucha atención, nos llena de fuerzas y de valor. Sana nuestras enfermedades y nos llena de su Santo Espíritu. Es Cristo Jesús nuestro fiel compañero, quien endereza nuestros pasos, afirma nuestra fe y nos guía a un puerto seguro: la patria celestial.

Compasión por las multitudes

"Salió Jesús y vio una gran multitud, y tuvo compasión de ellos,
porque eran como ovejas que no tenían pastor;
y comenzó a enseñarles muchas cosas".
Marcos 6:34

CUANDO LA GENTE SUPO HACIA DONDE SE DIRIGÍA JESÚS, corrió por la orilla del mar. Los niños iban delante de los padres; los cojos, los ciegos y los demás enfermos eran llevados por sus familiares, algunos en camellos, otros en camillas o cargados en las espaldas. Aquellas personas se trasladaron tan rápido, que llegaron antes que Jesús. Cuando el Señor llegó al lugar, subió a una colina y se sentó con sus discípulos. De pronto, la multitud se amontonó a su alrededor y Jesús tuvo compasión de ellos. Entonces, empezó a enseñarles y a sanar a los enfermos.

Cuando estaba anocheciendo, los discípulos notaron que había un problema: "'Este es un lugar apartado y ya es muy tarde. Despide a la gente, para que vayan a los campos y pueblos cercanos y se compren algo de comer'. 'Denles ustedes mismos de comer' —contestó Jesús—. '¡Eso costaría casi un año de trabajo! —objetaron—. ¿Quieres que vayamos y gastemos todo ese dinero en pan para darles de comer?'" (Mar. 6:35-37, NVI).

Felipe buscó una solución humana al problema de la alimentación, aunque tenía frente a él al Dador de la vida. Olvidó que la presencia de Jesús satisface cualquier necesidad y pensó en cómo resolver el problema que se les había presentado sin contar con la ayuda del Maestro. Su pensamiento lo llevó a buscar soluciones humanas en lugar de recurrir al poder del cielo. Pensó en el dinero y no en el poder de Dios.

Al ver la compasión que tuvo Jesús por los necesitados y afligidos, y su deseo de satisfacer las necesidades humanas, nos damos cuenta de que esa compasión salía de lo profundo del corazón. Cuando era movido por la compasión, la ilimitada ternura de Dios se revelaba. Él no podía ver, ni puede ver a nadie padecer sin desear librarlo de su padecimiento. Jesús se compadece de los que sufren pérdidas humanas. Le embarga un deseo irreprimible de enjugar las lágrimas de todos los ojos sufrientes.

Seamos compasivos con los que sufren. Siguiendo el ejemplo de Jesús, expresemos compasión de corazón.

La merienda de un niño

*"Uno de sus discípulos, Andrés, hermano de Simón Pedro, le dijo:
'Aquí hay un muchacho que tiene cinco panes de cebada y dos pescados;
pero, ¿qué es esto para tantos?'".*
Juan 6:8-9

UNO DE LOS APÓSTOLES, ANDRÉS, supuso que el poder de Jesús podía ayudarlos, aunque tenía dudas, y fue así que le habló a Jesús del niño que llevaba los panes y los pescados.

Aquel muchacho estaba cerca de Andrés, y había llevado su merienda, pero emocionado con las enseñanzas de Jesús, olvidó comer. Andrés había visto la comida del jovencito. El pan de cebada era el alimento básico de los pobres y de los pescadores de Galilea, porque costaba la tercera parte de lo que valía el pan de trigo, que era el que comían los ricos. La palabra "pescados" hace referencia a pescados secos o preparados con un poco de salsa encima para remojar el pan. Andrés tenía la certeza de que, si Jesús tocaba los panes y los pescados, el problema de la alimentación de las más de cinco mil personas quedaría resuelto. Y es que Jesús bendice todo lo que toca.

No debemos preocuparnos por lo poco que tenemos para comer en este día o por el poco dinero que nos queda. Así como nuestro Señor Jesucristo tomó la merienda de un muchacho y al bendecirla la multiplicó para dar de comer a una gran multitud, de igual manera hará con nosotros y con lo que tenemos. Miremos a Jesús, él es la vida, es el pan que descendió del cielo. Coloquemos nuestra vida en sus manos, permitamos que nos bendiga y llene nuestro corazón de su presencia. Porque cuando Jesús habita en el corazón, tenemos la paz y la seguridad de su bendición.

El toque de Jesús es poder, es bendición, es multiplicación. Tocó los ojos del ciego, fuera de la aldea de Betsaida, y fueron abiertos (ver Mar. 8:23). Extendió su mano y tocó al leproso: "'Señor, si quieres, puedes limpiarme'. Jesús entonces, extendiendo la mano, lo tocó, diciendo: 'Quiero, sé limpio'" (Luc. 5:12-13). Tocó el féretro del hijo de la viuda de Naín, y resucitó (ver Luc. 7:14).

Todos los que son tocados por Jesús quedan transformados. Los pensamientos y sentimientos son renovados. Alabemos a Dios en este día por su toque maravilloso.

Comerán y sobrará

"Llegó entonces un hombre de Baal-salisa,
el cual trajo al hombre de Dios primicias de pan,
veinte panes de cebada, y trigo nuevo en su espiga. Y Eliseo dijo:
'Da a la gente para que coma'". 2 Reyes 4:42

E N LOS TIEMPOS DEL PROFETA ELISEO, Dios provocó una hambruna que duró siete años. Escaseó el dinero y el trabajo. Los hijos de los profetas de la escuela de Gilgal comenzaron a sufrir por falta de comida. Providencialmente, llegó un hombre de Baal-salisa, y les llevó pan como primicias de la cosecha de su tierra: veinte panes de cebada y trigo para la comida de los demás días. "El Señor tiene sus hombres para momentos oportunos, como el hombre que trajo la comida para los hijos de los profetas" (*Testimonios para la iglesia*, t. 6, p. 464).

Eliseo dijo entonces: "'Da a la gente para que coma'. Su sirviente respondió: '¿Cómo podré servir esto a cien hombres?'. Pero Eliseo insistió: 'Da a la gente para que coma, porque así ha dicho Jehová: 'Comerán y sobrará'. Entonces el criado les sirvió, ellos comieron y les sobró, conforme a la palabra de Jehová" (2 Rey. 4:42-44).

Así es como Dios obra para satisfacer las necesidades humanas. "Si tuviéramos un discernimiento espiritual más claro, de modo que pudiéramos reconocer más prontamente el trato misericordioso y compasivo de Dios con su pueblo, obtendríamos una rica experiencia" (*Ibíd.*).

Necesitamos más fe, porque es la mano espiritual la que toca lo infinito. Si ejercemos una fe profunda en Cristo, comeremos y sobrará, porque así lo ha dicho el Señor.

"La gracia de Dios derramada sobre una porción pequeña es lo que la hace bastar para todos. La mano de Dios puede multiplicarla cien veces. Con sus recursos, puede extender una mesa en el desierto. Por el toque de su mano, puede aumentar las provisiones escasas y hacerlas bastar para todos. Fue su poder lo que multiplicó los panes y el cereal en las manos de los hijos de los profetas" (*Profetas y reyes*, cap. 19, p. 163).

Si Dios cumple sus promesas. Es un Dios que satisface toda necesidad, y si creemos en su palabra, nada nos faltará. Todo lo que tenemos podrá ser multiplicado, y seremos sustentados de diversas maneras.

Acerquémonos hoy a Dios confiadamente, creyendo que todo lo que nos haga falta, él lo proveerá en su gran misericordia.

Canales de bendición

"Tomó Jesús aquellos panes y, después de dar gracias,
los repartió entre los discípulos, y los discípulos entre los que estaban recostados;
de igual manera hizo con los pescados, dándoles cuanto querían". Juan 6:11

CUANDO ALIMENTÓ A LOS CINCO MIL, Jesús invitó a sus discípulos a participar con él en la bendición de distribuir el pan y los peces entre los congregados. Los apóstoles fueron testigos de cómo no se agotaban los recursos. Cuanto más repartían, más alimento había. Ellos mismos eran canales de esa bendición; llevaban en sus manos alimentos que Jesús había tocado, miraban cómo la gente se satisfacía y a medida que pedían más, el alimento seguía fluyendo. Así es Cristo Jesús, su sustento no tiene límites, su bendición es inagotable (Juan 14:13).

Así como mediante los discípulos el alimento llegó a los hambrientos, Dios espera bendecir a otros a través de nosotros. Es nuestra tarea ser canales de bendición para los demás y testigos de los milagros de Dios para los necesitados. Dios nos invita a dirigir las mentes de otros hacia Jesús, orientarlos y ayudarlos a salir de la esclavitud del mal. Los genuinos colaboradores de Dios impartirán el pan espiritual a los hambrientos que esperan recibir la promesa de la vida eterna y el sustento de su Palabra, que los fortalecerá hasta la segunda venida de Cristo.

Un canal de bendición es como un río de aguas vivas que calma la sed, como el rocío de la mañana que alegra los montes, o la cascada de aguas frías que calma la ansiedad. Así es todo aquel que colabora con Dios al ayudar al necesitado y vestir al desnudo. Nuestro estilo de vida debe influenciar a los demás, nuestro comportamiento debe llevar el mensaje de que somos cristianos. Ahora bien, todas las bendiciones provienen de Dios, no de nosotros mismos; por eso, al recibirlas, debemos compartirlas a fin de glorificar a nuestro Padre celestial.

¿Qué estamos haciendo para dejar una huella en la vida de los demás? ¿De qué manera podemos dar sabor a la vida de otros? Seamos un canal de bendición como lo fueron los discípulos.

Abundancia y ahorro

*"Una vez que quedaron satisfechos, dijo a sus discípulos:
'Recojan los pedazos que sobraron, para que
no se desperdicie nada'".* Juan 6:12, NVI

EN LA ECONOMÍA DE DIOS, sus bendiciones no se desperdician, sino que se comparten con los más necesitados. A pesar de su capacidad de producir recursos infinitos, Jesús recomendó el ahorro: "Recojan los pedazos que sobraron, para que no se desperdicie nada" (Juan 6:12, NVI). En este mundo, muchos están acostumbrados a dilapidar sus recursos. Muchos malgastan sus ingresos adquiriendo cosas que no necesitan. Además, solemos desperdiciar la comida, el agua y hasta nuestro tiempo. En algunos países, en un año se entierran más de 30 millones de toneladas de desperdicios de comida y alrededor de 250 millones de toneladas de desechos en los basureros.

Los recursos de Dios son valiosos, no solamente en tiempos de escasez, sino también en los de abundancia. Dios no ha dejado de saciar cada apetito y satisfacer cada necesidad. La sociedad de consumo en la que estamos inmersos nos incita, paradójicamente, por un lado a consumir y por el otro a desperdiciar. Sin embargo, el Señor prefiere "que no se desperdicie nada".

"Cuando se recogieron los cestos de fragmentos, la gente se acordó de sus amigos en casa. Querían que ellos participaran del pan que Cristo había bendecido. El contenido de los canastos fue distribuido entre la ávida muchedumbre y llevado por toda la región circundante. Así también los que estuvieron en el festín debían dar a otros el pan del cielo para satisfacer el hambre del alma. Habían de repetir lo que habían aprendido sobre las cosas admirables de Dios. Nada había de perderse. Ni una sola palabra concerniente a su salvación eterna había de caer inútilmente al suelo" (*El Deseado de todas las gentes*, cap. 39, pp. 340-341).

Esta historia nos enseña que debemos depender absolutamente de Dios. Él es la fuente de todo: de la vida, el sustento, el consuelo y la fuerza espiritual y física. Cuando logramos percibir correctamente el valor de todo lo que Dios nos ha dado y lo usamos correctamente, podemos estar seguros de escuchar estas palabras: "Sobre poco has sido fiel, sobre mucho te pondré; entra en el gozo de tu señor" (Mat. 25:23).

Más que palabras

"Ustedes son la luz del mundo. Una ciudad en lo alto de una colina no puede esconderse". Mateo 5:14, NVI

NOEMÍ Y ELIMELEC, JUNTO A SUS DOS HIJOS, Malón y Quelión, se mudaron de Belén de Judá a los campos de Moab debido a una gran sequía en Palestina que provocó escasez de cosechas y una gran hambruna. La distancia que recorrieron hasta Moab equivalía a varios días de camino alrededor del Mar Muerto. Moab era una tierra fértil, de ganadería y agricultura.

Noemí pasó por difíciles pruebas. Ella y su familia vivieron en Moab durante diez años. En ese tiempo murió su marido y también sus dos hijos, quienes se habían casado en Moab, uno con Orfa y el otro con Rut, ambas moabitas. Las tres mujeres se quedaron solas y tenían que buscar cómo sobrevivir. A Noemí le llegó la noticia de que el hambre ya había cesado en las tierras de Palestina y se comenzaban a recoger buenas cosechas. Entonces, Noemí dijo a sus nueras: "Andad, volveos cada una a la casa de su madre. Que Jehová tenga de vosotras misericordia, como la habéis tenido vosotras con los que murieron y conmigo" (Rut 1:8).

Durante los diez años en Moab, Noemí hizo un trabajo misionero excepcional. No perdió el tiempo y aprovechó cada oportunidad de testificar de Dios. Les habló de él a sus hijos y a sus nueras, predicó con su testimonio, con una vida piadosa, con un trato social lleno de amor y misericordia. Noemí amaba mucho a sus nueras y lo demostraba. Orfa y Rut, al ser moabitas, tenían una cultura, prácticas y costumbres distintas a las de sus maridos, sin embargo, Noemí jamás intentó cambiárselas, sino que convivió con ellas sin perder sus creencias y mostró amor hacia Dios y hacia ellas. Una de las características más admirables de Noemí fue su actitud para socializar con personas que tenían otras formas de pensamiento. Cuando llegaba el momento de orar, de acuerdo a la costumbre hebrea, ella se apartaba para hacerlo; cuando llegaba el momento de recibir el sábado, ella lo hacía con sus hijos y su marido. Luego de que ellos murieron, llevaba a cabo todas esas costumbres sin decirles a sus nueras que tenían que hacer lo mismo.

Las acciones valen más que las palabras. Nuestro testimonio es más poderoso que lo que hablamos. Que nuestra vida hable de Cristo.

Un testimonio fiel

"Regresó Noemí, y con ella su nuera, Rut, la moabita.
Salieron de los campos de Moab y llegaron
a Belén al comienzo de la cosecha de la cebada". Rut 1:22

NOEMÍ ERA UNA MUJER DE FE, piedad, humildad y laboriosidad; y cuando decidió ir a Belén de Judea, les pidió a sus dos nueras que regresaran con sus padres. La costumbre hebrea requería que cuando una mujer quedaba viuda y estaba entrada en años, era deber de sus familiares cuidar de ella. Noemí fue una suegra ejemplar, un ejemplo digno de ser emulado. Ella quería lo mejor para sus nueras, y por eso insistió en que regresaran a sus hogares originales y se casaran de nuevo, a fin de que tuvieran descanso y paz en sus vidas.

En la vida de Noemí se reflejaba la semejanza de Cristo. Elena G. de White menciona que buscar el bienestar de otros es "la ley de la vida para la tierra y el cielo" (*El Deseado de todas las gentes*, cap. 1, p. 12). No hay mayor poder que la influencia ejercida por una vida abnegada. "Un cristiano bondadoso y cortés es el argumento más poderoso que se pueda presentar en favor del cristianismo" (*Obreros evangélicos*, cap. 22, p. 128). Por eso, se dice que "nuestra vida habla más que nuestras palabras".

Rut no se imaginaba separada de aquella mujer cuya belleza de carácter le había inspirado altos ideales, y le había dado algo que hacía la vida digna de ser vivida. Había descubierto que era la fe de Noemí lo que hacía de ella una mujer tan admirable. Resueltamente, Rut expresó su decisión por el verdadero Dios: "Tu pueblo será mi pueblo y tu Dios, mi Dios" (Rut 1:16). El único conocimiento que Rut tenía del Dios verdadero era el que había visto reflejado en Noemí. Dios siempre se revela de ese modo a los hombres: mediante la demostración del poder de su amor en la vida de los que han decidido servirle. El poder transformador del amor divino es el mejor argumento en favor de la verdad. Sin él, nuestra vida religiosa será como "metal que resuena o címbalo que retiñe" (1 Cor. 13:1).

Oremos a Dios pidiéndole que transforme nuestra vida en un testimonio tan fiel como fue la de Noemí.

Una vida convertida

"Donde tú mueras, moriré yo y allí seré sepultada.
Traiga Jehová sobre mí el peor de los castigos, si no es
solo la muerte lo que hará separación entre nosotras dos".
Rut 1:17

RUT CONOCIÓ A DIOS A TRAVÉS DE NOEMÍ. Creyó en el Dios de Noemí, el Dios del pueblo de Israel, un Dios creador, todopoderoso, que hizo muchos milagros en favor de su pueblo y que no escatima en bendiciones para todo aquel que le sirve y le obedece con fe.

Cuando llegó al campo de Booz, Rut halló gracia delante de él. Booz, reconociendo el sacrificio de Ruth, le dijo: "He sabido todo lo que has hecho con tu suegra después de la muerte de tu marido, y cómo has dejado a tu padre y a tu madre, y la tierra donde naciste, para venir a un pueblo que no conocías" (Rut 2:11).

Únicamente una persona convertida puede hacer lo que hizo Rut: dejar absolutamente todo para aceptar a Dios. Las Escrituras muestran que ella era una mujer obediente, algo que se hace evidente por ejemplo en lo que le dijo a su suegra: "Haré todo lo que tú me mandes" (Rut 3:5). Además, Booz dijo de ella: "Toda la gente de mi pueblo sabe que eres mujer virtuosa" (vers. 11). Las mujeres del pueblo le dijeron a Noemí: "Tu nuera, que te ama, lo ha dado a luz, y ella es de más valor para ti que siete hijos" (Rut 4:15).

Sin lugar a dudas, Rut aceptó a Dios con todos los principios y creencias que eso conllevaba. Al llegar a Belén, una tierra extraña, subyugó su corazón. Con las fuerzas provenientes de Dios, pudo cruzar barreras culturales y vencer toda resistencia familiar, hasta conseguir la bendición de tener un hogar bien cimentado. Como si eso hubiera sido poco, también logró ser parte del linaje de Jesús, porque aceptó de todo corazón pertenecer a ese pueblo y amar a Dios sobre todas las cosas. El *Comentario bíblico adventista* (t. 2, p. 432) nos dice lo que Elena G. de White señala al respecto: "En Rut había ocurrido un cambio durante su trato con Noemí, y sabía que estaría más contenta y se sentiría más en casa en la extraña tierra de Israel que en su terruño de Moab, entre sus amigos de siempre. El conocimiento del verdadero Dios liga los corazones humanos con vínculos más estrechos que los de raza o familia".

Pidamos a Dios en profunda oración, una transformación total de nuestro ser y una entrega sin reservas.

Pedir lo necesario

"Aquella noche se le apareció Dios a Salomón y le dijo:
'Pídeme lo que quieras que yo te dé'".
2 Crónicas 1:7

S ALOMÓN TENÍA MUCHOS PROBLEMAS sociales en su reino y necesitaba la ayuda de Dios, pero cuando el Señor le dijo que podía pedirle lo que quisiera, el monarca respondió: "Tú has tenido con David, mi padre, gran misericordia, y a mí me has puesto por rey en lugar suyo" (2 Crón. 1:8). Con estas palabras, Salomón reconoció que la misericordia de Dios está por sobre todas las cosas y que gracias a esa misericordia se había convertido en el rey de Israel. Únicamente pidió lo indispensable: sabiduría y ciencia para dirigir. Al comienzo de su reinado, antes de sentarse en el trono, Salomón buscó el reino de Dios y su justicia.

Al contrario de Salomón, Jacobo y Juan le pidieron a Jesús algo innecesario. "'Maestro —le dijeron—, queremos que nos concedas lo que te vamos a pedir'. '¿Qué quieren que haga por ustedes?'. 'Concédenos que en tu glorioso reino uno de nosotros se siente a tu derecha y el otro a tu izquierda'" (Mar. 10:35-37, NVI). Ellos pidieron gloria en lugar de misericordia. Sus necesidades primordiales no eran amor, compresión y unidad, sino gloria y poder. Pedir lo que no conviene nos podría llevar al fracaso, pues lo que necesitamos realmente es humildad, consagración, fidelidad y una relación diaria con Dios. Necesitamos decirle a Jesús, como le dijeron los caminantes a Emaús: "Quédate con nosotros, porque se hace tarde y el día ya ha declinado" (Luc. 24:29).

Si pedimos a Dios lo que realmente necesitamos, él nos lo concederá porque conoce nuestras necesidades. Nunca faltará el favor de Dios a quienes sinceramente lo desean y lo piden con fe. Los que ponen su corazón en las cosas de este mundo pierden lo eterno; pero aquellos que ponen la mira en las cosas de arriba no solo obtendrán bendiciones terrenales, sino también celestiales. Pablo afirma: "La piedad para todo aprovecha, pues tiene promesa de esta vida presente y de la venidera" (1 Tim. 4:8).

Él cierra y abre puertas

"Dijo luego Jehová a Noé: 'Entra tú y toda tu familia en el arca, porque solo a ti he visto justo delante de mí en esta generación'".
Génesis 7:1

LOS ÁNGELES DE DIOS DIRIGIERON LA ENTRADA de los animales y las aves al arca en perfecto orden, siete días antes de que cayera el diluvio sobre la tierra como consecuencia de la maldad y la corrupción imperantes. Luego, Dios ordenó a Noé que entrara con toda su familia en el arca. Cuando todo estaba en orden, Dios cerró la puerta (ver Gén. 7:16). Durante siete días soportaron a los burladores que se gozaban diciendo que el mensaje de Noé era un engaño, porque no sucedía nada fuera de lo común; pero al final de los siete días vino el juicio sobre la tierra y todo fue destruido por el agua.

"La maciza puerta, que no podían cerrar los que estaban dentro, fue puesta lentamente en su sitio por manos invisibles. Noé quedó adentro y los que habían desechado la misericordia de Dios quedaron afuera. El sello del cielo fue puesto sobre la puerta; Dios la había cerrado, y solamente Dios podía abrirla" (*Patriarcas y profetas*, cap. 7, p. 76).

Si esa puerta (que representa la puerta de la misericordia que será cerrada antes de la segunda venida de Cristo) hubiera sido cerrada por Noé, los hombres malvados habrían podido abrirla para hacer mal, pero Dios no lo permitió. Él es el único capaz de abrir puertas de oportunidad y cerrar las puertas ante el peligro y la muerte; así como fue capaz de abrir las puertas de la cárcel para que el apóstol Pedro fuera liberado, aun cuando estaba custodiado por dieciséis soldados.

Cuando los juicios de Dios comiencen a caer sobre la tierra, los hijos de Dios estarán encerrados en grandes pruebas, en vicisitudes opresoras, pero él los librará con su poder, abrirá las puertas y los ángeles los guiarán a la Canaán celestial. Al igual que Dios hizo con Noé, como premio a su fidelidad e integridad, pues salvó con él a todos los miembros de su familia. "La tierra será otra vez barrida por la asoladora ira de Dios, y el pecado y los pecadores serán destruidos" (*Ibíd.*, p. 78). Antes de que el diluvio de fuego venga sobre la tierra, el Señor nos llama a un genuino arrepentimiento y una aceptación de Cristo como único Salvador. Dejemos nuestra causa en las manos de Dios.

Una puerta que nadie puede cerrar

"Yo conozco tus obras. Por eso, he puesto delante de ti una puerta abierta, la cual nadie puede cerrar, pues aunque tienes poca fuerza, has guardado mi palabra y no has negado mi nombre". Apocalipsis 3:8

DIOS HA ABIERTO LA PUERTA DEL EVANGELIO para que todos creamos en él y lleguemos al conocimiento de la verdad. Allí está la gracia de la salvación, a disposición de todos los que deseamos ser salvos en Cristo. No permanecerá mucho tiempo abierta, pronto se cerrará por una mano invisible. "De esa puerta brota luz, y si queremos podemos recibirla. Miremos hacia esa puerta abierta, y procuremos recibir todo lo que Cristo quiere otorgarnos" (*Testimonios para la iglesia*, t. 9, cap. 18, p. 147).

Cruzando esa puerta está el trono de la gracia; podemos acercarnos a él libremente llevando nuestras peticiones.

"El Testigo Fiel y Verdadero nos ha dado la seguridad de que ha puesto ante nosotros una puerta abierta que nadie puede cerrar. A los que están procurando ser fieles a Dios se les pueden negar muchos privilegios del mundo. Quizá su camino sea obstruido y su obra estorbada por los enemigos de la verdad, pero no hay poder capaz de cerrar la puerta de comunicación entre Dios y sus hijos fieles. Solo puede hacerlo el cristiano por su indulgencia respecto del pecado, o por rechazar la luz del cielo. Puede apartar sus oídos para no escuchar el mensaje de verdad, y así cortar la conexión entre Dios y su corazón [...]. Ni el hombre ni Satanás pueden cerrar la puerta que Cristo ha abierto para nosotros" (*Review and Herald*, 26 de marzo de 1889).

El apóstol Pablo nos insta: "Hermanos, tenemos libertad para entrar en el Lugar Santísimo por la sangre de Jesucristo [...]. Acerquémonos, pues, con corazón sincero, en plena certidumbre de fe, purificados los corazones de mala conciencia y lavados los cuerpos con agua pura" (Heb. 10:19, 22).

Lo cierto es que la entrada está a nuestro alcance. Cada vez que seamos tentados o desanimados, acerquémonos a ella. Ningún poder puede impedirnos mirar al cielo, ver a través de la puerta abierta a Cristo, nuestro Redentor. Él nos ha dado suficiente luz para buscarlo, asirnos de su mano poderosa, recibir su perdón, la limpieza de nuestros corazones y para ser declarados hijos del Padre celestial. "Si únicamente comprendiéramos que la gloria de Dios nos rodea, que el cielo está más cerca de la tierra de lo que suponemos, tendríamos un cielo en nuestros hogares mientras nos preparamos para el cielo de arriba" (*Nuestra elevada vocación*, p. 133).

Acerquémonos a Dios cada día, y él nos mirará con misericordia desde esa puerta abierta.

Libre albedrío

*"Me buscarán y me encontrarán
cuando me busquen de todo corazón".*
Jeremías 29:13, NVI

L A VIDA CONSISTE EN TOMAR DECISIONES y en aceptar los resultados de ellas. Aunque no elegimos nacer o morir, sí elegimos cómo vivir: qué comemos, con quién casarnos, qué carrera estudiar, quiénes serán nuestros amigos, en qué lugar vivir, etcétera. Dios facultó al hombre con el poder de decidir. Si actuamos mal o bien es nuestra decisión. Con todo, somos débiles moralmente, esclavos de la duda y estamos dominados por nuestros hábitos. Nuestras resoluciones son tan frágiles como telarañas. No somos capaces de gobernar nuestros pensamientos, impulsos y sentimientos, a menos que Dios intervenga en nuestra vida. Para nuestro consuelo, él afirma que si lo buscamos de todo corazón, podremos hallarlo.

Al respecto, Elena G. de White afirma: "Lo que necesitas es tomar conciencia del verdadero poder de la voluntad. Este es el poder gobernante en la naturaleza del ser humano, la facultad de decidir o elegir. Todo depende de la correcta acción de la voluntad. Dios nos dio a los seres humanos la capacidad de elegir; así que nos toca ejercerla. Tú no puedes cambiar tu corazón, ni entregar por ti mismo tus afectos a Dios, pero puedes elegir servirle. Puedes entregarle tu voluntad para que él produzca en ti tanto 'el querer como el hacer, por su buena voluntad'" (*El camino a Cristo*, cap. 5, p. 72).

Un hombre sabio que vivía en una montaña, tenía la reputación de contestar correctamente cualquier pregunta. Un joven escéptico, al enterarse, pensó: "Iré a verlo, y le haré una pregunta que no podrá contestar correctamente. Tendré oculto en la mano un pajarillo. Le preguntaré si lo que tengo en la mano está vivo o está muerto. Si dice que está muerto, abriré la mano para que el pajarillo vuele. Si dice que está vivo, apretaré la mano y el pajarillo caerá muerto. En ambos casos se habrá equivocado en su respuesta". Acompañado por un grupo de incrédulos, se dirigió a la choza del anciano y le hizo la pregunta. El hombre se quedó pensando un momento, y luego contestó: "Hijo, eso depende de ti".

Como el joven del relato, nuestro destino también está en nuestras manos. El Señor nos dice: "Yo he puesto delante de ti hoy la vida y el bien, la muerte y el mal, porque yo te mando hoy que ames a Jehová, tu Dios, que andes en sus caminos y guardes sus mandamientos [...], para que vivas y seas multiplicado, y Jehová [...] te bendiga en la tierra a la cual vas a entrar para tomarla en posesión. Pero si tu corazón se aparta [...] pereceréis" (Deut. 30:15-18).

Ante esta gran responsabilidad que todos tenemos, ¿qué decisiones tomaremos hoy?

Una elección efectiva

"No me elegisteis vosotros a mí, sino que yo os elegí a vosotros y os he puesto para que vayáis y llevéis fruto, y vuestro fruto permanezca; para que todo lo que pidáis al Padre en mi nombre, él os lo dé". Juan 15:16

DIOS NOS ELIGIÓ DESDE ANTES de la fundación del mundo para que fuéramos santos y sin mancha delante de él (ver Efe. 1:4). Por su propia decisión, el ser humano cayó en el pecado y Dios una vez más salió a nuestro encuentro para restaurar su imagen en nosotros. Sin embargo, la elección de Dios no es incondicional: "Todo el que quiera humillarse como un niñito, que quiera recibir y obedecer la Palabra de Dios con la sencillez de un niño, estará entre los elegidos de Dios" (*Comentario bíblico adventista*, t. 6, p. 1114). Siendo fieles podemos demostrar que somos los elegidos de Cristo. Podemos responder a su elección y llamamiento obedeciendo su Palabra y guardando sus mandamientos.

Cuando nos convertimos en elegidos de Dios, la fe en Cristo como nuestro sustituto y fiador se hace presente en nuestra vida. "Por la gracia de Cristo, mediante constante diligencia viviremos de acuerdo con el plan de la suma, haciendo segura nuestra vocación y elección [...]. 'Si hacen estas cosas, no caerán jamás, y se les abrirán de par en par las puertas del reino eterno de nuestro Señor y Salvador Jesucristo' (2 Ped. 1:10-11, NVI)" (*Mensajes selectos*, t. 1, pp. 444-445).

Es claro que la elección que Dios hace es para quienes lo han elegido a él; aquellos que se han entregado de todo corazón y esperan que el Redentor del mundo extienda su mano, los tome como sus hijos y los elija para ser salvos.

"El Padre dedica su amor a sus elegidos que viven en medio de los hombres. Ellos son el pueblo que Cristo ha redimido con el precio de su propia sangre, y como responden a la atracción de Cristo mediante la soberana misericordia de Dios, son elegidos para ser salvados como sus hijos obedientes. Sobre ellos se manifiesta la generosa gracia de Dios, el amor con que los ha amado" (*Comentario bíblico adventista*, t. 6, p. 1114).

El texto bíblico de hoy afirma que él nos eligió para llevar fruto, para dar testimonio de su amor y de la salvación que nos ofrece. Él nos promete que todo lo que pidamos al Padre, con el fin de salvar a otros, nos será concedido. Agradezcamos hoy a Dios por habernos elegido y pidámosle la fortaleza para actuar conforme a su precioso llamado.

Un corazón lleno de esperanza

"Se decían el uno al otro: ¿No ardía nuestro corazón en nosotros mientras
nos hablaba en el camino y cuando nos abría las Escrituras?".
Lucas 24:32

ANTES DE QUE JESÚS SE REVELARA a los caminantes de Emaús, ellos estaban tristes y apesadumbrados por la muerte del Maestro, pero él les abrió las Escrituras y los animó con las promesas de la resurrección.

"Los corazones de los discípulos se conmovieron. Su fe se reavivó. Fueron reengendrados 'en esperanza viva', aun antes de que Jesús se revelara a ellos. El propósito era iluminar sus inteligencias y fundar su fe en la 'palabra profética' 'más firme'. Deseaba que la verdad se arraigara firmemente en su espíritu, no solo porque era sostenida por su testimonio personal, sino a causa de las pruebas evidentes suministradas por los símbolos y sombras de la ley típica, y por las profecías del Antiguo Testamento. Era necesario que los discípulos de Cristo tuvieran una fe inteligente, no solo en beneficio propio, sino para comunicar al mundo el conocimiento de Cristo" (*El conflicto de los siglos*, cap. 20, pp. 348-349).

El corazón de estos discípulos ardía por el poder de la Palabra de Cristo. Cuando él abrió las Escrituras y les relató las profecías, los discípulos comprendieron la verdad; y el poder de su Palabra abrió el entendimiento, fortaleció su fe y aumentó su confianza en el Redentor del mundo. La compañía de Cristo en nuestra vida trae consuelo, esperanza y paz. Pero para que él nos acompañe en el camino hacia la vida eterna debemos invitarlo, porque él está interesado en estar con nosotros todos los días hasta el fin del mundo. Jesús nos dice: "He aquí, yo estoy a la puerta y llamo; si alguno oye mi voz y abre la puerta, entraré a él, y cenaré con él, y él conmigo" (Apoc. 3:20, RV60).

Si logramos entender qué tan grande es el amor que mostró Cristo al morir por nosotros, podremos sentir cómo nuestro corazón es atraído hacia él. Como resultado, podremos cultivar santos deseos y firmes resoluciones para llevar una conducta digna de un verdadero cristiano. Tengo el profundo deseo de que en este día nuestros corazones ardan de alegría y esperanza en el regreso de Jesús.

Como fuego

"Dije: '¡No me acordaré más de él ni hablaré más en su nombre!'.
No obstante, había en mi corazón como un fuego ardiente metido en mis huesos.
Traté de resistirlo, pero no pude". Jeremías 20:9

A JUAN EL PROFETA LE FUE REVELADA en una de sus visiones una iglesia tibia e indiferente; llena de orgullo, de suficiencia propia e independencia de Dios: la iglesia de Laodicea (ver Apoc. 3:15-17).

Podríamos describir a un corazón frío espiritualmente como aquel que es indiferente a la idea de conocer a Dios. Por lo tanto, es insensible a la voz divina. Un corazón tibio puede ser entendido como aquel que a pesar de tener conocimiento de Dios, no se ha entregado completamente a él. En su vida permanecen algunos pensamientos y comportamientos pecaminosos que no está dispuesto a abandonar.

Diferente a los dos anteriores es un corazón fervoroso. Los que pertenecen a este grupo han comprendido y reconocido su estado de pecaminosidad, se han humillado y solicitado la misericordia divina. El Señor los ha redimido y ellos han aceptado su perdón. Estos corazones actúan conforme a la voluntad de Dios, lo obedecen y lo sirven con amor. Mediante el servicio a los demás demuestran que su relación con Dios es viva y que anhelan vivir con él durante la eternidad. Este es el corazón que Dios espera de sus hijos.

Convencido de que su mensaje no era escuchado, Jeremías decidió no hablar más en nombre de Dios. Pero algo seguía empujándolo: un fuego que ardía en su corazón y en sus huesos, y aunque hizo todos los esfuerzos por resistirlo, no lo logró. Al darse cuenta de que era imposible huir del llamamiento del Altísimo, siguió trasmitiendo los mensajes que recibía.

"Sus brasas son brasas de fuego, potente llama. Las muchas aguas no podrán apagar el amor ni lo ahogarán los ríos. Y si un hombre ofreciera todos los bienes de su casa a cambio del amor, de cierto sería despreciado" (Cant. 8:6-7). Si el fuego de nuestro corazón se apaga por los quehaceres diarios de la vida, Dios nos consuela: "Te aconsejo que avives el fuego del don de Dios que está en ti por la imposición de mis manos" (2 Tim. 1:6).

Pidamos este día que el amor de Dios llene de gozo nuestro corazón, y que las tinieblas del pecado se alejen de nuestra vida.

Un llamado a la conversión

"Sobre toda cosa que guardes, guarda tu corazón,
porque de él mana la vida. Aparta de ti la perversidad de la boca,
aleja de ti la iniquidad de los labios". Proverbios 4:23-24

EL SEÑOR NOS ACONSEJA POR MEDIO del sabio Salomón a guardar nuestro corazón (o nuestra mente). El verbo "guardar" hace referencia al cuidado que deberíamos tener de que en nuestro interior no florezcan malos pensamientos como la malicia, la envidia, el orgullo, el odio, o las rencillas; además de otros sentimientos y pensamientos negativos.

Los fariseos y los maestros de la ley le preguntaron a Jesús: "¿Por qué tus discípulos [...] no se lavan las manos antes de comer?" (Mat. 15:2, TLA). El Maestro les respondió: "Lo que sale de la boca, del corazón sale; y esto contamina al hombre, porque del corazón salen los malos pensamientos, los homicidios, los adulterios, las fornicaciones, los hurtos, los falsos testimonios, las blasfemias" (vers. 18-19).

El comportamiento es una muestra de la manera en que se ha alimentado el corazón; es decir, la conducta refleja, como un espejo, lo que hay dentro de nosotros. La Biblia declara: "El pecado de Judá está escrito con cincel de hierro y con punta de diamante; está esculpido en la tabla de su corazón" (Jer. 17:1).

Mediante el poder de Dios, necesitamos una conversión genuina, un cambio de corazón. "Si te conviertes, yo te restauraré y estarás delante de mí" (Jer. 15:19). Él desea cambiar nuestro corazón de piedra por uno de carne. Moisés nos asegura: "Circuncidará Jehová, tu Dios, tu corazón, y el corazón de tu descendencia, para que ames a Jehová, tu Dios, con todo tu corazón y con toda tu alma, a fin de que vivas" (Deut. 30:6).

Entonces, cuando el corazón ha sido transformado por el poder de Dios, como dice Elena G. de White: "La verdad está escrita allí. El hombre es transformado a la imagen de Cristo. Un mundano puede acercarse y no advertir el cambio, pero los que han tenido comunión con Cristo discernirán su expresión en las palabras y el espíritu. La influencia de Cristo en el corazón se percibirá en una amabilidad habitual, en un amor más que humano. La dulce paz del cielo estará en el alma y se revelará en los semblantes" (*Alza tus ojos*, p. 26).

Pidamos hoy a Dios que convierta nuestro corazón para vivir en el ambiente celestial, en presencia de un Dios santo y sublime, a fin de que testifiquemos con éxito, y seamos un instrumento en sus manos. Así, estaremos listos cuando Cristo vuelva a buscarnos.

Por sobre todas las cosas

"Buscad primeramente el reino de Dios y su justicia,
y todas estas cosas os serán añadidas".
Mateo 6:33

Dios debería ser nuestra prioridad por sobre todas las cosas. Dicha elección implica detenerse y reconocerlo en cada decisión, palabra y pensamiento; buscar la dirección de su Espíritu. Él prometió enseñarnos el camino por el que debemos andar, sobre nosotros ha fijado sus ojos (ver Sal. 32:8). La Palabra dice: "Tus oídos oirán detrás de ti la palabra que diga: este es el camino, andad por él y no echéis a la mano derecha, ni tampoco os desviéis a la mano izquierda" (Isa. 30:21).

Felícitas era una viuda romana, noble y rica, que vivía en tiempos de Marco Aurelio. Ella tuvo siete hijos a quienes instruyó en la fe cristiana y les enseñó que Dios está en primer lugar. Ella y sus hijos fueron citados ante el prefecto de la ciudad, quien procuró en vano con súplicas y amenazas inducirlos a adorar falsos dioses y a negar a Cristo. Apeló a los sentimientos maternales de Felicita, pero ella replicó que sus hijos habían escogido entre la vida eterna y la muerte eterna. Uno a uno, fueron enjuiciados para que claudicaran de su fe. Uno de ellos fue azotado y murió. Dos fueron golpeados con mazas hasta la muerte, el otro fue arrojado de una peña, y los últimos tres fueron decapitados. Aun así, ella no claudicó y también fue decapitada. Estas fueron sus últimas palabras: "Cristo es mi Salvador y primero está él".

Si el orgullo, el egoísmo o cualquier otra cosa ocupa nuestro corazón, estamos desplazando a Dios de nuestra vida. El versículo de hoy nos dice que Dios debe estar por sobre todas las cosas, antes que la familia y los deberes.

"Cristo invita a los miembros de su iglesia a apreciar la esperanza verdadera y genuina del evangelio. Señala hacia lo alto y les asegura definidamente que las riquezas perdurables están arriba y no abajo. Su esperanza está en el cielo y no en el mundo" (*Consejos sobre mayordomía cristiana*, cap. 43, p. 230).

No permitamos que los intereses mundanos absorban nuestro tiempo y atención. Dios nos promete que si apartamos la vista de este mundo para dirigirla hacia lo que es eterno, todo lo demás nos será dado por añadidura.

Una cita diaria con Dios

"Entonces el Señor le dijo a Moisés: 'Voy a hacer que les llueva pan del cielo.
El pueblo deberá salir todos los días a recoger su ración diaria.
Voy a ponerlos a prueba, para ver si cumplen o no mis instrucciones'".
Éxodo 16:4, NVI

MIENTRAS LOS ISRAELITAS CAMINABAN por el desierto, Dios les enviaba el maná muy temprano en la mañana para que se alimentaran, y no podían guardarlo para el día siguiente. Este es un hecho interesante. A los que guardaron para el otro día, se les dañó el alimento. Mediante esta historia, Dios desea enseñarnos que así como el maná no se podía guardar para otro día, a menos que fuera recogido en viernes, también el alimento de la Palabra de Dios tiene que ser diario, porque él nos espera cada día para encontrarse con nosotros. El alimento espiritual no es acumulable. De nada se aprovecha si nos alimentamos de vez en cuando y pasamos días enteros sin haber tenido un encuentro con el Creador.

El pan que desciende del cielo está servido en la mesa todos los días para que nos alimentemos adecuadamente. En su ejemplo de oración, Jesús dijo: "El pan nuestro de cada día, dánoslo hoy" (Mat. 6:11). Se necesita diligencia para obtener ese pan, pues hay que recogerlo laboriosamente. Cada día, durante cuarenta años, el pueblo de Israel fue alimentado diariamente. De la misma manera, las bendiciones de Dios se renuevan cada mañana.

Pero no solamente podríamos hacer una aplicación espiritual, sino también material. Este episodio nos muestra además que la misma sabiduría, el mismo poder y la misma bondad que en aquella ocasión hicieron descender del cielo el maná, están presentes en el constante curso de la naturaleza, para producir el alimento de la tierra.

"Llena tu corazón con las palabras de Dios. Son el agua viva que apaga la sed del alma. Son el pan vivo que descendió del cielo. Jesús declara: 'Si no comen la carne del Hijo del hombre ni beben su sangre, no tienen realmente vida' (Juan 6:53, NVI). Y al explicarse, dice: 'Las palabras que les he hablado son espíritu y son vida' (vers. 63, NVI). Nuestro cuerpo subsiste por los alimentos que ingerimos y, al igual que en la vida física, sucede en la espiritual: lo que se elabora en nuestra mente es lo que da tono y vigor a nuestra naturaleza espiritual" (*El camino a Cristo*, cap. 10, p. 130).

Jesús es nuestro pan del cielo y si nos alimentamos a diario, nuestro amor se fortalecerá.

Fieles hasta la muerte

"No temas lo que has de padecer. El diablo echará a algunos de vosotros
en la cárcel para que seáis probados, y tendréis tribulación por diez días.
¡Sé fiel hasta la muerte y yo te daré la corona de la vida!".
Apocalipsis 2:10

EL PUEBLO DE DIOS EN TIEMPOS de la iglesia de Esmirna, que significa mirra o amargura, se encontraba en gran tribulación. Pagaba un elevado precio de sufrimiento en un periodo de prueba muy difícil. Como cristiano, el pueblo se negaba a rendirle culto a Roma porque tenían un Señor mayor que el César: Cristo Jesús.

Se encontraban en pobreza extrema aunque eran ricos en fe y vida espiritual. Dios conocía su sufrimiento y las afrentas que sufrían por parte del Imperio Romano, así como el odio de los judíos. Fue en ese momento que el pueblo recibió el mensaje del ángel para que no tuvieran miedo.

El personaje más famoso de la iglesia de Esmirna fue Policarpo, uno de los mártires de la iglesia, que fue quemado vivo en una hoguera por mantenerse fiel al Señor durante ochenta y seis años. Policarpo era discípulo de Juan y continuó predicando el evangelio después de la muerte del apóstol. Como el cristianismo avanzaba a pasos agigantados, Roma, en uno de sus intentos por detener el crecimiento de la iglesia, llevó a Policarpo al martirio.

Luego de ser atado a un palo sobre una hoguera, antes de encender el fuego, el gobernador instó a Policarpo a que negara su fe en Cristo por medio de un juramento en el nombre del emperador. Ese acto sería una especie de manifestación de piedad hacia sí mismo a causa de su avanzada edad. Policarpo le contestó: "He servido a mi Señor Jesucristo durante ochenta y seis años y nunca me ha causado daño alguno. ¿Cómo puedo negar a mi Rey, que hasta el momento me ha guardado de todo mal, y además me ha sido fiel en redimirme?". Se dice que cuando encendieron la hoguera notaron que el fuego no lo quemaba, así que lo traspasaron con una lanza y su sangre apagó el fuego en señal de semilla para el evangelio.

Dios nos anima a mantenernos fieles hasta la muerte para recibir la corona de la vida. Por lo tanto, no cambiemos lo que hemos creído por nada ni nadie. Mantengamos nuestros ojos puestos en el Autor y Consumador de la fe. Pronto vendrá a darnos la liberación final.

El amor más importante

"El que tiene oído, oiga lo que el Espíritu dice
a las iglesias. Al vencedor le daré a comer del árbol de la vida,
que está en medio del paraíso de Dios". Apocalipsis 2:7

LOS CREYENTES DE LA IGLESIA DE ÉFESO habían declinado en su fe; es decir, habían hecho a un lado el amor de Dios y estaban desanimados. No eran tan entregados como al principio. En ese contexto, Dios les dijo: "Recuerda, por tanto, de dónde has caído, arrepiéntete y haz las primeras obras, pues si no te arrepientes, pronto vendré a ti y quitaré tu candelabro de su lugar" (Apoc. 2:5).

Ellos tenían que vencer el desánimo y la frialdad para volver a Dios y dedicarle el tiempo necesario a la predicación de su Palabra, así como también aprender a partir el pan y a orar juntos con alegría y sencillez de corazón.

Si hemos dejado a un lado el amor más importante, el fervor cristiano y ese anhelo por conocer más de Dios, es tiempo de hacer las tres cosas que tuvieron que hacer los cristianos de Éfeso:

1. *Aceptar que hemos fallado.* Este es el primer paso en el camino de regreso hacia lo correcto. Como dijo el apóstol Pablo: "Examinaos a vosotros mismos, para ver si estáis en la fe; probaos a vosotros mismos. ¿O no os conocéis a vosotros mismos? ¿No sabéis que Jesucristo está en vosotros? ¡A menos que estéis reprobados!" (2 Cor. 13:5).

O como cuando el hijo pródigo recordó su hogar y dijo: "¡Cuántos jornaleros en casa de mi padre tiene abundancia de pan, y yo aquí perezco de hambre! Me levantaré e iré a mi padre" (Luc. 15:17-18).

Recordemos cómo Dios nos sacó del pecado, nos libró de grandes percances y nos colocó en el camino de la vida.

2. *Arrepentirnos.* Dejemos de ofender a Dios y no cometamos el mismo pecado muchas veces.

3. *Hacer las primeras obras.* Unámonos de nuevo a Cristo, renovemos nuestro pacto con él y mantengamos nuestros ojos fijos en el Salvador.

Después del pecado de Adán, el camino al árbol de la vida quedó cerrado bajo la custodia de querubines (ver Gén. 3:24). Ahora, Cristo lo entrega a sus seguidores triunfantes. Ese árbol simboliza la vida eterna y el paraíso, el reino eterno de Dios. Es un buen aliciente para continuar la batalla contra el mal.

El vencedor comerá del árbol de la vida como recompensa a su fidelidad.

Parte de una carta a Elizabeth Bangs, la hermana gemela de Elena G. de White

La segunda muerte

*"El que tiene oído, oiga lo que el Espíritu dice a las iglesias.
El vencedor no sufrirá daño de la segunda muerte".*
Apocalipsis 2:11

L A PRIMERA MUERTE ES LA MUERTE NATURAL, aquella a la que llega el ser humano al final de sus días en la tierra. A diferencia de esta, la segunda muerte es para los impíos que tomarán parte en la batalla final contra Cristo y su pueblo. Al profeta Juan le fue revelado: "La muerte y el hades fueron lanzados al lago de fuego. Esta es la muerte segunda. El que no se halló inscrito en el libro de la vida, fue lanzado al lago de fuego" (Apoc. 20:14-15). La muerte segunda es la paga del pecado, el juicio final, para el diablo y sus seguidores, realizado con fuego y azufre al término del milenio.

Pero Dios nos promete que el vencedor no sufrirá daño de la segunda muerte. El creyente que se mantuvo fiel hasta el final, venciendo cada prueba y tentación del enemigo con el poder de Dios, ya no estará en el escenario de los perdidos, sino en las bodas del Cordero. Juan dijo: "Bienaventurado y santo el que tiene parte en la primera resurrección; la segunda muerte no tiene poder sobre estos, sino que serán sacerdotes de Dios y de Cristo y reinarán con él mil años" (Apoc. 20:6).

Los redimidos por la sangre de Jesús, serán rescatados antes de la segunda muerte, en la segunda venida de Jesús y antes del milenio. Cuando sea ejecutada por el poder de Jesús, los redimidos estarán a salvo con la compañía de su Redentor. Dios creará de nuevo todas las cosas, purificará la tierra y la convertirá en el nuevo Edén para habitar allí con los redimidos.

Pero es necesario que antes de que Cristo venga por segunda vez seamos aceptados por Dios como sus hijos. Elena G. de White afirma: "El Padre dispensa su amor a su pueblo elegido que vive en medio de los hombres. Este es el pueblo que Cristo ha redimido por el precio de su propia sangre; y porque responden a la atracción de Cristo por medio de la soberana misericordia de Dios, son elegidos para ser salvos como hijos obedientes. Sobre ellos se manifiesta la libre gracia de Dios, el amor con el cual los ha amado. Todos los que quieran humillarse a sí mismos como niñitos, que quieran recibir y obedecer la Palabra de Dios con la sencillez de un niño, se encontrarán entre los elegidos de Dios" (*La segunda venida y el cielo*, cap. 10, pp. 84-85).

Este es el momento de abandonar la relación con el pecado y de acercarnos más a Cristo y a su amor.

Entre la riqueza y la pobreza

"Yo conozco tus obras, tu tribulación, tu pobreza
(aunque eres rico) y la blasfemia de los que dicen ser judíos
y no lo son, sino que son sinagoga de Satanás".
Apocalipsis 2:9

L A CIUDAD DE ESMIRNA ERA UNA CIUDAD importante de Asia menor, con un puerto en el mar Egeo. Ahí estaba la iglesia de Cristo, que aunque no tenía mucho en lo material, poseía riqueza espiritual. Esta riqueza, es la que verdaderamente tiene valor y es perdurable, porque el tiempo no puede borrarla ni el viento puede llevársela. No es posible para el hombre encontrar la satisfacción final en las cosas temporales. Salomón concluyó que todo es vanidad, excepto el temor a Dios y guardar sus mandamientos.

¿Qué es lo que hace rico espiritualmente a un cristiano? Una relación con Dios que no se vea afectada por las circunstancias del momento; santidad en medio de una generación perversa; apego a las Escrituras cuando otros las rechazan; dependencia de Dios y no de sus recursos; una vida de oración como el motor detrás de cada acción; el deseo de glorificar a Dios, aun en las pequeñas cosas de la vida.

La pobreza de Laodicea radicaba en su vida espiritual, porque materialmente era una iglesia rica que no tenía necesidad de nada, pero su vida espiritual era desventurada, miserable, pobre, ciega y desnuda de la justicia de Cristo. La ciudad de Laodicea, fundada por Antíoco II en honor a su esposa Laodicea, era una ciudad comercial próspera y con muchas riquezas materiales. Producía lana negra pura y algodón. Vendía prendas de vestir de alta calidad. En el año 60 d. C., fue destruida por un terremoto y no aceptaron la ayuda imperial, sino que ellos mismos la reconstruyeron con sus propios recursos.

Que la riqueza espiritual de la iglesia de Esmirna nos inspire a buscar a Dios cada día. Así también, que la pobreza espiritual de Laodicea nos enseñe a no depender de lo material, sino de Dios, nuestra fortaleza.

El fin del conflicto

"Miré, y vi una gran multitud, la cual nadie podía contar, de todas las naciones, tribus, pueblos y lenguas. Estaban delante del trono y en la presencia del Cordero, vestidos de ropas blancas y con palmas en sus manos".
Apocalipsis 7:9

HA TERMINADO LA LUCHA DE LOS HIJOS de Dios, y han obtenido la victoria con Cristo. Ellos portan vestiduras blancas como emblema de la justicia perfecta. Las palmas en sus manos simbolizan que han triunfado y entonan el canto de alabanza, diciendo: "¡La salvación pertenece a nuestro Dios, que está sentado en el trono, y al Cordero!" (Apoc. 7:10).

"Ángeles y serafines unen sus voces en adoración. Al ver los redimidos el poder y la malignidad de Satanás, han comprendido, como nunca antes, que ningún poder fuera del de Cristo habría podido hacerlos vencedores. Entre toda esa muchedumbre ni uno se atribuye a sí mismo la salvación, como si hubiera prevalecido con su propio poder y su bondad. Nada se dice de lo que han hecho o sufrido, sino que el tema de cada canto, la nota dominante de cada antífona es: 'Salvación a nuestro Dios y al Cordero'" (*El conflicto de los siglos*, cap. 43, p. 646).

El conflicto terminó. Toda lucha y toda tribulación quedó en el pasado: "Ya no tendrán hambre ni sed, y el sol no caerá más sobre ellos, ni calor alguno, porque el Cordero que está en medio del trono los pastoreará y los guiará a fuentes de aguas vivas. Y Dios enjugará toda lágrima de los ojos de ellos" (Apoc. 7:16-17).

Los redimidos le darán la bienvenida a quienes condujeron al Salvador, pero no se detendrán allí, sino que todos se unirán para alabar al que murió por nosotros con himnos de victoria que llenan el cielo. Por fin estarán en casa, aquella que Cristo fue a preparar cuando dijo: "En la casa de mi Padre muchas moradas hay; [...] voy, pues, a preparar lugar para vosotros" (Juan 14:2).

Será glorioso el encuentro con la gran multitud de redimidos de todos los tiempos en el mar de cristal. ¿Estamos listos para esa reunión? ¿O aún nos falta dejar algo para encontrarnos con Cristo?

"Antes de emprender su misión, los discípulos fueron llamados al monte, con Jesús. Antes del poder y la gloria de Pentecostés, vino la noche de comunión con el Salvador, la reunión en un monte de Galilea, la escena de despedida en el monte de los Olivos, con la promesa de los ángeles, y los días de oración y de comunión en el aposento alto" (*El ministerio de curación*, cap. 43, p. 366).

Oremos para que cuando el fin llegue, podamos ir a casa.

Elías y la viuda

"Porque así dice el Señor, Dios de Israel: 'No se agotará la harina de la tinaja ni se acabará el aceite del jarro, hasta el día en que el Señor haga llover sobre la tierra'". 1 Reyes 17:14, NVI

L A IDOLATRÍA y los cultos paganos de los sidonios habían contaminado al pueblo de Israel. El rey Acab, que gobernaba el reino del Norte con diez tribus, había contraído matrimonio con Jezabel, hija del rey de los sidonios Et-baal, y la Biblia dice que Acab servía a Baal y lo adoraba.

El rey había hecho lo malo ante los ojos de Dios, y el Señor le envió un mensaje a través del profeta Elías diciéndole: "¡Vive Jehová, Dios de Israel, en cuya presencia estoy, que no habrá lluvia ni rocío en estos años, hasta que mi boca lo diga!" (1 Reyes 17:1), y por medio de las palabras de Elías, llegó una sequía que produjo gran hambruna.

El Señor ordenó entonces a Elías que se escondiera del rey Acab en el arroyo de Querit, frente al Jordán, y le garantizó que, para cuidar de él, enviaría cuervos que le llevarían pan y carne por la mañana y por la tarde. Además, podría mantenerse hidratado bebiendo el agua del arroyo. Sin embargo, más tarde, el Señor lo envió a la tierra de Sarepta de Sidón, asegurándole que allí lo alimentaría una viuda.

Al llegar a la puerta de la ciudad, encontró a una mujer que estaba recogiendo leña; se dirigió a ella y le dijo: "Te ruego que me traigas también un pedazo de pan en tus manos" (1 Reyes 17:11). ¿Cómo sabía Elías que esta era la viuda a quien el Señor le había ordenado que lo sustentara? Sencillamente porque Dios ayuda y guía a todo aquel que obedece su Palabra.

Aquella mujer obedeció de igual manera haciendo lo que Dios le había ordenado por medio de Elías y, durante el tiempo de la sequía, no le faltó de nada porque el Señor la sustentó. Mañana examinaremos más a fondo este pasaje bíblico.

Tanto Elías como la viuda de Sarepta recibieron la protección de Dios gracias a su fidelidad y obediencia al Señor. Si obramos según la Palabra de Dios, él proveerá todo cuanto necesitemos en los momentos de crisis.

No almacenemos las bendiciones

"La mujer fue e hizo lo que Elías le dijo,
y tanto ella como su hijo y Elías tuvieron comida durante muchos días".
1 Reyes 17:15, TLA

L A VIUDA DE SAREPTA era una de las muchas viudas que había en el territorio de Israel. La condición de aquella mujer era precaria; no tenía provisiones suficientes para hacer frente al problema del hambre. Sin embargo, en aquel tiempo de sequía, el Señor eligió a la persona más débil y desprovista de recursos para mostrar su poder y su gloria, y proclamar en Sidón que Baal no era un dios.

La viuda solo contaba con un puñado de harina y un poco de aceite para ella y su hijo, y justo cuando acudió en busca de leña para cocinar el último bocado que les quedaba y después dejarse morir, el Señor acudió en su rescate por medio del profeta.

Al encontrarla, Elías le dijo: "No tengas temor: ve y haz como has dicho; pero hazme con ello primero una pequeña torta cocida debajo de la ceniza, y tráemela. Después la harás para ti y para tu hijo" (1 Reyes 17:13). A pesar del riesgo que le suponía debido a la escasez, la viuda puso a Dios en primer lugar. Aquella fue una gran prueba para su fe, pero esa mujer creyó firmemente en la promesa de que "Dios proveerá" y su elección tuvo una gran recompensa. Nunca más le faltaron harina ni aceite en sus recipientes.

Esta mujer experimentó de primera mano el poder y la bondad de Dios: ambos ingredientes se multiplicaban no mientras permanecían almacenados, sino cuando con fe los utilizaba.

El propósito de las bendiciones que el Señor derrama sobre nosotros es que cubramos con ellas nuestras carencias y las utilicemos para favorecer a otros, no que las guardemos. En su misericordia, Dios satisfará cada una de las necesidades de sus hijos conforme a su voluntad.

El clamor de Elías

"Algún tiempo después cayó enfermo el hijo de la viuda,
y su enfermedad fue gravísima, tanto que hasta dejó de respirar".
1 Reyes 17:17, DHH

S UCEDIÓ QUE EL HIJO de la viuda enfermó de gravedad y falleció. Era su único hijo y la única compañía con la que contaba para la vejez. Con el corazón compungido y llena de dudas, la mujer le dijo a Elías: "¿Qué tengo que ver yo contigo, varón de Dios? ¿Has venido aquí a recordarme mis pecados y a hacer morir a mi hijo?" (1 Reyes 17:18).

La reacción de aquella mujer es muy comprensible. A menudo nos echamos la culpa a nosotros mismos y a nuestros pecados por las desdichas que nos hieren. Seguramente la viuda se hizo muchas preguntas: "¿Qué hice para que mi hijo enfermara?". "¿Qué pecado causó esta calamidad en mi vida?". Es cierto que muchas veces el dolor y el sufrimiento resultan de las elecciones pecaminosas que hacemos, pero también es cierto que otras veces las desgracias vienen sin razón aparente. Todos afrontamos tragedias inesperadas e inexplicables; es parte de lo que supone ser seres caídos que viven en un mundo caído. ¿Cómo podemos aprender a confiar en Dios y amarlo, aun en medio del dolor?

Elías, en silencio, tomó en sus brazos el cadáver del chico y clamó a Dios: "'Jehová, Dios mío, ¿también a la viuda en cuya casa estoy hospedado vas a afligir, haciendo morir a su hijo?' [...] 'Jehová, Dios mío, te ruego que hagas volver el alma a este niño'. Jehová oyó la voz de Elías, el alma volvió al niño y éste revivió" (1 Reyes 17:20-22).

En el ruego de Elías podemos percibir que el profeta tenía una relación muy íntima con Dios, y aunque no entendía por qué había permitido que el niño muriera, sabía que su relación íntima con el Señor le permitiría experimentar mejor su poder.

Alimentemos cada día nuestra relación personal con Dios y clamémosle ante las situaciones difíciles, pues él nos escuchará.

Diferentes medios

"Ahora bien, Elías, el de Tisbé de Galaad, fue a decirle a Acab:
'Tan cierto como que vive el Señor, Dios de Israel, a quien yo sirvo,
te juro que no habrá rocío ni lluvia en los próximos años, hasta que yo lo ordene'".
1 Reyes 17:1, NVI

YA HEMOS COMENTADO en temas anteriores que el Señor utilizó al profeta Elías para hacer reflexionar a Acab acerca del mal camino que estaba siguiendo con su práctica idólatra. Dios trajo sobre la tierra tres años y medio de sequía con el fin de que todos vieran que el dios de la lluvia no era Baal, sino el verdadero Dios creador. Sin embargo, habiéndose convertido en el vocero del cielo, el profeta tuvo que huir y protegerse.

Ante esta difícil situación, el Señor utilizó medios poco comunes para sustentar a Elías. El primero fueron los cuervos. Si no hubieran estado dirigidas por Dios, lo más seguro es que estas aves de rapiña se hubiesen comido la carne que le llevaban a Elías.

Otro medio que Dios usó para sustentar a Elías fue la viuda pobre de Sarepta, habitante de un pueblo pagano y desprovista de medios para ayudar a un necesitado. Sin duda, el Señor podría haber elegido cualquier otra manera de alimentar al profeta, pero se valió de lo escaso y frágil para mostrar su poder, el cual se perfecciona en la debilidad (ver 2 Cor. 12:9).

De igual manera, cuando Elías huyó por segunda vez a Oreb, después de la victoria en el monte Carmelo, caminó durante todo un día por el desierto. Cansado y rendido, se sentó debajo de un enebro y se durmió. De pronto, un ángel lo tocó y le mostró "una torta cocida sobre las ascuas, y una vasija de agua", y le dijo: "Levántate y come" (1 Reyes 19:3-7).

Es interesante reflexionar en los medios que el Señor utilizó para cuidar del profeta en medio de la adversidad. También nos sustentará a nosotros y así nos lo promete: "No serán avergonzados en el tiempo de dificultad, y en los días de hambre serán saciados" (Salmo 37:19).

¿Dios o Baal?

"Elías se paró frente a ellos y dijo: '¿Hasta cuándo seguirán indecisos, titubeando entre dos opiniones? Si el Señor es Dios, ¡síganlo! Pero si Baal es el verdadero Dios, ¡entonces síganlo a él!'. Sin embargo, la gente se mantenía en absoluto silencio".
1 Reyes 18:21, NTV

L A APOSTASÍA que había en Israel era el resultado de muchos años de práctica idólatra; una generación tras otra había rehusado enderezar sus pasos. "En los días de Elías, Israel se había apartado de Dios. Se aferraba a sus pecados y rechazaba las amonestaciones del Espíritu enviadas por medio de los mensajeros del Señor. Así se había apartado del conducto por medio del cual podía recibir la bendición de Dios" (*El Deseado de todas las gentes,* cap. 24, p. 211).

"Durante los largos años de sequía y hambre, Elías rogó fervientemente que el corazón de Israel se tornara de la idolatría a la obediencia a Dios. Pacientemente aguardaba el profeta mientras que la mano del Señor apremiaba gravosamente la tierra castigada. Mientras veía multiplicarse por todos lados las manifestaciones de sufrimiento y escasez, su corazón se agobiaba de pena y suspiraba por el poder de provocar prestamente una reforma. Pero Dios mismo estaba cumpliendo su plan, y todo lo que su siervo podía hacer era seguir orando con fe y aguardar el momento de una acción decidida" (*Profetas y reyes,* cap. 10, pp. 87-88).

Elías le dijo a Acab: "'Que todo Israel se congregue en el monte Carmelo, con los cuatrocientos cincuenta profetas de Baal y los cuatrocientos profetas de Asera, que comen de la mesa de Jezabel'" (1 Reyes 18:19). Allí, Israel se enfrentó al pecado de la idolatría cuando Elías desafió al rey para establecer la autenticidad del verdadero Dios: "Invocad luego vosotros el nombre de vuestros dioses; yo invocaré el nombre de Jehová. El Dios que responda por medio del fuego, ese es Dios" (vers. 24).

El pueblo debía definir sus convicciones, y por eso Elías preguntó: "¿Hasta cuándo vacilaréis vosotros entre dos pensamientos? Si Jehová es Dios, seguidle; si Baal, id en pos de él" (vers. 21). Baal no respondió, pero cuando Elías ofreció el sacrificio a Dios, el fuego descendió del cielo y consumió el sacrificio, la tierra y el agua.

No dudemos a quién servir, y aferrémonos a Dios y a su Palabra.

Tiempos de desánimo

"Y él se fue por el desierto un día de camino, y vino y se sentó
debajo de un enebro; y deseando morirse, dijo: 'Baste ya, oh Señor,
quita mi vida; que no soy yo mejor que mis padres'".
1 Reyes 19:4, JBS

PODEMOS SENTIRNOS desanimados no solo a causa de algún problema o un fracaso, sino también cuando logramos triunfar. El sentimiento del desánimo no discrimina época, lugar ni edad; es una de las herramientas más efectivas que Satanás ha utilizado siempre contra los hijos de Dios. Le funcionó hasta con los patriarcas y los profetas de la Biblia como por ejemplo Moisés, quien le pidió a Dios que le quitara la vida por la pesada carga de soportar las murmuraciones del pueblo, o Jonás, que quiso perder la vida cuando el Señor no destruyó Nínive. Recordemos también a Jeremías, que estaba totalmente desmoralizado porque el pueblo no escuchaba sus mensajes, o el propio Elías, de quien venimos hablando estos días, que deseó la muerte al sentirse amenazado por Jezabel.

Dios estaba haciendo del profeta su instrumento para que el pueblo de Israel se decidiera y finalmente eligiera servir a su Creador. Su autoridad y el respaldo divino fueron tan fuertes que los israelitas decidieron volver a Dios de todo corazón. Sin embargo, esto enfureció a la reina pagana, Jezabel, quien amenazó de muerte al profeta, y Elías cayó en un pozo de desaliento profundo.

En nuestras vidas, también podemos experimentar circunstancias adversas que nos desestabilizan hasta envolvernos en una tristeza que nos impide ver con claridad el futuro. Elías, ante la amenaza de Jezabel, apartó por un momento sus pensamientos de lo que Dios había hecho por él, y es que cuando enfocamos nuestra mente en el problema, inevitablemente nos invade el abatimiento. Frente a la adversidad, debemos seguir el ejemplo de David: no compararnos con el enemigo, sino pensar y creer con fe que Dios nos hace más que vencedores; porque para él nada es imposible.

El salmista dice: "Aunque un ejército acampe contra mí, no temerá mi corazón; aunque contra mí se levante guerra, yo estaré confiado" (Salmo 27:3), y Jeremías agrega: "Jehová está conmigo como un poderoso gigante; por tanto, los que me persiguen tropezarán y no prevalecerán" (Jeremías 20:11). Pidamos al Señor fortaleza para enfrentar las pruebas.

Las pruebas de fe de Abraham

"Pasado cierto tiempo, Dios puso a prueba a Abraham y le dijo: '¡Abraham!'.
'Aquí estoy' —respondió. Y Dios le ordenó: 'Toma a tu hijo, el único que tienes
y al que tanto amas, y ve a la región de Moriah. Una vez allí, ofrécelo como
holocausto en el monte que yo te indicaré'". Génesis 22:1-2, NVI

L A FE DE ABRAHAM comenzó a ser probada cuando fue llamado para salir de Harán, dejando a su familia y las tierras sin conocer su destino (Génesis 12:1, 4). Después, el Señor probó su amor por él sobre todas las cosas, y de nuevo su fe fue probada mediante un acto de obediencia: a los noventa y nueve años fueron circuncidados él y toda su gente. A los ciento veinte años, le sobrevino la mayor prueba de su vida: el sacrificio de su hijo, una prueba que, según Elena G. de White "fue mucho más severa que la impuesta a Adán" (*Patriarcas y profetas*, cap. 13, p. 133). Abraham tenía que ofrecer en sacrificio a su único hijo, el cual había llegado tras muchos años de espera y dificultad.

Cuando recibió la orden del Señor, el patriarca emprendió el camino de tres días para cumplir la voluntad de su Padre celestial. La primera noche, mientras sus siervos y su hijo descansaban, perseveraba en oración con la esperanza de que algún mensajero celestial le indicara que la prueba ya no era necesaria, y que el joven podía regresar sano y salvo. "Pero su alma torturada no recibió alivio. Pasó otro largo día y otra noche de humillación y oración, mientras la orden que lo iba a dejar sin hijo resonaba en sus oídos" (*Ibíd.*, p. 129).

Abraham, obedeciendo fielmente al Señor, levantó el altar, colocó la leña y ató a su hijo para ofrecer el sacrificio. Isaac aceptó ser la ofrenda para Dios, pero cuando Abraham levantó el cuchillo para acabar con la vida de su hijo, Dios detuvo su mano. "Todo el cielo presenció, absorto y maravillado, la intachable obediencia de Abraham" (*Ibíd.*, p. 133).

Qué bueno sería que pudiéramos manifestar la obediencia de Abraham, y tener fe creyendo que Dios puede hacer lo imposible. Estemos siempre dispuestos a obedecer y a apartarnos del pecado. Pidámosle a Dios que nos ayude a mostrar nuestra fe en él por medio de la obediencia a su voluntad.

Fe y obediencia

"Es que Abraham reconocía que Dios tiene poder hasta para resucitar a los muertos; y por eso Abraham recobró a su hijo, y así vino a ser un símbolo".
Hebreos 11:19, DHH

REFLEXIONEMOS EN los momentos posteriores a la petición que Dios le hizo a Abraham: "Regresó a su tienda, y fue al sitio donde Isaac dormía profundamente el tranquilo sueño de la juventud y la inocencia. Durante unos instantes el padre miró el rostro amado de su hijo, y se alejó temblando. Fue al lado de Sara, quien también dormía. ¿Debía despertarla, para que abrazara a su hijo por última vez? ¿Debía comunicarle la exigencia de Dios? Anhelaba descargar su corazón compartiendo con su esposa esta terrible responsabilidad; pero se vio cohibido por el temor de que ella le pusiera obstáculos" (*Patriarcas y profetas*, cap. 13, p. 129).

Con prudencia y fe, tomó a su hijo para ir al sacrificio. Afrontó la prueba sufriendo en solitario y preocupado por cómo sería el regreso a casa sin su pequeño. Sin embargo, la fe de Abraham y su obediencia se tomaron de la mano creyendo que, si Isaac moría por orden de Dios, el Omnipotente lo levantaría de la muerte con la misma certeza con que había ocurrido el milagro de su nacimiento.

Santiago, al hablar de Abraham, menciona: "Y se cumplió la Escritura que dice: 'Abraham creyó a Dios, y le fue contado por justicia', y fue llamado amigo de Dios" (Santiago 2:23).

El sacrificio exigido a Abraham no fue solo para su propio bien ni tampoco exclusivamente para el beneficio de las futuras generaciones, sino también para instruir a los seres sin pecado del cielo y los otros mundos. "Cuando fue detenida la mano del padre en el momento mismo en que estaba por sacrificar a su hijo y el carnero que Dios había provisto fue ofrecido en lugar de Isaac, entonces se derramó luz sobre el misterio de la redención, y aun los ángeles comprendieron más claramente las medidas que Dios había tomado para salvar al hombre" (*Ibíd.*, p. 133).

Que la fe y la obediencia a Dios sean parte de nuestro ser.

Las leyes de las bendiciones de Dios

"Y haré de ti una nación grande, y te bendeciré, y engrandeceré tu nombre, y serás bendición. Bendeciré a los que te bendijeren, y a los que te maldijeren maldeciré; y serán benditas en ti todas las familias de la tierra". Génesis 12:2, 3, RV60

LAS BENDICIONES de Dios son un privilegio, pero también una gran responsabilidad. No deberíamos vivir aislados ni dedicarnos solo a recibir, dando muy poco o nada; Dios desea que seamos un canal a través del cual fluyan las bendiciones hacia otros y, de ese modo, salir beneficiados también nosotros mismos.

Podríamos mencionar algunas "leyes" relativas a las bendiciones que recibimos de Dios. La primera es que debemos redirigirlas a otros: "Te bendeciré, engrandeceré tu nombre y serás bendición" (Génesis 12:2). Abraham fue un modelo a seguir por sus coetáneos en su trato con los demás, su felicidad y en su vida espiritual.

"Abraham fue honrado por los pueblos circunvecinos como un príncipe poderoso y un caudillo sabio y capaz. No dejó de ejercer su influencia entre sus vecinos. Su vida y su carácter, en contraste con la vida y el carácter de los idólatras, ejercían una influencia notable a favor de la verdadera fe. Su fidelidad hacia Dios fue inquebrantable, en tanto que su afabilidad y benevolencia inspiraban confianza y amistad, y su grandeza sin afectación imponía respeto y honra" (*Patriarcas y profetas*, cap. 12, p. 113).

Otra "ley" es que cuando somos bendición para otros, Dios cubre nuestras necesidades; cuando ayudamos a otros, el Señor asume la responsabilidad de nuestros problemas: "No hay nadie que haya dejado casa, o padres o hermanos o mujer o hijos, por el reino de Dios, que no haya de recibir mucho más en este tiempo, y en el siglo venidero la vida eterna" (Lucas 18:29, 30).

La siguiente "ley" es que las bendiciones que se comparten, retornan. "Dad y se os dará; medida buena, apretada, remecida y rebosando darán en vuestro regazo, porque con la misma medida con que medís, os volverán a medir" (Lucas 6:38).

Por último, debemos compartir nuevamente esas bendiciones que retornan: "A quien se haya dado mucho, mucho se le demandará, y al que mucho se le haya confiado, más se le pedirá" (Lucas 12:48).

Tengamos cada día el propósito de dirigir nuestra vida según estas "leyes".

Un pueblo bendito

"Entonces Dios le ordenó a Balaam: 'No vayas con esos hombres,
ni le eches la maldición a ese pueblo, pues yo haré que le vaya bien en todo'".
Números 22:12, TLA

E N SU PEREGRINACIÓN a Canaán, el pueblo de Israel acampó en las tierras de Moab. El rey moabita Balac recordó a su pueblo que Israel había derrotado a los amorreos, y los moabitas, temiendo a los israelitas, se pusieron en contacto con los madianitas, sus vecinos y aliados diciéndoles: "Ahora esta gente va a devorar todos nuestros contornos, como devora el buey la grama del campo" (Núm. 22:4).

Los moabitas sabían que Dios estaba con su pueblo y que los acompañaba y protegía en su peregrinaje; era inútil atacarlos con armas de guerra. Suponían que las fuerzas sobrenaturales obrarían a su favor, y acudieron al poder de la hechicería para contrarrestar la fuerza de Dios y así vencerlos y sacarlos de sus tierras. ¿A quién buscar para esto? ¿Dónde encontrarían a alguien con poderes sobrenaturales?

Por entonces, en Moab se oía hablar de un famoso profeta llamado Balaam que parecía tener esos poderes. Balaam, que había sido profeta de Dios y luego había apostatado por su avaricia y ambición, utilizaba sus artificios para ganar dinero y fama. Balac decidió pedirle ayuda y envió a los ancianos de Moab y Madián a buscarlo con regalos de adivinación a fin de conquistarlo.

Cuando llegaron a casa de Balaam y le comunicaron el mensaje de Balac, supo que debía rehusar esa invitación, pero no la rechazó, sino que los hospedó. "Entonces se le apareció Dios a Balaam y le preguntó: '¿Quiénes son estos que están contigo?'. Balaam respondió a Dios: 'Balac [...] ha enviado a decirme: 'Este pueblo que ha salido de Egipto cubre toda la tierra. Ven pues, ahora, y maldícemelo; quizá podré pelear contra él y echarlo'. Entonces dijo Dios a Balaam: 'No vayas con ellos ni maldigas al pueblo, porque bendito es'" (Núm. 22:9-12).

Es maravilloso saber que somos un pueblo bendecido por medio de la fe y la fidelidad a nuestro Dios. Disfrutamos la bendición de la protección divina, de la vida eterna y de nuestra salvación gracias a Jesús. "La bendición de Jehová es la que enriquece, y no añade tristeza con ella" (Prov. 10:22).

Alabemos y demos gracias a nuestro Dios por sus grandes bendiciones.

Bendiciones que se esfuman

"Cuando los israelitas se establecieron en Sitim,
sus hombres empezaron a corromperse con las mujeres moabitas".
Números 25:1, DHH

EL PUEBLO DE ISRAEL gozaba de las bendiciones de Dios, pero cuando se alejaba de él, sufría las consecuencias. Bien señala el salmista: "El que habita al abrigo del Altísimo morará bajo la sombra del Omnipotente. Diré yo a Jehová: 'Esperanza mía y castillo mío; mi Dios, en quién confiaré'" (Salmo 91:1, 2).

Durante los periodos de prueba, el pueblo se mantenía fiel y firme ante Dios, pero también se confiaba e ignoraba lo que acontecía a su alrededor, y los israelitas no sabían que Dios estaba protegiéndolos de la maldición que Balac quería enviar sobre ellos. Balaam había dicho: "Este pueblo, como león se levanta, como león se yergue. No se echará hasta que devore la presa y beba la sangre de los muertos" (Números 23:24).

Como dice el versículo de hoy, los israelitas comenzaron a prostituirse con las hijas de Moab, quienes los invitaban a los sacrificios que ofrecían a sus dioses. Esto disgustó en gran manera al Señor y provocó que dejara de derramar bendiciones sobre ellos. Dijo entonces a Moisés: "Toma a todos los príncipes del pueblo y ahórcalos ante Jehová a plena luz del día, para que el ardor de la ira de Jehová se aparte de Israel" (Números 25:4). Moisés les dijo a los jueces que eliminaran a aquellos de su familia que se habían juntado con Baal, y fueron ejecutados 24,000 israelitas por haber ido en pos del pecado de Moab.

La maldición de Balac nunca cayó sobre los israelitas porque hasta entonces se habían mantenido fieles, y los moabitas estaban convencidos de que mientras Israel permaneciera fiel a Dios, el Señor sería su escudo. Sin embargo, descuidaron su comunión con el Todopoderoso y Satanás aprovechó la oportunidad para tentarlos al mal. Con la maldición de Balac, Satanás no pudo vencerlos, pero al seducirlos a la idolatría, logró hacerlos caer.

La única protección certera consiste en elevar diariamente, con corazón sincero, la oración de David: "Afirma mis pasos en tus caminos, para que mis pies no resbalen" (Salmo 17:5).

El peligro de la avaricia y la ambición

"Partieron con el dinero para pagarle a Balaam a fin de que maldijera a Israel.
Llegaron donde estaba Balaam y le transmitieron el mensaje de Balac".
Números 22:7, NTV

HOY RECORDAMOS el momento en que los ancianos llegaron con las manos llenas de regalos para Balaam. La intención de Balac era despertar en el corazón de Balaam la ambición y la codicia, y parecía que lo había logrado cuando les dijo a los viajeros que se podían hospedar esa noche en su casa. Balaam sabía muy bien que Israel era el pueblo de Dios y su especial tesoro y, en un primer momento, escuchó a Dios y rechazó la demanda de aquellos hombres diciéndoles: "Volveos a vuestra tierra, porque Jehová no me quiere dejar ir con vosotros" (Números 22:13).

Sin embargo, Balac insistió y envió por segunda vez a sus mensajeros, esta vez hombres de mayor autoridad, más honorables que los anteriores: "Te ruego que no dejes de venir a mí, pues sin duda te honraré mucho y haré todo lo que me digas. Ven, pues, ahora, y maldíceme a este pueblo" (Números 22:16, 17). El profeta les dijo nuevamente que podían quedarse en su casa. Sabía perfectamente que Dios no quería que fuera, pero a pesar de ello seguía insistiendo en la idea de ir con ellos. Sin embargo, por su terquedad, le fue permitido ir.

"El pecado de la avaricia que, según la declaración divina, es idolatría, le hacía buscar ventajas temporales, y por ese solo defecto, Satanás llegó a dominarlo por completo. Esto ocasionó su ruina. El tentador ofrece siempre ganancia y honores mundanos para apartar a los hombres del servicio de Dios [...]. Una vez que se hayan entregado al dominio de la codicia y a la ambición de poder se atreverán a hacer las cosas más terribles" (*Patriarcas y profetas*, p. 417).

La avaricia causa opresión y nos hace caer en manos de Satanás; pidamos a Dios que nos libre de la ambición y nos acerque a su corazón.

Abre mis ojos para verte

"Entonces el Señor destapó los ojos a Balaam,
y vio al ángel del Señor que estaba en el camino, y tenía su espada desnuda
en su mano. Y él se bajó y adoró inclinado sobre su rostro".
Números 22:31, JBS

VER A NUESTROS ÁNGELES guiándonos por el camino correcto e interponiéndose en el camino incorrecto para protegernos es algo muy hermoso, y Balaam pudo experimentarlo: "Se levantó por la mañana, ensilló su asna y se fue con los príncipes de Moab. Pero la ira de Dios se encendió porque él iba, y el ángel de Jehová se puso en el camino como un adversario suyo" (Números 22:21, 22).

Tres veces el asna libró a Balaam de la muerte, y tres veces la castigó duramente. El animal vio al ángel, y además habló como un ser humano: "'¿Qué te he hecho que me has azotado tres veces?' 'Porque te has burlado de mí' —respondió Balaam al asna—. '¡Si tuviera una espada en mi mano, ahora mismo te mataría!'" (Números 22:28, 29). La percepción espiritual del profeta en ese momento era pobre; estaba ofuscado y su camino era perverso, y por eso no lo pudo ver. Merecía morir, pero la misericordia de Dios lo cubrió. "¡Cuántos son así cegados! Se precipitan por sendas prohibidas, traspasan la ley divina y no pueden reconocer que Dios y sus ángeles se les oponen. Como Balaam, se airan contra los que procuran evitar su ruina" (*Patriarcas y profetas*, cap. 40, pp. 419-420).

Años después, el rey de Siria planeó su estrategia para atacar al pueblo de Dios, pero al enterarse de que Eliseo descubría su estrategia de guerra por medio de Dios, se enojó y mandó a su ejército a tomar prisionero al profeta. De noche, el ejército llegó y sitió la ciudad. Al amanecer, el siervo de Eliseo vio al ejército rodeando la ciudad y clamó: "Señor mío, ¿qué haremos?". Entonces Eliseo le contestó: "No tengas miedo, porque más son los que están con nosotros que los que están con ellos". Dios abrió los ojos del siervo y pudo ver a los ángeles del Señor cuidando de ellos (ver 2 Reyes 6:8-23).

Digamos al Señor: "Abre mis ojos y miraré las maravillas de tu ley" (Salmo 119:18); quiero ver tu grandeza y disfrutar tu paz. Guíame en cada paso.

Voluntad irrevocable

"'Mira —contestó Balaam—, ya he venido pero no está en mis manos decir lo que yo quiera. Hablaré únicamente el mensaje que Dios ponga en mi boca'".
Números 22:38, NTV

BALAC ESTABA PLENAMENTE seguro de que Balaam tenía poderes sobrenaturales que le permitían hacer hechizos, y por eso insistió: "Yo sé que el que tú bendigas bendito quedará, y el que tú maldigas maldito quedará" (Números 22:6). Creía firmemente que Balaam podía arruinar al pueblo con alguna plaga para siempre. Pero la voluntad de Dios no puede ser cambiada por ningún ser humano ni por Satanás. Dios es absoluto en sus decisiones, y deseaba bendecir a su pueblo.

Aunque Balaam quería decir otra cosa y hacer su voluntad, Dios no se lo permitió. Por eso, le repitió varias veces a Balac: "¿Por qué maldeciré yo al que Dios no maldijo? [...] He recibido orden de bendecir; él dio una bendición, y no podré revocarla" (Números 23:8, 20). La voluntad de Dios estaba a favor de Israel, y nadie tiene poder para cambiarla. Dios podría haber utilizado a un profeta apóstata para cumplir su voluntad; hasta tres veces y en tres lugares diferentes Balac llevó consigo a Balaam para ofrecer sacrificios y tratar de que Dios cambiara de opinión y maldijera a su pueblo.

En la vida de Esaú vemos que su pecado fue intentar cambiar la voluntad de Dios. Él quería lo que quieren muchas personas: hacer la voluntad de Dios y recibir su bendición, pero también hacer lo que les plazca. Quieren disfrutar tanto de los deseos de su propia carne como de los deseos de Dios, pero hay un problema grave en este estilo de vida; los deseos y la voluntad de la carne se oponen a los deseos y la voluntad de Dios (ver Gálatas 5:16-24).

"La lucha contra nosotros mismos es la batalla más grande que jamás se haya reñido. Rendir el yo, entregando todo a la voluntad de Dios, requiere una lucha. Sin embargo, para que el alma sea renovada en santidad, es necesario que se someta antes a Dios" (*El camino a Cristo*, p. 44). Hagamos la voluntad de Dios.

El triste final de Balaam

"¡Más te vale volver a tu casa! Yo había prometido hacerte grandes honores,
pero el Señor lo ha impedido".
Números 24:11, DHH

CUANDO BALAAM cumplió la voluntad de Dios bendiciendo tres veces a Israel en lugar de maldecirlo como deseaba Balac, se marchó a Mesopotamia. "Después de que llegara a su casa, le abandonó el poder del Espíritu de Dios que lo había dominado, y prevaleció su codicia, que hasta entonces había sido tan solo refrenada" (*Patriarcas y profetas*, cap. 40, p. 426).

Estando allí, comenzó a recordar los regalos y el dinero que Balac le había ofrecido. ¿Por qué no los había aceptado? Pensaba en la recompensa, en el pago de su salario, y maquinó un plan más efectivo que el anterior. No pudo maldecir al pueblo, pero pensó que si las mujeres de Moab se mezclaban con los hombres de Israel y los inducían a la adoración de Baal-peor y a la inmoralidad, Dios se enojaría con ellos, retiraría su bendición y los destruiría sin que Balac peleara con ellos.

Con esa idea en mente, regresó a Moab y le presentó el plan diabólico a Balac. A este le pareció una excelente idea, le pagó bien por ello y se quedó allí para ayudar y ver el resultado. "Balaam presenció el éxito de su plan diabólico. Vio cómo caía la maldición de Dios sobre su pueblo y cómo millares eran víctimas de sus juicios; pero la justicia divina que castigó el pecado en Israel no dejó escapar a los tentadores. En la guerra de Israel contra los madianitas, Balaam fue muerto" (*Ibíd.*, p. 427).

No podremos recibir la gracia de Dios si rechazamos sus planes y su voluntad y nos apartamos del camino del bien; a menos que nos arrepintamos a tiempo y busquemos a Dios de todo corazón, quedaremos expuestos a las fuerzas del mal.

"La suerte de Balaam se asemeja a la de Judas, y los caracteres de ambos son muy parecidos [...]. Recibieron mucha iluminación espiritual y [...] gozaron de grandes prerrogativas; pero un solo pecado que ellos abrigaban en su corazón, envenenó todo su carácter y causó su destrucción" (*Ibíd.*, p. 427).

No permitamos que la codicia, la ambición o las tentaciones de Satanás nos enreden. Sigamos la santa y perfecta voluntad de Dios y preparémonos para llegar al cielo.

Lo que agrada a Dios

"Por lo demás, hermanos, os rogamos y exhortamos en el Señor Jesús,
que de la manera que aprendisteis de nosotros cómo os conviene conduciros
y agradar a Dios, así abundéis más y más".
1 Tesalonicenses 4:1, RV60

"¿CON QUÉ ME PRESENTARÉ ante Jehová y adoraré al Dios Altísimo? ¿Me presentaré ante él con holocaustos, con becerros de un año? ¿Se agradará Jehová de millares de carneros o de diez mil arroyos de aceite? ¿Daré mi primogénito por mi rebelión, el fruto de mis entrañas por el pecado de mi alma?" (Miqueas 6:6, 7).

La respuesta a la pregunta del profeta es: con fe inquebrantable y confianza plena en Cristo nuestro Salvador, porque "sin fe es imposible agradar a Dios" (Hebreos 11:6).

Dios detesta la duda, "porque el que duda es como la onda del mar que es arrastrada por el viento, y echada de una parte a otra" (Santiago 1:6). "No perdáis pues, vuestra confianza, que tiene una gran recompensa. […] Mas el justo vivirá por fe; pero si retrocede, no agradará a mi alma. Pero nosotros no somos de los que retroceden para perdición, sino de los que tienen fe para preservación del alma" (Hebreos 10:35, 38, 39).

Haga suyas estas palabras: "Yo sé, Dios mío, que tú escudriñas los corazones, y que la rectitud te agrada; por eso yo con rectitud de mi corazón voluntariamente te he ofrecido todo esto" (1 Crónicas 29:17). "Alabaré con cánticos el nombre de Dios, lo exaltaré con alabanza. Y agradará a Jehová más que sacrificio de buey o becerro que tiene cuernos y pezuñas" (Salmo 69:30, 31). La rectitud, la bondad y la humildad son características de quienes tienen el corazón de Dios.

Miqueas concluye: "Hombre, él te ha declarado lo que es bueno, lo que pide Jehová de ti: solamente hacer justicia, amar misericordia y humillarte ante tu Dios" (Miqueas 6:8). Al Señor le agradan sus hijos temerosos que actúan con justicia, pero también los que hacen el bien y ayudan al necesitado, y los obedientes a los padres y a Dios. A todos ellos Dios les da sabiduría, ciencia y gozo.

Fortalezcamos nuestra fe, practiquemos la justicia y amemos a Dios sobre todas las cosas para agradarlo y poder comprobar "cuál es la buena voluntad de Dios, agradable y perfecta" (Romanos 12:2).

Los que esperan en Dios

*"Pero los que confían en Dios siempre tendrán nuevas fuerzas.
Podrán volar como las águilas, podrán caminar sin cansarse y correr sin
fatigarse".* Isaías 40:31, TLA

DIOS ES INCOMPARABLE; su poder no tiene límites. "Midió las aguas con el hueco de su mano, y los cielos con su palmo, con tres dedos juntó el polvo de la tierra" (Isaías 40:12). El Señor no necesita consejo alguno ni aprender, porque "como nada son todas las naciones delante de él" (vers. 17). "Él está sentado sobre el círculo de la tierra, cuyos moradores son como langostas; él extiende los cielos como una cortina, los despliega como una tienda para morar" (vers. 22).

Estando en la barca, vino una gran tempestad y los discípulos se llenaron de temor; pero Jesús se levantó, reprendió a los vientos y al mar, y reinó la calma. Así es el poder de Dios, creador del viento, la lluvia y el fuego. Isaías dice: "Levantad en alto vuestros ojos y mirad quién creó estas cosas; él saca y cuenta su ejército; a todas llama por sus nombres y ninguna faltará. ¡Tal es la grandeza de su fuerza y el poder de su dominio!" (Isaías 40:26).

Abra los ojos y mire a Dios, el omnipotente, omnipresente, excelso y grandioso. Él conoce dónde vivimos, nuestro nombre, nuestro carácter, nuestra conducta y nuestro corazón, y nadie pasa desapercibido para él. Está al tanto de todo cuanto sucede en el mundo, y por eso debemos confiar en él. "Maldito el hombre que confía en el hombre [...]. Bendito el hombre que confía en Jehová [...] porque será como el árbol plantado junto a las aguas" (Jeremías 17:5, 7, 8). Confiar en Dios significa depender de él para absolutamente todo; no nos dará todo lo que queremos, pero sí todo cuanto necesitamos. Quizás en la espera atravesemos el fuego, pero sigamos confiando en que fortalecerá nuestra debilidad.

Cuando crea que las circunstancias de su vida han llegado al límite y sienta que ya no puede más, Dios estará allí y le dará fuerzas para resistir en la fe; esa fuerza espiritual contrarrestará las fuerzas del mal. Así como los agricultores saben que las frutas más dulces son aquellas que maduran en el árbol, nosotros sabemos que si permanecemos conectados a Dios, él renovará nuestras fuerzas y nos sostendrá hasta su regreso.

Subamos a Betel

"Entonces Dios le dijo a Jacob: '¡Prepárate! Múdate a Betel, establécete allí y edifica un altar a Dios, quien se te apareció cuando huías de tu hermano Esaú'".
Génesis 35:1, NTV

DESPUÉS DE VEINTE AÑOS, Jacob regresó a Canaán y levantó su campamento junto a Siquem. Llevaba viviendo ahí cerca de ocho años cuando sucedió algo terrible para él: sus hijos Simeón y Leví entraron en la ciudad y vengaron la deshonra de su hermana Dina por parte de Siquem, hijo de Hamor. Mataron a todos los hombres, y este hecho trajo vergüenza para la familia ante las ciudades vecinas.

Sin embargo, en su gran misericordia, Dios indicó a Jacob que saliera de Siquem y subiera con toda su familia a Betel, donde estarían seguros. Antes de subir allí, Jacob invitó a su familia a experimentar una reforma espiritual, pidiéndoles que se despojaran de los dioses ajenos que tenían, pues debían limpiarse de todo pecado. "Había dioses falsos en su campamento, y hasta cierto punto la idolatría estaba ganando terreno en su familia" (*Patriarcas y profetas,* cap. 19, p. 182).

La familia obedeció y Jacob enterró los dioses bajo una encina en Siquem, para que no los volvieran a tomar y se olvidaran de ellos (Génesis 35:4). Jacob relató a sus hijos el encuentro que tuvo con Dios en Betel tiempo atrás y lo bien que lo había tratado el Señor. "Se enterneció su corazón, y sus hijos también fueron conmovidos por un poder subyugador; había tomado la medida más eficaz para prepararlos a fin de que se unieran con él en la adoración de Dios cuando llegaran a Betel" (*Ibíd.,* p. 183). Antes de llegar a Betel, la familia cambió su ropa vieja y manchada, confesó sus pecados a Dios y él limpió sus vidas.

Betel representa la nueva Jerusalén, un lugar propicio para la oración y la meditación; la casa de Dios y la puerta del cielo. Para llegar allí, nosotros también necesitamos despojarnos de aquello que nos impide poner a Dios en primer lugar en nuestras vidas; debemos confesar nuestros pecados y pedir al Señor que transforme nuestro corazón para recibir el poder del Espíritu Santo.

La Palabra dice: "Yo amo a los que me aman, y me hallan los que temprano me buscan" (Proverbios 8:17). Preparemos nuestro corazón para encontrarnos con Jesús en la Bet-el celestial.

Dios mira el corazón

"Pero el Señor le dijo: 'No te fijes en su apariencia ni en su elevada estatura, pues yo lo he rechazado. No se trata de lo que el hombre ve; pues el hombre se fija en las apariencias, pero yo me fijo en el corazón'". 1 Samuel 16:7, DHH

POR LO GENERAL, todos nos fijamos en el aspecto exterior de una persona para emitir un veredicto acerca de ella. Con solo observarla, decidimos si es buena o mala, amable o descortés y educada o vulgar. Juzgamos según las apariencias. Sin embargo, para conocer realmente a los demás y saber qué hay en su interior, debemos pasar tiempo con ellos, pues "de la abundancia del corazón habla la boca" (Mateo 12:34).

Hay un refrán que dice: "Caras vemos, corazones no sabemos". La apariencia de una persona puede engañar, pero no su corazón, y por ese motivo Dios no valora lo mismo que nosotros; él mira nuestro ser interior.

Cuando los primeros siete hijos de Isaí pasaron frente a Samuel, Dios guardó silencio y Samuel preguntó: "'¿Son estos todos tus hijos?'. Isaí respondió: 'Queda aún el menor, que apacienta las ovejas'. Y dijo Samuel a Isaí: 'Envía por él, porque no nos sentaremos a la mesa hasta que el venga aquí. [...] Entonces Jehová dijo: 'Levántate y úngelo, porque este es'" (1 Samuel 16:11, 12).

Dios mira con agrado el corazón verdaderamente cristiano; ese corazón lleno de amor, simpatía, sencillez y humildad que refleja tales cualidades en el carácter de una persona.

Podemos sentirnos identificados con David, ¿verdad? La gente puede menospreciarnos, pensar que no tenemos valor o que no hacemos nada bien, pero Dios no nos ve así. Medite en las palabras de Isaías: "Yo miraré a aquel que es pobre y humilde de espíritu, y que tiembla a mi palabra" (Isaías 66:2).

Dios está buscando hombres y mujeres de corazón sencillo y humilde para usarlos en su obra. No le importan sus características físicas, su nivel de educación o su clase socioeconómica. ¿Desearemos ser como Saúl, hombres y mujeres respetados por todo el pueblo, pero rechazados por Dios, o como David, personas menospreciadas por los demás, pero apreciados por el Señor?

Consecuencias de la desobediencia

"'Estoy muy disgustado por haber hecho rey de Israel a Saúl,
pues se ha apartado de mí y no ha cumplido con lo que le ordené hacer'".
1 Samuel 15:11, RVC

A VECES CAEMOS en el error de querer asemejarnos más al mundo que a Dios. Durante muchos años, el pueblo de Israel estuvo gobernado por jueces, y no era la voluntad del Señor que tuvieran un rey en las condiciones en las cuales se encontraban, pero finalmente lo permitió.

Fue un golpe muy duro para Samuel: "Disgustado porque le pedían que nombrara un rey para que los gobernara, se dirigió en oración al Señor; pero el Señor le respondió: 'Atiende cualquier petición que el pueblo te haga, pues no es a ti a quien rechazan, sino a mí, para que yo no reine sobre ellos'" (1 Samuel 8:6, 7, DHH). Fue así como Dios nombró al primer rey de Israel: Saúl.

Al principio, Saúl caminó según los propósitos del Señor, pero después comenzó a desobedecer y a revelarse contra la Palabra de Dios. El Señor le dijo: "Ve, pues, hiere a Amalec, destruye todo lo que tiene y no te apiades de él; mata hombres, mujeres y niños, aun los de pecho, y vacas, ovejas, camellos y asnos" (1 Samuel 15:3).

Los amalecitas habían peleado contra Israel, y Josué los había vencido, pero ahora Dios daba la orden de exterminarlos de la tierra, como se había predicho (Éxodo 17:14). El Señor mandó a Saúl a destruirlos totalmente, pero él le perdonó la vida a su rey Agag, y conservó el mejor ganado para el sacrificio. "Entonces Samuel dijo: '¿Acaso se complace Jehová tanto en los holocaustos y sacrificios como en la obediencia a las palabras de Jehová? Mejor es obedecer que sacrificar; prestar atención mejor es que la grasa de los carneros'" (1 Samuel 15:22). Esto no era de ninguna manera lo que Dios le había ordenado.

Por su desobediencia, Dios lo desechó como rey y pidió a Samuel que ungiera a otro hombre que fuera conforme a su corazón. Saúl había sido humilde y fiel a la voluntad del Señor, pero luego siguió su propio camino; su corazón se volvió rebelde y obstinado, y cayó en el orgullo y la autosuficiencia.

Ofrezcamos al Señor nuestra mejor ofrenda: un corazón sincero y obediente a su Palabra.

Bajo la conducción del Espíritu

"Samuel tomó el cuerno de aceite y ungió al joven en presencia de sus hermanos.
Entonces el Espíritu del Señor vino con poder sobre David,
y desde ese día estuvo con él. Luego Samuel regresó a Ramá".
1 Samuel 16:13, NVI

DIOS SIGUE LLAMÁNDONOS y está disponible para quien anhela encontrarlo. Cuando Saúl fue ungido como rey, Samuel le dijo: "El Espíritu de Jehová vendrá sobre ti con poder", y estas palabras fueron una realidad en su vida: "El Espíritu de Dios vino sobre él con poder, y profetizó entre ellos" (1 Samuel 10:6, 10).

La Biblia confirma que el Espíritu de Dios vino sobre Saúl cuando los amonitas atacaron al pueblo y los israelitas los vencieron. Después de ese momento, la desobediencia de Saúl fue gradual. Solo el sacerdote debía ofrecer el holocausto y las ofrendas de paz, pero cuando fueron a la guerra contra los filisteos, Samuel tardó en llegar y Saúl se atrevió a ofrecer los sacrificios, transgrediendo así el mandato divino. Lo mismo sucedió en el episodio contra los amalecitas, cuando desobedeció la orden de Dios y dejó a algunos de ellos con vida. Se fue alejando cada vez más del Señor y lo invadió un espíritu maligno que lo atormentaba (1 Crónicas 10:13-14).

Cuando David fue ungido por Samuel, el Espíritu de Dios descendió con poder sobre él. Por eso todo lo que hacía era prosperado por Dios. Con ese poder mató al gigante Goliat, ganó muchas batallas, extendió su territorio, organizó a los levitas y el culto en Israel, compuso salmos y fue amigo del Todopoderoso. Sobre todas las cosas, fue obediente a la Palabra de Dios: "Me regocijaré en tus mandamientos, los cuales he amado […] es mi consuelo en mi aflicción, porque tu dicho me ha vivificado" (Salmo 119:47, 50). A pesar de que David también pecó contra Dios, con el tiempo logró volver a cultivar la comunión con el Espíritu y fortalecer su vida espiritual (1 Crónicas 29:28).

Cuando el Espíritu Santo habita en el creyente, cambia el corazón y transforma la conducta. Así como David, nosotros podemos ser llenos de su Espíritu y utilizados para su iglesia. El Espíritu Santo fortalece y capacita a los hijos de Dios a fin de cumplir la misión del evangelio en la tierra.

Conforme al corazón de Dios

"Mas ahora tu reino no será duradero. Jehová se ha buscado un varón conforme a
su corazón, al cual Jehová ha designado para que sea príncipe sobre su pueblo,
por cuanto tú no has guardado lo que Jehová te mandó".
1 Samuel 13:14, RV60

DAVID LLEGÓ A SER conforme al corazón de Dios. Dice Elena G. de White que el Señor "llamó a su trono a un 'varón según su corazón' (1 Samuel 13:14), no a uno que no tuviera faltas en su carácter, sino a uno que, en lugar de confiar en sí mismo, dependería de Dios y fuera guiado por su Espíritu; que, cuando pecara, se sometería a la represión y la corrección [...] David fue llamado hombre según el corazón de Dios cuando andaba de acuerdo con su consejo. Cuando pecó, dejó de serlo hasta que, por arrepentimiento, volvió al Señor" (*Patriarcas y profetas,* cap. 61, p. 624; cap. 71, p. 713).

Pablo dijo: "He hallado a David, hijo de Isaí, varón conforme a mi corazón, quien hará todo lo que yo quiero" (Hechos 13:22). Y es que David se sometió completamente a Dios y a su Palabra: "La ley de Jehová es perfecta: convierte el alma; el testimonio de Jehová es fiel: hace sabio al sencillo. Los mandamientos de Jehová son rectos: alegran el corazón; el precepto de Jehová es puro: alumbra los ojos" (Salmo 19:7, 8). Se regocijaba siguiendo el consejo de Dios y obedeciéndolo.

Su vida estuvo empañada por la presencia del pecado, pero eso no eclipsó la vida del que llegó a ser el mayor rey de Israel. Él mismo dijo: "Aquel varón que fue levantado en alto, el ungido del Dios de Jacob, el dulce cantor de Israel: el Espíritu de Jehová habla por mí, su palabra está en mi lengua" (2 Samuel 23:1, 2). David no confiaba en su propia justicia o sabiduría; sabía que la misericordia de Dios era "desde la eternidad hasta la eternidad", y por ello podía declarar su integridad: "Júzgame, oh Jehová, porque yo en mi integridad he andado, he confiado asimismo en Jehová sin titubear. Escudríñame, oh Jehová, y pruébame; examina mis íntimos pensamientos y mi corazón" (Salmo 26:1, 2).

¿Quiere ser una persona conforme al corazón de Dios? Déjese guiar por él y obedezca su Palabra.

La hora del juicio

"Porque vamos a destruir este lugar. Son tantas las quejas que hay contra la gente de esta ciudad, que Dios nos ha enviado a destruirla".
Génesis 19:13, TLA

E N SODOMA la vida era un carnaval. El ocio y la abundancia la habían llenado de maldad. Era una ciudad muy bella por su llanura, su tierra de riego y su excelente ubicación en el valle del Jordán; la conocían como "el huerto de Jehová" (Génesis 13:10). Sin embargo, dice Elena G. de White que "la abundancia general dio origen al lujo y el orgullo" (*Patriarcas y profetas*, cap. 14, p. 135).

Los habitantes de Sodoma se llenaron de soberbia y se entregaron a la vil abominación, al vicio y al crimen: "Reinaban en Sodoma el alboroto y el júbilo, los festines y las borracheras. Las más viles y más brutales pasiones imperaban desenfrenadas. Los habitantes desafiaban públicamente a Dios y a su ley, y encontraban deleite en los actos de violencia" (*Ibíd.*, p. 136). No obstante, Dios trasmitió el mensaje a Sodoma por medio de la vida justa y recta de Abraham. Cuando el patriarca rescató a Lot y las riquezas de Sodoma robadas por los enemigos, supieron que lo que les había dado la victoria había sido la mano del Señor, y es que aquella ciudad también debía recibir el mensaje de salvación.

Sin embargo, la situación era intolerable y el juicio llegó a las ciudades del valle. Los ángeles tardaron en destruirla por salvar a Lot y a su familia; esperaban que por su propia voluntad salieran de la ciudad, pero no fue así y Dios tuvo que intervenir. El juicio inminente del Señor tendrá lugar cuando él lo determine y será justo y cierto.

"He aquí el día de Jehová viene: día terrible, de indignación y ardor de ira, para convertir la tierra en soledad y raer de ella a sus pecadores" (Isaías 13:9). Pronto se producirán los juicios de Dios, y pecado y pecadores serán consumidos. "Salid de ella pueblo mío, para que no seáis partícipes de sus pecados ni recibáis parte de sus plagas" (Apocalipsis 18:4, RV60).

Hagamos de Dios nuestro escudo frente al pecado. "Velad, pues, orando en todo tiempo que seáis tenidos por dignos de escapar de todas estas cosas que vendrán, y de estar en pie delante del Hijo del hombre" (Lucas 21:36).

No te detengas

"Date prisa, escápate allá; porque no podré hacer nada hasta que hayas llegado allá. Por esto fue llamado el nombre de la ciudad, Zoar".
Génesis 19:22, JBS

S I LOT HUBIERA OBEDECIDO al instante la orden de Dios huyendo a las montañas sin titubear ni cuestionar el mandato, su esposa también se habría salvado.

La vida en esa ciudad impía había mermado su fe. Lot sabía que Sodoma y las ciudades de la llanura se someterían al juicio de Dios, sin embargo, tanto él como su esposa se detenían por lo acostumbrados que estaban a la comodidad de la ciudad: "La vacilación y la tardanza de él la indujeron a ella a considerar livianamente la amonestación divina. Mientras su cuerpo estaba en la llanura, su corazón se aferraba a Sodoma y con Sodoma pereció" (*Patriarcas y profetas*, cap. 14, p. 141).

Corremos peligro si dudamos en entregarnos o no a Dios y posponemos nuestra preparación para el cielo acariciando los placeres del mundo. Debemos apresurarnos antes de que Cristo deje de interceder por nosotros. "El que es injusto, sea injusto todavía; el que es impuro, sea impuro todavía; el que es justo, practique la justicia todavía, y el que es santo, santifíquese más todavía" (Apocalipsis 22:11). Pronto la puerta de la gracia se cerrará y los sellados estarán listos para encontrarse con su Señor.

La gracia divina tiene su límite y, cuando llegue a ese límite, el juicio se ejecutará. Mientras permanezca la misericordia de Dios, habrá oportunidad de correr al encuentro con nuestro Salvador, pero si nos detenemos, la puerta puede cerrarse antes de que lleguemos. "El mundo está madurando rápidamente para la destrucción. Pronto se derramarán los juicios de Dios, y serán consumidos el pecado y los pecadores" (*Ibíd.*, p. 143).

"Mirad también por vosotros mismos, que vuestros corazones no se carguen de glotonería y de embriaguez y de las preocupaciones de esta vida, y venga de repente sobre vosotros aquel día, porque como un lazo vendrá sobre todos los que habitan sobre la faz de la tierra" (Lucas 21:34, 35).

El mensaje a Lot fue: "Escapa, no mires atrás ni te detengas [...] no sea que perezcas" (Génesis 19:17). Dios nos insta a separarnos de la impiedad creciente; no volvamos atrás para conseguir tesoros terrenales. Miremos a Cristo y depositemos nuestra fe siempre en él.

Lo hizo todo por ti

"Como él se demoraba, los varones los asieron de la mano, a él, a su mujer,
y a sus dos hijas, según la misericordia de Jehová para con él;
lo sacaron y lo pusieron fuera de la ciudad".
Génesis 19:1

A PESAR DE LA VIDA que la familia de Lot llevaba en la ciudad de Sodoma, Dios extendió su misericordia hacia ellos. Lot había flaqueado en su fe y se detenía para no salir de la ciudad, pero el Señor hizo todo lo posible por salvar a todos. Les envió la advertencia del juicio, les dijo que debían escapar para salvarse, los esperó hasta el amanecer y hasta los tomó de la mano para ponerlos a salvo. Solo tenían que aceptar el mensaje, tener en cuenta el momento del gran juicio y salir de la ciudad para alejarse de la maldad.

Dios no solo es capaz de salvarnos del peligro del pecado, sino también de ayudarnos a apartarnos del mal. Además, nos da fuerzas para vencer al enemigo y mantenernos en pie hasta su venida. Ha puesto todo a nuestro alcance; murió para salvarnos, vigila nuestros pasos, nos extiende su mano si caemos y mantiene nuestra mirada fija en él. Dios ya hizo todo para salvarnos, así que, ¿a qué esperamos para entregarnos completamente a él?

La esposa de Lot se perdió por poner su hogar terrenal por encima del celestial. "Debemos guardarnos de tratar ligeramente las bondadosas medidas que Dios toma para nuestra salvación [...]. La redención del alma es preciosa. Cristo pagó un precio infinito por nuestra salvación, y porque otros la desechen, ninguna persona que aprecie el valor de este gran sacrificio, o el valor del alma, despreciará la misericordia de Dios" (*Patriarcas y profetas,* cap. 14, p. 141).

No debemos jugar con la luz y el conocimiento que Dios ha provisto a sus hijos. La salvación es seria, de manera que apresurémonos a asirnos de su mano para huir de las tinieblas. Ya está todo listo para el rescate del mundo y nuestra salvación: "Erguíos y levantad vuestra cabeza, porque vuestra redención está cerca [...]. Velad, pues, orando en todo tiempo que seáis tenidos por dignos de escapar de todas estas cosas que vendrán, y de estar en pie delante del Hijo del hombre" (Lucas 21:28, 36).

Tesoros terrenales

"Ya llega el día del Señor, día terrible, de ira y furor ardiente,
que convertirá la tierra en desierto y acabará con los pecadores que hay en ella".
Isaías 13:9, DHH

E N LOS TIEMPOS de Noé, Dios envió un mensaje urgente a los antediluvianos. Procedió de la misma manera con los habitantes de Sodoma y las ciudades de la llanura, y ese mismo mensaje también se puede aplicar a nosotros hoy: "Escapa por tu vida [...]. No sea que perezcas" (Génesis 19:17).

Isaías nos dice: "He aquí el día de Jehová viene, terrible, y de indignación y ardor de ira, para convertir la tierra en soledad, y raer de ella a sus pecadores" (Isaías 13:9), y agrega: "¡Buscad a Jehová mientras puede ser hallado, llamadle en tanto que está cercano! Deje el impío su camino, y el hombre inicuo sus pensamientos, y vuélvase a Jehová, el cual tendrá de él misericordia, al Dios nuestro, el cual será amplio en perdona" (Isaías 55:6, 7).

"Ciertamente viene el día, ardiente como un horno, y serán estopa todos los soberbios y todos los que hacen maldad. Aquel día que vendrá, los abrasará, dice Jehová de los ejércitos, y no les dejará ni raíz ni rama. Mas para vosotros, los que teméis mi nombre, nacerá el sol de justicia y en sus alas traerá salvación" (Malaquías 4:1, 2).

Hoy es el día de salvación, el momento propicio para aceptar a Cristo como eterno salvador. Este es el día en que debemos separarnos definitivamente del pecado y los pecadores. Si aún no ha tomado la decisión de ser parte del pueblo de Dios, ahora es el tiempo de hacerlo. Si ha tenido una relación a medias con el Señor, ahora es momento de entregarse por completo a él. No deje que el tiempo pase porque no sabemos cuánto permaneceremos en esta tierra. La noche pasará, y amanecerá el día en que Cristo venga, y ese día de redención está más cerca de lo que creemos.

El fin llegará, y los redimidos estarán listos para ser trasladados a su morada celestial. Esta es la seguridad que el Señor nos da; sabemos que protegerá a sus hijos hasta el gran día final, así que oremos para dejar a un lado todo lo que nos aleja de él.

El tiempo, dádiva de Dios

"Todos ustedes son hijos de la luz y del día. No somos de la noche ni de la oscuridad. No debemos, pues, dormirnos como los demás, sino mantenernos alerta y en nuestro sano juicio". 1 Tesalonicenses 5:5, 6, NVI

DIOS HA PROVISTO el tiempo para que todos lo utilicemos de la manera correcta, a fin de construir una vida para el cielo. El Señor no desea que lo desperdiciemos en asuntos de poca importancia, sino que lo invirtamos en nuestra preparación y en la de otros. Pablo afirma: "Acerca de los tiempos y de las ocasiones, no tenéis necesidad, hermanos, de que yo os escriba, porque vosotros sabéis perfectamente que el día del Señor vendrá así como ladrón en la noche" (1 Tesalonicenses 5:1, 2). "El tiempo es oro", no debemos gastarlo sin sentido o sin propósito alguno, porque un día daremos cuenta de ello ante Dios.

Una encuesta reveló que una persona que vive setenta años invierte sesenta y nueve años y siete meses en actividades como el trabajo, los juegos, el descanso, la comida, en vestirse, hablar por teléfono y en la espera de algo. De los setenta años solo se dedican cinco meses a buscar a Dios o a algún asunto espiritual. Eso demuestra que el tiempo de muchas personas se pierde en cosas insignificantes.

El tiempo es como un banco donde acreditamos cada mañana en nuestra cuenta 86,400 segundos. Si no los utilizamos todos, no podemos acumularlos para el siguiente día; cualquier cantidad de ese crédito de tiempo que no hayamos utilizado para un buen propósito queda bajo nuestra responsabilidad. El reloj del tiempo sigue su marcha, no se detiene ni por un instante.

Atesore cada momento que viva y aproveche todo su tiempo en prepararse para la eternidad. "El valor del tiempo escapa a todo cómputo. El tiempo desperdiciado nunca puede recuperarse […]. El aprovechamiento de los momentos perdidos es un tesoro" (*Conducción del niño*, cap. 21, p. 114). Oremos para que el Autor del tiempo nos ayude a usarlo sabiamente.

Nuevamente unidos

*"Entonces tuvo un sueño, en el que veía una escalera apoyada en la tierra,
y cuyo extremo tocaba el cielo, y veía que los ángeles de Dios subían y bajaban
por ella".* Génesis 28:12, RCV

CAMINO A PADAN-ARAM, Jacob se preparó para dormir y tomó una piedra
como almohada. Durante la noche, Dios se le reveló en el sueño mostrándole una escalera apoyada en la tierra cuyo extremo tocaba el cielo; vio ángeles
que subían y bajaban por ella, y a Dios en lo alto de aquella escalera (ver Gén.
28:12-13).

"Cristo es la escalera que Jacob vio, cuya base descansaba en la tierra y cuya
cima llegaba a la puerta del cielo, hasta el mismo umbral de la gloria. Si esa
escalera no hubiese llegado a la tierra, y le hubiese faltado un solo peldaño, habríamos estado perdidos. Pero Cristo nos alcanza donde estamos" (*El Deseado
de todas las gentes,* cap. 31, p. 281).

Conversando con Natanael, Jesús hizo referencia a la escalera que Jacob
había visto en el sueño cuando dijo: "Desde ahora veréis el cielo abierto y a
los ángeles de Dios subiendo y bajando sobre el Hijo del hombre" (Juan 1:51).

El pecado separó a los hombres y a las mujeres de Dios, pero Cristo une
al ser humano, débil y desamparado, con la fuente de poder infinito. Nuestro
Salvador resolvió el problema transformándose en intermediario para restablecer la comunicación; así, los ángeles podrían mostrar al mundo el camino
que conduce al Lugar Santísimo.

Habría sido increíble ver al Señor en lo alto de la escalera hablando a Jacob
de la promesa de la tierra prometida y de llegar a ser un pueblo especial. Allí
estaba la unidad del Padre, el Hijo y los ángeles, todos ellos fortaleciendo a
Jacob y repitiendo la promesa: "Yo estoy contigo, te guardaré donde quiera que
vayas y volveré a traerte a esta tierra, porque no te dejaré hasta que haya hecho
lo que te he dicho" (Génesis 28:15).

Gracias a Jesús tenemos acceso al cielo. Podemos llenarnos de esperanza y
seguridad llevando a Cristo nuestras cargas y vaciando nuestro corazón a los
pies de esa escalera que nos une a Dios. Allí encontraremos consuelo, esperanza y perdón, y escucharemos una voz que dirá: "Dame, hijo mío, tu corazón y
miren tus ojos mis caminos" (Proverbios 23:26).

Unidos para salvar

"Y harán un santuario para mí, y habitaré en medio de ellos".
Éxodo 25:8, RV60

L A PROMESA DE DIOS de habitar en medio del pueblo revelando su presencia
divina es una bendición incalculable que Israel experimentó en el desierto.
Moisés recibió los detalles necesarios para construir el Santuario, que sería la
representación del verdadero tabernáculo celestial para salvar al pueblo de la
esclavitud del pecado y la apostasía que constantemente afloraba en ellos.

Dios estaba presente en el propiciatorio reflejando su gloria continuamente.
Jesús quedaba representado en el altar del sacrificio, en el altar del incienso
y en los panes, y el Espíritu Santo estaba representado en el aceite de olivas
machacadas para el alumbrado del candelero de oro. Alrededor del Santuario
permanecían millares de ángeles para cuidarlo, pues el templo albergaba toda
la divinidad para salvar a Israel de sus pecados diarios y anuales, limpiarlos de
toda maldad y santificarlos continuamente. De esa manera estarían preparados
para recibir la presencia de Dios.

Esto nos demuestra que todos los seres celestiales tienen una única misión:
redimir o restaurar al hombre a la imagen de Dios. Sus acciones son intrínse-
cas, nadie desentona. El único que lo hizo fue Satanás, pues tenía otro mensaje
y otro plan; algunos ángeles decidieron acompañarlo en su rebeldía, pero los
fieles acompañarán a Cristo hasta el final. La prueba está en que cuando Cristo
venga por segunda vez a la tierra, habrá media hora profética (siete días litera-
les) de silencio (Apocalipsis 8:1) durante la cual el cielo quedará vacío porque
todos los santos ángeles de Dios acompañarán a Cristo para reunir a su pueblo
y llevarlo a su lado para siempre.

En el Santuario terrenal estaba el Lugar Santísimo que, como centro del
servicio de expiación e intercesión, constituía el eslabón que unía el cielo
y la tierra: Hoy es Cristo quien une al ser humano con Dios para salvarlo y
purificarlo con su sangre derramada en la cruz.

Dios nos sigue buscando insistentemente para tomarnos de la mano y salvarnos de la destrucción final. Nos dice: "Despiértate, tú que duermes, y levántate de los muertos, y te alumbrará Cristo" (Efesios 5:14). Si nos levantamos y
buscamos a Jesús, él se encontrará con nosotros, nos aceptará, nos hará parte
de su familia y mantendrá nuestro nombre escrito en el libro de la vida.

Dios peleará nuestras batallas

"Dios le dijo a Gedeón: 'Hay demasiados soldados en tu ejército,
y van a pensar que la victoria sobre los madianitas será de ellos y no mía'".
Jueces 7:2, TLA

EL PODER DE DIOS es tan grande que en muchas ocasiones libró a Israel de sus enemigos sin que el ejército o el pueblo intervinieran. En tiempos de Gedeón, los madianitas oprimían al pueblo como langostas que devastaban sus cosechas, y ellos tenían que esconderse en las peñas, cuevas y escondrijos que encontraran.

Llegó el momento en que Madián quiso exterminarlos, pero Dios no lo permitió. Utilizó a Gedeón como instrumento de liberación, sacándolo del campo y convirtiéndolo en el sexto juez de Israel, y este convocó al pueblo para defenderse reuniendo junto a él a 32,000 hombres dispuestos a pelear, sin ser consciente de que los madianitas eran 135,000 hombres de guerra.

Sin embargo, el Señor tiene sus propias estrategias para librar a su pueblo del enemigo. Dios no quería que Israel pudiera jactarse contra él, de manera que, mediante las indicaciones que le daba a Gedeón, fue reduciendo el número de soldados: "'A cualquiera que lama las aguas con la lengua como lo hace el perro, lo pondrás aparte; y lo mismo harás con cualquiera que doble sus rodillas para beber'. El número de los que lamieron llevándose el agua a la boca con la mano fue de trescientos hombres [...]. Entonces Jehová dijo a Gedeón: 'Con estos trescientos hombres que lamieron el agua os salvaré y entregaré a los madianitas en tus manos; váyase toda la demás gente cada uno a su lugar'" (Jueces 7:2-7).

Dios quería que el pueblo fuera testigo de lo que puede hacer por sus hijos. No necesitaba un ejército bien adiestrado para defenderlos, sino testigos de su gran poder, y así sucedió. Gedeón organizó a los trescientos en tres escuadrones y los colocó alrededor del campamento enemigo con trompetas en sus manos, y cántaros con antorchas ardiendo dentro. Todo el ejército gritó a gran voz: "¡Por Jehová y por Gedeón!" (ver Jueces 7:16-18). Dios mismo produjo el pánico entre los madianitas, quienes huyeron desconcertados. Después de esto, el pueblo vivió en paz durante cuarenta años en los días de Gedeón (Jueces 8:27).

Vivamos tranquilos sabiendo que la victoria está asegurada para quienes permiten que Dios pelee sus batallas.

Las armas de Dios

"Y repartiendo los trescientos hombres en tres escuadrones,
le dio a cada uno de ellos un shofar en sus manos,
y cántaros vacíos con teas ardiendo dentro de los cántaros".
Jueces 7:16. JBS

DIOS EQUIPÓ A LOS ISRAELITAS para la batalla contra los madianitas con tres armas: trompetas, cántaros y antorchas. Muchos pensarán que es ridículo presentarse a la guerra con esos objetos, pero recordemos la historia de David: él se presentó ante el gigante Goliat con una honda y cinco piedras lisas. ¿Sirven de verdad estas armas para la guerra o son símbolos de la victoria de Dios?

La Biblia dice que los trescientos hombres de Gedeón que rodeaban el campamento de los madianitas tocaron sus trompetas y quebraron los cántaros que llevaban en sus manos (Jueces 7:19). Tal quebrantamiento se asemeja al de una persona que tiene un encuentro personal con el Señor. Este hecho representa una vida humilde, que reconoce ser un instrumento en manos de Dios porque de él son los talentos, al igual que la fortaleza, el poder y la gloria. Este episodio nos recuerda que en el ser humano no hay mérito alguno; si Dios no interviene en su vida, se hunde en la desesperación y la angustia.

La antorcha representa la unción del Espíritu Santo, y es que nuestra vida debe estar llena del poder del Espíritu Santo a fin de que podamos derrotar a las fuerzas del enemigo.

La trompeta significaba la alabanza y la adoración a Dios. Gedeón bajó al campamento de los madianitas y escuchó a un soldado relatar un sueño a su compañero: "'Veía un pan de cebada que rodaba hasta el campamento de Madián. Llegó a la tienda y la golpeó de tal manera que cayó'. Su compañero respondió: 'Esto no representa otra cosa sino la espada de Gedeón hijo de Joás, varón de Israel' [...]. Cuando Gedeón oyó el relato del sueño y su interpretación, adoró" (Jueces 7:13-15).

Si ponemos nuestra vida quebrantada y humillada ante el Todopoderoso y nos presentamos con alabanza sincera y una antorcha encendida, el poder del enemigo no podrá destruirnos. El ángel de Dios iba delante de Israel para guiarlo y defenderlo de sus enemigos, al igual que Cristo camina delante de nosotros para guiarnos y defendernos. Él alumbra nuestro caminar y en Cristo podemos ver el final desde el principio.

Varón esforzado y valiente

"El ángel del Señor vino y se sentó bajo la encina que estaba en Ofra, la cual pertenecía a Joás, del clan de Abiezer. Su hijo Gedeón estaba trillando trigo en un lagar, para protegerlo de los madianitas. Cuando el ángel del Señor se le apareció a Gedeón, le dijo: '¡El Señor está contigo, guerrero valiente!'".
Jueces 6:11, 12, NVI

DIOS ESCOGIÓ A GEDEÓN entre todos los jóvenes del pueblo de Israel para que se convirtiera en su libertador. Aunque para muchos era un desconocido y un cobarde, el Señor dijo de él que era un hombre esforzado y valiente. Jehová no buscó a un hombre de la nobleza, a alguien especialmente entrenado para esa misión como un guerrero, o a un líder de Israel; el Señor llamó a un campesino que estaba trillando trigo para esconderlo de los madianitas: "El hombre mira lo que está delante de sus ojos, pero Jehová mira el corazón" (1 Samuel 16:7).

Dios veía a Gedeón como un hombre diligente, esforzado y con mucho valor, y también a nosotros nos ve así. El Señor nos mira allá donde estamos y ve en nosotros esfuerzo y valentía, aunque nosotros no lo consideremos así, porque él conoce nuestro pasado, presente y futuro. Jehová sabe cómo seremos si nos ponemos en sus manos y nos dejamos guiar.

Gedeón siguió al pie de la letra las indicaciones del Señor, y eso lo convirtió en un gran hombre que se atrevió a derribar el altar idólatra de su padre dedicado a Baal y a cortar en pedazos la imagen de Asera, levantando en su lugar un altar a Dios. El pueblo quiso matarlo por ello, pero su padre lo defendió y dijo: "¿Lucharéis vosotros por Baal? ¿Defenderéis su causa? Cualquiera que contienda por él, que muera esta mañana. Si es un dios, que luche por sí mismo con quien derribó su altar" (Jueces 6:31).

El Señor le dijo a Gedeón: "Ve con esta tu fuerza y salvarás a Israel de manos de los madianitas. ¿No te envío yo?" (Jueces 6:14). No debía temer porque: "entonces el Espíritu de Jehová vino sobre Gedeón" (Jueces 6:34).

Nosotros también podemos ser hombres y mujeres esforzados y valientes para cumplir los propósitos de Dios; siguiendo sus indicaciones rigurosamente, podemos ayudar a otros a ser liberados de la esclavitud del pecado.

Apartados de Dios

"Mas los hijos de Israel volvieron a hacer lo malo ante los ojos del Señor,
después de la muerte de Aod".
Jueces 4:1, JBS

ISRAEL ESTUVO GOBERNADO por jueces durante cerca de 360 años y, durante ese periodo, el pueblo cayó muchas veces en la idolatría. Después de la muerte de Aod, juez de Israel, el pueblo volvió a apartarse del verdadero Dios y esto trajo como consecuencia la opresión cruel del rey de Canaán durante veinte años.

Tras el reposo de cuarenta años que tuvieron bajo el gobierno de Débora, volvieron a hacer lo malo ante los ojos de Jehová y fueron entregados en manos de los madianitas, quienes les oprimieron con crueldad robándoles sus cosechas, su ganado y hasta sus tierras, al punto que se escondían de ellos en las cuevas de los montes. Fue entonces cuando Gedeón se alzó para liberarlos de esa terrible esclavitud.

Cuando Abdón, otro de los jueces de Israel, murió tras gobernar ocho años, el pueblo se olvidó de Dios y volvió a la idolatría, cayendo en manos de los filisteos durante cuarenta años (Jueces 13:1).

Vez tras vez, el pueblo se apartó de Dios y sufrió las consecuencias de su pecado. En muchas ocasiones se vieron bajo el yugo de los pueblos vecinos hasta que abrían los ojos y humillaban su corazón. Dios tenía misericordia de ellos, sentían su gracia y los tomaba de nuevo como su pueblo.

Cuando el pueblo se apartaba del Señor, caía en opresión, desastres, calamidades y hasta muerte, porque fuera de la protección del Creador y Sustentador quedaban a expensas del pecado. La misericordia de Jehová tiene un límite, y nos libra del pecado, pero no de las consecuencias.

Si ha aceptado en su corazón al Señor y conoce el camino a la vida eterna, permanezca en él hasta el final. Juan afirma: "¡Sé fiel hasta la muerte y yo te daré la corona de la vida!" (Apocalipsis 2:10), y Elena G. de White declara: "Alzad los ojos, sí, alzad los ojos, y permitid que vuestra fe aumente de continuo. Dejad que esa fe os guíe a lo largo de la senda estrecha que, pasando por las puertas de la ciudad de Dios, nos lleva al gran más allá, al amplio e ilimitado futuro de gloria destinado a los redimidos" (*Testimonios para la iglesia*, t. 9, p. 228).

Negar el "yo"

"Luego Jesús dijo a sus discípulos: 'Si alguno quiere ser discípulo mío,
olvídese de sí mismo, cargue con su cruz y sígame'".
Mateo 16:24, DHH

N EGARSE A UNO MISMO conlleva mucho sacrificio; significa someter nuestra voluntad a Cristo para vivir solo por él. Nadie puede convertirse en un cristiano auténtico si no se niega a sí mismo despojándose del orgullo, la mentira, la ira, la comodidad pasajera y la vanagloria de la vida.

Pablo dice: "No os engañéis; Dios no puede ser burlado, pues todo lo que el hombre siembre, eso también segará, porque el que siembra para su carne, de la carne segará corrupción; pero el que siembra para el Espíritu, del Espíritu segará vida eterna" (Gálatas 6:7, 8).

Negarnos a nosotros mismos es reconocer que quizás el estilo de vida que hemos llevado hasta ahora no es el mejor y podría conducirnos a la muerte eterna. Por tanto, debemos tomar una decisión, acudir a Dios para recibir su perdón y dejarnos transformar. Mediante esa transformación Dios nos hace criaturas nuevas, conformes a la imagen de Cristo, de manera que nuestros intereses quedan en segundo lugar, por detrás de los de Dios.

No obstante, negarnos a nosotros mismos no significa excluirnos de la sociedad, castigar nuestros cuerpos, ni vivir como ermitaños; es negar lo que queremos y, a veces, lo que necesitamos. Pablo, declaró: "Aun estimo todas las cosas como pérdida por la excelencia del conocimiento de Cristo Jesús, mi Señor, por el cual lo he perdido todo, y lo tengo por basura, para ganar a Cristo" (Filipenses 3:8).

Una vez ganada la batalla contra el "yo", estamos listos para seguir firmemente a Cristo; el centro de nuestras vidas. Elena G. de White menciona: "La iglesia cristiana se fundó sobre el principio del sacrificio. 'Si alguno quiere venir en pos de mí', declara Jesús, 'niéguese a sí mismo, y tome su cruz, y sígame' (Mateo 16:24, RV60). Él exige el corazón entero, todos los afectos. Las demostraciones de celo, fervor y trabajo desinteresado que sus seguidores devotos han dado ante el mundo, debieran despertar nuestro ardor y llevarnos a imitar su ejemplo" (*Testimonios para la iglesia*, t. 5, cap. 32, p. 286).

Pidamos de corazón que la gracia de Cristo nos induzca a negarnos por completo a nosotros mismos.

Cargar nuestra cruz

"Dirigiéndose a todos, declaró: 'Si alguien quiere ser mi discípulo,
que se niegue a sí mismo, lleve su cruz cada día y me siga'".
Lucas 9:23, NVI

TOMAR LA CRUZ es una metáfora de aceptar el desafío de ser acusados, juzgados y condenados sin culpa como Cristo; pasar por el Getsemaní de la vida con sufrimiento, dolor y angustia. Sin embargo, el camino de la vida también es la ruta a la salvación; una escuela de perdón, restauración, renovación y liberación.

Los criminales tomaban literalmente su cruz, o el travesaño, y lo llevaban hasta el lugar de la ejecución. El cristiano que no acepta este desafío diariamente, no es digno de seguir a Jesús porque no hay gloria sin cruz, así como tampoco hay resurrección sin muerte.

Una persona que quiere seguir a Cristo debe negarse a sí misma. Jesús dijo: "El que no es conmigo, contra mí es; y el que conmigo no recoge, desparrama" (Lucas 11:23). Cada creyente tiene una cruz que llevar: sacrificio, dolor, trabajo pesado, abuso, desprecio, vergüenza, humillación... Sin embargo, la cruz también representa responsabilidad, fidelidad, amor a Dios, lealtad a su llamado y esfuerzo para cumplir lo que se espera de nosotros. "El que se aparta de la cruz, se aparta de la recompensa prometida a los fieles" (Elena G. de White, carta 144, 1901).

El sendero de la vida en Cristo es cuesta arriba y está lleno de obstáculos, de ahí las palabras de Pablo: "Todos los que quieran vivir piadosamente en Cristo Jesús padecerán persecución" (2 Timoteo 3:12).

"Al seguirlo por el camino de la abnegación, levantando la cruz y llevándola tras él hasta la casa de su Padre revelaremos en nuestras vidas la belleza de la vida de Cristo. Junto al altar del sacrificio, el lugar designado de reunión entre Dios y el alma, recibimos de manos de Dios la antorcha celestial que escudriña el corazón y que revela la necesidad de que Cristo more en el interior" (*Consejos sobre mayordomía cristiana*, cap. 6, p. 34).

Tomando nuestra cruz y siguiendo a Cristo, seremos dignos de él, pues él tomó la suya primero para librarnos de la carga del pecado, para levantar nuestras cabezas y para afirmar nuestros pasos hacia el cielo. Pidamos a Dios que nos ayude a cargar nuestra cruz.

Seguir a Jesús sin tardanza

"Si alguno de ustedes quiere ser mi seguidor,
tiene que abandonar su manera egoísta de vivir, tomar su cruz y seguirme".
Marcos 8:34, NTV

LA PALABRA "SEGUIR" significa ir después o detrás de alguien, proseguir o continuar lo empezado. En el caso de la reflexión de hoy, significa caminar por el mismo sendero que recorrió Jesús. El discípulo tiene una comunión íntima con el Maestro; se deja guiar, enseñar y reconoce la voz de su Guía. Aprende a vivir la vida de Cristo mediante la oración, el estudio de la Biblia, el servicio, la obediencia y la devoción diaria.

Seguir a Jesús significa seguir sus pasos, caminar con él. Pedro menciona: "Para esto fuisteis llamados, porque también Cristo padeció por nosotros, dejándonos ejemplo para que sigáis sus pisadas" (1 Pedro 2:21). Por lo tanto, si tomamos la cruz como Jesús, no nos dejará solos, puesto que ha prometido: "Estoy con vosotros todos los días, hasta el fin del mundo" (Mateo 28:20). El que le ha entregado la cruz es el mismo que le dice: "Llevad mi yugo sobre vosotros, y aprended de mí, que soy manso y humilde de corazón; y hallaréis descanso para vuestras almas. Porque mi yugo es fácil, y ligera mi carga" (Mateo 11:29, 30).

La vida viene con muchas cruces. A veces nos topamos con ellas por nuestra desobediencia y por la maldición del pecado, pero la cruz que Jesús le invita a tomar cada día le purificará y salvará su alma de la ira venidera.

Pablo afirma: "En realidad, también yo he muerto en la cruz, junto con Jesucristo. Y ya no soy yo el que vive, sino que es Jesucristo el que vive en mí. Y ahora vivo gracias a mi confianza en el Hijo de Dios, porque él me amó y quiso morir para salvarme" (Gálatas 2:20, TLA).

La nueva creación vive, el viejo hombre ha muerto. Pablo se siente crucificado, muerto con Cristo, pero vivo en Dios. Sigamos a Jesús, pues es la mejor preparación posible para esperar su regreso y participar de ese día glorioso.

Una mente renovada

"Y a renovaros en el espíritu de vuestro entendimiento,
y vestir el nuevo hombre que es creado conforme a Dios en justicia
y en santidad de la verdad".
Efesios 4:23, 24, JBS.

L A CREACIÓN DE DIOS fue perfecta. La mente del ser humano salió de las manos del Creador llena de justicia y santidad, con una gran lucidez, capaz de percibir la voz de Dios a la distancia y discernir el conocimiento divino. "Ve el amor de Dios, la belleza de la santidad y el gozo de la pureza" (*El camino a Cristo*, p. 37). Pero esa mente fue cegada por la transgresión: "No andéis como los otros gentiles, que andan en la vanidad de su mente, teniendo el entendimiento entenebrecido, ajenos de la vida de Dios por la ignorancia que en ellos hay, por la dureza de su corazón" (Efesios 4:17, 18). Perdimos la sensibilidad hacia el Señor; nuestro entendimiento se ofuscó completamente hacia lo espiritual. Por eso Pablo enfatiza: "Despojaos del viejo hombre, que está corrompido por los deseos engañosos" (Efesios 4:22). Debemos vaciar urgentemente la mente de todo lo corrupto para que el poder del Espíritu Santo pueda renovarla.

La mente es el campo de batalla principal en la guerra espiritual entre el bien y el mal. Una mente renovada tiene la capacidad de identificar lo que es agradable y perfecto a los ojos del Señor, por eso Satanás pretende desviar toda mente que busca al Señor y que está siendo transformada por su poder. Si dejamos de percibir la voz de Jehová, nos extraviaremos fácilmente. Sin embargo, Pablo advierte: "Las armas de nuestra milicia no son carnales, sino poderosas en Dios para la destrucción de fortalezas, derribando argumentos y toda altivez que se levanta contra el conocimiento de Dios, y llevando cautivo todo pensamiento a la obediencia a Cristo" (2 Corintios 10:4, 5).

Cuando el corazón cede a la influencia del Espíritu de Dios, la conciencia se vivifica y el pecador discierne parte de la profundidad y santidad de la ley del Señor. Cuando el Creador nos renueva a su imagen, se cumple la promesa: "Pondré mis leyes en su corazón, y también en su mente las escribiré" (Jeremías 31:33).

Oremos para lograr una mente espiritual completamente renovada por el poder de la Palabra.

Sellados para la redención

"No agravien al Espíritu Santo de Dios,
con el cual fueron sellados para el día de la redención".
Efesios 4:30, NVI

E L SELLAMIENTO se está llevando a cabo en las almas transformadas por el Espíritu Santo que claman misericordia y gracia divina; aquellos que dicen con Pablo: "Ni la muerte ni la vida, ni ángeles ni principados ni potestades, ni lo presente ni lo porvenir, ni lo alto ni lo profundo, ni ninguna otra cosa creada nos podrá separar del amor de Dios, que es en Cristo Jesús, Señor nuestro" (Romanos 8:38, 39).

Cuando depositamos nuestra confianza en el Señor y creemos en él profundamente como nuestro salvador, nada puede derribar nuestra fe y, tal como dice el apóstol, somos sellados por el Espíritu Santo: "No entristezcáis al Espíritu Santo de Dios, con el cual fuisteis sellados para el día de la redención" (Efesios 4:30).

Ezequiel describe el sellamiento como una señal en la frente de los seres humanos que gimen y claman por el daño que causa el pecado (Ezequiel 9:3, 4). El Señor, con su Espíritu Santo, afirma en nuestro corazón y nuestra mente las verdades divinas de su Palabra. No obstante, es necesario tener en cuenta el consejo de Elena G. de White: "Satanás está utilizando ahora, en este tiempo de sellamiento, todos sus ardides para mantener alejados los pensamientos de los hijos de Dios de la verdad presente, y hacerlos vacilar. Vi que Dios estaba extendiendo una cortina para protegerlos en el tiempo de angustia; y que cada alma que se ha decidido por la verdad y ha purificado su corazón había de ser protegida con la envoltura del Omnipotente. Satanás sabe eso, y está trabajando con gran poder para mantener irresoluta e indecisa por la verdad tanta gente como sea posible [...]. Vi que Satanás estaba trabajando para confundir, engañar y extraviar al pueblo de Dios, ahora mismo, en el tiempo del sellamiento" (*Hijos e hijas de Dios*, p. 344).

Los sellados estarán protegidos de las garras de Satanás; los que alcen su voz contra el pecado recibirán la marca pura de la verdad impresa por el Espíritu Santo.

Queda poco tiempo, así que oremos para que la gracia de Dios nos acepte y el Señor coloque su sello en nosotros.

El sello de Dios

*"[...] También ustedes que oyeron el mensaje de la verdad,
la buena noticia de su salvación, y abrazaron la fe, fueron sellados como
propiedad de Dios con el Espíritu Santo que él había prometido".*
Efesios 1:13, DHH

EL SELLO DE DIOS que se coloca en la frente de hombres y mujeres está asociado a nuestras convicciones, creencias y fe. Este sello tiene que ver tanto con la aprobación de Dios como con la firmeza con la cual lo amamos y aceptamos. ¿Cuán firmes estamos en lo que creemos? ¿Lo hemos aceptado por fe? ¿Estamos dispuestos a sufrir todo por causa de él? Cuando nuestras convicciones son inamovibles, podemos decir como Job: "Yo sé que mi Redentor vive, y que al fin se levantará sobre el polvo, y que después de deshecha esta mi piel, en mi carne he de ver a Dios. Lo veré por mí mismo; mis ojos lo verán, no los de otro" (Job 19:25-27).

Pablo dijo: "Y me ha dicho: 'Bástate mi gracia, porque mi poder se perfecciona en la debilidad'" (2 Corintios 12:8, 9). Llegó a entender que el Señor lo había llamado y le pertenecía; por tanto, debía permanecer en Cristo hasta el final.

El sello es para el creyente una seguridad de vida eterna. Cuando Jehová coloca su sello en nosotros, le pertenecemos para siempre al estar a su lado; solo aquellos que lleven este sello saldrán vencedores. En contraposición, está el sello de Satanás, quien tratará de colocarlo sobre los que cedan a sus artimañas, lo que afectará a la fe y a las acciones de quienes intentan estar cerca del Señor. Desafortunadamente, muchos caerán en sus redes.

"¿Qué estáis haciendo, hermanos, en la gran obra de preparación? Los que se unen con el mundo reciben su molde y se preparan para recibir la marca de la bestia. Los que desconfían de sí mismos, se humillan delante de Dios y purifican sus almas obedeciendo a la verdad, son los que reciben el molde celestial y se preparan para tener el sello de Dios en sus frentes. Cuando se promulgue el decreto y se estampe el sello, su carácter permanecerá puro y sin mancha para la eternidad" (*Testimonios para la iglesia*, t. 5, p. 200). Preparémonos y aferrémonos al Señor para que nos mantenga siempre a salvo de Satanás.

Jesús, manantial de aguas vivas

"¡Oh Jehová, esperanza de Israel! Todos los que te dejan serán avergonzados;
y los que se apartan de mí serán escritos en el polvo,
porque dejaron a Jehová, manantial de aguas vivas".
Jeremías 17:13, RV60

CON JUSTA RAZÓN el salmista dijo: "De Jehová es la tierra y su plenitud, el mundo y los que en él habitan" (Salmo 24:1). Jesús es la fuente de todo lo que nos sustenta; es el manantial de aguas vivas, inagotable y permanente, que produce crecimiento y desarrollo. Sin estas aguas pereceremos de sed. Él es la fuente de la vida, de la cual depende nuestra existencia, y su invitación es que: "Si alguien tiene sed, venga a mí y beba. El que cree en mí, como dice la Escritura, de su interior brotarán ríos de agua viva" (Juan 7:37, 38).

El agua viva purifica y restaura lo que está manchado. Así es Cristo Jesús, el agua que purifica el alma, limpia el corazón y satisface cualquier necesidad. El agua es el símbolo del Espíritu Santo, la fuente de nuestra renovación, de nuestra restauración, quien ha venido para fortalecernos, renovarnos, saciar nuestra sed de Dios, darnos nuevas fuerzas y conducirnos al propósito para el cual fuimos creados.

En medio de las dificultades, en medio de la sequía espiritual, acerquémonos al Señor, fortalezcamos nuestra comunión con el Espíritu Santo, y no nos decepcionará. El profeta Isaías afirma: "Jehová te pastoreará siempre, en las sequías saciará tu alma y dará vigor a tus huesos. Serás como un huerto de riego, como un manantial de aguas, cuyas aguas nunca se agotan" (Isaías 58:11).

El pueblo de Israel sació su sed en medio del desierto porque todos bebieron de la misma roca espiritual. Esa roca era Cristo (1 Corintios 10:4). ¿Por qué entonces muchos viven en ataduras de temor, depresión, amargura, ira, gastando grandes cantidades de dinero en consejería y medicamentos? ¿Por qué viven secos y sedientos? Debemos levantar la mirada y seguir a Cristo, nuestro sustentador. "Los afligidos y necesitados buscan las aguas, pero no las encuentran; seca está de sed su lengua. Yo, Jehová, los oiré; yo, el Dios de Israel, no los desampararé" (Isaías 41:17).

Cuando todo parece perdido

"Si en medio de su angustia y sufrimiento ustedes vuelven a obedecer a Dios,
él no los abandonará ni los destruirá, porque los ama mucho.
Dios jamás se olvidará del pacto que hizo con los antepasados de ustedes,
pues se comprometió a cumplirlo".
Deuteronomio 4:30, 31, TLA

S I ESTANDO EN MEDIO de la angustia, el desamparo, la soledad y los enredos de la vida clamamos a Jehová, él nos oirá, calmará nuestro dolor, sanará nuestras heridas y nos cubrirá con bálsamo de Galaad. Israel se olvidó del Señor y buscó otros dioses en quien confiar, mas Dios no se olvidó de su pueblo como tampoco se olvidará de usted.

Piense en Jonás. Él clamó desde lo profundo del abismo, en medio de los mares, envuelto en las corrientes con su cabeza enredada entre las algas, y dijo: "La tierra echó sus cerrojos sobre mí para siempre" (Jonás 2:6). Se sintió perdido, sin esperanza de salvación, sin solución a su problema; sin embargo, en medio de esa desesperación, buscó a Dios. "Invoqué en mi angustia a Jehová, y él me oyó; desde el seno del seol clamé, y mi voz oíste" (Jonás 2:2).

Puede que su vida esté enredada en muchas cosas del mundo, sin salida, sin solución, o quizás esté atravesando una terrible enfermedad o angustia mental. Clame al Dios Todopoderoso de amor y compasión; él escuchará su petición, no importa en qué situación se encuentre, y salvará su vida. Esa es la esperanza que debe alimentar nuestra fe: saber que en cualquier lugar o circunstancia podemos elevar una oración con corazón sincero al cielo y el Señor escuchará.

Jehová dice: "Clama a mí y yo te responderé, y te enseñaré cosas grandes y ocultas que tú no conoces" (Jeremías 33:3). No se olvide de que el Señor está esperando su súplica. Levántese, acuda a él alzando su voz, llame a la puerta y él abrirá. Puede que el dolor y el sufrimiento no le permitan sentir al Señor a su lado, que de tanto sufrir se opaque la esperanza, pero recuerde que está allí, sosteniendo su brazo aunque no lo vea, colocando su mano sobre su cabeza y poniendo los brazos sobre usted. El Todopoderoso siempre nos levantará y acudirá a nosotros para salvarnos.

Muéstrame tu gloria

"En esta misma ocasión le supliqué al Señor:
'Señor, tú has comenzado a mostrar a este siervo tuyo tu grandeza y tu poder.
No hay otro Dios en el cielo ni en la tierra que pueda hacer
las cosas tan maravillosas que tú haces'".
Deuteronomio 3:23, 24, DHH

MOISÉS TUVO EL PRIVILEGIO de ver con sus propios ojos la grandeza, el poder y la gloria de Dios durante el cruce del mar Rojo, en la nube que guiaba a Israel de día en el desierto, en la columna de fuego que lo dirigía en la densa oscuridad o en el monte Sinaí. "Entonces dijo Moisés: 'Te ruego que me muestres tu gloria'. […] Luego dijo Jehová: 'Aquí hay un lugar junto a mí. Tú estarás sobre la peña, y cuando pase mi gloria, yo te pondré en una hendidura de la peña, y te cubriré con mi mano hasta que haya pasado. Después apartaré mi mano y verás mis espaldas, pero no se verá mi rostro'" (Éxodo 33:18, 21-23).

Seguramente Moisés se encogió de miedo bajo la mano de Dios, con el rostro inclinado, los ojos cubiertos y el pulso acelerado esperando a que el Señor diera la señal. Cuando Jehová levantó su mano, los ojos de Moisés lograron vislumbrar sus espaldas, distantes y que iban desapareciendo. La gloria del Creador era demasiado grande para que Moisés pudiera soportarlo; un destello que se desvanecía tuvo que bastar. Puedo imaginar el cabello gris de Moisés, azotado hacia adelante por el viento, y su curtida mano asida de una roca saliente de la pared para no caerse. A medida que la ráfaga se calmó y se apaciguó, y sus mechones de cabello volvieron a reposar sobre sus hombros, se pudo ver el impacto. Su rostro resplandecía; era tan brillante como si estuviera iluminado por mil antorchas.

"Los hijos de Israel no podían fijar la vista en el rostro de Moisés a causa de la gloria de su rostro" (2 Corintios 3:7, RVA15). Así como Moisés, nosotros también veremos la gloria de Dios. Con una vida guiada por el Espíritu Santo, el pecado saldrá de nuestro corazón, y la luz del conocimiento de la gloria del Señor se revelará cada día en nuestras vidas.

El anhelo de Dios para su pueblo

"¡Oh, si siempre tuvieran un corazón así,
si estuvieran dispuestos a temerme y a obedecer todos mis mandatos!
Entonces siempre les iría bien a ellos y a sus descendientes".
Deuteronomio 5:29, NTV

CUANDO DIOS HABLÓ al pueblo de Israel en el Sinaí con voz potente y vieron las llamas de fuego, dijeron a Moisés: "Jehová nuestro Dios, nos ha mostrado su gloria y su grandeza, y hemos oído su voz, que sale de en medio del fuego. Hoy hemos visto que Jehová habla al hombre, y este aún vive" (Deuteronomio 5:24). Por miedo, el pueblo pidió a Moisés que hablara él en su lugar y le trasmitiera el mensaje: "Nosotros oiremos y obedeceremos" (Deuteronomio 5:27). Entonces Jehová dijo: "¡Ojalá siempre tuvieran tal corazón, que me temieran y guardaran todos los días todos mis mandamientos, para que a ellos y a sus hijos les fuera bien para siempre!" (Deuteronomio 5:29).

El Señor espera de nosotros obediencia a sus mandamientos todos los días, con temor reverente y con la percepción de su santa presencia. Moisés recordó a los israelitas: "Andad en todo el camino que Jehová, vuestro Dios, os ha mandado, para que viváis, os vaya bien y prolonguéis vuestros días en la tierra que habéis de poseer" (Deuteronomio 5:33).

"Se nos enseña que la obediencia a los requerimientos de Dios coloca al obediente bajo las leyes que controlan el ser físico. Los que quieren preservar su salud deben subyugar todos los apetitos y las pasiones. No deben dar rienda suelta a las pasiones concupiscentes y al apetito desenfrenado, pues han de estar bajo el control de Dios, y sus facultades físicas, mentales y morales han de ser tan sabiamente empleadas como para que el mecanismo del cuerpo permanezca funcionando bien. Salud, vida y felicidad son el resultado de la obediencia a las leyes físicas que gobiernan nuestro cuerpo" (Manuscrito 151, 1901).

Al crearnos, el Señor nos dio todas las bendiciones espirituales, anhelando que tuviéramos paz y felicidad al obedecer su Palabra. Quiere que ejerzamos la facultad de elegir a favor de nuestro Creador y Sustentador, con un sentido de responsabilidad y sin apartarnos ni a la derecha ni a la izquierda. Que nuestro corazón esté entregado por entero y nuestro espíritu, alma y cuerpo pertenezcan a Dios para siempre.

Recordando el cuidado de Dios

"Tu vestido nunca se envejeció sobre ti,
ni el pie se te ha hinchado por estos cuarenta años".
Deuteronomio 8:4, JBS

JEHOVÁ NOS AYUDA a recordar cuán bueno ha sido con nosotros siempre, cómo hemos vivido bajo su cuidado y cómo nos ha guiado. Demos siempre gracias al Señor y afirmemos nuestra fe en él para recibir su gracia y sus bendiciones.

Moisés dijo al pueblo: "Te acordarás de todo el camino por donde te ha traído Jehová, tu Dios, estos cuarenta años en el desierto, para afligirte, para probarte, para saber lo que había en tu corazón, si habías de guardar o no sus mandamientos" (Deuteronomio 8:2). Instó a los israelitas a volver la vista al desierto; ahora que iban a recibir la herencia, debían recordar la disciplina a la que habían estado sometidos y cómo el Señor les había hecho madurar para que lo sirvieran en santidad. El desierto había sido la escuela en que se habían formado y alimentado durante cuarenta años y debían tenerlo presente.

Muchas veces Dios usa métodos que pueden parecer contrarios a nuestra fe o a nuestro entendimiento, pero eso no significa que se haya olvidado de nosotros; él sigue ahí, dirigiendo nuestra vida. Si no fuera por su protección, no existiríamos. Por eso, debe recordar el camino por el cual le ha conducido y cómo le ha librado de tantas circunstancias difíciles y, sobre todo, debe pensar en cómo lo seguirá haciendo. Los recordatorios de Dios son para bien; preparan el corazón para el cielo y moldean un carácter acorde a su voluntad y su Palabra.

Elena G. de White dijo: "Al recapacitar en nuestra historia pasada, habiendo recorrido cada paso de su progreso hasta nuestra situación actual puedo decir: ¡Alabemos a Dios! Mientras contemplo lo que Dios ha hecho, me siento llena de asombro y confianza en Cristo como nuestro líder. No tenemos nada que temer por el futuro, excepto que olvidemos la manera en que el Señor nos ha conducido" (*Mensajes selectos*, t. 3, p. 183).

El Señor nos proporcionó pan para fortalecer nuestro corazón y hacer de ello nuestro alimento básico, pero puede alimentar y mantener a sus hijos sin ello. Por eso dijo: "No solo de pan vivirá el hombre, sino de toda Palabra de Dios" (Lucas 4:4).

Por la justicia de Cristo

"No es porque seas tan bueno o porque tengas tanta integridad que estás a punto de poseer la tierra de ellas. El Señor tu Dios expulsará a esas naciones de tu paso a causa de la perversidad de ellas y para cumplir el juramento que les hizo a tus antepasados Abraham, Isaac y Jacob". Deuteronomio 9:5, NTV

L A BIBLIA EXPRESA la indignidad del ser humano para recibir los favores de Dios. Asegura la victoria sobre el enemigo, pero no por méritos propios, sino por la justicia, la misericordia y la fidelidad de Dios a sus promesas. David lo expresó con estas palabras: "¡Jehová, Señor nuestro, cuán grande es tu nombre en toda la tierra! [...] Cuando veo tus cielos, obra de tus dedos, la luna y las estrellas que tú formaste, digo: ¿Qué es el hombre para que tengas de él memoria, y el hijo del hombre para que lo visites?" (Salmo 8:1, 3, 4).

Cuanto más contemplamos el carácter, la justicia y el poder de Dios, más indignos nos vemos ante él. El Señor espera de nosotros una dependencia total de su grandeza, supremacía y majestad. La mano de Dios y su presencia nos previenen de cualquier pensamiento de justicia propia y autosuficiencia. Nuestra posesión de la Canaán celestial se debe solo al poder de Dios, no a nuestra propia justicia. Gracias a la sangre de Cristo, su justicia eterna, gracia y misericordia habitaremos en la Tierra Nueva.

Sin Cristo, el ser humano es tan frágil que la vida se esfuma en un abrir y cerrar de ojos. Él nos da vida y seguridad, fortaleza, madurez espiritual y fe profunda como el ancla en medio del mar; solo gracias a él tenemos garantizado un futuro.

"Con sus propios méritos, Cristo creó un puente sobre el abismo que el pecado había abierto, de tal manera que los hombres pueden tener ahora comunión con los ángeles ministradores. Cristo une con la Fuente del poder infinito al hombre caído, débil y desamparado" (*El camino a Cristo*, cap. 2, p. 31).

Hemos sido levantados de lo profundo de la ruina en la cual nos ha sumergido el pecado y Dios nos ha puesto en su sintonía. Este es el día de nuestra salvación; mantengamos nuestro corazón entregado en las manos del Señor.

La Palabra de Dios está ante nosotros

"Al contrario, el mandamiento está muy cerca de ustedes;
está en sus labios y en su pensamiento, para que puedan cumplirlo".
Deuteronomio 30:14, DHH

DIOS DIJO AL PUEBLO de Israel: "Mi Palabra no está en el cielo para que digas: '¿Quién subirá por nosotros al cielo, nos lo traerá y nos lo hará oír para que lo cumplamos?'. Ni está al otro lado del mar, para que digas: '¿Quién pasará por nosotros el mar, para que nos lo traiga y nos lo haga oír, a fin de que lo cumplamos?'. Pues muy cerca de ti está la Palabra, en tu boca y en tu corazón, para que la cumplas" (Deuteronomio 30:12-14).

El Señor ha hecho lo imposible para que su Palabra esté en lo más íntimo de nuestro corazón. Nos la ha dado, nos ha envuelto con ella, ha ungido nuestros labios con ella y la ha grabado en nosotros. Ahora todo está en nuestras manos: ¿La aceptaremos y la pondremos por obra? ¿La guardaremos como Dios lo ha indicado? ¿O la rechazaremos, dejando un corazón vacío y sin sentido?

Su Palabra creó el mundo y por ella se sostiene. "La ley de Jehová es perfecta: convierte el alma; el testimonio de Jehová es fiel: hace sabio al sencillo. Los mandamientos de Jehová son rectos: alegran el corazón; el precepto de Jehová es puro: alumbra los ojos. El temor de jehová es limpio: permanece para siempre; los juicios de Jehová son verdad: todos justos. Deseables son más que el oro, más que mucho oro refinado; y dulces más que la miel, la que destila del panal [...]; en guardarlos hay gran recompensa" (Salmo 19:7-11).

Cristo es la palabra que nos salva y nos redime del pecado. "En él estaba la vida, y la vida era la luz de los hombres. La luz resplandece en las tinieblas, y las tinieblas no la dominaron" (Juan 1:4, 5). Esa palabra que es Cristo está muy cerca de nosotros; no necesitamos buscarla lejos. "Las cosas secretas pertenecen a Jehová, nuestro Dios, pero las reveladas son para nosotros y para nuestros hijos para siempre, a fin de que cumplamos todas las palabras de esta ley" (Deuteronomio 29:29).

Pidamos a Dios un corazón receptivo ante su Palabra la cual puede transformar nuestra vida para Cristo.

Elegir la vida

"A los cielos y a la tierra llamo por testigos hoy contra vosotros,
que os he puesto delante la vida y la muerte, la bendición y la maldición;
escoge, pues, la vida, para que vivas tú y tu descendencia".
Deuteronomio 30:19, RV60

EN GENERAL, todo ser humano busca la vida y el bien, y escapa de la muerte y del mal; desea ser feliz y huir de la miseria y la desgracia. En su misericordia y amor, Dios extiende su mano para sacar del pozo de la infelicidad a todo el que quiera permanecer en pie y lleno del bien que proviene de la fuente divina. Para que todo salga según lo planeado, solo debemos obedecer, "pero si tu corazón se aparta y no obedeces, te dejas extraviar, te inclinas a dioses ajenos y los sirves [...] de cierto pereceréis" (Deuteronomio 30:17, 18).

Estamos en una encrucijada, en medio de la lucha entre el bien y el mal. Moisés dijo: "Circuncidará Jehová, tu Dios, tu corazón, y el corazón de tu descendencia, para que ames a Jehová, tu Dios, con todo tu corazón, y con toda tu alma, a fin de que vivas" (Deuteronomio 30:6). Es decir, el Señor avivará la percepción espiritual y enternecerá nuestra conciencia.

"No es el plan de Dios obligar a los hombres a que abandonen su incredulidad impía. Delante de ellos están la luz y las tinieblas, la verdad y el error. Ellos deben decidir lo que van a aceptar. La mente humana está dotada de facultades para discriminar entre lo correcto y lo erróneo. No es el designio de Dios que los hombres decidan por impulso sino por el peso de la evidencia, comparando cuidadosamente unos pasajes de la Escritura con otros" (Elena G. de White, *Redemption: or the Miracles of Christ*, p. 112, 113).

El gozo de Jehová es completo cuando una persona se vuelve a él, porque entonces puede derramar sobre esa persona las bendiciones del cielo. El que obedece y ama la Palabra de Dios, dice como el salmista: "El hacer tu voluntad, Dios mío, me ha agradado, y tu ley está en medio de mi corazón" (Salmo 40:8).

Si la vida está escondida en Cristo y de él mana, escojamos seguirlo y anclemos nuestra fe en él hasta alcanzar la victoria final.

Dios escogió un pueblo

"A ustedes Dios los eligió para que fueran su pueblo".
Deuteronomio 32:9, TLA

DIOS TIENE UN PUEBLO especial que eligió, rescató y labró como a una viña para él; un pueblo lleno de promesas y privilegios que es depositario de la Palabra eterna. "Lo halló en tierra de desierto, en yermo de horrible soledad; lo rodeó, lo instruyó, lo guardó como a la niña de su ojo [...]. Lo hizo subir sobre las alturas de la tierra, comió los frutos del campo, lo alimentó con miel de la peña y con aceite del duro pedernal" (Deuteronomio 32:10, 13).

Ezequiel menciona que no hubo ojo que se compadeciera de él, que fue arrojado sobre la faz del campo con menosprecio. Sin embargo, Dios fue el único que tuvo compasión y lo hizo crecer como la hierba, y agrega: "Te puse un vestido bordado, te calcé de tejón, te ceñí de lino y te cubrí de seda" (Ezequiel 16:10).

La iglesia es la esposa por la cual Cristo murió, a fin de santificarla y purificarla. Cuando regrese en triunfo y majestad, la presentará como una iglesia gloriosa, compuesta por los fieles de todas las edades, adquiridos por su sangre, sin manchas ni arrugas, santos e inmaculados.

"La iglesia ha de ser alimentada con el maná celestial, y mantenida bajo la única custodia de su gracia. Revestida con la armadura completa de la luz y la justicia, entra en su final conflicto. La escoria, el material inútil será consumido, y la influencia de la verdad testifica ante el mundo de su carácter santificador y ennoblecedor" (*La iglesia remanente*, cap. 1, p. 15).

Dios cuidó de su pueblo con mucha ternura y lo protegió de las malignas influencias de sus vecinos y de todos los peligros del inhóspito desierto. La columna de nubes y fuego, era guía y protección. Lo alimentó, le dio agua y le preparó con la disciplina del desierto para que al fin entrara en Canaán.

El Señor nos llama a imitarlo, llenos de amor, como también Cristo nos amó y se entregó a sí mismo por nosotros (Efesios 5:1, 2). En él hemos llegado a ser un pueblo escogido, un real sacerdocio y una luz para el mundo.

Cristo triunfó en el Edén

*"Y el Señor Dios hizo ropa de pieles de animales
para Adán y su esposa".*
Génesis 3:21, NTV

DESDE EL PRINCIPIO, cuando la humanidad cayó y se encontró en medio de la batalla entre el bien y el mal, Dios prefirió salvarla que perderla. La rescató de la vergüenza en la cual se encontraba sumida. Tanto fue así que, cuando Adán y Eva se escondieron de su presencia, el Señor fue en su búsqueda y los vistió con lo mejor que tenía.

Dios no es vengativo, ni arbitrario, ni tirano; es justo, razonable y correcto. Prefirió hacer de un hombre y una mujer caídos y maltrechos, y con sentimientos de culpa muy fuertes, un hombre y una mujer redimidos para el cielo.

¿No podría Jehová haber eliminado lo que estaba contaminado por el pecado y hacerlo todo de nuevo? ¿No podría haber creado seres como los del principio? Claro que sí, pero su amor es tan grande que prefiere trabajar más para hacer de lo que se perdió, algo perfecto como lo es él.

Esa es la razón por la cual los sacó del huerto con protección divina. Los mantuvo a su lado todo el tiempo que vivieron. Formaron una familia y establecieron una generación para el mundo, llena de arte, sabiduría y ciencia.

Satanás los reclamaba como suyos, pero Dios no se lo permitió, por eso, estableciendo las reglas, dijo: "Pondré enemistad entre ti y la mujer, y entre tu simiente y la simiente suya; esta te herirá en la cabeza, y tú la herirás en el talón" (Génesis 3:15).

Adán y Eva se levantaron de donde estaban caídos y volvió a ellos la esperanza de vivir. No importa en qué situación nos encontremos. No podemos estar peor que nuestros primeros padres; si ellos se levantaron y fueron rescatados, la sangre de Cristo derramada en la cruz del Calvario también nos puede rescatar y renovar a nosotros. Levantémonos y vayamos a Cristo, él tomará nuestra vida, la hará nueva y la llenará de su Santo Espíritu para el día de la redención.

Triunfo en los días del diluvio

*"El Señor vio que era demasiada la maldad del hombre en la tierra
y que éste siempre estaba pensando en hacer lo malo".*
Génesis 6:5, DHH

S ATANÁS CREYÓ haber ganado al llenar el corazón y la mente de los seres
humanos de pecado. Dieron rienda suelta a la iniquidad, se glorificaron a sí
mismos y adoraron a la naturaleza en lugar de al Creador; la perversidad fue tal
que llegaron a eliminar al Señor de sus mentes. La tierra se corrompió; el amor,
la justicia y la misericordia desaparecieron. Los justos sufrían opresión y burla,
y no pudiendo soportar más esa maldad, el Señor decidió borrar de la faz de la
tierra a los seres humanos creados (Génesis 6:7). Solo hubo una familia que se
aferró a Dios en medio de las tinieblas.

El Señor hizo efectivo su plan de rescate salvando a Noé y a su familia:
"Noé halló gracia ante los ojos de Jehová [...]. Caminó Noé con Dios"
(Génesis 6:8, 9). Hubo más personas que creyeron en el Señor, pero no se
prepararon correctamente: "Noé se mantuvo como una roca en medio de la
tempestad. Rodeado por el desdén y el ridículo popular, se distinguió por su
santa integridad y por su inconmovible fidelidad [...]. Su relación con Dios le
comunicaba la fuerza del poder infinito, mientras que, durante ciento veinte
años, su voz solemne anunció a oídos de aquella generación acontecimientos
que, en cuanto podía juzgar la sabiduría humana, estaban fuera de toda
posibilidad [...]. Como premio por su fidelidad e integridad, Dios salvó con
él a todos los miembros de su familia. ¡Qué estímulo para la fidelidad de los
padres!" (*Patriarcas y profetas,* cap. 7, pp. 74-75).

La Segunda Venida de Cristo Jesús será como el momento en que Jehová
cerró la puerta del arca y no hubo más oportunidad de volverla a abrir para
que entraran los que se arrepintieron al ver que el mensaje era verdadero. El
Señor cerrará la puerta de la gracia y no se volverá a abrir jamás, aunque golpee
la cabeza con el piso o hiera su cuerpo por el dolor de haber perdido la vida
eterna. De igual manera, aunque Satanás quiera que todo el mundo se pierda,
Dios salvará a los fieles como salvó a Noé.

Cristo y los patriarcas

"Pero de aquel lado del río llamé a Abrahán, el padre de ustedes,
y lo conduje por toda la tierra de Canaán; le di un hijo, que fue Isaac,
e hice que tuviera una descendencia numerosa".
Josué 24:3, RVC

ABRAHAM, ISAAC, Y JACOB, patriarcas llamados por Dios, se enfrentaron a grandes luchas a lo largo de sus vidas. Cuando se acercaban al Señor, Satanás los acosaba con pruebas difíciles para que perdieran la promesa hecha a su descendencia.

La familia de Abraham servía a otros dioses, pero el Señor lo escogió para que el conocimiento del Dios verdadero se conservara en él, y se convirtió en el heredero de ese santo cometido. "Por la fe Abraham, siendo llamado, obedeció para salir al lugar que había de recibir como herencia; y salió sin saber adónde iba" (Hebreos 11:8). Fiel a la dirección divina, prosiguió su camino.

Cuando el hambre llegó a Canaán, Abraham emigró a Egipto, y allí se enfrentó a una prueba difícil: por temor a los egipcios, mintió diciendo que Sara era su hermana. "Reveló desconfianza en el amparo divino, una falta de esa fe y ese valor elevadísimos tan noble y frecuentemente manifestados en su vida" (*Patriarcas y profetas,* cap. 11, p. 108). En esos duros momentos, la fe de Abraham flaqueó y Satanás aprovechó para apartarlo de Dios. Sin embargo, a pesar de su falta, el Señor lo arrebató de las garras del enemigo y lo salvó.

Tiempo después, Jehová le pidió que sacrificara a su único hijo. La primera noche antes de llegar, mientras todos dormían, él meditaba en la orden del Señor; era muy duro, pero no dudó en obedecer sin objetar.

"Satanás estaba listo para sugerirle que se engañaba, pues la ley divina mandaba: 'No matarás', y Dios no habría de exigir lo que una vez había prohibido [...]. Abraham estuvo tentado a creer que se engañaba. Dominado por la duda y la angustia, se arrodilló y oró como nunca lo había hecho antes, para pedir que se le confirmara si debía llevar a cabo o no esta terrible orden" (*Ibíd.,* p. 128).

Sin embargo, una vez más, Jehová permaneció a su lado y no permitió que Satanás lo desviara del propósito divino. Pongamos también nuestra vida en manos de Cristo para verlo vencer a favor de sus hijos e hijas fieles.

Triunfo en la cruz

"Entonces Jesús volvió a gritar con fuerza, y entregó su espíritu.
En ese momento la cortina del santuario del templo se rasgó en dos,
de arriba abajo. La tierra tembló y se partieron las rocas".
Mateo 27:50, 51, NVI

L A LUCHA QUE ENFRENTA a Dios y a Satanás es de tal magnitud que, siendo Cristo solo un niño, el maligno ya intentó destruirlo. Cuando Jesús comenzó su ministerio, se le acercó para tentarlo y hacerlo caer y, durante su vida de servicio, muchas veces fue perseguido por sus enemigos. Judas lo entregó a la turba que lo perseguía para matarlo; fue llevado para ser juzgado ante el Sanedrín y, ante Pilato, fue sentenciado a muerte.

"Satanás indujo a la turba cruel a ultrajar al Salvador. Era su propósito provocarle a que usase de represalias, si era posible, o impulsarle a realizar un milagro para librarse y así destruir el plan de la salvación. [...] La ira de Satanás fue grande al ver que todos los insultos infligidos al Salvador no podían arrancar de sus labios la menor murmuración" (*El Deseado de todas las gentes*, cap. 77, p. 696).

Jesús sufrió mucho durante el juicio terrenal, su corazón estaba muy dolido y su pena era inmensa; Satanás se regocijaba al verlo sufrir. Creía que lo había vencido en la cruz, que el dominio del mundo era totalmente para él y la humanidad le pertenecía.

Sin embargo, Jesús no se apartó un ápice de la voluntad de su Padre. Con fortaleza celestial resistió el ataque de Satanás y, gracias a ello, ganó nuestra salvación. Al resucitar y ascender al cielo, derrotó al enemigo; ahora sí podemos ser restaurados. Al morir, Cristo venció el poder de la muerte; al resucitar, abrió las puertas del sepulcro para sus seguidores. "Por cuanto los hijos participaron de carne y sangre, él también participó de lo mismo para destruir por medio de la muerte al que tenía el imperio de la muerte, esto es, al diablo" (Hebreos 2:14).

Somos más que vencedores gracias al Señor. Elena G. de White dice: "Jesús espera que sus discípulos sigan sus pasos, soporten lo que él soportó, sufran lo que él sufrió, venzan como él venció. Él está esperando ansiosamente ver a sus seguidores profesos manifestar el espíritu de abnegación y renunciamiento" (*Consejos sobre la salud*, cap. 223, p. 512).

Triunfo en el conflicto final

"Y el diablo que los engañaba fue lanzado en el lago de fuego y azufre,
donde estaban la bestia y el falso profeta; y serán atormentados
día y noche por los siglos de los siglos".
Apocalipsis 20:10, RV60

A PESAR DE haber sido ya derrotado, Satanás sigue haciendo la guerra a Dios y a su pueblo. Sigue esforzándose en engañar cuanto puede a los escogidos. Por eso debemos estar en guardia, velando y orando para no entrar en tentación, porque sus armas mortales son el desánimo, la tibieza en la vida espiritual y la distracción del camino al cielo.

En Apocalipsis 19:1-6, encontramos el canto de victoria sobre Babilonia y la fiesta que se celebrará por la liberación del pueblo de Dios. Los habitantes del cielo son los primeros en regocijarse por el triunfo de Cristo y de su iglesia. La derrota más grande de Satanás será que todo el juicio será en su contra, después de haber pronunciado juicio contra el pueblo de Dios e intentar destruirlo.

La sentencia de Amán para destruir al pueblo judío en tiempos del rey Asuero (Ester 7:10), se volvió en su contra y terminó en la horca que había preparado para Mardoqueo. Así pasará con Babilonia y Satanás, que dictaron sentencia contra el pueblo de Dios (Apocalipsis 13:15), pero sufrirán la suerte que habían planeado para él. Se ejecutará la sentencia divina y serán lanzados al lago de fuego y azufre para siempre. Las tinieblas llegarán para ellos, y la luz maravillosa de la gloria de Dios vendrá para su pueblo.

En medio de esta guerra espiritual Cristo está con nosotros, sosteniendo nuestra fe para que obtengamos la victoria final con él y nos regocijemos con los seres celestiales en la gran celebración. Es la única puerta de entrada al cielo.

"Cuando le entregamos a Dios todo lo que somos y lo que poseemos, y pasamos por situaciones peligrosas que nos ponen a prueba, y entramos en contacto con Satanás, deberíamos recordar que ganaremos la victoria contra el enemigo en el nombre y con el poder del Vencedor. Cada ángel recibirá la orden de acudir a nuestro rescate cuando dependemos de Cristo, en lugar de permitir que seamos vencidos" (*A fin de conocerle*, p. 263).

Josué, el hombre fuerte de Dios

"Entonces Dios le ordenó a Moisés: 'Llama a Josué, que es un hombre valiente
y me obedece; llévalo ante el sacerdote Eleazar y ante todo el pueblo,
y en presencia de ellos pon tus manos sobre su cabeza. [...]'.
Y Moisés hizo todo esto, tal como Dios se lo había mandado".
Números 27:18, 23, TLA

CUANDO DIOS LLAMÓ a Josué para que ocupara el lugar de Moisés, lo hizo por su humildad, valentía y esfuerzo. Había sido siervo de Moisés y tuvo el privilegio de estar en el monte Sinaí, cerca de la presencia de Dios. Había muchos hombres que bien podían haber ocupado su lugar, pero el Señor conocía el camino que llevaría el pueblo, sus desafíos y los obstáculos que tendría que afrontar. Vio en Josué un corazón dispuesto; lo usó y cumplió en él el propósito de llevar al pueblo hasta Canaán. Tanto Moisés como Josué conquistaron territorios, pero en aquel tiempo, se necesitaba mucha valentía y esfuerzo para limpiar la tierra de los pueblos paganos. En Josué habitaba el Espíritu de Dios y parte de la dignidad de Moisés le fue transferida por orden del Señor (Números 27:20). Además, estaba lleno del espíritu de sabiduría, pues Moisés había puesto sus manos sobre él (Deuteronomio 34:9).

El esfuerzo y la valentía son cualidades importantes en la vida del cristiano; la pereza y la cobardía no ayudan a lograr nada para el reino de Dios. El vencedor heredará todas las cosas, pero los cobardes e incrédulos tendrán su parte en el lago de fuego en el juicio final (Apocalipsis 21:7, 8). "Nadie que mire atrás después de poner la mano en el arado es apto para el reino de Dios" (Lucas 9:62, NVI). Por eso, Josué debía manifestar sencillez y entrega para cumplir una misión importante y de riesgo. Cuando Jehová nos rescata, no debemos escondernos en un rincón, sino unirnos al ser más grande del universo.

Se necesitan esfuerzo y valor para conquistarnos a nosotros mismos, cambiar un hábito, ser transformados, seguir a Cristo y dejar el mundo atrás. Dios no nos dio espíritu de cobardía sino de poder, para enfrentar al enemigo y vencer a las tinieblas gracias a Cristo. Que Dios nos dé su Espíritu, como lo hizo con Josué, y con esfuerzo y valor nos preparemos para la Canaán celestial.

La fidelidad de Caleb

*"Excepto Caleb hijo de Jefone; él la verá, y a él le daré la tierra que pisó,
y a sus hijos; porque fue perfecto con el Señor".*
Deuteronomio 1:36, JBS

AL PISAR LA FRONTERA de la tierra prometida, Dios ordenó al pueblo de Israel que regresara al desierto diciendo: "Ni un solo hombre de esta mala generación verá la buena tierra que juré que había de dar a vuestros padres" (Deuteronomio 1:35). Aquella generación se quedaría a las puertas de Canaán por rechazar al Señor y buscar dioses falsos. Sin embargo, Jehová había prometido a Caleb y a su familia que entrarían en la tierra prometida por seguir fielmente su palabra. En medio de la incredulidad, la inmoralidad y la crisis espiritual de Israel en el desierto, Caleb se mantuvo fiel siguiendo los dichos de Jehová. "Por cuanto lo ha animado otro espíritu y decidió ir detrás de mí, yo lo haré entrar en la tierra donde estuvo, y su descendencia la tendrá en posesión" (Números 14:24).

Otras versiones de la Biblia dicen: "Me ha sido fiel" (NVI), "me obedeció puntualmente" (BJ) o "me ha seguido plenamente" (RVA). El ejemplo de Caleb nos muestra que la esencia de una vida de fe es seguir de manera decidida y completa al Señor. Él no nos llama a vencer con nuestras propias fuerzas o a que seamos impecables, sino a seguirlo y aceptar lo que desea darnos. Él nos cuidará, nos guiará y purificará nuestros caracteres en armonía con su amor; por medio de su Espíritu Santo nos llevará a la tierra prometida.

No olvidemos que Dios gobierna los cielos y la tierra, y la rebelión tiene consecuencias; solo dos de los que salieron de Egipto vieron la tierra prometida. La peregrinación del pueblo se prolongó hasta que casi todos fueron sepultados en el desierto. "Hoy día Satanás está usando la misma estratagema para introducir los mismos males, y sus esfuerzos consiguen los mismos resultados que en los días de Israel dejaron a tantos en sus tumbas" (Elena G. de White, Manuscrito 13, 1906).

Obedezcamos siempre la Palabra de Dios confiando en sus promesas divinas hasta llegar a la patria celestial. Vayamos en pos de él; su camino es seguro y él sabe nuestro futuro. Su descendencia será bendecida.

El pueblo con leyes diferentes

"Luego Amán se acercó al rey Jerjes y le dijo: 'Hay cierta raza dispersada por todas las provincias del imperio que se mantiene aislada de todas las demás. Tienen leyes diferentes [...] y se niegan a obedecer las leyes del rey. Por lo tanto, no conviene a los intereses del rey que ese pueblo siga con vida'".
Ester 3:8, NTV

DIOS HA ELEGIDO UN PUEBLO con leyes diferentes a todas las demás. Sus normas de salud, conducta, convivencia, adoración y moralidad son especiales. Los Diez Mandamientos son diferentes a todas las leyes. No son ideas inventadas; al contrario, son principios del carácter santo del Señor. Si no los tomamos en cuenta, nunca podremos tener un entendimiento claro de quién es Dios, no sin su ley. De hecho, nadie puede entender su propia naturaleza pecaminosa sin esa ley, que es una inmensa fuente de alimento espiritual para nosotros.

Uno de los principios del pueblo de Israel era no colocar el honor del ser humano por encima del honor de Jehová. Mardoqueo se negó a rendirle gloria a Amán, pues solo el Todopoderoso merece adoración, honra y gloria. Otro principio distintivo del pueblo de Dios es el amor y el respeto por el sábado, y guardarlo conlleva gran galardón. Elena G. de White dijo: "El mundo protestante de hoy ve en el pequeño grupo que guarda el sábado un Mardoqueo a la puerta. Su carácter y su conducta, que expresan reverencia por la ley de Dios, son una represión constante para los que han desechado el temor de Jehová y están pisoteando su sábado; de alguna manera hay que deshacerse del molesto intruso" (*Testimonios para la iglesia*, t. 5, p. 425).

El pueblo de Dios se niega a aceptar las costumbres y tradiciones populares, pues muchos tratarán de destruir su fe. Los que temen a Jehová no pueden aceptar una institución que viola los preceptos del Señor. Como en los días de Ester, Dios vindicará su verdad y su pueblo: "El juez de toda la tierra ha de levantarse pronto para vindicar su autoridad insultada. La señal de la liberación será puesta sobre los que guardan los mandamientos de Dios, reverencian su ley y rechazan la marca de la bestia y su imagen" (*Ibíd.*, p. 427).

Que todos nos conozcan también por ser un pueblo con leyes diferentes que adora al Dios verdadero.

Cuando Dios interviene Satanás queda derrotado

"Y enviadas luego por medio de correos a todas las provincias del reino.
En ellas se ordenaba destruir por completo, y en un solo día, a todos los judíos,
fueran jóvenes o viejos, niños o mujeres, y apoderarse de todos sus bienes.
El día señalado era el trece del mes doce, o sea el mes de Adar".
Ester 3:13, DHH

DESDE LA PERSPECTIVA humana, el edicto era irrevocable; los judíos tenían que ser destruidos y nadie allí podría librarlos. Sin embargo, el Señor sí había preparado el camino para su liberación. "Mediante el 'agageo' Amán hombre sin escrúpulos que ejercía mucha autoridad en Medopersia, Satanás obró en ese tiempo para contrarrestar los propósitos de Dios" (*Hijas de Dios,* cap. 2, p. 43). El edicto persa brotó de la malicia de Amán hacia Mardoqueo y su intención fue la destrucción total sin compasión alguna. Nunca pensó que el edicto de muerte sería revertido por el poder de Dios en su contra, pero así es como el Señor actúa en defensa de sus hijos frente al maligno.

Cuando los hijos de Dios claman para ser liberados, él escucha e interviene a su favor. "Ester tomó tiempo para comulgar con Dios, fuente de su fuerza [...]. Los ángeles que son poderosos en fortaleza fueron comisionados para que protegiesen al pueblo de Dios, y las maquinaciones de sus adversarios recayeran sobre sus propias cabezas [...] Dios obró siempre a favor de su pueblo en su más extrema necesidad, cuando parecía haber menos esperanza de que se pudiese evitar la ruina. Los designios de los impíos enemigos de la iglesia están sujetos a su poder y su providencia es capaz de predominar sobre ellos (Elena G. de White, *Testimonios para la iglesia,* t. 5, cap. 51, pp. 425, 428).

Cuando Satanás indujo a Amán a preparar la muerte de Mardoqueo, Jehová puso en el corazón del rey la preparación del honor de su siervo. Así fue como llegó el momento en que la tristeza se transformó en alegría, y el luto en festividad; en días de banquete y de gozo, en enviar regalos cada uno a su vecino, y dar dádivas a los pobres (Ester 9:22).

Pidamos al Señor que intervenga cada día en nuestra vida, que nos dé la victoria diaria sobre el enemigo y que en su nombre salgamos victoriosos.

El llamado de Dios

"Y esfuércense por cumplir fielmente el mandamiento y la ley que les ordenó Moisés, siervo del Señor: amen al Señor su Dios, condúzcanse de acuerdo con su voluntad, obedezcan sus mandamientos, manténganse unidos firmemente a él y sírvanle de todo corazón y con todo su ser".
Josué 22:5, NVI

LEGÓ EL MOMENTO de que los hijos de Israel en Silo, Canaán, se marcharan a Galaad, la tierra de sus posesiones. En este versículo vemos cómo Josué instó a los rubenitas, a los gaditas y a la media tribu de Manasés a que hicieran un pacto con Dios para no olvidarse nunca de él.

El Señor espera de nosotros hoy justamente lo mismo: que lo amemos con todo el corazón y el alma, con un amor sincero que no espera recibir algo a cambio y con confianza plena, puesto que aunque aparentemente no veamos sus bendiciones, de cierto están ahí, y debemos alimentar cada día nuestro amor por él. Ese es el amor de un ser inferior hacia uno superior; el amor de un hijo hacia un padre amante, benigno y misericordioso. "El que ama a padre o madre más que a mí, no es digno de mí; el que ama a hijo o hija más que a mí, no es digno de mí" (Mateo 10:37). En el marco del evangelio, la aceptación a Cristo y la devoción a él deben ser nuestra prioridad.

No obstante, no solo se trata de amarle, sino también de guardar todos sus mandamientos. "Los que en realidad desean ser enseñados por Dios y andar en sus caminos, tienen la segura promesa de que si sienten su falta de sabiduría la piden a Dios, él se la dará abundantemente y no les zaherirá por ello" (*La educación cristiana*, cap. 60, p. 424). Andar en el camino de Cristo es andar en la luz, en la verdad, en el rumbo correcto.

Solo los que dejan todo llevarán la cruz de Cristo y su propia cruz muy dentro de su corazón, y podrán servirlo sin restricciones ni ataduras, con total libertad. "Ningún siervo puede servir a dos señores, porque odiará al uno y amará al otro, o estimará al uno y menospreciará al otro. No podéis servir a Dios y a las riquezas" (Lucas 16:13).

Dios con nosotros

"¡Yo estoy seguro, Señor, que he de ver tu bondad en esta tierra de los vivientes!
¡Espera en el Señor! ¡Infunde a tu corazón ánimo y aliento!
¡Sí, espera en el Señor!"
Salmo 27:13, 14, RVC

DAVID ESTÁ CONVENCIDO de que Dios está con él a pesar del mal que le rodea: "Aunque un ejército acampe contra mí, no temerá mi corazón; aunque contra mí se levante guerra, yo estaré confiado" (Salmo 27:3). Se aferra a la bondad de Dios y su misericordia; si así no fuera, habría desfallecido. Aunque sus padres lo abandonaran, el Señor lo acogería. El salmista no mira hacia abajo sino hacia arriba, a la cruz, al Cordero; su vista está puesta en el autor y consumador de nuestra fe.

Todos pasamos por dificultades en la vida, sin embargo, debemos levantar la mirada para ver que Dios está con nosotros, y decir: "Él me esconderá en su Tabernáculo en el día del mal; me ocultará en lo reservado de su morada; sobre una roca me pondrá en lo alto" (Salmo 27:5). David confía en el Señor porque tiene una comunión íntima con él, confía en que existe, es todopoderoso y cuida de sus hijos entregando su vida para salvarnos. Si el Señor de los ejércitos nos protege, nada puede hacernos daño.

Sin el sacrificio de Cristo, la familia humana no puede escapar del poder del pecado ni ser restituida a la comunión con seres santos; sería imposible volver a participar de la vida espiritual.

"Encomendemos a Dios el cuidado de nuestra alma, y confiemos en él. Hablemos del Señor Jesús; que ocupe nuestros pensamientos, y sumérjase nuestra personalidad en la suya. Desterremos toda duda; disipemos nuestros temores [...]. Reposemos en Dios. Él puede cuidar lo que le hemos confiado. Si nos ponemos en sus manos, nos hará más que vencedores por medio de aquel que nos amó" (*El camino a Cristo*, cap. 8, pp. 106-107).

Dios no abandona al cristiano en el camino incierto, no lo deja a la deriva, ni en la oscuridad y la desesperación; más bien lo conduce por el camino de la verdad e ilumina su sendero.

Dime con quién andas y te diré quién eres

*"No me he sentado con hombres hipócritas, ni entré con los que andan
simuladamente. Aborrecí la reunión de los malignos,
Y con los impíos nunca me senté".*
Salmo 26:4, 5, RV60

D AVID tuvo mucho cuidado al escoger sus compañías. Si se topaba con
lodo en el camino, lo esquivaba; si le hacían ofrecimientos de gran ren-
dimiento, los rechazaba: "No me junto con gente tramposa ni ando con gente
mala y perversa. ¡No soporto cerca de mí a gente que no es sincera!" (Salmo
26:4, 5, TLA).

Lo malo es fácil de adoptar, pero lo bueno requiere esfuerzo. La compañía
más peligrosa es la de los hipócritas. Tales malhechores aparentan ser amigos
de aquellos a quienes quieren enredar en sus trampas. Aunque a veces no podamos evitar la compañía de los malos, procuremos no juntarnos con ellos
aborreciendo sus reuniones. Así como los buenos se estimulan mutuamente a
ser mejores cuando se unen y están de acuerdo, los malos, cuando se reúnen,
se hacen peores y cometen peores fechorías.

David dijo: "Yo andaré en integridad; redímeme y ten misericordia de mí.
Mi pie ha estado en rectitud; en las congregaciones bendeciré a Jehová" (Salmo
26:11, 12). Y Salomón nos aconsejó: "Hijo mío, si los pecadores intentan enga-
ñarte, no lo consientas [...]. No vayas en el camino con ellos, sino aparta tu pie
de sus veredas, porque sus pies corren hacia el mal" (Proverbios 1:10, 15, 16).

Una prueba de integridad es evitar las malas compañías. Elena G. de White
nos dice: "Aunque no os sintáis capaces de hablar una palabra a los que obran
según principios errados, dejadlos. Vuestra separación y silencio pueden hacer más que las palabras. Nehemías se negó a relacionarse con los que eran
desleales a los principios, y no permitía que sus ayudantes se relacionaran con
ellos. El amor y el temor de Dios fueron su salvaguardia. Vivió y trabajó como
si hubiera visto el mundo invisible. Y David dijo: 'A Jehová he puesto siempre
delante de mí. Atreveos a ser como Daniel. Atreveos a estar firmes, aunque
seáis los únicos" (*Review and Herald*, 5 de septiembre de 1899).

El mal siempre estará acechando a los fieles, por eso, reflexionemos:
"Amado, no imites lo malo sino lo bueno. El que hace lo bueno es de Dios" (3
Juan 11).

Cuando la lógica humana no alcanza

"'Y el sol se detuvo, y la luna no se movió, hasta que los israelitas se vengaron de sus enemigos'. Esto ha quedado registrado así en el libro del Justo. El sol se quedó quieto en medio del cielo, y durante casi un día entero no se ocultó".
Josué 10:13, TLA

JOSUÉ Y EL EJÉRCITO de Israel salieron al campo de batalla para defender al pueblo del ejército del Sur: cinco reyes de los amorreos se enfrentaban al pequeño ejército del pueblo de Dios. En cuanto el sol se ocultara, Israel estaría en desventaja contra sus enemigos debido a su habilidad militar. Sin embargo, Josué sabía que servía a un Dios todopoderoso, un Dios que defendía a sus hijos y que no permitiría que cayeran derrotados y humillados ante sus contrincantes, así que elevó una de las oraciones más atrevidas que jamás se hayan hecho: "Sol, detente en Gabaón, y tú, luna, en el valle de Ajalón" (Josué 10:12).

El sol que nunca se detiene, se detuvo. Josué oró con una fe increíble y Jehová respondió. Este día está registrado en la historia de la humanidad; un día perdido en la existencia del mundo, un día que por más que buscáramos, jamás podríamos encontrar. La lógica humana no alcanza a comprender que pueda suceder algo así, pero el Señor manifestó su poder. Nada se resiste al control de Dios, ¿lo crees así? Lo que a la ciencia le parece imposible, para la fe es posible. El Señor actúa por medio de la fe de un hombre o una mujer que desde cualquier otra perspectiva serían ordinarios.

"No hubo un día como aquél, ni antes ni después de él, en que Jehová haya obedecido a la voz de un hombre, porque Jehová peleaba por Israel" (Josué 10:14). "El sol y la luna se detienen en su lugar, a la luz de tus saetas que cruzan, al resplandor de tu refulgente lanza. Con ira pisas la tierra, con furor pisoteas las naciones. Has salido para socorrer a tu pueblo, para socorrer a tu ungido. Has abatido la cabeza de la casa del impío, has descubierto el cimiento hasta la roca" (Habacuc 3:11-13).

Oremos para que, en los últimos días, el Señor siga mostrando su poder a favor de su pueblo en su redención.

Nuestra angustia por sobrevivir

"Por eso les digo: No se preocupen por su vida,
qué comerán o beberán; ni por su cuerpo,
cómo se vestirán. ¿No tiene la vida más valor que la comida,
y el cuerpo más que la ropa?".
Mateo 6:25, NVI

EXISTE UN GRAN CONTRASTE entre lo material y lo espiritual, lo interno y lo externo, el vestido y el alimento. ¿Qué es más importante para usted? ¿Las cosas materiales o las espirituales? ¿Lo de dentro o lo de fuera?

El mundo en el cual vivimos provoca en nosotros gran desánimo. Estamos rodeados de maldad, odio, tristeza, injusticia, pérdida de valores… En nuestra sociedad, lo malo es bueno y lo bueno es malo, no tenemos sueños, ni fuerzas, ni ganas de vivir. La angustia bloquea nuestra mente y hace que nos encerremos en nosotros mismos. Sin embargo, es justo en este punto cuando Jesús nos dice que no nos angustiemos, pues lo más importante es esa vida que debemos salvar; la vida creada por Dios que costó la muerte de Cristo.

¿Por qué nos angustiamos si no podemos cambiar esta situación? El mundo aún preserva cosas buenas de la vida que podemos ver y disfrutar cuando buscamos a Dios, cuando él es nuestra ancla, nuestra seguridad. Pensemos en algo sencillo como los bellos lirios del campo; son parte de la hermosa creación de Dios. En lugar de perder el tiempo derramando lágrimas, levántese, busque a quien da sustento a esta vida, el origen de todo lo bello de este mundo. De Dios mana la vida, el sustento, el trabajo, la paz y la felicidad. Tengamos plena confianza en que el Señor es nuestra fuente, y que proveerá para nosotros lo necesario cada día. La angustia es desconfianza, y la fe, seguridad en Dios.

Digamos como el salmista: "Jehová es mi pastor, nada me faltará" (Salmo 23:1). Porque la ansiedad atormenta y perturba el gozo en el Señor, la paz del espíritu, el sueño reparador e impide disfrutar de las bendiciones que recibimos de Dios. Sigamos el consejo de Pedro: "Echad toda vuestra ansiedad sobre él, porque él tiene cuidado de vosotros" (1 Pedro 5:7).

Que nuestra dependencia sea absolutamente de Dios; gracias a eso, podremos ver cómo nos provee de todo cuanto necesitamos.

Cristo calma las tempestades

"Jesús subió a la barca y se fue con sus discípulos.
Todavía estaban navegando cuando se desató una tormenta tan fuerte
que las olas se metían en la barca. Mientras tanto, Jesús dormía".
Mateo 8:23, 24, TLA

ESTA HISTORIA relata los efectos de la naturaleza durante un viaje normal de trabajo, pero se concentra sobre todo en la autoridad de Jesús. Cristo tiene autoridad sobre la lepra, la parálisis, la fiebre, la posesión demoniaca y las fuerzas de la naturaleza; solo el Señor tiene poder total sobre su creación, por eso los vientos y el mar le obedecen. Aunque las olas son bravas y los vientos tempestuosos, a la orden de Dios se calman volviéndose apacibles. "Jehová marcha sobre la tempestad y el torbellino, y las nubes son el polvo de sus pies" (Nahúm 1:3).

Nuestra vida es una travesía por el mar del mundo. ¡Cuántos problemas y sinsabores! Tenemos que enfrentarnos a tantas situaciones adversas que nos sentimos impulsados a abandonar los proyectos, y nuestra fe y amor por Dios se debilita. Marcos menciona que, de noche, una vez despedida la multitud que había ido a seguirlos, comenzaron a cruzar el mar de Galilea y la tempestad se produjo (Marcos 4:35, 36). Es durante la noche cuando nos abruman los problemas semejantes a la gran tempestad; durante la noche espiritual, nos sentimos derrotados, abatidos y aplastados. El agua comienza a entrar en nuestra barca y comenzamos a hundirnos, sin embargo, Jesús se levanta para auxiliarnos, animarnos, deshacer las tinieblas de nuestro camino, y nos pregunta: ¿Por qué están amedrentados? ¿Acaso no tienen fe? Con la fe en Jesús hacemos frente a la tormenta y llega la calma, la paz: "Ninguna tormenta ni tempestad puede conmover a aquellos cuyos pies están afirmados sobre los principios de verdad eterna. Podrán resistir en este tiempo de apostasía casi universal" (*Maranata, el Señor viene*, p. 213).

Cristo mostró que en el viaje por el océano de este mundo hay tormentas. Seguir a Jesús no es siempre fácil ni cómodo, pero debemos clamar: "Señor, sálvanos, que perecemos" (Mateo 8:25). Allí estará Jesús, en la misma barca que nosotros, para calmar la tempestad. Cristo está más cerca de lo que pensamos, así que avivemos nuestra fe sabiendo que, tras la tormenta, llegaremos a las tranquilas playas de la eternidad.

Cerrar las puertas al enemigo

*"Pero cuando todos estaban durmiendo, llegó un enemigo,
sembró mala hierba entre el trigo y se fue. Cuando el trigo creció
y se formó la espiga, apareció también la mala hierba".*
Mateo 13:25, 26, DHH

LA PARÁBOLA DEL TRIGO y la cizaña nos enseña que debemos velar en todo momento, de día y de noche, y cerrar las puertas y las ventanas. Hay hombres y mujeres fieles en la iglesia que pueden ser contaminados por falsos conceptos de la verdad presente, pero si permanecemos alerta, velando y orando, el enemigo no entrará, y si lograra entrar, saldrá pronto.

La cizaña se parece mucho al trigo durante las primeras fases de crecimiento. Aunque la cizaña estorba al trigo, también lo hace más hermoso a la vista. No es posible separar el trigo de la cizaña, deben crecer juntos, porque como dijo Jesús, al recoger la cizaña se corre el riesgo de arrancar también el trigo. El trigo se fortalece cuando la cizaña lo presiona, así como la fe del creyente se agiganta cuando las pruebas llegan en el momento que no lo espera, pero las sobrelleva porque Dios está allí a su lado y los ángeles fortalecen su mano.

La semilla buena, la del trigo, es obra de la siembra que lleva a cabo Dios. Pero sabemos también que en este mundo el enemigo viene a robar, matar y destruir. Viene, y siembra cizaña junto al trigo, porque su propósito es acabar con la obra del Señor, nuestro sembrador.

Si mantenemos cerradas las puertas de las avenidas del alma, la intromisión del enemigo en nuestras vidas será mucho menor, y si mantenemos una comunión permanente con Cristo, aunque haya cizaña a nuestro lado, nos mantendremos firmes hasta el día de la siega, cuando el Señor venga a recoger la cosecha y guardará el trigo en su granero.

Prediquemos el evangelio

*"Jesús les contó otra parábola: 'El reino de los cielos es semejante
a un grano de mostaza, que un hombre sembró en su campo'".*
Mateo 13:31, RVC

U NA PARTE FUNDAMENTAL del plan de Dios es que el evangelio penetre en el mundo, crezca y se expanda. Sin embargo, somos los seres humanos quienes debemos tomarlo y sembrarlo. La buena semilla puede estar ahí, pero si no actuamos, no sucede nada. Dios es quien hace que la buena semilla nazca, crezca y se reproduzca, pero antes que eso, debe estar en la tierra, y esa es nuestra labor. En muchos lugares, el evangelio se abre paso como la luz del alba; transforma toda la vida, respondiendo a las necesidades de las personas. El evangelio aclara la mente, llena el corazón de fe y esperanza y nos conduce a obrar en todo sobria, justa y piadosamente (Tito 2:12).

El evangelio es semejante a la levadura que, como una fuerza penetrante, todo lo invade, lo transforma, y lo revoluciona. Así pasó en Tesalónica cuando muchos fueron convertidos por el poder del evangelio a Cristo. La turba gritó: "Estos que trastornan el mundo entero" (Hechos 17:6).

En cierta ocasión Tertuliano gritó a los gentiles: "Un puñado de iletrados pescadores, con la palabra del evangelio y el poder del Espíritu, conquistaron el mundo para Cristo, sin armas, sin elocuencia y sin dinero". El evangelio es una fuerza que obra de dentro hacia fuera, y transforma al individuo al efectuar en él un cambio sustancial que afecta a todos los ámbitos de la vida. Como dijo Pablo: "Es Cristo en vosotros, esperanza de gloria" (Colosenses 1:27).

Las frases "el grano de mostaza que un hombre tomó y sembró" y "la levadura que tomó una mujer y escondió en tres medidas de harina" (Mateo 13:31, 33) denotan acción humana. Es necesario que el ser humano y su fuerza basada en Cristo trabajen para cumplir la misión de predicar las buenas nuevas. Sin el evangelio no tenemos redención ni reconciliación con Dios. El evangelio es como la semilla de mostaza que llega a ser un árbol grande de tres metros de altura, por eso es esplendoroso creer en él de todo corazón.

¿Por qué su corazón está lejos de Dios?

*"Este pueblo me honra con sus labios,
pero su corazón está lejos de mí".*
Mateo 15:8, NTV

PUEDE QUE LOS LABIOS, las manos y los pies funcionen correctamente, pero si el corazón está enfermo, todo el cuerpo está contaminado. "De la abundancia del corazón habla la boca. El hombre bueno, del buen tesoro del corazón saca buenas cosas, y el hombre malo, del mal tesoro saca malas cosas" (Mateo 12:34, 35).

El corazón y, de su mano, la mente, son el centro de la vida humana. Del corazón salen lo bueno y lo malo, las decisiones correctas y las mal encauzadas. "Como el rostro en el agua es reflejo del rostro, así el hombre se refleja en el corazón del hombre" (Proverbios 27:19). Si en su corazón hay gozo, su semblante será gozoso; si en él hay paz, será una persona apacible; si en su corazón hay bondad, será alguien bondadoso, pero si hay maldad así se reflejará. Nuestro corazón es el motor en el cual radica la fuerza de la vida; sus palabras y sus acciones hablarán de lo que hay en nuestro interior.

Dios conoce lo profundo y lo secreto del corazón y, por naturaleza, el corazón es malo, por tanto, clamemos como David: "¡Crea en mí, Dios, un corazón limpio, y renueva un espíritu recto dentro de mí! [...] Devuélveme el gozo de tu salvación y espíritu noble me sustente" (Salmo 51:10, 12). Dios cumple su promesa y nos da un corazón nuevo; pone remedio a nuestra situación y nos quita el corazón de piedra para darnos uno que le pertenezca, lo ame y guarde sus mandamientos (Ezequiel 11:19, 20). "No dejes que se incline mi corazón a cosa mala, para hacer obras impías con los que hacen maldad; y no coma yo de sus deleites" (Salmo 141:4).

Una de las muchas recomendaciones que David le hizo a su hijo Salomón fue: "Sírvele con corazón perfecto y con ánimo generoso; porque Jehová escudriña los corazones de todos, y entiende todo intento de los pensamientos. Si tú le buscas, lo hallarás; pero si lo dejas, él te desechará para siempre" (1 Crónicas 28:9).

Si su corazón está lejos de Dios, y disfraza su creencia en él con un cristianismo falso, pida ayuda a Dios y él lo transformará.

Una fe persistente

"Y he aquí una mujer cananea, que había salido de aquellos términos, clamaba, diciéndole: 'Señor, Hijo de David, ten misericordia de mí; mi hija está enferma, poseída del demonio'".
Mateo 15:22, JBS

EN ESTE PASAJE, la Biblia narra cómo la mujer cananea salió de su casa con la gran convicción de que Jesús es misericordioso y bondadoso, de que está lleno de gracia y verdad y de que, gracias a eso, sanaría a su hija, quien estaba siendo atormentada por un demonio. Había escuchado que Cristo sanaba a los enfermos y que había dicho: "Al que a mí viene, no lo hecho fuera" (Juan 6:37). También había escuchado: "El que a mí viene nunca tendrá hambre, y el que en mí cree no tendrá sed jamás" (vers. 35).

Aquella mujer sabía que no era judía y que, probablemente, no la mirarían con buenos ojos pero, a pesar de eso, se arriesgó buscando la ayuda de Jesús. Por eso gritó muchas veces: "¡Señor, Hijo de David, ten misericordia de mí!" (Mateo 15:22). La historia nos deja sorprendidos. Esta es la fe que tanto necesitamos los creyentes para hacerle frente a los problemas de la vida en este mundo lleno de necesidades.

Una y otra vez, la mujer cananea insiste y pide ayuda sabiendo que en Cristo está la solución a su problema, y no se da por vencida. Jesús guarda silencio, no le contesta, no por ser descortés, sino porque sabía que la mujer podría soportar la prueba de fe. Además, los discípulos le dicen: "Despídela, pues viene gritando detrás de nosotros" Sin embargo, él dijo: "No soy enviado sino a las ovejas perdidas de la casa de Israel" (Mateo 15:23, 24).

La grandeza de la fe consiste especialmente en la firme y resuelta adhesión a Jesús para amarle y confiar en él como amigo, aun cuando parece que todo va en contra de nosotros. Al final, la mujer escuchó de Jesús estas palabras: "¡Mujer, grande es tu fe! Hágase contigo como quieres" (vers. 28), y su hija fue sanada desde aquella hora.

Que nada haga tambalear nuestra fe en Jesús; la respuesta a ella será sencillamente increíble.

Los principios del reino

"Alrededor de las cinco de la tarde, salió y encontró a otros más que estaban sin trabajo. [...] Él les dijo: 'Vayan también ustedes a trabajar en mi viñedo'".
Mateo 20:6, 7, NVI

JESÚS UTILIZÓ LA PARÁBOLA de los obreros de la viña para hacer referencia a la falta de compresión que había respecto a la recompensa de Dios. "Los rabinos enseñaban que el favor divino había que ganarlo. Esperaban ganar la recompensa de los justos por sus propias obras" (*Palabras de vida del gran Maestro*, cap. 28, p. 322).

La parábola invierte los valores tradicionales enseñando que la entrada al reino se consigue solo al aceptar la gracia de Dios. Solo el Señor decide quién entra en el reino, y puede que allí veamos a quien no esperamos ver.

Si Dios nos tratara con justicia estricta, nadie podría recibir el cielo y la eternidad. A ojos de Dios, lo único que se tiene en cuenta es el espíritu voluntario con el cual se emprenden las tareas asignadas y la fidelidad con la cual se realizan.

Los que fueron contratados a la hora tercera, sexta, novena y undécima, se les dijo: "Os daré lo que sea justo" (Mateo 20:4, 7). Los que trabajaron desde primera hora representan a los obreros asalariados que esperan una recompensa en proporción a su labor. Por eso se enojaron y criticaron al padre de familia; no estaban contentos con lo recibido. Sin embargo, los que fueron contratados más tarde dejaron su recompensa al juicio del dueño de la casa.

"Creyeron en la promesa del patrón: 'Os daré lo que fuere justo'. Mostraron su confianza en él no haciendo ninguna pregunta con respecto a su salario. Confiaron en su justicia y equidad. Y fueron recompensados, no de acuerdo a la cantidad de su trabajo, sino según la generosidad de su propósito [...]. Esto es lo que ocurre con el pecador que, conociendo su falta de méritos, ha entrado en la viña del Señor a la hora undécima. Su tiempo de servicio parece muy corto, no se siente digno de recompensa alguna, pero está lleno de gozo porque por lo menos Dios lo ha aceptado" (*Ibíd.*, pp. 328-329).

Que el Señor nos ayude a comprender que solo su gracia nos abrirá las puertas del reino.

Juzgando a los demás

"¿Por qué te pones a mirar la astilla que tiene tu hermano en el ojo,
y no te fijas en el tronco que tú tienes en el tuyo?".
Mateo 7:3, DHH

JUZGAR A LOS DEMÁS causa heridas. Es muy difícil discernir los motivos de una conducta para poder emitir un juicio justo, ya que no conocemos los corazones de los demás. Por eso Jesús nos dice: "No juzguéis, para que no seáis juzgados, porque con el juicio con que juzgáis seréis juzgados, y con la medida con que medís se os medirá" (Mateo 7:1, 2). Y es que todo acto tiene una consecuencia.

"Examinaos a vosotros mismos, para ver si estáis en la fe; probaos a vosotros mismos" (2 Corintios 13:5). Si nos examinamos, veremos que estamos haciendo lo mismo que aquellos a quienes condenamos. Solo pretendemos desviar la atención hacia la persona que criticamos para que no vean en nosotros los mismos defectos. Además, es probable que lo que estamos criticando o juzgando del otro, sea pequeño en comparación con lo que padecemos. "Cristo no da aquí a nadie libertad para juzgar a los demás. En el Sermón del Monte, lo prohibió. Es prerrogativa de Dios" (*El Deseado de todas las gentes,* cap. 84, p. 762).

Tiene razón nuestro Señor cuando dice: "¡Hipócrita! Saca primero la viga de tu propio ojo, y entonces verás bien para sacar la paja del ojo de tu hermano" (Mateo 7:5). Cuando estamos libres de juicios, encontramos la paz y la satisfacción en los demás y en nosotros mismos, y podemos verlos como parte de una sola familia que vivirá unida en el reino de Dios.

Es buena idea animar a otros a encontrar el camino de la salvación en vez de juzgarlos. Las palabras de Pedro son ciertas: "Poned toda diligencia en añadir a vuestra fe virtud; a la virtud, conocimiento; al conocimiento, dominio propio; al dominio propio, paciencia; a la paciencia, piedad; a la piedad, afecto fraternal; y al afecto fraternal, amor. Si tenéis estas cosas, y abundan en vosotros, no os dejarán estar ociosos ni sin frutos en cuanto al conocimiento de nuestro Señor Jesucristo" (2 Pedro 1:5-8).

Si amamos a los demás, creceremos junto con ellos en justicia y santidad, nos acercaremos más a Dios y estaremos preparados para convivir por la eternidad.

El toque de Jesús

"Y extendiendo el ángel de Jehová el báculo que tenía en su mano,
tocó con la punta la carne y los panes sin levadura; y subió fuego de la peña,
el cual consumió la carne y los panes sin levadura.
Y el ángel de Jehová desapareció de su vista".
Jueces 6:21, RV60

GEDEÓN PIDIÓ A DIOS una señal de su llamado, diciendo: "Si he hallado gracia delante de ti, me des señal de que has hablado conmigo" (Jueces 6:17). Pidió tiempo para llevar su ofrenda y Dios se lo concedió. Ofreció un cabrito guisado y panes sin levadura, y los colocó sobre una peña según las indicaciones del ángel. Ahí, este extendió el cayado que traía, tocó con la punta la ofrenda y una llama de fuego que brotó de la roca consumió el sacrificio. El Señor la consumió, y tras esa muestra de su divino carácter, el ángel desapareció.

El ángel del Señor en el Antiguo Testamento y, principalmente, en esta escena, representa a Jesús comunicando su mensaje a los humanos. "El Señor apareció por segunda vez a Gedeón y le dijo: 'Paz a ti; no tengas temor, no morirás'. Estas preciosas palabras fueron dichas por el mismo compasivo Salvador que dijo a sus discípulos sobre el mar tormentoso: '¡Tened ánimo!; ¡Yo soy, no temáis!' (Mateo 14:27). Era aquel que también apareció a los afligidos discípulos en el aposento alto y les dirigió las mismas palabras que dirigió a Gedeón: 'Paz a vosotros' (Lucas 24:36)" (*La verdad acerca de los ángeles*, p. 119).

Jesús tocó la ofrenda y fue consumida por el fuego, y es necesario que también nos toque a nosotros para ser consumidos por el fuego del Espíritu Santo, siendo así purificados y santificados para el cielo. Lucas menciona que los padres llevaban a sus hijos para que Jesús los tocara (Lucas 18:15). Todo lo que Jesús toca recibe bendición. Su toque nos sana, como sucedió con el ciego de Betsaida a quien le rogaron que lo tocara. El toque de Jesús transforma y reaviva, nos coloca en sintonía con Dios, nos hace nuevas criaturas, con un corazón nuevo y un espíritu recto dentro de nosotros.

Pidamos hoy al Señor que nos toque.

Perdonar de todo corazón

"Jesús terminó diciendo: 'Lo mismo hará Dios mi Padre con cada uno de ustedes, si no perdonan sinceramente a su hermano'".
Mateo 18:35, TLA

CUÁN DIFÍCIL ES PERDONAR cuando hay rencor en el corazón, cuando no se han sacado del interior los recuerdos de la ofensa, cuando nos sentimos mejores que otros o la ofensa dejó cicatrices. Jesús explicó la parábola del siervo que no quiso perdonar a raíz de la pregunta de Pedro: "'Señor, ¿cuántas veces perdonaré a mi hermano que peque contra mí? ¿Hasta siete?' Jesús le dijo: 'No te digo hasta siete, sino aun hasta setenta veces siete'" (Mateo 18:21, 22). Los judíos creían que perdonar tres veces era más que suficiente; una cuarta vez resultaba imposible. Sin embargo, Pedro fue más allá, proponiendo perdonar hasta siete veces, y Jesús, como siempre, rompió toda expectativa y lo dimensionó a setenta veces siete. Porque el perdón no sabe de números, sino de compasión y amor.

En la parábola de Jesús referida en el versículo de hoy vemos gran contraste entre la actitud del rey, que perdonó una gran deuda al siervo que no podría haberla pagado aunque se vendieran como esclavos él y su familia, y la actitud del siervo. El rey fue conmovido por la misericordia y le perdonó la deuda sin ningún compromiso. Sin embargo, aunque el hombre que le debía solo cien monedas le pidió perdón arrodillado y diciendo "ten paciencia conmigo y yo te lo pagaré todo" (Mateo 18:29), el siervo no lo perdonó.

El perdón de Dios hacia nosotros es inmenso y costó la muerte de nuestro Señor en la cruz del Calvario. El perdón restaura las relaciones, por eso anhela que perdonemos a nuestro hermano. El que no está dispuesto a perdonar demuestra que no tiene un corazón regenerado. La deuda del pecado es una deuda muy grande, en cierto modo infinita, impagable, pero Dios es tan grande, que por su gran misericordia la canceló y nos declaró inocentes, como si nunca hubiésemos pecado.

¿Qué pasaría si Dios llevara la cuenta de cuántas veces nos perdona? Así como él no es así, tampoco nosotros tengamos límites para perdonar las ofensas de nuestro hermano porque si perdonamos, seremos perdonados.

La fe y el favor de Dios

"Jesús se quedó admirado al oír esto, y mirando a la gente que lo seguía dijo: 'Les aseguro que ni siquiera en Israel he encontrado tanta fe como en este hombre'". Lucas 7:9, DHH

EL CENTURIÓN ROMANO oyó hablar de Jesús y la fe nació en su corazón, porque su semilla brota en nuestro ser cuando escuchamos y leemos la Palabra de Dios. Conocía la grandeza de Jesús, su poder curativo y su autoridad, por eso dijo: "Señor, no te molestes, pues no soy digno de que entres bajo mi techo, por lo que ni aun me tuve por digno de ir a ti; pero di la palabra y mi siervo será sanado" (Lucas 7:6, 7). El centurión sabía que si Jesús, como judío, entraba en casa de un gentil, quedaría ceremonialmente impuro. Por eso le pidió que tan solo pronunciara las palabras necesarias para que su siervo sanara. La fe da por sentado lo que todavía no ha ocurrido, nos da plena confianza en lo que sucederá, por eso cuando creemos, vemos.

La fe es un don de Dios que tiene su base en una dependencia absoluta de él, es la certeza de lo que se espera, una convicción de lo que no se ve (Hebreos 11:1). Algunos dicen que la fe no es ciega, al contrario, es el ojo que ve lo posible por suceder.

Los ancianos judíos habían recomendado al centurión a Cristo, diciendo: "Es digno" (Lucas 7:4). Pero el centurión decía de sí mismo: "No soy digno" (vers. 6). Sin embargo, el centurión confiaba en la misericordia del Salvador. Era un hombre amable y generoso.

Esa fe es la que necesitamos en este tiempo, una fe que cree en el Dios de lo imposible, lleno de poder y autoridad. "La fe ve a Jesús de pie como Mediador nuestro a la diestra de Dios. La fe contempla las mansiones que Cristo ha ido a preparar para aquellos que le aman. La fe ve el manto y la corona aparejados para el vencedor, y oye el canto de los redimidos" (*Obreros evangélicos,* cap. 56, p. 273).

¿Cuánto ama a Dios?

"María tomó entonces como medio litro de nardo puro, que era un perfume muy caro, y lo derramó sobre los pies de Jesús, secándoselos luego con sus cabellos".
Juan 12:3, NVI

SIMÓN invitó a Jesús y a sus discípulos a su casa y, durante la cena, Jesús quiso ayudarles a entender cuán grande es el amor de una persona que se siente perdonada y cuyo corazón está lleno de paz. Ese gozo es incalculable. Jesús había sanado a Simón de la lepra, pero aun así, su carácter no había sido transformado, sus principios no habían cambiado, y Jesús lo reprendió resaltando el amor de María por su Salvador: "'Entré en tu casa [...] no me diste agua para mis pies'; pero con lágrimas de arrepentimiento, impulsada por el amor, María ha lavado mis pies, y los ha secado con su cabellera. 'No me diste beso, mas esta', que tú desprecias, 'desde que entré, no ha cesado de besar mis pies'. Cristo enumeró las oportunidades que Simón había tenido para mostrar el amor que tenía por su Señor, y su aprecio de lo que había sido hecho en su favor" (*El Deseado de todas las gentes,* cap. 62, p. 533).

¿Cuánto ama a Dios? Con mucho esfuerzo, María compró un perfume muy fino para ungir a Jesús en vida, es decir, cuando hay que dar todo el amor posible a Dios y a nuestros semejantes. "En el entierro, su dulzura solo hubiese llenado la tumba, pero ahora llenó su corazón con la seguridad de su fe y amor. José de Arimatea y Nicodemo no ofrecieron su don de amor a Jesús durante su vida. Con lágrimas amargas, trajeron sus costosas especias para su cuerpo rígido e inconsciente" (*Ibíd.,* p. 528).

María derramó su ofrenda sobre Cristo cuando aún era consciente. Muchos ofrecen sus más valiosas ofrendas a los muertos, y en la tumba abundan las palabras de amor, ternura y aprecio, pero ya no los ven ni oyen. Esas palabras son necesarias en vida. "Son pocos los que aprecian todo lo que Cristo es para ellos. Si lo hiciesen expresarían el gran amor de María, ofrendarían libremente el ungüento [...]. Nada tendrían por demasiado costoso para darlo a Cristo, ningún acto de abnegación o sacrificio personal les parecería demasiado grande para soportarlo por amor a él" (*Ibíd.,* p. 532).

La gratitud visible y la oculta

"Un acreedor tenía dos deudores: el uno le debía quinientos denarios,
y el otro cincuenta; y no teniendo ellos con qué pagar, perdonó a ambos".
Lucas 7:41, 42, RV60

COMO AGRADECIMIENTO por haberlo sanado, Simón celebró una fiesta en honor a Jesús, e invitó a sus discípulos, a Lázaro y Marta. Simón estaba en deuda con Dios, al igual que María. Uno debía quinientas monedas de plata y la otra cincuenta, pero ambos eran deudores y a ambos se les había perdonado la deuda. Cada uno tenía una deuda de gratitud que nunca podría pagar. "Simón se sentía más justo que María, y Jesús deseaba que viese cuán grande era realmente su culpa. Deseaba mostrarle que su pecado superaba al de María en la medida en que la deuda de quinientos denarios excedía a la de cincuenta" (*El Deseado de todas las gentes,* cap. 62, p. 533).

Simón hizo visible su gratitud preparando una suculenta cena con muchos invitados. Sin embargo, María rindió gratitud a Cristo en silencio; la delató el perfume cuando fue quebrado e inundó toda la casa. El corazón de Jesús "se apena cuando sus hijos dejan de mostrar su gratitud hacia él con palabras y hechos de amor. El que escudriña el corazón leyó el motivo que impulsó la acción de María" (*Ibíd.,* pp. 533-534).

En realidad, quien debió haber lavado los pies de Jesús era Simón, pero su recibimiento resultó frío y sin entusiasmo, no como el de María. Simón pensó que solo por invitarlo a su casa, ya honraba a Jesús. María se sentía una pecadora perdonada, pero Simón no.

De María, se dice que su historia se contará siempre: "Aquel ungüento era un símbolo del corazón de la donante. Era la demostración exterior de un amor alimentado por las corrientes celestiales hasta que desbordaba […]. Fue María la que se sentaba a sus pies y aprendía de él. Fue María la que derramó sobre su cabeza el precioso ungüento, y bañó sus pies con sus lágrimas. María estuvo junto a la cruz y le siguió hasta el sepulcro. María fue la primera en ir a la tumba después de su resurrección. Fue María la primera que proclamó al Salvador resucitado" (*Ibíd.,* pp. 531, 535).

Rindamos siempre gratitud a Dios con un corazón lleno de amor.

Religión práctica

*"'Ama al Señor tu Dios con todo tu corazón, con toda tu alma,
con toda tu fuerza y con toda tu mente' y 'Ama a tu prójimo como a ti mismo'".*
Lucas 10:27, NTV

E S UN PELIGRO ser religiosos pero no cristianos; creer en Dios pero no tener fe y confianza en el plan de salvación. La parábola dice que se acercó a Jesús un experto en la ley de Moisés y le preguntó qué podía hacer para heredar la vida eterna. Su respuesta se encuentra en el versículo de hoy. Esta es la esencia de una religión práctica, interna, que nace del corazón, la mente y las fuerzas de todo el ser, para cuidar de los demás con amor; es el centro de la ley y la norma por la cual han de vivir los hijos de Dios.

Jesús dijo: "Haz todo eso y tendrás la vida eterna" (Lucas 10:28, TLA). Pero el hombre no quedó satisfecho con la respuesta. Quería saber quién era el prójimo al que Jesús se refería. Quería saber cómo amar a otros sin conocerlos y cómo ayudar sin que se lo pidieran. Jesús lo ilustró con la parábola del buen samaritano, que menciona al hombre que descendió de Jerusalén a Jericó, cayó en manos de ladrones y quedó moribundo junto al camino. Tanto el sacerdote como el levita que pasaron junto a él, no le prestaron auxilio, aunque pertenecían al oficio sagrado y representaban a Dios ante el mundo. Sin embargo, el samaritano sintió misericordia, lo socorrió y cuidó hasta que mejoró.

Cristo contestó a la a pregunta "¿quién es mi prójimo?" para siempre. Demostró que nuestro prójimo no es meramente quien pertenece a la misma iglesia o fe que nosotros. No tiene que ver con distinción de clase social o color de piel; nuestro prójimo es toda persona que necesita nuestra ayuda.

Así es como llegamos a la siguiente conclusión: "El amor supremo a Dios y el amor imparcial al hombre son los principios que deben practicarse en la vida" (*El Deseado de todas las gentes*, p. 470). Porque el amor de Dios en el corazón es la única fuente de amor al prójimo. Dice la Escritura: "'El que ama a Dios, ame también a su hermano'" (1 Juan 4:21).

La puerta angosta

"Procuren entrar por la puerta angosta;
porque les digo que muchos querrán entrar, y no podrán".
Lucas 13:24, DHH

L A PUERTA AL REINO de Dios siempre ha estado abierta. Mientras Jesús se encaminaba a Jerusalén, alguien le preguntó: "Señor, ¿son pocos los que se salvan?" (vers. 23), y Jesús contestó con las palabras del versículo de hoy. Por lo tanto, lo primero que necesitamos definir es quién es la puerta.

Cristo dijo: "Yo soy la puerta; el que por mí entre será salvo" (Juan 10:9). También dijo: "'Yo soy el camino, la verdad y la vida; nadie viene al Padre sino por mí'" (Juan 14:6). Si la entrada al reino es Jesús, necesitamos someternos siempre a su voluntad. Los problemas surgen cuando decidimos seguir nuestras propias inclinaciones por encima de los designios de Dios. Por eso en el Sermón del Monte, Jesús dijo: "Porque ancha es la puerta y espacioso el camino que lleva a la perdición, y muchos son los que entran por ella, pero angosta es la puerta y angosto el camino que lleva a la vida, y pocos son los que la hallan" (Mateo 7:13, 14).

Hay dos puertas, dos caminos y dos destinos; dos tipos de caminantes, dos tipos de árboles con dos tipos de frutos, dos constructores, dos cimientos y dos casas. Unos nos llevan a Dios, y otros nos alejan de él.

Pablo nos aconseja: "Ocupaos en vuestra salvación con temor y temblor, porque Dios es el que en vosotros produce así el querer como el hacer, por su buena voluntad" (Filipenses 2:12, 13). "¿Cómo escaparemos nosotros, si descuidamos una salvación tan grande? La cual, habiendo sido anunciada primeramente por el Señor, nos fue confirmada por los que oyeron" (Hebreos 2:3).

"Se le concede al hombre una parte en esta gran lucha por la vida eterna: debe responder a la acción del Espíritu Santo. [...] No es un ser pasivo que se haya de salvar en la indolencia. Está llamado a esforzar todo músculo y ejercitar toda facultad en la lucha por la inmortalidad; sin embargo, es Dios quien imparte la eficiencia. Ningún ser humano puede salvarse en la indolencia" (*Consejos para maestros, padres y alumnos,* cap. 53, p. 352).

Esforcémonos con ayuda del Señor y del Espíritu para entrar por esa puerta y alcanzar la vida eterna.

El tiempo está cerca

"Él entonces dijo: 'Mirad que no seáis engañados;
porque vendrán muchos en mi nombre, diciendo: 'Yo soy el Cristo'
y: 'El tiempo está cerca'. Mas no vayáis en pos de ellos'".
Lucas 21:8, RV60

EL TIEMPO SE ACERCA. Cristo dejará su trono para venir a la tierra y liberar a su pueblo del pecado. Mientras tanto, muchos se levantarán para desanimar a los creyentes y debilitar su fe, no con doctrinas extrañas, sino con conceptos sutiles que mezclan la verdad con el error. Están dentro de la misma iglesia, pero no están convertidos; aparentan ser buenos cristianos, pero son mensajeros del enemigo, y engañarán si es posible a los escogidos (ver Mateo 24:24).

¿Cómo podemos reconocer a un falso Cristo? "Satanás obra mediante sus agentes. Escoge a los que no han estado bebiendo de las aguas vivas [...]. La voz de los extraños es la voz de los que no respetan ni obedecen la ley de Dios: santa, justa y buena" (*Review and Herald*, 17 de noviembre de 1885).

La Palabra de Dios lo confirma: "El que dice: 'Yo lo conozco', pero no guarda sus mandamientos, el tal es mentiroso y la verdad no está en él" (1 Juan 2:4). También basan sus creencias en los milagros. "No vayáis en pos de ellos" (Lucas 21:8). Necesitamos estar anclados en Cristo, arraigados y edificados en la fe, con un conocimiento claro de la Palabra de Dios y en oración constante.

Las pruebas son cada vez más fuertes. La confusión y el bullicio aumentan. La idolatría y la mundanalidad minan la espiritualidad y algunos soldados van cayendo de las filas. Vivamos bajo la sombra del Omnipotente, edifiquemos sobre la roca, clamemos a Dios buscando liberación, pidamos perdón y supliquemos a Dios que afirme nuestra fe en él, pues "pronto se producirán entre las naciones graves dificultades, que no cesarán hasta que venga Cristo" (*Consejos para la iglesia*, cap. 61, p. 613). "Estamos cerca del tiempo del fin cuando Satanás ha bajado con grande ira, sabiendo que le queda poco tiempo. Está trabajando con todo engaño de injusticia en aquellos que perecen" (*Testimonios para la iglesia*, t. 3, cap. 66, p. 446).

El tiempo se acaba, no dudemos y pongámonos del lado del Salvador.

Permanezcamos en pie

"Por eso, estén siempre alerta. Oren en todo momento,
para que puedan escapar de todas las cosas terribles que van a suceder.
Así podrán estar conmigo, el Hijo del hombre".
Lucas 21:36, TLA

DESPUÉS DE UN GRAN HURACÁN es muy difícil encontrar árboles en pie en la zona y, los que quedan, están tan destrozados que parece que se van a caer, pero siguen en pie. Así quiere Dios encontrar a sus hijos fieles tras la prueba final de este mundo, momentos antes de su segunda venida.

Estar de pie será un privilegio muy grande para aquellos que pasen la prueba final y soporten todos los planes de Satanás, quien los atacará con gran ira. Solo el poder de Dios podrá sostenernos ante tal ataque. Se levantará en guerra contra los que guardan los mandamientos de Dios y tienen el testimonio de Jesús (Apocalipsis 12:17).

Dios nos anima a actuar, a no permanecer pasivos, sino a activar nuestras fuerzas para dar razón de nuestra fe. "Dios ha revelado lo que ha de acontecer en los postreros días, a fin de que su pueblo esté preparado para resistir la tempestad de oposición e ira. Aquellos a quienes se les han anunciado los sucesos que les esperan, no han de permanecer sentados en tranquila expectación de la tormenta venidera, consolándose con el pensamiento de que el Señor protegerá a sus fieles en el día de la tribulación. Hemos de ser como hombres que aguardan a su Señor, no en ociosa expectativa, sino trabajando fervientemente, con fe inquebrantable. No es ahora el momento de permitir que nuestras mentes se enfrasque en cosas de menor importancia [...]. Es nuestro deber hacer todo lo que está en nuestro poder para evitar el peligro que nos amenaza. Debemos esforzarnos por desarmar el prejuicio y colocarnos en la debida luz delante de la gente" (*Testimonios para la iglesia*, t. 5, cap. 51, p. 427).

La oración ferviente, constante y el estudio de la Palabra de Dios nos sostendrán en los momentos finales de este mundo. Alcemos la mirada; Cristo regresará muy pronto a buscar a los suyos.

El gozo de la esperanza

"Entonces ellos lo adoraron y regresaron a Jerusalén llenos de gran alegría;
y pasaban todo su tiempo en el templo, adorando a Dios".
Lucas 24:52, 53, NTV

DESPUÉS DE SU RESURRECCIÓN, Jesús salió con sus discípulos de la aldea de Betania, y alzando sus manos, los bendijo. Luego, se separó de ellos y fue llevado al cielo (ver Lucas 24:51).

Los discípulos se tomaron el tiempo necesario para adorarlo en el lugar donde ascendió a los cielos. Escucharon el testimonio de los ángeles, que decían que Cristo iba a ocupar el trono de su Padre en el cielo. No sabemos cuánto tiempo permanecieron en ese lugar, pero sí sabemos que sus corazones estaban llenos de gozo, porque sabían que Jesús regresaría muy pronto conforme a su promesa. "Cristo vino a la tierra como Dios revestido de humanidad. Ascendió al cielo como rey de los santos. Su ascensión fue digna de su elevado carácter. Se fue como uno que es poderoso en la batalla, vencedor, que lleva cautiva la cautividad. Fue acompañado por la hueste celestial, entre ovaciones y aclamaciones de alabanza y canto celestial. Los discípulos pudieron escuchar solo por unos pocos momentos el canto de los ángeles cuando ascendía su Señor con las manos extendidas en bendición. No oyeron el saludo que recibió. Todo el cielo se unió para su recepción. No suplicó para entrar. Todo el cielo fue honrado con su presencia" (Elena G. de White, Manuscrito 134, 1897).

El gozo de que Cristo vive para que nosotros también vivamos, que ascendió al cielo para que nosotros también ascendamos y la esperanza de regresar pronto por su pueblo debe mantenernos alabándolo siempre en el templo y bendiciendo su santo nombre. La ascensión de Jesús llenó a sus discípulos de poder, sabiduría e inteligencia.

Si anhelamos encontrarnos con Cristo y recibirlo en gloria y majestad, debemos guardar el gozo en nuestro corazón. "Todos los días iban al templo para adorar a Dios" (Lucas 24:53, TLA). Permanezcamos siempre cerca de Dios, alabándolo y agradeciéndole su sacrificio por nuestra salvación. "¡Bienaventurados los que habitan en tu casa; perpetuamente te alabarán! [...] Mejor es un día en tus atrios que mil fuera de ellos" (Salmo 84:4, 10).

La comprensión de la Palabra

"Entonces hizo que entendieran las Escrituras".
Lucas 24:45, DHH

L A PALABRA DE DIOS es una fuente inagotable de sabiduría y conocimiento. Sin embargo, nuestra mente finita no siempre es capaz de comprenderla. A pesar de ello, Dios ha prometido que, como hizo con los discípulos, abrirá nuestro entendimiento respecto a ellas.

"Si no queremos que las Sagradas Escrituras estén veladas para nuestro entendimiento, de modo que no podamos comprender ni las verdades más simples, deberíamos tener la sencillez y la fe de un niño, y estar dispuestos a aprender e implorar la asistencia del Espíritu Santo. [...] Hemos de abrir su Palabra con santo temor, como si compareciéramos ante él. Cuando nos acercamos a la Escritura, nuestra razón debe reconocer una autoridad superior a ella misma, y el corazón y la inteligencia deben postrarse ante el gran yo soy. (*El camino a Cristo*, cap. 12, p. 165).

Cuando estudiemos la Palabra, pidamos al Señor que alumbre nuestro entendimiento: "La exposición de tus palabras alumbra; hace entender a los sencillos" (Salmo 119:130). William Miller dijo: "Así me convencí —dice— de que la Biblia es un sistema de verdades reveladas dadas con tanta claridad y sencillez, que el que ande por el camino trazado por ellas, por poco letrado que sea, no tiene por qué extraviarse" (*El conflicto de los siglos*, cap. 19, p. 320).

Los ángeles comandados por Cristo también nos ayudan a entender las Escrituras. Cuando Daniel quedó turbado y enfermo por la visión que se narra en Daniel 8, oró y con presteza llegó el ángel Gabriel, quien le ayudó a comprender la visión: "Me hizo entender, y habló conmigo diciendo: 'Daniel, ahora he salido para darte sabiduría y entendimiento [...]. Yo he venido para enseñártela'" (Daniel 9:22, 23).

"No hay nada mejor para fortalecer el intelecto que el estudio de la Biblia. Ningún otro libro es tan potente para elevar los pensamientos, para dar vigor a las facultades, como las grandes y ennoblecedoras verdades de la Biblia. Cuando se estudia la Palabra de Dios como es debido, se adquiere una grandeza de espíritu, una nobleza de carácter y una firmeza de propósito, que raramente pueden verse en estos tiempos" (*El camino a Cristo*, cap. 10, p. 132).

Pidamos a Dios que nos inspire para comprender su Palabra.

La fe y la lealtad de Pedro

"Cuando terminaron de comer, Jesús le dijo a Simón Pedro:
'Simón, hijo de Jonás, ¿me amas más que éstos?'. Le respondió:
'Sí, Señor; tú sabes que te quiero'. Él le dijo: 'Apacienta mis corderos'".
Juan 21:15, RVC

PEDRO NEGÓ A CRISTO tres veces en la sala del tribunal. Negó pertenecer a Cristo, su señor, y hasta maldijo cuando anteriormente había jurado que, si era necesario, iría con él a la cárcel y a la muerte. Sin embargo, el Señor lo miró con ternura y compasión. Fue entonces cuando el discípulo sintió una flecha de dolor atravesar su corazón y salió corriendo de la sala. Corrió en la soledad y la oscuridad, hasta que se vio en Getsemaní, justo en el lugar donde Cristo había llorado y agonizado en oración. Allí, deseó morir por la traición que había cometido. Pero no se quitó la vida como Judas, que también salió corriendo de la sala para ahorcarse y no ver la crucifixión de Jesús. Pedro estuvo a punto de ser destituido como uno de los apóstoles, pero su Maestro lo perdonó y lo rescató.

Las tres veces que Jesús preguntó en público a Pedro, "¿Me amas más que estos?", fue para que diera prueba de su arrepentimiento por haber deshonrado a Cristo e incurrido en la desconfianza de los otros discípulos. Debía dar prueba de su ministerio. Cristo le dio la oportunidad de recobrar la confianza ante sus compañeros y, en la medida de lo posible, eliminar el oprobio con que había manchado el evangelio.

Los pecados secretos se deben confesar en secreto, pero el pecado abierto requiere una confesión abierta. Jesús obtuvo de Pedro la seguridad de su amor y lealtad. Con su humillación y arrepentimiento, Pedro estaba mejor preparado como pastor del rebaño, porque había sido transformado por el poder de Jesús.

Si hemos pecado ante Dios, vayamos a él con genuino arrepentimiento y reconociendo que Cristo es nuestro Salvador; sentiremos así el perdón sincero de Dios.

El maravilloso don de la vida

*"Porque en ti está la fuente de la vida,
y en tu luz podemos ver la luz".*
Salmo 36:9, NVI

AUN SIN DARNOS CUENTA, existimos por voluntad de Dios. Tras la entrada del pecado, nos regaló la oportunidad de vivir por la eternidad gracias a Jesús. Si lo aceptamos como nuestro Salvador personal, nuestra vida se prolongará para siempre, desechando lo malo que acosa nuestra existencia. ¡Gracias a Dios por el maravilloso don de la vida!

Jesús sanó a diez hombres leprosos mientras iban a presentarse ante los sacerdotes, tal como Cristo les había ordenado. Entonces uno de ellos, al verse sanado, volvió alabando a Dios a gran voz. Se postró a los pies de Jesús y le dio las gracias. Además, era samaritano. Entonces, Jesús preguntó: "¿No son diez los que han quedado limpios? Y los nueve, ¿dónde están? ¿No hubo quien volviera y diera gloria a Dios sino este extranjero?" (Lucas 17:17, 18). "Cuando los pecadores aceptan a Cristo como su Salvador personal [...] manifiestan al Divino Dador su alabanza y gratitud" (*Alza tus ojos*, p. 167).

El cojo de nacimiento llevaba mucho tiempo anclado en una puerta pidiendo limosnas para sobrevivir. Cuando fue sanado por la mano poderosa de Dios y la intervención de Pedro y Juan, aceptó a Cristo como salvador y sanador. La Biblia habla de la enorme gratitud de este hombre y el gozo que sintió al ser tocado por Dios: "Saltando, se puso en pie y anduvo; y entró con ellos en el templo, andando, saltando y alabando a Dios. Todo el pueblo lo vio andar y alabar a Dios" (Hechos 3:8, 9). ¿No es gratitud esto? ¿Cómo se siente el hombre que ha recibido de Dios la vida y la salud? "Para siempre es su misericordia" (Salmo 136:1).

"El Señor es bondadoso y quiere que su pueblo represente su bondad amante reconociendo a Dios en felices acciones de gracias. Todos los que aprecien los favores de Dios serán un pueblo feliz" (*A fin de conocerle*, p. 128). ¿Queremos ser un pueblo feliz? Digamos al Señor: "Gracias por tu bondad y tu grande amor". Gracias por el maravilloso don de la vida. "Porque contigo está el manantial de la vida; en tu luz veremos la luz" (Salmo 36:9).

Nadie nos ama tanto

"Porque de tal manera amó Dios al mundo,
que ha dado a su Hijo unigénito, para que todo aquel que en él cree,
no se pierda, mas tenga vida eterna".
Juan 3:16, RV60

NADIE NOS AMA tanto como Jesús. "Ciertamente, apenas morirá alguno por un justo; con todo, pudiera ser que alguien tuviera el valor de morir por el bueno. Pero Dios muestra su amor para con nosotros, en que siendo aún pecadores, Cristo murió por nosotros" (Romanos 5:7, 8).

El amor de Dios es desbordante y suficiente para satisfacer toda necesidad humana. Se podrá olvidar una madre de sus hijos, pero Dios no. Un padre podrá irse de la casa abandonando a la familia, pero Dios no. Juan dijo: "En esto consiste el amor: no en que nosotros hayamos amado a Dios, sino en que él nos amó a nosotros y envió a su Hijo en propiciación por nuestros pecados" (1 Juan 4:10).

Demos gracias al Señor cada día por amarnos, por poner su mirada en nosotros y en nuestros seres queridos. Sabemos que está a nuestro lado, que nos cuida y nos busca y, aunque no entendemos cómo podemos resultarle útil, él sí. El Señor nos ama, nos mira, escucha nuestras súplicas, nuestros lamentos, nuestra gratitud y alabanza. Todo lo que somos y vivimos le pertenece. Nadie puede sorprendernos tanto y nadie nos hace sentir tanta belleza inundando el mundo, por eso anhelamos estar cerca de él, porque en sus manos no tenemos miedo, ni angustia; él es nuestro refugio en plena tormenta. Gloria a él por siempre.

Elena G. de White enfatiza: "El pensamiento de que Dios nos ama como ama a su Hijo, debiera acercarnos a él en gratitud y alabanza [...]. Al meditar el pueblo de Dios en el plan de salvación, sus corazones se enternecerán con amor y gratitud" (*A fin de conocerle*, pp. 172, 261).

"Me llevó a la sala de banquetes y tendió sobre mí la bandera de su amor" (Cantares 2:4). ¡Cuán grande e incomparable es el amor de Dios! ¡Cuán inmensa es su bondad y su felicidad! Ningún amor en la tierra se le puede igualar, amor que da sin esperar recibir; que ofrece todo a cambio de nada. Señor, nadie nos ama como tú; enséñanos a amarte a ti como tú nos amas a nosotros.

Los dones concedidos

"¡Bendito seas siempre, nuestro Dios! Tú,
Dios y salvador nuestro, nos ayudas en nuestros problemas".
Salmo 68:19, TLA

Tanto si son muchos como si son menos, tenemos mucho que agradecer al Señor por los talentos que nos ha dado: el don del canto, de la enseñanza, el don de la palabra, de escribir, de dibujar... Y los que hemos conocido el evangelio, por el don de compartirlo con otros.

Sin embargo, sobre todos ellos, tenemos el don de la gracia salvadora de Dios; el don más maravilloso que Dios nos ha otorgado. Pablo dijo: "Por gracia sois salvos por medio de la fe; y esto no de vosotros, pues es don de Dios" (Efesios 2:8).

Un joven tenía un padre muy apuesto, inteligente y con una extraordinaria capacidad de comunicación. Siempre estaba rodeado de gente pendiente de sus palabras sabias y atinadas. Sin embargo, desgraciadamente, se hizo alcohólico. El alcohol lo convirtió en un irresponsable, y terminó perdiéndolo todo, dejando a su familia en la miseria. El hijo odiaba a su padre, lo culpaba de sus desgracias, pues no había podido ir a la universidad. Lo que no sabía ese joven era que Dios tenía buenos planes para él.

En medio de esa pobreza conoció a Dios y lo aceptó en su corazón cambiando completamente su vida. Estudió para convertirse en ministro y hoy es un gran predicador. Sin darse cuenta comenzó a amar de nuevo a su padre alcohólico y cuando este enfermó de cáncer, el hijo se arrodilló junto a su cama muchas veces para darle gracias a Dios por su padre quien, antes de fallecer, entregó al Señor su corazón. El hijo dice: "Fue así como conocí a Dios y rindo gratitud al Creador porque no me abandonó, sino que me dio el don de la gracia de la salvación".

Haga suyas estas palabras: "Agradezcamos a Dios por cada favor, tratemos de ser cristianos resplandecientes. [...] Aprendamos a expresar gratitud a Dios por su maravillosa condescendencia y su amor por la humanidad. [...] Entonen himnos de alabanza y gratitud los que aman a Dios y obedecen su Palabra" (*Cada día con Dios*, pp. 42, 214, 272).

Rindamos gratitud hoy a Dios por el don de la gracia por la cual somos salvos.

¿Qué ofreces a Dios en gratitud?

*"Dando gracias al Padre que nos hizo dignos para participar
en la herencia de los santos en luz".*
Colosenses 1:12, JBS

SON TANTAS LAS BENDICIONES y beneficios que recibimos cada día que, si tuviéramos que enumerarlos, nos faltarían tiempo y espacio. No obstante, demos siempre gracias a Dios por la salvación de nuestras almas, algo que nunca podríamos pagar, aunque lo intentáramos. Digamos: "Señor, Dios eterno, alegres te cantamos, a ti nuestra alabanza, a ti, Padre del cielo, te aclama la creación. Postrados ante ti, los ángeles te adoran y cantan sin cesar: '¡Santo, santo, santo, Jehová de los ejércitos! ¡Toda la tierra está llena de su gloria!'" (ver Isaías 6:3).

Reflexionemos hoy en esta pregunta: ¿Qué ofrecemos nosotros al Señor en gratitud? Abel ofreció a Dios el cordero más grande y perfecto de su rebaño, y el Señor aceptó aquella ofrenda llena de gratitud, pues era de acuerdo a su petición y su voluntad: "Miró Jehová con agrado a Abel y a su ofrenda" (Génesis 4:4).

Abraham llevó a su único hijo al monte Moriah para ofrecerlo como ofrenda a Dios tal como él se lo había pedido, y en respuesta a su gratitud, Dios proveyó la ofrenda que hacía falta, librando a Isaac de la muerte (Génesis 22:1-13). El pueblo de Israel ofrecía cada año una Pascua con sacrificios en gratitud a Dios por haberlos liberado de la esclavitud de Egipto. Cuando comenzaron a disfrutar los frutos de la tierra, ofrecieron comida preparada en el altar. Los sabios del oriente fueron guiados por la estrella que iba delante ellos hasta llegar a Belén, donde estaba el niño Jesús. "Y al ver la estrella, se regocijaron con muy grande gozo. Al entrar en la casa, vieron al niño con María, su madre, y postrándose lo adoraron. Luego, abriendo sus tesoros, le ofrecieron presentes: oro, incienso y mirra" (Mateo 2:10, 11).

Asimismo, Job, tras curarse de su enfermedad y haber recuperado el doble de sus posesiones e hijos, ofreció a Dios una de las ofrendas mejor recibidas por el cielo: su corazón. No ofreció corderos o frutos de la tierra, ni un salmo o un canto, sino su propio corazón, para que Dios lo moldeara según su voluntad.

Motivados por estos ejemplos, entreguemos a Dios la ofrenda de nuestro corazón, en olor grato ante su altar.

La ofrenda que a Dios agrada

"Te ofreceré un sacrificio de agradecimiento e invocaré el nombre del Señor.
Cumpliré mis votos al Señor en presencia de todo su pueblo, en la casa del Señor,
en el corazón de Jerusalén. ¡Alabado sea el Señor!".
Salmo 116:17-19, NTV

ANA, LA MADRE DE SAMUEL, llegó al altar del templo llena de regocijo y con una inmensa gratitud a Dios porque había nacido el hijo que tanto anhelaba su corazón. "Trajeron el niño a Elí. Y Ana le dijo: '¡Oh, Señor mío! Vive tu alma, señor mío, yo soy aquella mujer que estuvo aquí junto a ti orando a Jehová. Por este niño oraba, y Jehová me dio lo que le pedí. Yo, pues, lo dedico también a Jehová; todos los días que viva, será de Jehová'". Y adoró allí a Jehová diciendo: "Mi corazón se regocija en Jehová, mi poder se exalta en Jehová; mi boca se ensanchó sobre mis enemigos, por cuanto me alegré en tu salvación. No hay santo como Jehová; porque no hay ninguno fuera de ti, y no hay refugio como el Dios nuestro" (1 Samuel 1:25-28; 2:1, 2).

La ofrenda que a Dios agrada es semejante a la ofrenda de la viuda. Es la ofrenda más abundante porque lleva en ella el corazón, la sinceridad y el amor por aquel que nos da la vida; es la ofrenda que se entrega con mucho sacrificio porque es lo único que se tiene, y es la ofrenda llena de abnegación. Para Dios, lo que cuenta no es la magnitud de la dádiva, sino el motivo que la impulsa.

Entreguemos a Dios nuestro corazón, entreguemos una vida sencilla y humilde, pues nada tiene más valor para él. No demos lo que nos sobra sino lo que cuesta sacrificio y abnegación, demos ofrendas llenas de buena voluntad. Que ante todo reine la voluntad, el sacrificio y el corazón.

Ore conmigo: Señor, pon en mi corazón una puerta limpia y reluciente; una puerta abierta para que salgan de ella las esperanzas y conocimientos de la salvación, y puedan así ayudar a los muchos caminantes sin rumbo, sin fe y sin esperanza que pasan frente a mí, para que encuentren al gran Jesús, que es el camino, la verdad y la vida.

El poder de la alabanza y la gratitud

"Canten a Dios con alegría, habitantes de toda la tierra;
den rienda suelta a su alegría y cántenle himnos".
Salmo 98:4, DHH

LA GRATITUD Y LA ALABANZA son expresiones que manan del corazón redimido por Dios de hombres y mujeres que reconocen su poder, de aquellos que han tenido un encuentro personal con él; al saber que el Señor los ha perdonado, no pueden callar y claman: "¡Bendito el rey que viene en el nombre del Señor! ¡Paz en el cielo, y gloria en las alturas!" (Lucas 19:38).

Gratitud es confesar que Dios es excelso y perfecto, grande en misericordia y benignidad; lento para la ira y grande en amor profundo para toda la humanidad. Que busca con amor al que huye de él. Se inclina al lecho del dolor y toma en sus brazos al indefenso e incapaz de hacer algo por sí mismo, al que dice como David: "Te alabaré, porque formidables y maravillosas son tus obras; estoy maravillado y mi alma lo sabe muy bien" (Salmo 139:14).

La alabanza y la gratitud trajeron la gloria de Dios al templo recién construido. Salomón trasladó allí el arca del testimonio, y los levitas tomaron címbalos, salterios y arpas, y se unieron a 120 sacerdotes que tocaban trompetas para rendirle gratitud y alabanza al Altísimo por aquel santuario erigido para adorar. Alababan y daban gracias a Jehová, y mientras alzaban la voz, una nube llenó la casa de Dios, porque su gloria ocupó el templo.

Cuando el pueblo de Judá se vio amenazado por la guerra de los moabitas y amonitas, Josafat humilló su rostro para consultar a Dios y dijo: "¡Dios nuestro! ¿No los juzgarás tú? Pues nosotros no tenemos fuerzas con qué enfrentar a la multitud tan grande que viene contra nosotros, no sabemos qué hacer, y a ti volvemos nuestros ojos" (2 Crónicas 20:12).

El pueblo se inclinó a Dios y adoró; luego se organizaron para cantar vestidos de ornamentos sagrados, y Dios provocó emboscadas entre el mismo ejército enemigo; hubo confusión y entre ellos mismos se destruyeron. Judá no levantó una sola arma, solamente alabaron el nombre de Dios. El poder de la gratitud y la alabanza son grandiosos. Alabemos a Dios siempre.

La gratitud y la alabanza abren puertas

"Nuestra boca se llenó de risas; nuestra lengua, de canciones jubilosas.
Hasta los otros pueblos decían: 'El Señor ha hecho grandes cosas por ellos'.
Sí, el Señor ha hecho grandes cosas por nosotros, y eso nos llena de alegría".
Salmo 126:2, 3,NVI

L A GRATITUD SALE del corazón y es como un perfume agradable ante el altar de Dios. Juan escuchó la voz de muchos ángeles que estaban alrededor del trono en el cielo diciendo: "El cordero que fue sacrificado es digno de recibir el poder y la riqueza, la sabiduría y la fuerza, el honor, la gloria y la alabanza" (Apocalipsis 5:12).

Juan también vio una puerta abierta en el cielo y la voz que escuchó era como de trompeta, y decía: "Santo, santo, santo es el Señor, Dios Todopoderoso, el que era y es y ha de venir" (Apocalipsis 4:8). La adoración y la gratitud sean solo para Dios por todo lo que es y hace por nosotros. ¿Puede imaginar eso? Día y noche, sin cesar, exaltando y alabando al Dios del cielo. Esto significa que el centro de su vida debe ser la adoración, la alabanza a Dios, cuando come, cuando trabaja y cuando descansa. Y es que gratitud es reconocer que hemos recibido una atención, un favor o una palabra inmerecida.

Pablo y Silas fueron encarcelados en Filipos por haber expulsado el mal espíritu que tenía una muchacha. Estaban en el calabozo más profundo y con los pies asegurados en el cepo, "pero a medianoche, orando Pablo y Silas, cantaban himnos a Dios; y los presos los oían. Entonces sobrevino de repente un gran terremoto, de tal manera que los cimientos de la cárcel se sacudían; y al instante se abrieron todas las puertas, y las cadenas de todos se soltaron" (Hechos 16:25, 26).

Ese es el poder de la alabanza y la gratitud. Debemos alabar a Dios continuamente y decir: "Señor, abre mis labios y publicará mi boca tu alabanza"; "¡Mi lengua hablará de tu justicia y de tu alabanza todo el día"; "A Jehová cantaré en mi vida, a mi Dios cantaré salmos mientras viva" (Salmos 51:15; 35:28; 104:33).

Aun en circunstancias muy difíciles y peligrosas, alabe a Dios. Alce su voz en gratitud siempre.

Gratitud por la grandeza de Dios

*"Pero al día siguiente, Dagón estaba una vez más de rodillas ante el arca del
Señor, solo que ahora Dagón tenía cortadas la cabeza y las dos manos,
y nada más le había quedado el tronco, el cual estaba colocado sobre el umbral".*
1 Samuel 5:4, RVC

L OS ISRAELITAS estaban cara a cara en la batalla con el enemigo. Habían sido
vencidos por los filisteos y habían perdido cerca de 4,000 hombres. Al ver
que los filisteos habían ganado la batalla, el pueblo de Israel decidió llevar el
arca de Dios al campamento. Todos gritaron con tal júbilo que la tierra tembló.
Al escuchar los filisteos las voces de alegría dijeron: "'¿Qué gritos de júbilo son
estos en el campamento de los hebreos?'. Y supieron que el arca de Jehová había
sido traída al campamento" (1 Samuel 4:5, 6).

Los israelitas creían que el poder que les daría la victoria radicaba en el arca,
pero no era así; el poder procedía de la obediencia a la Ley de Dios, la cual
estaba en el interior del arca. Asimismo, muchas veces nosotros confiamos en
los objetos usados por Dios para mostrar su gloria, y no en el Dios de poder y
la gloria.

El arca fue llevada por los filisteos a Asdod y la colocaron junto a Dagón.
Al día siguiente, cuando los sacerdotes entraron al templo para adorar,
encontraron la estatua de Dagón en el suelo, frente al arca de Jehová. Creyendo
que era mera casualidad, lo colocaron de nuevo en su altar, pero al siguiente
día, Dagón estaba de nuevo en el suelo delante del arca, con la cabeza y las dos
manos cortadas y separadas del tronco.

Elena G. de White comenta: "El Señor permitió que su arca fuera tomada
por sus enemigos, para mostrar a Israel cuán vano era confiar en ella, símbolo
de su presencia, mientras se hallaban transgrediendo los mandamientos que
contenía" (*La historia de la redención*, cap. 24, p. 192).

Cuán grande es Dios. ¡Qué poder el suyo! Con un rayo de luz hace de un
enemigo su apóstol; con una mirada arranca de los ojos de Pedro lágrimas
que salvan; con una palabra resucita a Lázaro; con la orla de su vestido disipa
el dolor y ahuyenta la muerte. ¡Inmenso poder! Ante él nos arrodillamos con
reverencia.

El reinado eterno de Cristo

"Te damos gracias, Señor Dios Todopoderoso,
el que eres y que eras y que has de venir,
porque has tomado tu gran poder, y has reinado".
Apocalipsis 11:17, RV60

TENEMOS LA CERTEZA de que llegará un día glorioso en el cual Cristo será coronado rey y nosotros seremos partícipes de esa gran celebración. Saber que Cristo reinará para siempre, lleno de gloria y poder, alegra nuestro corazón. Cuando el séptimo ángel tocó la trompeta, hubo grandes voces en el cielo que decían: "'Los reinos del mundo han venido a ser de nuestro Señor y de su Cristo, y él reinará por los siglos de los siglos'. Los veinticuatro ancianos dijeron: 'Te damos gracias, señor Dios Todopoderoso, el que eres, que eras y que has de venir, porque has tomado tu gran poder y has reinado'" (Apocalipsis 11:15-17).

El salmista afirma: "Tu trono, Dios, es eterno y para siempre, cetro de justicia es el cetro de tu reino" (Salmo 45:6).

Dios es soberano del universo, y la crucifixión de Cristo arrebató al diablo el derecho de invocar su dominio sobre la humanidad. Cuando llegue ese momento glorioso, Jesús gobernará un pueblo obediente. Reinará la paz, una paz completa e inalterable por la eternidad, y el triunfo de Cristo sobre el mal será definitivo. Alabemos a Dios porque es justo, santo y misericordioso.

Cuando Cristo asuma el mando de todo y se siente en su trono de gloria, recompensará a los siervos que hayan sufrido por causa del evangelio como los profetas, los fieles y los temerosos de Dios, los que reverencian su nombre y observan sus mandamientos. Así lo afirma el salmista al decir: "Bendecirá a los que temen a Jehová, a pequeños y a grandes [...]. ¡Benditos vosotros de Jehová, que hizo los cielos y la tierra! Los cielos son los cielos de Jehová, y ha dado la tierra a los hijos de los hombres" (Salmo 115:13-16).

Juan menciona: "¡Aleluya!, porque el Señor, nuestro Dios Todopoderoso, reina" (Apocalipsis 19:6). Los cielos y la tierra pertenecen a Dios, y los participantes del reino eterno que será establecido serán los fieles de Dios que no claudicaron a pesar de las grandes pruebas finales del mundo. "Así que, recibiendo nosotros un reino inconmovible, tengamos gratitud, y mediante ella sirvamos a Dios agradándole con temor y reverencia" (Hebreos 12:28).

Gratitud por tu bondad

"¡Bendito seas, Dios de Israel! Solo tú haces maravillas.
¡Bendito seas por siempre! ¡Que tu grandeza llene toda la tierra! ¡Que así sea!".
Salmo 72:18, 19, TLA

A LABEMOS AL SEÑOR reconociendo su gran bondad y su poder infinito: "Él nos hizo y no nosotros a nosotros mismos, pueblo suyo somos y ovejas de su prado" (Salmo 100:3). Vemos por doquier su amor y sus expresiones de misericordia; en la nieve, la lluvia, la risa de un bebé, el susurro de las corrientes de las aguas y en el silencio de la noche. Si nos detenemos a meditar en Dios y su misericordia, sentiremos su presencia a nuestro lado.

Moisés subió al monte con las tablas labradas para que Dios volviera a escribir sus Diez Mandamientos. "Descendió Jehová en la nube y permaneció allí junto a él; y él proclamó el nombre de Jehová. Jehová pasó por delante de él y exclamó: '¡Jehová! ¡Jehová! Dios fuerte, misericordioso y piadoso; tardo para la ira y grande en misericordia y verdad'" (Éxodo 34:5, 6). No solo hizo pasar delante de Moisés su espalda, sino también toda su bondad. David estaba seguro de la bondad de Dios y dijo: "Hubiera yo desmayado, si no creyera que he de ver la bondad de Jehová en la tierra de los vivientes" (Salmo 27:13).

La gratitud reconoce la soberanía de Dios y glorifica su bondad para con nosotros. Dios espera de sus hijos acciones de agradecimiento y alabanza. "¡Alabadlo, bendecid su nombre!, porque Jehová es bueno, para siempre es su misericordia, y su fidelidad por todas las generaciones" (Salmo 100:4, 5).

Nuestro Dios es bueno y poderoso, nos colma de favores y perdón cada día. No ha hecho con nosotros conforme a nuestras iniquidades, ni nos ha pagado conforme a nuestros pecados. Sirvamos a Dios con alegría y vayamos ante él con regocijo.

Dar gracias a Dios es la respuesta de un corazón humilde que no olvida y reconoce las bendiciones recibidas. Joel aconseja: "Rasgad vuestro corazón y no vuestros vestidos, y convertíos a Jehová, vuestro Dios; porque es misericordioso y clemente, tardo para la ira y grande en misericordia, y se duele del castigo" (Joel 2:13). Unamos nuestra gratitud y nuestras voces con el salmista diciendo: "¡Alegraos, justos, en Jehová, y alabad la memoria de su santidad!" (Salmo 97:12).

Señor, gracias por el año que termina

"Dad gracias en todo; porque esta es la voluntad de Dios
para con vosotros en Cristo Jesús".
1 Tesalonicenses 5:18, JBS

U N AÑO MÁS TERMINA, y no podemos volver atrás. Cuando Dios abra el libro de nuestra vida ante el tribunal, solo nos salvará su misericordia. Mientras, rindámosle gratitud porque solo él merece honra y gloria por los siglos. Si no hubiera sido por su mano, no hubiéramos llegado hasta aquí, pero él es grande con nosotros y nuestra familia.

La gratitud es la memoria del alma, la virtud que caracteriza a los hombres de Dios. Ennoblece el carácter y abre la puerta a la gracia. Sabemos que la mano que se levanta para dar gracias nunca se retira vacía, y el que agradece lo pequeño recibe también lo grande, de manera que demos gracias a Dios por cada detalle siempre.

Alguien dijo: "En vez de quejarte por las espinas que tienen las rosas, da gracias a Dios por las rosas que están entre las espinas". Cuando David consideró las grandes bendiciones de Dios en su vida y en su reino, haciendo un resumen de lo que el Señor había hecho por él, oró diciendo: "Bendito seas tú, oh Jehová, Dios de Israel nuestro padre, desde el siglo y hasta el siglo. Tuya es oh Jehová, la magnificencia y el poder, la gloria, la victoria y el honor, porque todas las cosas que están en los cielos y en la tierra son tuyas. Tuyo oh Jehová, es el reino, y tú eres excelso sobre todos. Las riquezas y la gloria proceden de ti, y tú dominas sobre todo; en tu mano está la fuerza y el poder, y en tu mano el hacer grande y el dar poder a todos. Ahora pues, Dios nuestro, nosotros alabamos y loamos tu gloriosos nombre" (1 Crónicas 29:10-13). Luego dio gracias diciendo: "Te glorificaré, Jehová, porque me has exaltado y no has permitido que mis enemigos se alegren de mí. Jehová, Dios mío, a ti clamé, y me sanaste [...]. ¡Cantad a Jehová, vosotros sus santos, y celebrad la memoria de su santidad! [...] Por tanto, a ti cantaré, gloria mía, y no estaré callado. Jehová Dios mío, ¡te alabaré para siempre!" (Salmo 30).

Alcemos juntos las manos y el corazón a Dios para darle gracias por todo cuanto nos da siempre.

GUÍA PARA EL AÑO BÍBLICO
EN ORDEN BÍBLICO

ENERO

- ❏ 1 Gén. 1-3
- ❏ 2 Gén. 4-7
- ❏ 3 Gén. 8-11
- ❏ 4 Gén. 12-16
- ❏ 5 Gén. 17-19
- ❏ 6 Gén. 20-23
- ❏ 7 Gén. 24-25
- ❏ 8 Gén. 26-28
- ❏ 9 Gén. 29-30
- ❏ 10 Gén. 31-33
- ❏ 11 Gén. 34-36
- ❏ 12 Gén. 37-39
- ❏ 13 Gén. 40-42
- ❏ 14 Gén. 43-45
- ❏ 15 Gén. 46-47
- ❏ 16 Gén. 48-50
- ❏ 17 Éxo. 1-4
- ❏ 18 Éxo. 5-7
- ❏ 19 Éxo. 8-10
- ❏ 20 Éxo. 11-13
- ❏ 21 Éxo. 14-16
- ❏ 22 Éxo. 17-20
- ❏ 23 Éxo. 21-23
- ❏ 24 Éxo. 24-27
- ❏ 25 Éxo. 28-30
- ❏ 26 Éxo. 31-34
- ❏ 27 Éxo. 35-37
- ❏ 28 Éxo. 38-40
- ❏ 29 Lev. 1-4
- ❏ 30 Lev. 5-7
- ❏ 31 Lev. 8-11

FEBRERO

- ❏ 1 Lev. 12-14
- ❏ 2 Lev. 15-17
- ❏ 3 Lev. 18-20
- ❏ 4 Lev. 21-23
- ❏ 5 Lev. 24-25
- ❏ 6 Lev. 26-27
- ❏ 7 Núm. 1-2
- ❏ 8 Núm. 3-4
- ❏ 9 Núm. 5-6
- ❏ 10 Núm. 7-8
- ❏ 11 Núm. 9-11
- ❏ 12 Núm. 12-14
- ❏ 13 Núm. 15-17
- ❏ 14 Núm. 18-20
- ❏ 15 Núm. 21-23
- ❏ 16 Núm. 24-26
- ❏ 17 Núm. 27-30
- ❏ 18 Núm. 31-33
- ❏ 19 Núm. 34-36
- ❏ 20 Deut. 1-2
- ❏ 21 Deut. 3-4
- ❏ 22 Deut. 5-7
- ❏ 23 Deut. 8-11
- ❏ 24 Deut. 12-15
- ❏ 25 Deut. 16-19
- ❏ 26 Deut. 20-23
- ❏ 27 Deut. 24-27
- ❏ 28 Deut. 28-29

MARZO

- [ ] 1 Deut. 30-31
- [ ] 2 Deut. 32-34
- [ ] 3 Jos. 1-4
- [ ] 4 Jos. 5-7
- [ ] 5 Jos. 8-10
- [ ] 6 Jos. 11-14
- [ ] 7 Jos. 15-18
- [ ] 8 Jos. 19-21
- [ ] 9 Jos. 22-24
- [ ] 10 Juec. 1-3
- [ ] 11 Juec. 4-5
- [ ] 12 Juec. 6-8
- [ ] 13 Juec. 9-11
- [ ] 14 Juec. 12-15
- [ ] 15 Juec. 16-18
- [ ] 16 Juec. 19-21
- [ ] 17 Rut 1-4
- [ ] 18 1 Sam. 1-3
- [ ] 19 1 Sam. 4-7
- [ ] 20 1 Sam. 8-10
- [ ] 21 1 Sam. 11-13
- [ ] 22 1 Sam. 14-15
- [ ] 23 1 Sam. 16-17
- [ ] 24 1 Sam. 18-20
- [ ] 25 1 Sam. 21-24
- [ ] 26 1 Sam. 25-27
- [ ] 27 1 Sam. 28-31
- [ ] 28 2 Sam. 1-3
- [ ] 29 2 Sam. 4-7
- [ ] 30 2 Sam. 8-11
- [ ] 31 2 Sam. 12-13

ABRIL

- [ ] 1 2 Sam. 14-15
- [ ] 2 2 Sam. 16-18
- [ ] 3 2 Sam. 19-20
- [ ] 4 2 Sam. 21-22
- [ ] 5 2 Sam. 23-24
- [ ] 6 1 Rey. 1-2
- [ ] 7 1 Rey. 3-5
- [ ] 8 1 Rey. 6-7
- [ ] 9 1 Rey. 8-9
- [ ] 10 1 Rey. 10-12
- [ ] 11 1 Rey. 13-15
- [ ] 12 1 Rey. 16-18
- [ ] 13 1 Rey. 19-20
- [ ] 14 1 Rey. 21-22
- [ ] 15 2 Rey. 1-3
- [ ] 16 2 Rey. 4-5
- [ ] 17 2 Rey. 6-8
- [ ] 18 2 Rey. 9-11
- [ ] 19 2 Rey. 12-14
- [ ] 20 2 Rey. 15-17
- [ ] 21 2 Rey. 18-20
- [ ] 22 2 Rey. 21-23
- [ ] 23 2 Rey. 24-25
- [ ] 24 1 Crón. 1-2
- [ ] 25 1 Crón. 3-5
- [ ] 26 1 Crón. 6-7
- [ ] 27 1 Crón. 8-10
- [ ] 28 1 Crón. 11-13
- [ ] 29 1 Crón. 14-16
- [ ] 30 1 Crón. 17-20

MAYO

- ☐ 1 1 Crón. 21-23
- ☐ 2 1 Crón. 24-26
- ☐ 3 1 Crón. 27-29
- ☐ 4 2 Crón. 1-4
- ☐ 5 2 Crón. 5-7
- ☐ 6 2 Crón. 8-11
- ☐ 7 2 Crón. 12-16
- ☐ 8 2 Crón. 17-19
- ☐ 9 2 Crón. 20-22
- ☐ 10 2 Crón. 23-25
- ☐ 11 2 Crón.26-29
- ☐ 12 2 Crón. 30-32
- ☐ 13 2 Crón. 33-34
- ☐ 14 2 Crón. 35-36
- ☐ 15 Esd. 1-4
- ☐ 16 Esd. 5-7
- ☐ 17 Esd. 8-10
- ☐ 18 Neh. 1-4
- ☐ 19 Neh. 5-7
- ☐ 20 Neh. 8-10
- ☐ 21 Neh. 11-13
- ☐ 22 Est. 1-4
- ☐ 23 Est. 5-10
- ☐ 24 Job 1-4
- ☐ 25 Job 5-8
- ☐ 26 Job 9-12
- ☐ 27 Job 13-17
- ☐ 28 Job 18-21
- ☐ 29 Job 22-26
- ☐ 30 Job 27-30
- ☐ 31 Job 31-34

JUNIO

- ☐ 1 Job 35-38
- ☐ 2 Job 39-42
- ☐ 3 Sal. 1-7
- ☐ 4 Sal. 8-14
- ☐ 5 Sal. 15-18
- ☐ 6 Sal. 19-24
- ☐ 7 Sal. 25-30
- ☐ 8 Sal. 31-34
- ☐ 9 Sal. 35-37
- ☐ 10 Sal. 38-42
- ☐ 11 Sal. 43-48
- ☐ 12 Sal. 49-54
- ☐ 13 Sal. 55-60
- ☐ 14 Sal. 61-67
- ☐ 15 Sal. 68-71
- ☐ 16 Sal. 72-75
- ☐ 17 Sal. 76-78
- ☐ 18 Sal. 79-84
- ☐ 19 Sal. 85-89
- ☐ 20 Sal. 90-95
- ☐ 21 Sal. 96-102
- ☐ 22 Sal. 103-105
- ☐ 23 Sal. 106-108
- ☐ 24 Sal. 109-115
- ☐ 25 Sal. 116-118
- ☐ 26 Sal. 119
- ☐ 27 Sal. 120-131
- ☐ 28 Sal. 132-138
- ☐ 29 Sal. 139-144
- ☐ 30 Sal. 145-150

JULIO

- ☐ 1 Prov. 1-3
- ☐ 2 Prov. 4-7
- ☐ 3 Prov. 8-10
- ☐ 4 Prov. 11-13
- ☐ 5 Prov. 14-16
- ☐ 6 Prov. 17-19
- ☐ 7 Prov. 20-22
- ☐ 8 Prov. 23-25
- ☐ 9 Prov. 26-28
- ☐ 10 Prov. 29-31
- ☐ 11 Eccl. 1-4
- ☐ 12 Eccl. 5-8
- ☐ 13 Eccl. 9-12
- ☐ 14 Cant. 1-4
- ☐ 15 Cant. 5-8
- ☐ 16 Isa. 1-3
- ☐ 17 Isa. 4-6
- ☐ 18 Isa. 7-9
- ☐ 19 Isa. 10-13
- ☐ 20 Isa. 14-16
- ☐ 21 Isa. 17-21
- ☐ 22 Isa. 22-25
- ☐ 23 Isa. 26-28
- ☐ 24 Isa. 29-31
- ☐ 25 Isa. 32-34
- ☐ 26 Isa. 35-37
- ☐ 27 Isa. 38-40
- ☐ 28 Isa. 41-42
- ☐ 29 Isa. 43-44
- ☐ 30 Isa. 45-47
- ☐ 31 Isa. 48-50

AGOSTO

- ☐ 1 Isa. 51-53
- ☐ 2 Isa. 54-57
- ☐ 3 Isa. 58-60
- ☐ 4 Isa. 61-64
- ☐ 5 Isa. 65-66
- ☐ 6 Jer. 1-3
- ☐ 7 Jer. 4-5
- ☐ 8 Jer. 6-8
- ☐ 9 Jer. 9-11
- ☐ 10 Jer. 12-14
- ☐ 11 Jer. 15-17
- ☐ 12 Jer. 18-21
- ☐ 13 Jer. 22-23
- ☐ 14 Jer. 24-26
- ☐ 15 Jer. 27-29
- ☐ 16 Jer. 30-31
- ☐ 17 Jer. 32-34
- ☐ 18 Jer. 35-37
- ☐ 19 Jer. 38-41
- ☐ 20 Jer. 42-45
- ☐ 21 Jer. 46-48
- ☐ 22 Jer. 49
- ☐ 23 Jer. 50
- ☐ 24 Jer. 51-52
- ☐ 25 Lam. 1-2
- ☐ 26 Lam. 3-5
- ☐ 27 Eze. 1-4
- ☐ 28 Eze. 5-9
- ☐ 29 Eze. 10-13
- ☐ 30 Eze. 14-16
- ☐ 31 Eze. 17-19

SEPTIEMBRE

- [ ] 1 Eze. 20-21
- [ ] 2 Eze. 22-23
- [ ] 3 Eze. 24-26
- [ ] 4 Eze. 27-28
- [ ] 5 Eze. 29-31
- [ ] 6 Eze. 32-33
- [ ] 7 Eze. 34-36
- [ ] 8 Eze. 37-39
- [ ] 9 Eze. 40-42
- [ ] 10 Eze. 43-45
- [ ] 11 Eze. 46-48
- [ ] 12 Dan. 1-2
- [ ] 13 Dan. 3-4
- [ ] 14 Dan. 5-6
- [ ] 15 Dan. 7-9
- [ ] 16 Dan. 10-12
- [ ] 17 Ose. 1-4
- [ ] 18 Ose. 5-9
- [ ] 19 Ose. 10-14
- [ ] 20 Joel 1-3
- [ ] 21 Amós 1-3
- [ ] 22 Amós 4-6
- [ ] 23 Amós 7-9
- [ ] 24 Abdías y Jonás
- [ ] 25 Miq. 1-4
- [ ] 26 Miq. 5-7
- [ ] 27 Nah. 1-3
- [ ] 28 Hab. 1-3
- [ ] 29 Sof. 1-3
- [ ] 30 Hag. 1-2

OCTUBRE

- [ ] 1 Zac. 1-6
- [ ] 2 Zac. 7-10
- [ ] 3 Zac. 11-14
- [ ] 4 Mal. 1-4
- [ ] 5 Mat. 1-4
- [ ] 6 Mat. 5-7
- [ ] 7 Mat. 8-9
- [ ] 8 Mat. 10-12
- [ ] 9 Mat. 13-14
- [ ] 10 Mat. 15-17
- [ ] 11 Mat. 18-20
- [ ] 12 Mat. 21-22
- [ ] 13 Mat. 23-24
- [ ] 14 Mat. 25-26
- [ ] 15 Mat. 27-28
- [ ] 16 Mar. 1-3
- [ ] 17 Mar. 4-6
- [ ] 18 Mar. 7-9
- [ ] 19 Mar. 10-13
- [ ] 20 Mar. 14-16
- [ ] 21 Luc. 1
- [ ] 22 Luc. 2-3
- [ ] 23 Luc. 4-5
- [ ] 24 Luc. 6-7
- [ ] 25 Luc. 8-9
- [ ] 26 Luc. 10-11
- [ ] 27 Luc. 12-13
- [ ] 28 Luc. 14-16
- [ ] 29 Luc. 17-18
- [ ] 30 Luc. 19-20
- [ ] 31 Luc. 21-22

NOVIEMBRE

❑	1	Luc. 23-24
❑	2	Juan 1-3
❑	3	Juan 4-5
❑	4	Juan 6-7
❑	5	Juan 8-9
❑	6	Juan 10-11
❑	7	Juan 12-13
❑	8	Juan 14-15
❑	9	Juan 16-17
❑	10	Juan 18-19
❑	11	Juan 20-21
❑	12	Hech. 1-2
❑	13	Hech. 3-4
❑	14	Hech. 5-6
❑	15	Hech. 7-8
❑	16	Hech. 9-12
❑	17	Hech. 13-16
❑	18	Hech. 17-19
❑	19	Hech. 20-23
❑	20	Hech. 24-28
❑	21	Rom. 1-3
❑	22	Rom. 4-7
❑	23	Rom. 8-10
❑	24	Rom. 11-13
❑	25	Rom. 14-16
❑	26	1 Cor. 1-4
❑	27	1 Cor. 5-9
❑	28	1 Cor. 10-13
❑	29	1 Cor. 14-16
❑	30	2 Cor. 1-4

DICIEMBRE

❑	1	2 Cor. 5-7
❑	2	2 Cor. 8-10
❑	3	2 Cor. 11-13
❑	4	Gal. 1-3
❑	5	Gal. 4-6
❑	6	Efe. 1-3
❑	7	Efe. 4-6
❑	8	Fil. 1-4
❑	9	Col. 1-4
❑	10	1 Tes. 1-3
❑	11	1 Tes. 4-5
❑	12	2 Tes. 1-3
❑	13	1 Tim. 1-6
❑	14	2 Tim. 1-4
❑	15	Tito & Filemón
❑	16	Heb. 1-4
❑	17	Heb. 5-7
❑	18	Heb. 8-10
❑	19	Heb. 11-13
❑	20	Sant. 1-5
❑	21	1 Ped. 1-5
❑	22	2 Ped. 1-3
❑	23	1 Juan 1-5
❑	24	2 Juan, 3 Juan & Judas
❑	25	Apoc. 1-3
❑	26	Apoc. 4-7
❑	27	Apoc. 8-12
❑	28	Apoc. 13-16
❑	29	Apoc. 17-19
❑	30	Apoc. 20-22
❑	31	Repaso

Guía para el Año Bíblico
en orden cronológico

ENERO

- [ ] 1. Gén. 1, 2
- [ ] 2. Gén. 3-5
- [ ] 3. Gén. 6-9
- [ ] 4. Gén. 10, 11
- [ ] 5. Gén. 12-15
- [ ] 6. Gén. 16-19
- [ ] 7. Gén. 20-22
- [ ] 8. Gén. 23-26
- [ ] 9. Gén. 27-29
- [ ] 10. Gén. 30-32
- [ ] 11. Gén. 33-36
- [ ] 12. Gén. 37-39
- [ ] 13. Gén. 40-42
- [ ] 14. Gén. 43-46
- [ ] 15. Gén. 47-50
- [ ] 16. Job 1-4
- [ ] 17. Job 5-7
- [ ] 18. Job 8-10
- [ ] 19. Job 11-13
- [ ] 20. Job 14-17
- [ ] 21. Job 18-20
- [ ] 22. Job 21-24
- [ ] 23. Job 25-27
- [ ] 24. Job 28-31
- [ ] 25. Job 32-34
- [ ] 26. Job 35-37
- [ ] 27. Job 38-42
- [ ] 28. Éxo. 1-4
- [ ] 29. Éxo. 5-7
- [ ] 30. Éxo. 8-10
- [ ] 31. Éxo. 11-13

FEBRERO

- [ ] 1. Éxo. 14-17
- [ ] 2. Éxo. 18-20
- [ ] 3. Éxo. 21-24
- [ ] 4. Éxo. 25-27
- [ ] 5. Éxo. 28-31
- [ ] 6. Éxo. 32-34
- [ ] 7. Éxo. 35-37
- [ ] 8. Éxo. 38-40
- [ ] 9. Lev. 1-4
- [ ] 10. Lev. 5-7
- [ ] 11. Lev. 8-10
- [ ] 12. Lev. 11-13
- [ ] 13. Lev. 14-16
- [ ] 14. Lev. 17-19
- [ ] 15. Lev. 20-23
- [ ] 16. Lev. 24-27
- [ ] 17. Núm. 1-3
- [ ] 18. Núm. 4-6
- [ ] 19. Núm. 7-10
- [ ] 20. Núm. 11-14
- [ ] 21. Núm. 15-17
- [ ] 22. Núm. 18-20
- [ ] 23. Núm. 21-24
- [ ] 24. Núm. 25-27
- [ ] 25. Núm. 28-30
- [ ] 26. Núm. 31-33
- [ ] 27. Núm. 34-36
- [ ] 28. Deut. 1-5

MARZO

- [ ] 1. Deut. 6, 7
- [ ] 2. Deut. 8, 9
- [ ] 3. Deut. 10-12
- [ ] 4. Deut. 13-16
- [ ] 5. Deut. 17-19
- [ ] 6. Deut. 20-22
- [ ] 7. Deut. 23-25
- [ ] 8. Deut. 26-28
- [ ] 9. Deut. 29-31
- [ ] 10. Deut. 32-34
- [ ] 11. Jos. 1-3
- [ ] 12. Jos. 4-6
- [ ] 13. Jos. 7-9
- [ ] 14. Jos. 10-12
- [ ] 15. Jos. 13-15
- [ ] 16. Jos. 16-18
- [ ] 17. Jos. 19-21
- [ ] 18. Jos. 22-24
- [ ] 19. Juec. 1-4
- [ ] 20. Juec. 5-8
- [ ] 21. Juec. 9-12
- [ ] 22. Juec. 13-15
- [ ] 23. Juec. 16-18
- [ ] 24. Juec. 19-21
- [ ] 25. Rut 1-4
- [ ] 26. 1 Sam. 1-3
- [ ] 27. 1 Sam. 4-7
- [ ] 28. 1 Sam. 8-10
- [ ] 29. 1 Sam. 11-13
- [ ] 30. 1 Sam. 14-16
- [ ] 31. 1 Sam. 17-20

ABRIL

- [ ] 1. 1 Sam. 21-24
- [ ] 2. 1 Sam. 25-28
- [ ] 3. 1 Sam. 29-31
- [ ] 4. 2 Sam. 1-4
- [ ] 5. 2 Sam. 5-8
- [ ] 6. 2 Sam. 9-12
- [ ] 7. 2 Sam. 13-15
- [ ] 8. 2 Sam. 16-18
- [ ] 9. 2 Sam. 19-21
- [ ] 10. 2 Sam. 22-24
- [ ] 11. Sal. 1-3
- [ ] 12. Sal. 4-6
- [ ] 13. Sal. 7-9
- [ ] 14. Sal. 10-12
- [ ] 15. Sal. 13-15
- [ ] 16. Sal. 16-18
- [ ] 17. Sal. 19-21
- [ ] 18. Sal. 22-24
- [ ] 19. Sal. 25-27
- [ ] 20. Sal. 28-30
- [ ] 21. Sal. 31-33
- [ ] 22. Sal. 34-36
- [ ] 23. Sal. 37-39
- [ ] 24. Sal. 40-42
- [ ] 25. Sal. 43-45
- [ ] 26. Sal. 46-48
- [ ] 27. Sal. 49-51
- [ ] 28. Sal. 52-54
- [ ] 29. Sal. 55-57
- [ ] 30. Sal. 58-60

MAYO

- [ ] 1. Sal. 61-63
- [ ] 2. Sal. 64-66
- [ ] 3. Sal. 67-69
- [ ] 4. Sal. 70-72
- [ ] 5. Sal. 73-75
- [ ] 6. Sal. 76-78
- [ ] 7. Sal. 79-81
- [ ] 8. Sal. 82-84
- [ ] 9. Sal. 85-87
- [ ] 10. Sal. 88-90
- [ ] 11. Sal. 91-93
- [ ] 12. Sal. 94-96
- [ ] 13. Sal. 97-99
- [ ] 14. Sal. 100-102
- [ ] 15. Sal. 103-105
- [ ] 16. Sal. 106-108
- [ ] 17. Sal. 109-111
- [ ] 18. Sal. 112-114
- [ ] 19. Sal. 115-118
- [ ] 20. Sal. 119
- [ ] 21. Sal. 120-123
- [ ] 22. Sal. 124-126
- [ ] 23. Sal. 127-129
- [ ] 24. Sal. 130-132
- [ ] 25. Sal. 133-135
- [ ] 26. Sal. 136-138
- [ ] 27. Sal. 139-141
- [ ] 28. Sal. 142-144
- [ ] 29. Sal. 145-147
- [ ] 30. Sal. 148-150
- [ ] 31. 1 Rey. 1-4

JUNIO

- [ ] 1. Prov. 1-3
- [ ] 2. Prov. 4-7
- [ ] 3. Prov. 8-11
- [ ] 4. Prov. 12-14
- [ ] 5. Prov. 15-18
- [ ] 6. Prov. 19-21
- [ ] 7. Prov. 22-24
- [ ] 8. Prov. 25-28
- [ ] 9. Prov. 29-31
- [ ] 10. Ecl. 1-3
- [ ] 11. Ecl. 4-6
- [ ] 12. Ecl. 7-9
- [ ] 13. Ecl. 10-12
- [ ] 14. Cant. 1-4
- [ ] 15. Cant. 5-8
- [ ] 16. 1 Rey. 5-7
- [ ] 17. 1 Rey. 8-10
- [ ] 18. 1 Rey. 11-13
- [ ] 19. 1 Rey. 14-16
- [ ] 20. 1 Rey. 17-19
- [ ] 21. 1 Rey. 20-22
- [ ] 22. 2 Rey. 1-3
- [ ] 23. 2 Rey. 4-6
- [ ] 24. 2 Rey. 7-10
- [ ] 25. 2 Rey. 11-14:20
- [ ] 26. Joel 1-3
- [ ] 27. 2 Rey. 14:21-25
      Jon. 1-4
- [ ] 28. 2 Rey. 14:26-29
      Amós 1-3
- [ ] 29. Amós 4-6
- [ ] 30. Amós 7-9

JULIO	AGOSTO
❑ 1. 2 Rey. 15-17	❑ 1. 2 Rey. 20, 21
❑ 2. Ose. 1-4	❑ 2. Sof. 1-3
❑ 3. Ose. 5-7	❑ 3. Hab. 1-3
❑ 4. Ose. 8-10	❑ 4. 2 Rey. 22-25
❑ 5. Ose. 11-14	❑ 5. Abd. y Jer. 1, 2
❑ 6. 2 Rey. 18, 19	❑ 6. Jer. 3-5
❑ 7. Isa. 1-3	❑ 7. Jer. 6-8
❑ 8. Isa. 4-6	❑ 8. Jer. 9-12
❑ 9. Isa. 7-9	❑ 9. Jer. 13-16
❑ 10. Isa. 10-12	❑ 10. Jer. 17-20
❑ 11. Isa. 13-15	❑ 11. Jer. 21-23
❑ 12. Isa. 16-18	❑ 12. Jer. 24-26
❑ 13. Isa. 19-21	❑ 13. Jer. 27-29
❑ 14. Isa. 22-24	❑ 14. Jer. 30-32
❑ 15. Isa. 25-27	❑ 15. Jer. 33-36
❑ 16. Isa. 28-30	❑ 16. Jer. 37-39
❑ 17. Isa. 31-33	❑ 17. Jer. 40-42
❑ 18. Isa. 34-36	❑ 18. Jer. 43-46
❑ 19. Isa. 37-39	❑ 19. Jer. 47-49
❑ 20. Isa. 40-42	❑ 20. Jer. 50-52
❑ 21. Isa. 43-45	❑ 21. Lam.
❑ 22. Isa. 46-48	❑ 22. 1 Crón. 1-3
❑ 23. Isa. 49-51	❑ 23. 1 Crón. 4-6
❑ 24. Isa. 52-54	❑ 24. 1 Crón. 7-9
❑ 25. Isa. 55-57	❑ 25. 1 Crón. 10-13
❑ 26. Isa. 58-60	❑ 26. 1 Crón. 14-16
❑ 27. Isa. 61-63	❑ 27. 1 Crón. 17-19
❑ 28. Isa. 64-66	❑ 28. 1 Crón. 20-23
❑ 29. Miq. 1-4	❑ 29. 1 Crón. 24-26
❑ 30. Miq. 5-7	❑ 30. 1 Crón. 27-29
❑ 31. Nah. 1-3	❑ 31. 2 Crón. 1-3

SEPTIEMBRE	OCTUBRE
❑ 1. 2 Crón. 4-6	❑ 1. Est. 4-7
❑ 2. 2 Crón. 7-9	❑ 2. Est. 8-10
❑ 3. 2 Crón. 10-13	❑ 3. Esd. 1-4
❑ 4. 2 Crón. 14-16	❑ 4. Hag. 1, 2
❑ 5. 2 Crón. 17-19	Zac. 1, 2
❑ 6. 2 Crón. 20-22	❑ 5. Zac. 3-6
❑ 7. 2 Crón. 23-25	❑ 6. Zac. 7-10
❑ 8. 2 Crón. 26-29	❑ 7. Zac. 11-14
❑ 9. 2 Crón. 30-32	❑ 8. Esd. 5-7
❑ 10. 2 Crón. 33-36	❑ 9. Esd. 8-10
❑ 11. Eze. 1-3	❑ 10. Neh. 1-3
❑ 12. Eze. 4-7	❑ 11. Neh. 4-6
❑ 13. Eze. 8-11	❑ 12. Neh. 7-9
❑ 14. Eze. 12-14	❑ 13. Neh. 10-13
❑ 15. Eze. 15-18	❑ 14. Mal. 1-4
❑ 16. Eze. 19-21	❑ 15. Mat. 1-4
❑ 17. Eze. 22-24	❑ 16. Mat. 5-7
❑ 18. Eze. 25-27	❑ 17. Mat. 8-11
❑ 19. Eze. 28-30	❑ 18. Mat. 12-15
❑ 20. Eze. 31-33	❑ 19. Mat. 16-19
❑ 21. Eze. 34-36	❑ 20. Mat. 20-22
❑ 22. Eze. 37-39	❑ 21. Mat. 23-25
❑ 23. Eze. 40-42	❑ 22. Mat. 26-28
❑ 24. Eze. 43-45	❑ 23. Mar. 1-3
❑ 25. Eze. 46-48	❑ 24. Mar. 4-6
❑ 26. Dan. 1-3	❑ 25. Mar. 7-10
❑ 27. Dan. 4-6	❑ 26. Mar. 11-13
❑ 28. Dan. 7-9	❑ 27. Mar. 14-16
❑ 29. Dan. 10-12	❑ 28. Luc. 1-3
❑ 30. Est. 1-3	❑ 29. Luc. 4-6
	❑ 30. Luc. 7-9
	❑ 31. Luc. 10-13

	NOVIEMBRE		DICIEMBRE
❏	1. Luc. 14-17	❏	1. Rom. 5-8
❏	2. Luc. 18-21	❏	2. Rom. 9-11
❏	3. Luc. 22-24	❏	3. Rom. 12-16
❏	4. Juan 1-3	❏	4. Hech. 20:3-22:30
❏	5. Juan 4-6	❏	5. Hech. 23-25
❏	6. Juan 7-10	❏	6. Hech. 26-28
❏	7. Juan 11-13	❏	7. Efe. 1-3
❏	8. Juan 14-17	❏	8. Efe. 4-6
❏	9. Juan 18-21	❏	9. Fil. 1-4
❏	10. Hech. 1, 2	❏	10. Col. 1-4
❏	11. Hech. 3-5	❏	11. Heb. 1-4
❏	12. Hech. 6-9	❏	12. Heb. 5-7
❏	13. Hech. 10-12	❏	13. Heb. 8-10
❏	14. Hech. 13, 14	❏	14. Heb. 11-13
❏	15. Sant. 1, 2	❏	15. Fil.
❏	16. Sant. 3-5		1 Ped. 1, 2
❏	17. Gál. 1-3	❏	16. 1 Ped. 3-5
❏	18. Gál. 4-6	❏	17. 2 Ped. 1-3
❏	19. Hech. 15-18:11	❏	18. 1 Tim. 1-3
❏	20. 1 Tes. 1-5	❏	19. 1 Tim. 4-6
❏	21. 2 Tes. 1-3	❏	20. Tito 1-3
	Hech. 18:12-19:20	❏	21. 2 Tim. 1-4
❏	22. 1 Cor. 1-4	❏	22. 1 Juan 1, 2
❏	23. 1 Cor. 5-8	❏	23. 1 Juan 3-5
❏	24. 1 Cor. 9-12	❏	24. 2 Juan
❏	25. 1 Cor. 13-16		3 Juan y Judas
❏	26. Hech. 19:21-20:1	❏	25. Apoc. 1-3
	2 Cor. 1-3	❏	26. Apoc. 4-6
❏	27. 2 Cor. 4-6	❏	27. Apoc. 7-9
❏	28. 2 Cor. 7-9	❏	28. Apoc. 10-12
❏	29. 2 Cor. 10-13	❏	29. Apoc. 13-15
❏	30. Hech. 20:2	❏	30. Apoc. 16-18
	Rom. 1-4	❏	31. Apoc. 19-22